浙江文化研究工程成果文库

薛玉琴　陈　才　著

夏丏尊年谱

浙江大学出版社
ZHEJIANG UNIVERSITY PRESS

图书在版编目(CIP)数据

夏丏尊年谱 / 薛玉琴,陈才著.—杭州:浙江大学
出版社,2021.11
(浙江现代文学名家年谱 / 洪治纲主编)
ISBN 978-7-308-21444-5

Ⅰ.①夏… Ⅱ.①薛… ②陈… Ⅲ.①夏丏尊
(1886—1946)—年谱 Ⅳ.①K825.6

中国版本图书馆 CIP 数据核字(2021)第 106237 号

夏丏尊年谱

薛玉琴　陈才　著

策　　划	陈丽霞　宋旭华	
项目统筹	蔡　帆　王荣鑫	
责任编辑	牟琳琳	
责任校对	黄梦瑶　张培洁	
封面设计	周　灵	
出版发行	浙江大学出版社	
	(杭州市天目山路 148 号　邮政编码 310007)	
	(网址:http://www.zjupress.com)	
排　　版	浙江时代出版服务有限公司	
印　　刷	杭州高腾印务有限公司	
开　　本	880mm×1230mm　1/32	
印　　张	20.5	
字　　数	520 千	
版印次	2021 年 11 月第 1 版　2021 年 11 月第 1 次印刷	
书　　号	ISBN 978-7-308-21444-5	
定　　价	118.00 元	

浙江省文化研究工程指导委员会

浙江现代文学名家年谱
编纂委员会

浙江文化研究工程成果文库总序

有人将文化比作一条来自老祖宗而又流向未来的河,这是说文化的传统,通过纵向传承和横向传递,生生不息地影响和引领着人们的生存与发展;有人说文化是人类的思想、智慧、信仰、情感和生活的载体、方式和方法,这是将文化作为人们代代相传的生活方式的整体。我们说,文化为群体生活提供规范、方式与环境,文化通过传承为社会进步发挥基础作用,文化会促进或制约经济乃至整个社会的发展。文化的力量,已经深深熔铸在民族的生命力、创造力和凝聚力之中。

在人类文化演化的进程中,各种文化都在其内部生成众多的元素、层次与类型,由此决定了文化的多样性与复杂性。

中国文化的博大精深,来源于其内部生成的多姿多彩;中国文化的历久弥新,取决于其变迁过程中各种元素、层次、类型在内容和结构上通过碰撞、解构、融合而产生的革故鼎新的强大动力。

中国土地广袤、疆域辽阔,不同区域间因自然环境、经济环境、社会环境等诸多方面的差异,建构了不同的区域文化。区域文化如同百川归海,共同汇聚成中国文化的大传统,这种大传统如同春风化雨,渗透于各种区域文化之中。在这个过程中,区域文化如同清溪山泉潺潺不息,在中国文化的共同价值取向下,以自己的独特个性支撑着、引领着本地经济社会的发展。

从区域文化入手,对一地文化的历史与现状展开全面、系统、扎实、有序的研究,一方面可以藉此梳理和弘扬当地的历史传统和文化资源,繁荣和丰富当代的先进文化建设活动,规划和指导未来的文化发展蓝图,增强文化软实力,为全面建设小康社会、加快推进社会主义现代化提供思想保证、精神动力、智力支持和舆论力量;另一方面,这也是深入了解中国文化、研究中国文化、发展中国文化、创新中国文化的重要途径之一。如今,区域文化研究日益受到各地重视,成为我国文化研究走向深入的一个重要标志。我们今天实施浙江文化研究工程,其目的和意义也在于此。

千百年来,浙江人民积淀和传承了一个底蕴深厚的文化传统。这种文化传统的独特性,正在于它令人惊叹的富于创造力的智慧和力量。

浙江文化中富于创造力的基因,早早地出现在其历史的源头。在浙江新石器时代最为著名的跨湖桥、河姆渡、马家浜和良渚的考古文化中,浙江先民们都以不同凡响的作为,在中华民族的文明之源留下了创造和进步的印记。

浙江人民在与时俱进的历史轨迹上一路走来,秉承富于创造力的文化传统,这深深地融汇在一代代浙江人民的血液中,体现在浙江人民的行为上,也在浙江历史上众多杰出人物身上得到充分展示。从大禹的因势利导、敬业治水,到勾践的卧薪尝胆、励精图治;从钱氏的保境安民、纳土归宋,到胡则的为官一任、造福一方;从岳飞、于谦的精忠报国、清白一生,到方孝孺、张苍水的刚正不阿、以身殉国;从沈括的博学多识、精研深究,到竺可桢的科学救国、求是一生;无论是陈亮、叶适的经世致用,还是黄宗羲的工商皆本;无论是王充、王阳明的批判、自觉,还是龚自

2

珍、蔡元培的开明、开放,等等,都展示了浙江深厚的文化底蕴,凝聚了浙江人民求真务实的创造精神。

代代相传的文化创造的作为和精神,从观念、态度、行为方式和价值取向上,孕育、形成和发展了渊源有自的浙江地域文化传统和与时俱进的浙江文化精神,她滋育着浙江的生命力、催生着浙江的凝聚力、激发着浙江的创造力、培植着浙江的竞争力,激励着浙江人民永不自满、永不停息,在各个不同的历史时期不断地超越自我、创业奋进。

悠久深厚、意韵丰富的浙江文化传统,是历史赐予我们的宝贵财富,也是我们开拓未来的丰富资源和不竭动力。党的十六大以来推进浙江新发展的实践,使我们越来越深刻地认识到,与国家实施改革开放大政方针相伴随的浙江经济社会持续快速健康发展的深层原因,就在于浙江深厚的文化底蕴和文化传统与当今时代精神的有机结合,就在于发展先进生产力与发展先进文化的有机结合。今后一个时期浙江能否在全面建设小康社会、加快社会主义现代化建设进程中继续走在前列,很大程度上取决于我们对文化力量的深刻认识、对发展先进文化的高度自觉和对加快建设文化大省的工作力度。我们应该看到,文化的力量最终可以转化为物质的力量,文化的软实力最终可以转化为经济的硬实力。文化要素是综合竞争力的核心要素,文化资源是经济社会发展的重要资源,文化素质是领导者和劳动者的首要素质。因此,研究浙江文化的历史与现状,增强文化软实力,为浙江的现代化建设服务,是浙江人民的共同事业,也是浙江各级党委、政府的重要使命和责任。

2005年7月召开的中共浙江省委十一届八次全会,作出《关于加快建设文化大省的决定》,提出要从增强先进文化凝聚力、解放和发展生产力、增强社会公共服务能力入手，大力实施文明素质工程、文化精品工程、文化研究工程、文化保护工程、文化产业促进工程、文化阵地工程、文化传播工程、文化人才工程等"八项工程"，实施科教兴国和人才强国战略，加快建设教育、科技、卫生、体育等"四个强省"。作为文化建设"八项工程"之一的文化研究工程，其任务就是系统研究浙江文化的历史成就和当代发展，深入挖掘浙江文化底蕴、研究浙江现象、总结浙江经验、指导浙江未来的发展。

浙江文化研究工程将重点研究"今、古、人、文"四个方面，即围绕浙江当代发展问题研究、浙江历史文化专题研究、浙江名人研究、浙江历史文献整理四大板块，开展系统研究，出版系列丛书。在研究内容上，深入挖掘浙江文化底蕴，系统梳理和分析浙江历史文化的内部结构、变化规律和地域特色，坚持和发展浙江精神；研究浙江文化与其他地域文化的异同，厘清浙江文化在中国文化中的地位和相互影响的关系；围绕浙江生动的当代实践，深入解读浙江现象，总结浙江经验，指导浙江发展。在研究力量上，通过课题组织、出版资助、重点研究基地建设、加强省内外大院名校合作、整合各地各部门力量等途径，形成上下联动、学界互动的整体合力。在成果运用上，注重研究成果的学术价值和应用价值，充分发挥其认识世界、传承文明、创新理论、咨政育人、服务社会的重要作用。

我们希望通过实施浙江文化研究工程，努力用浙江历史教育浙江人民、用浙江文化熏陶浙江人民、用浙江精神鼓舞浙江人民、用浙江经验引领浙江人民，进一步激发浙江人民的无穷智慧和伟大创造能力，推动浙江实现又快又好发展。

今天,我们踏着来自历史的河流,受着一方百姓的期许,理应负起使命,至诚奉献,让我们的文化绵延不绝,让我们的创造生生不息。

2006 年 5 月 30 日于杭州

浙江文化研究工程成果文库序言

袁家军

　　浙江是中华文明的发祥地之一,历史悠久、人文荟萃,素称"文物之邦""人文渊薮",从河姆渡的陶灶炊烟到良渚的文明星火,从吴越争霸的千古传奇到宋韵文化的风雅气度,从革命红船的扬帆起航到新中国成立初期的筚路蓝缕,从改革开放的敢为人先到新时代的变革创新,都留下了弥足珍贵的历史文化财富。纵览浙江发展的历史,文化是软实力、也是硬实力,是支撑力、也是变革力,为浙江干在实处、走在前列、勇立潮头提供了独特的精神激励和智力支持。

　　2003 年,习近平同志在浙江工作时作出"八八战略"重大决策部署,明确提出要进一步发挥浙江的人文优势,积极推进科教兴省、人才强省,加快建设文化大省。2005 年 7 月,习近平同志主持召开省委十一届八次全会,亲自擘画加快建设文化大省的宏伟蓝图。在习近平同志的亲自谋划、亲自布局下,浙江形成了文化建设"3+8+4"的总体框架思路,即全面把握增强先进文化的凝聚力、解放和发展文化生产力、提高社会公共服务力等"三个着力点",启动实施文明素质工程、文化精品工程、文化研究工程、文化保护工程、文化产业促进工程、文化阵地工程、文化传播工程、文化人才工程等"八项工程",加快建设教育、科技、卫生、体育等"四个强省",构建起浙江文化建设的"四梁八柱"。这些年来,我们按照习近平同志当年作出的战略部署,坚持一张蓝图绘到底、一任接着一任干，不断推进以文铸魂、以文育德、以文图强、以文传道、以文兴业、以文惠民、以文塑韵，走出了一条具有中国特色、时代特征、浙江特点的文化发展之路。

文化研究工程是浙江文化建设最具标志性的成果之一。随着第一期和第二期文化研究工程的成功实施，产生了一批重点研究项目和重大研究成果，培育了一批具有浙江特色和全国影响的优势学科，打造了一批高水平的学术团队和在全国有影响力的学术名师、学科骨干。2015 年结束的第一批浙江文化研究工程共立研究项目 811 项，出版学术著作千余部。2017 年 3 月启动的第二期浙江文化研究工程，已开展了 52 个系列研究，立重大课题 65 项、重点课题 284 项，出版学术著作 1000 多部。特别是形成了《宋画全集》等中国历代绘画大系、《共和国命运的抉择与思考——毛泽东在浙江的 785 个日日夜夜》等领袖与浙江研究系列、《红船逐浪：浙江"站起来"的革命历程与精神传承》等"浙 100 年"研究系列、《浙江通史》《南宋史研究丛书》等浙江历史专题史研究系列、《良渚文化研究丛书》等浙江史前文化研究系列、《儒学正脉——王守仁传》等浙江历史名人研究系列、《吕祖谦全集》等浙江文献集成系列。可以说，浙江文化研究工程，赓续了浙江悠久深厚的文化血脉，挖掘了浙江深层次的文化基因，提升了浙江的文化软实力，彰显了浙江在海内外的学术影响力，为浙江当代发展提供了坚实的理论支撑和智力支持，为坚定文化自信提供了浙江素材。

当前，浙江已经踏上了实现第二个百年奋斗目标的新征程，正在奋力打造"重要窗口"，争创社会主义现代化先行省，高质量发展建设共同富裕示范区。文化工作在浙江高质量发展建设共同富裕示范区中具有决定性作用，是关键变量；展现共同富裕美好社会的图景,文化是最富魅力、最吸引人、最具辨识度的标识。我们要发挥文化铸魂塑形赋能功能,为高质量发展建设共同富裕示范区注入强大文化力量,特别是要坚持把深化文化研究工程作为打造新时代文化高地的重要抓手,努力使其成为研究阐释习近平新时代中国特色社会主义思想的重要阵地、传承创新浙江优秀传统文化革命文化社会主义先进文化的重要平台、构建中国特色哲学社会科学的重要载体、推广展示浙江文化独特魅力的重要窗口。

新时代浙江文化研究工程将延续"今、古、人、文"主题,重点突出当代发展研究、历史文化研究、"新时代浙学"建构,努力把浙江的历史与未来贯通起来,使浙学品牌更加彰显、浙江文化形象更加鲜明、中国特色哲学社会科学的浙江元素更加丰富。新时代浙江文化研究工程将坚守"红色根脉",更加注重深入挖掘浙江红色资源,持续深化"习近平新时代中国特色社会主义思想在浙江的探索与实践"课题研究,努力让浙江成为践行创新理论的标杆之地、传播中华文明的思想之窗;擦亮以宋韵文化为代表的浙江历史文化金名片,从思想、制度、经济、社会、百姓生活、文学艺术、建筑、宗教等方面全方位立体化系统性研究阐述宋韵文化,努力让千年宋韵更好地在新时代"流动"起来、"传承"下去;科学解读浙江历史文化的丰富内涵和时代价值,更加注重学术成果的创造性转化,探索拓展浙学成果推广与普及的机制、形式、载体、平台,努力让浙学成果成为有世界影响的东方思想标识;充分动员省内外高水平专家学者参与工程研究,坚持以项目引育高端社科人才,努力打造一支走在全国前列的哲学社会科学领军人才队伍;系统推进文化研究数智创新,努力提升社科研究的科学化水平,提供更多高质量文化成果供给。

伟大的时代,需要伟大作品、伟大精神、伟大力量。期待新时代浙江文化研究工程有更多的优秀成果问世,以浙江文化之窗更好地展现中华文化的生命力、影响力、凝聚力、创造力,为忠实践行"八八战略"、奋力打造"重要窗口",争创社会主义现代化先行省,高质量发展建设共同富裕示范区,提供强大思想保证、舆论支持、精神动力和文化条件。

凡　例

一、本丛书之谱主均系公认的浙籍作家。其主要标识为出生于浙江，或童年、少年时期在浙江度过，或长期与浙江保持密切联系，其家世影响、成长经历、文学素养的形成，受到浙江地域文化的浸染，其文学观念、文学创作留有鲜明的浙江文化印记。浙江"身份"尚存争议的作家，暂不列入。

二、本丛书之谱主的主要文学成就，均在"中国现当代文学"时期（包括1949年以前的"现代"期和中华人民共和国成立后的"当代"期）产生过广泛影响的各种文学创作、文学活动及其他相关文化活动。其他历史时段与谱主相关的活动，从略记述。

三、每位谱主之年谱为一册，以呈现谱主之文学创作、文艺思想、文学组织、文学编辑等成就为重点，相关背景呈示多侧重其与文学的关联性；年谱亦涉及谱主在中国革命史、思想史、文化史上的成就与贡献，充分展示谱主在建构我国20世纪新文化中的特殊贡献。

四、每部年谱共由三部分组成。第一部分为家世简表、谱主照片等有关材料；第二部分为年谱正文和少量插图，图片配发在正文相应部位，以便形成文图互证；第三部分为谱主的后世影响,主要包括正文未及的谱主身份、价值的确切定位及相关悼念、纪念活动,以及谱主的全集出版、著作外译、谱主研究会的成立、重要研究成果等,均予以择要展示。文后附参考文献。

五、年谱使用规范的现代语体文。直接引用资料采用原文文体;人名、地名、书名、文章篇名及引录的原著繁体字或异体字文句,凡可能引起歧义、误解者,仍用原繁体字或异体字。

六、年谱以公历年份作为一级标题,括号内标注农历年份。谱主岁数以"周岁"表述,出生当年不标岁数,只标为是年"出生"。为便于阅读,按通行出版惯例,年、月、日及岁数均采用阿拉伯数字。

七、年谱在一级标题下,以条目形式列出本年度与谱主的文学(文化)活动密切相关、对谱主产生重要影响的若干条"年度大事记"。

八、年谱以公历月份作为二级标题。在二级标题之下,以日期标识谱主相关信息。所有日期均为公历;若农历涉及跨年度等特殊情况,则换算为公历将所述内容置于相应年份,以利于读者识别。

九、年谱中部分具体日期不明的重要信息,均置于当月最后位置,以"本月 ……"说明之;若有关信息只能确定在"春季""夏季"之类时间段内,则置于本年度末,以"春 ……""夏 ……"等加以说明;若有关信息只能确定在本年度的,则亦置于本年度末,以"本年 ……"进行表述。

十、中华人民共和国成立前国家、民族、地名、组织、机构、职官等名称,除明显带有歧视、污蔑含义者须加以适当处理外,原则上仍用文献记载的原名称。

十一、鉴于资料来源多元和考证繁杂,年谱中若观点出现有待考证或诸说并存的,借助"按……"的形式,简要表述编撰者的考辨,或者以注释形式加以说明。

十二、凡有补充、评述等特别需要说明的内容,皆以注释形式说明。对以往诸家有关谱主传记文字的误记之处,在录入史实后,均用注释的方式予以纠正。

十三、年谱正文原则上不特别标识信息来源;若确需说明的,则以分门别类的方式,在正文表述中进行适当处理。

十四、年谱注释从简。确需注释的,统一采用当页脚注。发表报刊一般不注,用适当方式通过正文直接表述;其中,民国时期报刊之"期""号"等,原则上依照原刊之表述。

十五、因时代关系,部分历史文献之标点符号不甚规范,录入时已根据现时标点符号规范标点。以往相关书籍史料中收录的谱主文献,不同版本在部分文献上有不同的断句,本年谱所录之文系在比对各种资料后基于文意定之。

十六、谱主已知的全部著述,均标注初刊处、写作日期、初收何集、著述体裁(如小说、散文、漫画、艺术论述、童话、诗词、评论、译文、书信、日记、序跋等)。若谱主著译版本繁多,一般仅录入初版本。若该作品有多处重刊、转载或收入作品集,则在正文中进行说明,以表明作品的重要性和社会影响。未曾发表的作品注明现有手稿及作品的现存之处。

十七、谱主的主要社会评价,既反映正面性评价,也反映批评性评价,以体现存真的目的,尽可能体现年谱对谱主的全面评价意义。有代表性的评价文字,节录原文以存真。社会评价文字根据原文发表时间,放在相应的正文中表述;若无法确定时间,则放在相应的月份末尾或年份末尾予以恰当叙述。

十八、年谱若遇历史文献中无法辨认之字,则用"□"表示。

十九、年谱中有关谱主的后世影响,根据不同谱主状况,依照类别和时间顺序,在谱后进行详略有别的叙述。

《浙江现代文学名家年谱》编纂委员会

2020 年 8 月

家世简表

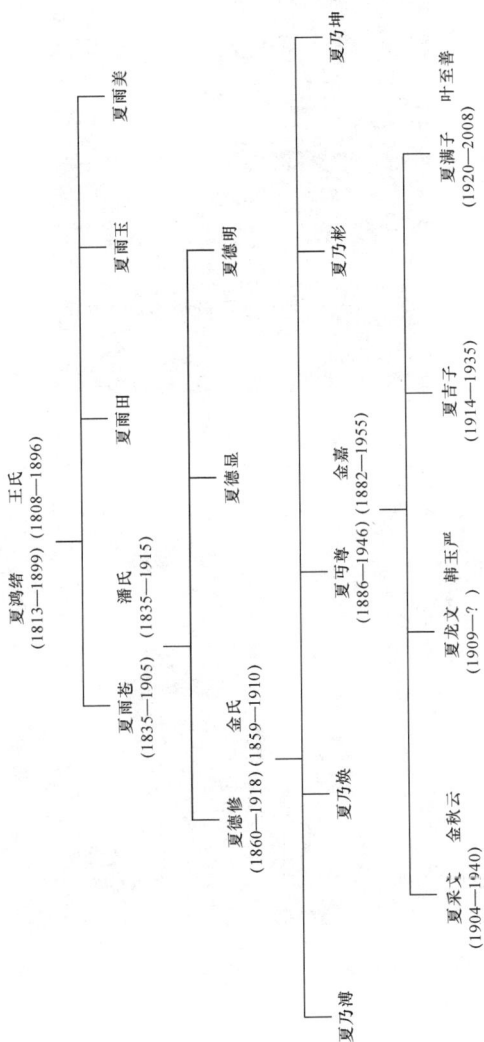

夏丏尊(1886—1946)

1928年3月,夏丏尊(右一)与叶圣陶、胡愈之、章锡琛、贺昌群、周予同、章克标在白马湖平屋前

1929年10月,夏丏尊(左三)与黄寄慈、陈伦孝、弘一法师、刘质平、李哲成在甬江北宁绍码头

1931年3月,夏丏尊(三排右四)与谢六逸、胡仲持、舒新城、林语堂、刘薰宇、王统照等上海书业同人合影

1936年6月,夏丏尊(左三)在中国文艺家协会成立之日

1939年6月,夏丏尊(前排左六)与立达学园高中部普通科第
十二班毕业生合影

目　录

1886年(丙戌,清光绪十二年) 出生

▲7月24日,清总理衙门大臣奕劻与英前驻华公使欧格纳
(N. R. O'Conor)在北京签订了《中英缅甸条款》。

▲本年秋,孙中山进入博济医院附设的南华医学堂学习。

▲10月28日,美国总统格罗弗·克利夫兰在纽约港为自由
女神像揭幕。

▲本年,苏州弹词艺人马如飞撰写的弹词开篇集《南词小
引》(初集)刊行。

6月

15 日 出生于浙江省上虞县(今属绍兴市上虞区)崧厦镇同
人桥的一个商人家庭。

夏氏本系帝禹之苗裔,原籍河南汴梁。先君夏荣,少怀大
志,好儒术而善骑射,逢时孔艰,傀就武职。宋宣和中,从张叔夜
累立战功,授秉义郎。建炎三年,金将斜卯阿里、乌延蒲卢浑追
袭高宗于明州,公从杨存中迎战高桥,身被重枪,勇气益奋,士卒
感激,杀退寇虏,擢升两浙节度使,封英国公。绍兴五年,称病辞
老,赐第上虞之蔡林,是为迁虞始祖。清乾嘉年间,夏荣二十三
世孙夏天英自蔡林徙居崧厦之东市,遂有崧镇一支。初时家境
贫俭,及至二十五世孙夏诒桂,少依戚属经营于杭,积所盈余以
起家。咸丰朝,佐胡雪岩筹办军饷,受到清廷的赏识和褒奖。公
厌居功名,喜提携宗族后进,崧镇夏氏因之振兴。族弟如桂,生
鸿绪、燕绪二子。夏鸿绪,字贻谋,为夏丏尊之曾祖。公年十九

丧父，上奉母下抚弟，以孝悌称。性慷慨，财有余辄以襄善举。晚年信佛茹素，微命必惜，数十载如一日，族人咸尊其德。寿八十七卒，诰封"奉直大夫"，生四子。长子雨苍，字沛然，国学生。幼读书，明大义，壮善理财，设肆武林，重诺守信，有季布之风。父母在堂则常省视，色养备至。寿七十一卒，生三子。长子德修，更名寿恒，字心圃，生咸丰九年十二月十九日，钱塘附贡生，中书科中书衔，广东候选县丞。公克承先志，经营堂构，缵修谱牒，亲赴余姚韩夏共商合谱大计，于光绪三十三年圆谱。生五子：乃溥、乃焕、乃钊、乃彬、乃坤，并二女（长女早殇）。三子乃钊即夏丏尊。夏丏尊行"裕三"，更名铸，字伯勉，一字勉旃，别号闷庵，为蔡林夏氏第二十九世孙。

夏丏尊在《我的中学生时代》一文中回忆说：

> 我上代是经商的，父亲却是个秀才。在十岁以前，祖父的事业未倒，家境很不坏，兄弟五人之中据说我在八字上可以读书，于是祖父与父亲都期望我将来中举人点翰林，光大门楣，不豫备叫我去学生意。在我家坐馆的先生也另眼相看，我所读的功课是和我的兄弟们不同的。他们读毕《四书》，就读些《幼学琼林》和尺牍书类，而我却非读《左传》《诗经》《礼记》等等不可。他们不必做八股文，而我却非做八股文不可。因为我是要豫备将来做读书人的。[①]

---

① 夏丏尊：《我的中学生时代》，《中学生》第 16 号，1931 年 6 月 1 日。

1887 年(丁亥,清光绪十三年)　1 岁

▲10 月 31 日,蒋介石出生于浙江省宁波府奉化县溪口镇。

▲11 月 12 日,李元度卒,著有《天岳山馆文钞》《天岳山馆诗集》,编有《国朝先正事略》等。

▲12 月 1 日,《中葡北京条约》签订,清政府承认葡萄牙永驻并管理澳门。

▲本年,香港著名基督徒医生、律师、政治家和慈善家何启为纪念亡妻(英国人)创办香港雅丽氏医院,并附设西医书院。

10 月

1 日　四弟夏乃彬出生,字质均。

1889 年(己丑,清光绪十五年)　3 岁

▲2 月 11 日,日本明治政府颁布了《大日本帝国宪法》。

▲3 月 4 日,慈禧太后宣布"归政",退隐颐和园,光绪皇帝亲政。

▲本年,俞樾改订《三侠五义》,并更其名为《七侠五义》。

4 月

17 日　五弟夏乃坤出生,字兰亭。

1902年(壬寅,清光绪二十八年) 16岁

▲2月8日,梁启超在日本横滨创办并主编综合性半月刊《新民丛报》,自第四号起,连载其所作《饮冰室诗话》。其在该刊上发表的政论所形成的散文新文体影响较大,遂被称为"新民体",为后来的白话文运动开了先河。

▲2月14日,浙江巡抚任道镕奏报全省书院改设学堂情形,浙江将求是大学堂(前身为杭州求是书院)改为浙江大学堂(次年又改称浙江高等学堂),并委任劳乃宣为大学堂总理。

▲4月27日,由蔡元培、章太炎、蒋智由、叶翰、黄宗仰等人发起组建的中国教育会在上海成立。

▲11月14日,梁启超于日本横滨创办了中国第一份新型文学期刊《新小说》。

▲是年,清政府颁布了《钦定学堂章程》,亦称"壬寅学制"。这是中国教育史上正式颁布但未实行的第一个现代学制。

本年 中秀才。祖父经商受挫,家道中落。

夏丏尊在《我的中学生时代》一文中回忆说:

> 十六岁那年我考得了秀才,以后不久,八股即废,改"以策论取士"。八股在戊戌政变时曾废过,不数月即恢复,至是时乃真废了。这改革使全国的读书人大起恐慌,当时的读书人大都是一味靠八股吃饭的,他们平日朝夕所读的是八股,案头所列的是闱墨或试帖诗,经史向不研究,"时务"更所茫然。我虽八股的积习未深,不曾感到很大的不平,但

要从师,也无师可从,只是把《大题文府》等类搁起,换些《东莱博议》《读通鉴论》《古文观止》之类的东西来读,把白折纸废去,临摹碑帖,再把当时唯一的算术书《笔算数学》买来自修而已。

那时我家里的境况已大不如从前了。最初是祖父的事业失败,不久祖父即去世。父亲是少爷出身,舒服惯了的。兄弟们为家境所迫,都托亲友介绍,提早作商店学徒去了。五间三进的宽大而贫乏的家里,除了母亲和一个嫂子,就剩了父子两个老小秀才。父亲的书箱里,八股文以外,有一部《史记》,一部《前后汉书》,一部《韩昌黎集》,一部《唐诗三百首》,一部《通鉴纲目》,一部《文选》,一部《聊斋志异》,一部《红楼梦》,一部《西厢记》,一部《经策通纂》,一部《皇清经解》,还有几种唐人的碑帖,与《桐阴论画》等论书画的东西。父子把这些书作长日的消遣,父亲爱写字,种花,整洁居室,室里干净清静得如庵院一般。这样地过了约莫一年。①

1903年(癸卯,清光绪二十九年)　17岁

▲2月17日,中国留日学生浙江同乡会在东京创办《浙江潮》,孙翼中、蒋方震、蒋智由、马君武、王嘉榘等担任主编。

▲5月,文学半月刊《绣像小说》创刊于上海,由李伯元主编,与《新小说》《月月小说》《小说林》合称"清末四大小说杂志"。

▲本年夏,著名反清政治案件"苏报案"在上海公共租界发

---

① 夏丏尊:《我的中学生时代》,《中学生》第16号,1931年6月1日。

生,邹容、章太炎被捕入狱。

▲10月6日,湖广总督张之洞奉清廷之命与日本驻华公使内田康哉商订颁布《约束鼓励出洋游学生章程》,其中包括《约束游学章程》十款、《奖励游学毕业生章程》十款、《自行酌办立案章程》七款。

▲12月19日,《中国白话报》在上海创刊,创办人为林獬。他曾参与发起与组织中国教育会、爱国学社等团体,协助蔡元培等创办过《俄事警闻》。

1月

14日 经媒妁之言,与本县前江村金嘉女士成婚。

前江金氏于元大德年间,由金建、金创兄弟自上虞东乡七里滩徙居此地,传二十余世。宗谱族稿历经潮患兵燹,残缺不全。光绪二年冬,十七世越川公金炜(夏丏尊外祖父)、卧云公金鼎(夏丏尊族外祖父)爰集族人,制空白方册十二,弁谱例于册首,令各支长率众子姓逐细查明。未竟,金炜染疴弃世。光绪九年,十八世翰臣公金城斡、晴川公金简秉承遗志,奔走遍查,旁证旧闻,博咨遗考,劳疲心力,迁延至光绪二十九年纂辑付梓。金嘉曾祖石韫公,先世务农,至公而开拓门庭,赀业充裕。性朴厚,豁达好施与,邻里有告贷者力资助,未尝吝惜。气量宽宏,遇不平事亦不形于辞色。祖父祥仪公,勤俭守先业,性情温和,不疾言遽色。为社仓出纳,任内规模井然,遇荒年则多加赈恤。官至登仕佐郎。晚年耕田读书,漫步悠游,有古人之风,寿五十有九。父即晴川公金简。金嘉生于1882年7月26日(光绪八年六月十二日),长夏丏尊四岁,未曾上学,但因出身望族,甚有涵养。

本年春 进入上海中西书院学习。

夏丏尊在《我的中学生时代》一文中回忆说：

　　亲戚中从上海回来的,都来劝读外国书(即现在的所谓进学校)。当时内地无学校,要读外国书只有到上海。据说:上海最有名的是梵王渡(即现在的圣约翰大学),如果在那里毕业,包定有饭吃。父母也觉得科举快将全废,长此下去究不是事,于是就叫我到上海去读外国书。当时读外国书的地方也并不多。外国人立的只有梵王渡、震旦与中西书院,中国人立的只有南洋公学。我是去读外国书的,当然要进外国人的学校。震旦是读法文的,梵王渡据说程度较高,要读过几年英文的才能进去,中西书院(即现在东吴大学的前身)入学比较容易些。我于是就进中西书院。

　　那时生活程度还甚低,可是学费却已并不便宜,中西书院每半年记得要缴费四十八元。家中境况已甚拮据,我的第一次半年的学费,还是母亲把首饰变卖了给我的。我与便友同伴到了上海,由大哥送我入中西书院。那时我年十七。

　　中西书院分为六年毕业,初等科三年,高等科三年,此外还有特科若干年。我当然进初等科。那时功课不限定年级,是依学生的程度定的。英文是甲班的,算学如果有些根柢就可入乙班,国文好的可以入丙班。我英文初读,入甲班,最初读的是《华英初阶》,算学乙班,读《笔算数学》,国文,甲班。其余各科也参差不齐,记不清楚了。各科学科中,最被人看不起的是国文,上课与否可以随便,最注重的是英文。时间表很简单,每日上午全读英文,下午第一时板定是算学,其余各科则配搭在数学以后。监院(即校长)是美国人潘慎文，教习有史拜言、谢鸿赍①等。同学一百多人，大多数是包车接送的富者之子，间有贫寒子弟，则系基督教徒，受有教会补助，读书不用化钱的。我的同学中，很有许多现今知名之士。记得名律师丁榕，经济大家马寅初，都是我的先辈的同学。

中西书院门禁森严，除通学生外，非得保证人来信不能出大门一步，并且星期日不能告假（因为要做礼拜），情形几等于现在的旧式女学校。告假限在星期六下午。我的保证人是我的大哥，他在商店做事，每月只来带我出去一次，有时他自己有事，也就不来领我。我在那里几乎等于笼鸟。尤其是礼拜日逃不掉做礼拜觉得很苦。②

本年秋　赴杭州参加乡试，无果。

夏丏尊在《我的中学生时代》一文中回忆说：

读了一学期，学费无法继续，于是只好仍旧在家里，用《华英进阶》《华英字典》（这是中国第一部英文字典，商务出版）、《代数备旨》等书自修。另外再作些策论、《四书》义，请邑中的老先生评阅。秋间再去考乡试。举人当然无望，却从临时书肆（当时平日书店很少，一至考试时，试院附近临时书店如林）买了严译《原富》《天演论》等书回来，莫名其妙地翻阅。又因排满之呼声已起，我也向朋友那里借了《新民丛报》等来看，由是对于明末清初的故事与文章很有兴

---

① 谢鸿赍，当为"谢洪赍"（1873—1916），字邑侯，别号寄尘，自署庐隐，浙江绍兴人。清末民初著名基督教学者、翻译家。曾任上海中西书院教授，译著有《格物质学》《八线备旨》《代形合参》《旧约注释》诸书，并为商务印书馆编辑《瀛寰全志》《华英初阶》《英文进阶》《中英文典》等中小学教科书十余种。另外，还发行《基督徒报》，组织"全国青年会协会"，创刊《青年会报》，编辑丛书七十余种，启迪后学。

② 夏丏尊：《我的中学生时代》，《中学生》第16号，1931年6月1日。

味,《明季稗史》《明夷待访录》《吴梅村集》《虞初新志》等书都是我所耽读的。[①]

1904 年(甲辰,清光绪三十年) 18 岁

▲1 月 13 日,清政府颁布了《奏定学堂章程》。因制定颁布于旧历癸卯年,故又称"癸卯学制"。这是中国近代由国家颁布的第一个在全国范围内得到实施的系统学制。

▲1 月 17 日,文学月刊《女子世界》在上海创刊,创办人兼主编为丁初我,以提倡女学、女权,宣传男女平等为主旨,是清末刊行时间最长的妇女刊物。

▲3 月 11 日,大型综合性学术刊物《东方杂志》由商务印书馆开始出版发行。徐珂、孟森、陈仲逸、杜亚泉、钱智修等先后担任主编。

▲6 月,王国维所著《红楼梦评论》发表于上海出版的《教育世界》杂志,为近代最早吸收西方美学理论的重要论著。

▲9 月 24 日,秋瑾在日本创办《白话》杂志,以鼓吹推翻清政府为宗旨。刊物为月刊,共出 6 期。

11 月

7 日 长子夏采文出生。

本年 进入绍兴府学堂学习。

---

① 夏丏尊:《我的中学生时代》,《中学生》第 16 号,1931 年 6 月 1 日。

夏丏尊在《我的中学生时代》一文中回忆说：

十八岁那年，因了一位朋友的劝告，同到绍兴府学堂（即现在浙江第五中学的前身）入学。在那一二年中内地学堂已成立了不少。当时办学概依《奏定学堂章程》，学制很划一。县有县学堂，性质为现在的高小程度，府学堂则相当于现在的中学，省学堂相当于大学豫科，京师大学堂即现在的所谓大学了。学堂的成立，并无一定顺序，我们绍属，是先有中学，后有小学的。府学堂学费不收，宿费更不须出，饭费只每月二元光景，并且学校由书院改设，书院制尚未全除，月考成绩若优，还有一元乃至几毛钱的"膏火"可得（膏火是书院时代的奖金名称，意思是灯油费）。读书不但可以不化钱，而且弄得好还有零用可获得的。

府学堂的科目记得为伦理，经学，国文，英文，史学，舆地，算学，格致（即现在的理化博物），体操，测绘（用器画舆地图），功课亦依程度编级，一如中西书院的办法。我因英文已有每日三点钟半年及在家自修的成绩，居然大出风头，被排在程度顶高的一级里，算学与国文的班次也不低。同学之中年龄老大的很多，班级皆低于我，我于是颇受师友的青眼。

国文是一位王先生教的，选读《皇朝经世文编》，作文题是《范文正公为秀才时便以天下为己任》《士先器识而后文艺》之类。经学是徐先生（即刺恩铭的徐烈士）担任的，他叫我们读《公羊传》，上课时大发挥其微言大义。测绘也由这位徐先生担任。体操教师是一位日本人。他不会讲中国话，口令是用日本语的，故于最初就由他教我们几句体操用的日本语，如"立正""向前"之类。伦理教师最奇特，他姓朱,是绍兴有名的理学家,有长长的须髯,走路踱方步,写字仿朱子。他教我们学"洒扫应对""居敬存诚",还教我们舞佾,拿了鸡尾似的劳什子作种种把戏。据他的主张,上课时书应端执在右手,不应挟在腋下,上班退班,都须依照长幼之序"鱼贯而行",不应作鸟兽散,见先生须作揖,表示敬意。我们虽不以为然,却不去加以攻击,只以老古董相待罢了。

当时青年界激昂慷慨,充满着蓬勃的朝气,似乎都对于中国怀着相当的期待,不像现在的消沉幻灭。庚子事件经过不久,又当日俄战争,风云恶劣,大家都把一切罪恶归诸满人,以为只要满人推倒,国事就有希望了。《新民丛报》《浙江潮》等杂志大受青年界的欢迎,报纸上的社论也大被注意阅读。那时恋爱尚未成为青年间的问题,出路的关心也不如现在的急切(因为读书人本来不大讲究出路),三四朋友聚谈,动辄就把话题移到革命上去,而所谓革命者,内容就只是排满,并没有现在的复杂。见了留学生从日本回来,没有辫子,恨不得也去留学,可以把辫子剪去(当时普通人是不许剪辫子的)。见了花翎颜色顶子的官吏,就暗中憎恶,以为这是奴隶的装束。卢梭,罗兰夫人,马志尼等都因了《新民丛报》的介绍,在我们的心胸里成了令人神往的理想人物。罗兰夫人的"自由,自由! 天下几多罪恶假汝之名以行!"已成了摇笔即来的文章的套语了。[①]

① 夏丏尊:《我的中学生时代》,《中学生》第 16 号,1931 年 6 月 1 日。

1905 年(乙巳,清光绪三十一年) 19 岁

▲3 月 10 日,俄国在日俄战争中战败。9 月 5 日,日俄签订《朴茨茅斯条约》,日本取代俄国攫得在东北的侵略特权,俄国势力退至东北北部。

▲8 月 20 日,中国同盟会在日本东京正式成立,推举孙中山为总理,黄兴为协理。会上推蔡元培任中国同盟会上海分会会长。

▲9 月 2 日,清廷下诏:"立停科举,以广学校。"自丙午科为始,所有乡会试一律停止,各省岁科考试亦即停止,并令学务大臣迅速颁发各种教科书。

▲11 月 2 日,日本文部省出台了《关于准许清国人入学之公私立学校之规程》(即被称作《清国留学生取缔规则》的文件)。

▲本年,清政府查禁革命书报,《革命军》《浙江潮》《自由书》《新民丛报》《黄帝魂》等几十种书报刊物被查禁。

11 月

25 日   祖父夏雨苍去世。

本年   辍学回家替父坐馆,边教书边自修。任崧厦时术初等小学堂教习。

夏丏尊在《我的中学生时代》一文中回忆说:

我在这样的空气中过了半年中学生活,第二学期又辍学了。这次的辍学,并非由于拿不出学费,乃是为了要代替

父亲坐馆。原来，父亲在一年来已在家授徒了，一则因邻近有许多小孩要请人教书，二则父亲嫌家里房屋太大，住了太寂寞，于是就在家里设起书塾来。来读的是几个族里与邻家的小孩。中途忽然有一位朋友要找父亲去替他帮忙，为了友谊与家计，都非去不可。书馆是不能中途解散的，家里又无男子，很不放心，于是就叫我辍学代庖。功课当然是我所教得来的。学生不多，时间很有余暇，于是一壁教书，一壁仍行自修。家里人颇思叫我永继父职，就长此教书下去，本乡小学校新立，也邀我去充教习，但我总觉得于心不甘。①

本年 恰巧有亲戚自日本留学法政回来，夏丏尊受其影响，遂遍访亲友借贷五百元，准备负笈东瀛。

1906年(丙午，清光绪三十二年) 20岁

▲9月1日，清廷发布了仿行立宪的上谕，它宣布预备立宪的原则是："大权统于朝廷，庶政公诸舆论。"

▲9月，商务印书馆出版蔡元培译述的《妖怪学讲义录》总论。

▲12月，清学部奏准颁行《管理游学日本学生章程》，规定于驻扎日本出使大臣署内设游学生监督处，为管理游学生治事之所。设总监督一员，管理游学生一切事宜，以出使大臣兼任。

▲本年冬，中国最早的文艺研究团体春柳社成立于日本东京。

---

① 夏丏尊：《我的中学生时代》，《中学生》第16号，1931年6月1日。

▲本年,中国同盟会机关报《民报》与梁启超主办的《新民丛报》围绕要不要进行民族革命、民权革命,要不要实行土地国有、平均地权等问题展开大论战。

年初 赴日本留学,最初几月请一日本人专教其日文。

4 月

本月 插班进入东京宏文学院①普通科学习。

夏丏尊在《我的中学生时代》一文中回忆说:

> 当时赴日留学,几成为一种风气,东京有一个宏文学院,就是专为中国留学生办的,普通科二年毕业,除教日语外,兼教中学课程。凡想进专门以上的学校的,大概都在那里豫备。我因学费不足两年的用度,乃于最初数月请一日本人专教日文,中途插入宏文学院普通科去,总算我的自修有效,英算各科居然尚能衔接赶上。②

本年 与范爱农③合作翻译长泽龟之助著《几何学辞典》④。

---

① 宏文学院,即弘文学院。由日本教育家嘉纳治五郎创办。创立的初衷是为留日学生提供为期二至三年的日本语教育和普通教育,以备毕业后升入高等专门以上的学校。宏文学院设速成科与普通科两类。普通科学制一般是二年至三年。三年制普通科学习课程包括:第一学年,修身、日语、地理历史、算术、理科示教、体操;第二学年,修身、日语、地理历史、理科示教、算术、几何、代数、理化、图画、体操;第三学年,修身、日语、三角、历史与世界形势、动物学、植物学、英语、体操。

② 夏丏尊:《我的中学生时代》,《中学生》第 16 号,1931 年 6 月 1 日。

③ 范爱农(1883—1912),名肇基,字斯年,号爱农,浙江绍兴人。绍兴府学堂学生,光复会会员。1905 年随徐锡麟赴日留学。1911 年 11 月绍兴光复后,应监督鲁迅之邀,任山会初级师范学堂学监。1912 年被守旧势力排挤出校,同年 7 月落水身亡。

④ 此书未见出版。

1907年(丁未,清光绪三十三年) 21岁

▲4月,章炳麟、陶成章、张继、刘师培、苏曼殊等人在日本发起成立"亚洲和亲会",宗旨在于反抗帝国主义,期使亚洲已失主权之民族,各得独立。

▲6月,春柳社在日本东京公演了一部根据美国斯托夫人小说《汤姆叔叔的小屋》改编的大型剧目《黑奴吁天录》。

▲7月6日,光复会员徐锡麟在安庆刺杀安徽巡抚恩铭,率领学生军起义,攻占军械所,失败被捕,次日慷慨就义。7月15日,秋瑾就义于绍兴轩亭口。

▲11月15日,浙江铁路公司股东在上海愚园开拒款大会。所认股款达2300万元,两倍于英借款。

▲11月,马相伯等江浙绅商致电清军机处、农工商等部,要求苏杭甬铁路商办。

4月

本月 金鼎撰《夏君沛然先生家传》,内载:"寿恒有子铸,天姿敏捷,早拾芹香,近留学东瀛,锐志苦攻,行将中外蜚声,光大门闾,是又孝友传家之食报也。"①

---

① 夏寿恒、夏宪曾编:《光绪丁未桂林夏氏宗谱》,明德堂,1907年。

5 月

15 日至 20 日　参加东京高等工业学校^①招生考试,被窑业科特别预科录取。

东京高等工业学校的学生分为本科生、选科生和特别生三种,招生的生源类型不同,学制与课程安排及缴纳学费也不同。特别生主要招收外国学生。外国学生的招收须符合学校相关规定,并取得日本外务省在外公使馆和本国所在外国公馆的介绍信,体检合格,入学考试合格。特别生分为特别本科生和特别预科生两类。特别本科生修业年限为三年,特别预科生的修业年限为一年。学校每年招收特别预科生限 70 人以内。特别预科生需要通过入学考试并从中选拔,入学考试包括日语会话、日语读写能力、数学(算术、代数和几何)、初级物理及化学、英语(中学四年级水平)、初级辅助工具绘图、无辅助工具绘图。而特别本科生依据学校相关规定从特别预科生及所组织的考试通过者中选拔。

31 日　宏文学院院长嘉纳治五郎为夏丏尊颁发证书。

9 月

11 日　东京高等工业学校开学。本学年窑业科在读中国学

---

①　据《东京高等工业学校一览——从明治四十年至四十一年年鉴》记载,东京高等工业学校前身是创办于 1881 年 5 月的东京职工徒弟学校,1890 年 3 月更名为东京工业学校,1901 年 5 月更名为东京高等工业学校。东京高等工业学校主要以培养工业方面的专业人才和工业教育师资为目标,设置染织科、窑业科(陶瓷学)、应用化学科、电气科、机械科、工业图案科和建筑科 7 个专业。1929 年 4 月更名为东京工业大学。

生共 7 人。特别本科生二年级 2 人:梁志和、麟祉;一年级 3 人:李宣谏、刘皋卿、何寿彭;特别预科生 2 人:王□乡、夏丏尊。按照东京高等工业学校规程,经过一年学习以后,特别预科生通过期终考试就可以进入该校特别本科学习。

10 月

本月　与赵之俾、夏锡祺、方悌、倪绍雯等新考入官立各校学生禀请驻日公使杨枢领取官费。经核查无误,杨枢向浙江巡抚冯汝骙开具新旧应给官费各生名单,"请即按名筹备学费及活支经费,迅行解汇,以凭发给"①。

1908 年(戊申,清光绪三十四年)　22 岁

▲1 月,文学半月刊《国学萃编》(原名《国粹一斑》)创刊于北京,由沈宗畸主编。

▲2 月 25 日,杭州各界在凤林寺召开秋瑾的追悼大会,到会者达 400 余人。

▲7 月 22 日,清政府批准颁布《各省咨议局章程》和《议员选举章程》,限令各省于一年内将咨议局"一律办齐"。

▲8 月 27 日,清廷颁布了中国历史上第一部宪法性文件《钦定宪法大纲》。

▲11 月 14 日,光绪帝驾崩。次日,慈禧太后崩。

---

① 《咨浙江巡抚请将考入官立高等专门大学之学生照章给予官费文》,游学生监督处《官报》第 11 期,1907 年 11 月。

4 月

本月　在东京高等工业学校求学不到一年,因浙江省库款竭蹶,官费资助名额竞争激烈,没有获得官费资助,家中又负债累累,无法筹措学费,不得不辍学回国。拟创办中的浙江官立两级师范学堂监督王廷扬(孚川)正设法通过各种渠道物色、聘请优秀留日学生回国任教,夏丏尊获聘,任教育、伦理、心理、论理科通译。

夏丏尊在《日本的一灯园及其建设者西田天香氏》一文中回忆说:

那年我被浙江两级师范学校聘为教育科日文翻译员,所聘的教育教师是早大教授中桐确太郎。这位中桐先生是与日本宗教团体很有关系的,有一天,他送一只小小的布袋给我,叫我带回家去,转赠母亲。袋的里面写着几句话:

一,这叫做谢罪袋。

一,将佛的东西认作我的东西,这是罪。请把为谢这罪而归还的金钱,装入此袋,和立在门口的人结真的佛缘。

一,这"归还"不要认为"减少"。我们原可无忧的被养活,所以弄到非苦闷不能生活者,完全是由于要妄用自力的缘故。

一,请依了真的佛道如数归还了试试看! 比未归还以前,可得幸福的生活哩。要研究这理由的,请依溯了这袋的来处来问。

一,漫然施金钱于寺院或慈善,并不是成佛之因。

一,出心比出金钱更要紧。

那时记得中桐先生和我说过他朋友西田某的为人,且

18

说这袋就是从他的宗教团体中来的,他们团体中节衣缩食,做成种种记念用品结缘,这袋就是其中的一种。我那时年方二十二岁,于人生的烦闷,尚未入门,亦只平常视之,认为是一种普通宗教家的劝人的行动而已。①

本月 经亨颐任浙江官立两级师范学堂(以下简称两级师范学堂)教务长。

5月

14日 两级师范学堂开学。

11月

本月 兼任浙江高等学堂图画科日籍教员吉加江宗二的助教。②

1909年(己酉,清宣统元年) 23岁

▲2月15日,《教育杂志》创刊于上海。

▲3月2日,鲁迅、周作人兄弟合译的《域外小说集》第一集出版。

▲6月18日,文学月刊《扬子江小说报》创刊于湖北汉口,由

---

① 夏丏尊:《日本的一灯园及其建设者西田天香氏》,《东方杂志》第20卷第20期,1923年10月25日。

② 《浙省各学堂教员姓名籍贯出身及担任年月一览表》,《浙江教育官报》第90期,1911年8月。

胡石庵创办并主编,以刊载各种小说为主,兼刊诗词、随笔。

▲10 月 14 日,浙江咨议局召开成立大会,出席议员 112 人,陈黻宸当选为议长,陈时夏、沈钧儒当选为副议长。

▲11 月 13 日,以提倡民族气节、鼓吹新学思潮为主旨的革命文学团体"南社"成立于苏州,活动中心在上海,发起人为陈去病、高旭、柳亚子。

2月

17 日　次子夏龙文出生。

9月

本月　鲁迅至两级师范学堂任化学、生理科教员兼博物科通译。

夏丏尊在《鲁迅翁杂忆》一文中回忆说:

> 我认识鲁迅翁,还在他没有鲁迅的笔名以前。我和他在杭州两级师范学校相识,晨夕相共者好几年。时候是前清宣统年间。那时他名叫周树人,字豫才,学校里大家叫他周先生。……周先生每夜看书,是同事中最会熬夜的一个。他那时不做小说,文学书是喜欢读的。我那时初读小说,读的以日本人的东西为多,他赠了我一部《域外小说集》,使我眼界为之一广。我在二十岁以前曾也读过西洋小说的译本,如小仲马,狄更斯诸家的作品,都是从林琴南的译本读到过的。《域外小说集》里所收的是比较近代的作品,而且都是短篇,翻译的态度,文章的风格,都和我以前所读过的不同。这在我是一种新鲜味。自此以后,我于读日本人的

东西以外，又搜罗了许多日本人所译的欧美作品来读，知道的方面比较多起来了。他从五四以来，在文字上，思想上，大大地尽过启蒙的努力，我可以说在三十年前就受他启蒙的一个人，至少在小说的阅读方面。①

12 月

22 日　两级师范学堂新任监督夏震武到校后，要求教员行"谒圣""庭参"之礼，遭到教务长许寿裳和全体教员的拒绝。夏震武称"师校名誉甚坏，教育总会理应会同调查"，并即命停课半天。全体教员大愤，以罢教相抗，风潮由此发生。

23 日　晨八时"夏监督忽有三函到校，一为斥逐教务长寿裳者，一为责备教员全体者，一为劝令学生全部自修者"。②

26 日　与鲁迅、杨乃康、钱家治（均夫）、张宗祥、许炳堃（缄甫）、章嵌（厥生）、朱希祖（逖先）、范琦（允兹）等 25 人辞职离校，并电禀学部，公禀浙抚及提学使，请为辨"名誉甚坏"之诬。其暂居小营巷酱园弄湖州会馆。

1910 年（庚戌，清宣统二年）　24 岁

▲1 月，《南社丛刻》开始出版。

▲2 月 20 日，《国风报》（旬刊）在上海创刊，发行人为何国桢，实际由在日本的梁启超遥控。

---

① 夏丏尊：《鲁迅翁杂忆》，《文学》第 7 卷第 6 期，1936 年 12 月 1 日。
② 《师范教务长等上浙抚公禀》，《申报》，1909 年 12 月 31 日。

▲8 月 29 日,商务印书馆出版《小说月报》创刊号,该刊以"移译名作,缀述旧闻,灌输新理,增进常识"为宗旨,由南社社员王蕴章主编。

▲11 月 4 日,清政府宣布缩短预备立宪期限,决定于 1913 年开设议院,同时下令各省请愿代表即日散归,不得再行请愿。

▲本年冬,中国早期话剧的第一个职业剧团进化团成立于上海,领导人是新剧活动家任天知。

1 月

1 日起 省城各学堂代表在仁钱教育会开会,联名向浙抚增韫控告夏震武滥用威权、串引外人蹂躏学堂。两级师范学堂全体学生发表宣言,声讨其九大罪状。嘉兴、湖州两府教育会通电决议齐集省垣公开大会,议逐夏震武以维持两级师范学堂。

5 日 两级师范学堂暂由浙江提学使袁嘉谷接办。

9 日 代理监督孙智敏(廑才)至湖州会馆,敦请各教员返校上课。此次风潮,持续了两个星期,最后以夏震武辞职告终,史称"木瓜之役"(因为夏震武平日木头木脑,顽固不化,大家都叫他"夏木瓜")。返校前,夏丏尊与鲁迅、杨乃康等人合影留念。

11 日 两级师范学堂复课。

2 月

本月 堵福诜(申甫)至两级师范学堂任习字教员。

8 月

本月 王锡镛(赓三)至两级师范学堂任理化教员。

本年夏 母亲金氏去世。

1911年(辛亥,清宣统三年) 25 岁

▲4 月 27 日,广州黄花岗起义爆发。

▲8 月 24 日,《申报》副刊《自由谈》创刊,至 1935 年停刊,为近代出版时间最长的报纸副刊。

▲10 月 10 日,武昌起义爆发。

▲12 月 4 日,留沪各省代表开共和联合会大会,议决暂以南京为临时政府所在地,并选举黄兴为大元帅,黎元洪为副元帅。

▲12 月 10 日,浙江省临时议会在杭州正式成立,会议选举莫永贞、张翅为正副议长。

3 月

本月 叶谦(墨君)至两级师范学堂任教育教员。

9 月

本月 姜丹书(敬庐)至两级师范学堂任图画手工科教员。

11 月

5 日 杭州光复。

夏丏尊在《光复杂忆》一文中回忆说:

> 那时我在杭州,事前曾有风声,说就要发动。四日夜里尚毫不觉得有甚么,次晨起来,知道已光复了。抚台已逃

23

走。光复的痕迹，看得见的，只有抚台衙门的焚烧的余烬，墙上贴着的都督汤寿潜的告示，和警察袖上缠着的白布条。街上的光景和旧历元旦很相像，商店大半把门闭着，行人稀少的很。一时流行的是剪辫，青年们都成了和尚。……

当时尚未发明标语的宣传法，大家只在日用文件上表示些新气象。最初用黄帝元纪，第二年才称民国元年。在文字的写法上有好些变化。革命军的"军"大家都写作"軍"，"民"字写作"氏"，据说是革命军与人民出了头的意思。國字须写作"圓"，据说是共和国以人民为主体的意思。这风气直至民国四五年袁世凯要称帝时还存着。朋友×君曾以國字为谜底作一灯谜云："有的说是民意，有的说是王心，不知这圈圈内是甚么人。"國字旧略写作"国"，×君的灯谜，是暗射当时的时事的。

……记得在光复当时，人心是非常兴奋的。一般人，尤其是青年，都认中国的衰弱，罪在满洲政府（按：指清政府）的腐败，只要满洲人一倒，就甚么都有办法。当辫子初剪去的时候，我们青年朋友间都互相策励，存心做一个新国民，对时代抱着很大的希望。就我个人说，也许是年龄上的关系吧，当时的心情，比十六年欢迎党军莅境似乎兴奋得多。宋教仁的被暗杀，记得是我幼稚素朴的心上第一次所感到的幻灭。[①]

---

① 夏丏尊：《光复杂忆》，《中学生》第38号，1933年10月1日。

24

1912年(壬子,民国元年)　26岁

▲1月1日,孙中山在南京就任临时大总统,宣告中华民国南京临时政府成立。改用阳历。

▲1月19日,中华民国教育部颁行《普通教育暂行办法》,通令"从前各项学堂,均改称学校,监督、堂长应一律通称校长"等14条改革方案,并颁布《普通教育暂行课程之标准》。

▲2月12日,清帝颁布退位诏书,接受优待条件。次日,袁世凯声明赞成"共和",孙中山向临时参议院辞职。

▲9月4日,袁世凯下令颁行《省议会议员选举法》。规定"凡有中华民国国籍之男子,年满二十一岁以上,于编制选举人名册以前在选举区内住居满二年以上",又具备下列资格之一者享有选举权:"一、年纳直接税二元以上者;二、有值五百元以上之不动产者;三、在小学校以上毕业者;四、有与小学校以上毕业相当之资格者。"

▲9月28日,教育部公布《师范教育令》,规定各类师范学校的培养目标、设立原则、经费来源、修业年限、学习科目及程度、编制及设备、教员检定、校长教员之俸给等项。

1月

21日　新教育总会①假马坡巷法政学堂开成立大会,到者

---

① 新教育总会于1912年1月6日由何绍韩等人发起成立,全称为"中华民国浙江新教育总会",该会以"革新教育,造成共和国民"为宗旨。

约 400 余人,先由何绍韩(竞明)述开会辞,即推举经亨颐为临时主席。次修正草章,由褚辅成提议改"新教育总会"为"浙江省教育会",复由某会员议加催促各县设立县教育会一条及改设评议、干事二部,均经议决,再选举会长及职员。章太炎当选为正会长,沈钧儒为副会长,江镜清、许倬云、浦诚增等 11 人为评议员。

2 月

本月 浙江官立两级师范学堂改名为"浙江省立两级师范学校",经亨颐任校长。

4 月

7 日 浙江省教育会以两级师范学校为会场召开常年大会,到者 230 余人。"入席后,首由干事长报告年例大会,改用阳历,及正会长章太炎因公赴通州,副长沈衡山担任行政官而辞职"。该会并续请选举经亨颐为副会长,添举程宗裕(光甫)、罗赓良(飏伯)、钱王杰等 11 人为评议员。

10 日 浙江省立两级师范学校复课。①

本月 在浙江省立两级师范学校教授优级公共科日语,每周八时,月薪四十八元。② 同科教员有马叙伦、郑永禧、叶墨君、沈尹默、陈雄飞(云扉)、范琦、胡濬济等 10 人。

---

① 《浙江两级师范学校暨附属小学校开课通告》,《汉民日报》,1912 年 3 月 12日。

② 《都督蒋咨教育部据司呈报优级师范公共科概略文》,《浙江公报》第 184 册,1912 年 8 月 14 日。

6月

中下旬 上虞县劣绅冒窃旅杭夏铸等名捏词禀讦上虞知事沈祖绵，阴图陷害。夏丏尊等人呈控此事，以求正名。

30日 浙江旅沪学会及绍兴旅沪同乡朱福诜（桂卿）、田时霖、孙廷献（蔼人）、张鸣（竹生）等人电请浙江都督蒋尊簋、民政司长褚辅成，"迅予澈查，以儆刁风而彰公道"。

7月

2日 浙江都督蒋尊簋复浙江旅沪同人电，"沈知事一再辞职，迭经慰留在案，夏铸等呈控各节，已饬司派员澈查，以明是非而证舆论"。

8月

本月 与姜丹书陪同李叔同夜游西湖。"于时晚晖落红，暮山被紫，游众星散，流萤出林。湖岸风来，轻裾致爽。乃入湖上某亭，命治茗具；又有菱芰，陈粲盈几。短童侍坐，狂客披襟；申眉高谈，乐说旧事。"[①]

本月 李叔同赠手书《高阳台·为歌郎金娃娃作》，款"丙午旧作，写奉勉旃先生大家一笑，壬子七月雨窗，息霜"。

本月 李叔同赠手书"晨鹊撼树，于以极兴；夜寝列烛，求其悦魂"对联一副，款"壬子七月，时同客杭州师范学舍，勉旃学长先生正，李息哀公书卷施阁句"。

---

① 李叔同：《西湖夜游记》，《白阳》诞生号，1913年5月。

本月 李叔同任两级师范学校图画、音乐教员。

10 月

10 日 在杭州参加双十节全城学界提灯会,提了"国庆纪念"的高灯沿途去喊"中华民国万岁",自晚六时起至十一时才结束。

12 月

7 日 李叔同赠手书汪中《先母邹孺人灵表》、王诒寿《磷火赋》、姚鹓雏七言诗、郭麐《清平乐》词四条屏,款"闇庵居士将归里,索书以贻细君,壬子大雪节微阳并记"。

本年秋 为避免普选任职,始将原字改为"丏尊"。丏,音同勉,意遮蔽、不见。"丏"与"丐"字形相近,若选举人误将"丏"写成"丐",就会成为废票。

本年 担任浙江省立两级师范学校舍监。

夏丏尊在《紧张气分的回忆》一文中回忆说:

> 我的最初担任舍监是自告奋勇的,其时是民国元年。那时学校习惯把人员截然划分为教员与职员二种,教书的是教员,管事务的是职员,教员只管自己教书,管理学生被认为是职员的责任。饭厅闹翻了,或是寄宿舍里出了什么乱子了,做教员的即使看见了照例可"顾而之他"或袖手旁观,把责任委诸职员身上,而所谓职员者又有在事务所的与在寄宿舍的之分,各不相关。舍监一职,待遇甚低,其地位力量易为学生所轻视,狡黠的学生竟胆敢和舍监先生开玩

笑,有时用粉笔在他的马褂上偷偷地画乌龟,或乘其不意把草圈套在他的瓜皮帽结子上。至于被学生赶跑,是不足为奇的。舍监在当时是一个屈辱的位置,做舍监的怕学生,对学生要讲感情。只要大家说"×先生和学生感情很好",这就是漂亮的舍监。

有一次,×校舍监因为受不过学生的气,向校长辞职了。一时找不到相当的替人,我在×校教书,颇不满于这种情形,遂向校长自荐,去兼充了这个屈辱的职位,这职位的月薪记得当时是三十元。[①]

本年 收藏陈衡恪山水画作十二幅,装订成册。经亨颐题签"朽道人画册",李叔同题扉页,款"丏尊藏,息篆额"。

1913年(癸丑,民国二年) 27岁

▲3月20日,宋教仁在上海遇刺。

▲5月,浙江省议会通过《筹设省立师范学校议决案》,规定每一旧府各设立师范学校一所。

▲6月22日,袁世凯发布尊孔祀孔令。

▲7月12日,李烈钧在江西湖口举兵讨伐袁世凯,"二次革命"爆发。

▲7月20日,浙江都督朱瑞通电各省都督、民政长并岑春煊、黄兴,宣布浙江中立,以图自保。

---

① 夏丏尊:《紧张气分的回忆》,《中学生》第42号,1934年2月1日。

4 月

1 日 由浙江省教育会主办的《教育周报》在杭州创刊。孙增大为总编辑,夏丏尊、何绍韩、李叔同、马文车、吴锐、张世杓(葆灵)、程宗裕、经亨颐等 19 人为撰述人。

同日起 译作《爱弥尔》([法国]卢梭著)在《教育周报》第 1、2、5 期连载。译文概述性地介绍了卢梭的自然主义教育学说。"此书为法国卢骚氏所著,乃教育上之一种记录。盖虚构爱弥尔之一生徒,而藉述著者之自然主义者也。著者以从来之教育法为谬误,痛骂之几于不留余地。其思想之新奇,与文笔之爽利,大为欧洲教育界所注目,与人心以伟大之感动。如康德、彗司太落契等,皆深受此书之刺激者也。故此书实为近世新教育之源泉,各国皆有译本。不揣冒昧,敢妄译世界名著,以献同志。译者志。"

23 日 时评《黑暗展览会》刊《教育周报》第 4 期。

5 月

13 日至 15 日 浙江两级师范学校举行五周年纪念大会及美术展览会,并出版《浙江两级师范学校成立五周纪念会寄览书画册》,李叔同为扉页题字。

22 日 为李叔同刻印"哀翁"一方,边款"息霜丧母以后更名曰哀,有孝思焉。余年前失恃,余痛未已。今刻此印,益增凄怆。癸丑四月十七夜,丏尊就火作此"。

25 日 浙江省教育会于浙江两级师范学校之礼堂开春季大会,到者约 200 余人,各县教育会代表共 35 人。"开会之时,正会长章太炎先生以调和南北事次武昌,由副会长经子渊先生代表述开会辞,历述本会之经过,及中途进行之困难与夫现状之维持。辞毕,即由陈、孙二君,报告本会收支。"报告毕,即由主席宣告,改选本会职员,其选举手续,共分五次"。经亨颐被改选为正会长,刘焜为副会长。夏丏尊、钱家治、叶墨君、张衡(佐时)、徐作宾(溥泉)等21人当选为评议部职员。蔡敦辛(寓仁)、陈文鼎、陈协华、张惠元等10人当选为干事部职员。夏丏尊、马文车、陈国惠、李叔同等20人当选为编辑部职员。①

本月 经李叔同策划指导,浙师校友会出版《白阳》杂志。内收夏丏尊译作《写真帖》(〔俄国〕契诃夫著),诗作《湖上呈哀公》二首及刻印"闷庵""我劳云何"两方。

同期 寄赠族叔夏宪曾《白阳》一册。

6月

3日 浙江省教育会召集本届第一次评议会,"议决事件如下:(一)驻会干事为有给职员,于全体干事中由会长指定,但至多不得过四人。(二)驻会职员薪金每月至多不得过一百二十元。(三)评议、干事两部不设部长。(四)评议部开会时干事员亦得列席,但无表决权。(五)公推钱家治、张宗峄二君为评议、干事两部起草员。(六)前次所组织之编辑部仍继续有效,而新举各职员概任义务撰述"。②

18日 生日。李叔同摹写汉长寿钩钩铭相赠,款"右汉长寿钩钩铭二字,阮元案,铭作阴款。揣其制,当更有一钩,文必阳

---

① 《浙江省教育会开春季大会纪事》,《教育周报》第8期,1913年6月1日。

② 《浙江省教育会开会纪闻》,《时报》,1913年6月8日。

识,古人合之以当符券也。癸丑五月十四,丏翁同学二十八年诞辰,辇此以祝丏翁长寿。当湖老人息翁"。

23 日 省教育会召集本届第二次职员会,议决陈请省议会筹办教育博物馆。

29 日 上午两级师范学校旅省同学在学校礼堂成立同学会,选举经亨颐为会长,王锡镛为副会长,蔡敦辛、蔡谔士、郦忧(赓九)、朱权(听泉)、叶广梁等 5 人为干事。会毕摄影。

30 日 省教育会召集本届第三次职员会,通过干事、评议两部办事细则。

7 月

本月 浙江省立两级师范学校优级部并入北京高等师范学校,初级部在原址改设浙江省立第一师范学校(以下简称浙一师)。

同期 为浙一师校歌作词:"人人人,代谢靡尽,先后觉新民。可能可能,陶冶精神,道德润心身。吾侪同学,负斯重任,相勉又相亲。五载光阴,学与俱进,磐固吾根本。叶蓁蓁,木欣欣,碧梧万枝新。之江西,西湖滨,桃李一堂春。"李叔同为之谱曲。

8 月

13 日 省教育会召集本届第三次评议会,因不足法定人数,未能开议。

26 日 省教育会召集本届第四次评议会。其评议事件为:"(一)筹画经费。本会经费,自七月底止,不敷四百余元。公决先要求行政公署,将七八两月份补助金,照数给发。如一时不能领到，只有暂用会长名义，借款维持。（二）改组编辑。前次所组织《教育周报》编辑部，任期已满，应行改组。群议以各评议员或由各评议员推举一人组织之，限一星期内将编辑人姓名住址报告本会。如逾限，应由各评议员自行担任。此外命题征文，一经登出，每篇酌酬润资五元。（三）裁汰伙食。驻会各干事伙食，概由自备。"①

10 月

13 日 浙江省立第一师范学校成立校友会，以"陶冶品性，锻炼身体，养成善良之校风"为宗旨，下设总务部、文艺部、运动部。经亨颐任会长，致开会辞。夏丏尊任第一届文艺部长。

11 月

12 日 为李叔同刻印"息翁"一方，边款"此印自诩不俗，息霜解人当用之于得意书画也。癸丑十月望夜，丏翁"。

16 日 浙一师举行秋季运动大会，有 36 所学校代表参赛。

12 月

月底 浙江省立第一师范学校《校友会志》创刊。夏丏尊为之作序：

> 文学有解脱苦闷涵养兴趣之功，于学校生活，为此种良好优美事业，使有余之精神有所归宿，亦行有余力，则以学文之意大可救学窗干燥无味之苦，则斯志诚现在之急需也。

---

① 《本会第四次评议会纪事》，《教育周报》第 17 期，1913 年 9 月 1 日。

抑更言之，吾等对于教育前途，负担騄重，不可不有忍苦直前之觉悟。一切名利之快乐，凡俗之欲望，非吾等所应染指。青灯黄卷，暮鼓晨钟，吾等之生活也。吾等虽与一般同其天地，实与一般异其世界。吾等于是，若不于凡俗之快乐以外，别辟一境，以自慰藉，几能安土而不他适，寻是以往，则凡俗世界将人满相残，而教育王国将阒焉无人，其结果尚可问耶。吾等将来特有之快乐当不少，而文学之趣味实居其一。由斯而言，此志不特为现在之急需矣。况乎振作校风，发扬校文，修养精神，交换智识，皆可赖于是志也哉。愿吾校友勉之。

并发表《谒张苍水墓》《暮春感怀》二诗及《学斋随想录》四则。

本年夏　为躲避学校名人演讲，与李叔同到西湖湖心亭吃茶。据李叔同回忆说："曾有一次，学校里有一位名人来演讲，那时，我和夏丏尊居士两人，却出门躲避，而到湖心亭上去吃茶呢！当时夏丏尊曾对我说：'像我们这种人，出家做和尚倒是很好的！'那时候我听到这句话，就觉得很有意思，这可以说是我后来出家的一个远因了。"[①]

本年　兼任浙一师手工科日籍教员本田利实的助教。有学生李鸿梁、朱稣典、吴梦非、徐啸涛、罗志洲等。

本年　幼子阿兔出生。

---

①　弘一：《我在西湖出家的经过》，《越风》增刊第 1 集《西湖》专号，1937 年 5 月。

1914年(甲寅,民国三年)　28岁

▲1月10日,袁世凯命令解散国会。

▲5月1日,文学月刊《小说丛报》在上海创刊,是20世纪初鸳鸯蝴蝶派影响较大的刊物之一,被称为鸳鸯蝴蝶派的大本营。

▲7月28日,第一次世界大战爆发。

▲7月,刘师复在上海创立"无政府共产主义同志社",这是中国第一个无政府主义组织。

▲12月,教育部拟定《整理教育方案草案》,大力提倡尊孔读经。

1月

10日　出席省教育会职员新年宴会,与会者有经亨颐、刘焜、孙增大、叶广梁、何绍韩、王锡镛、浦诚增等17人。"先由会长经君报告一年之经过,并提出本年进行计画之意见,大约谓从物质方面进行者,须视费之有无为断,筹备本省教育成绩展览会,亦其一端,余则学术讲演,通俗讲演,或培养讲演人才等事,亦可酌量筹备;其从精神方面进行者,莫如将《教育周报》由本会职员会员共负责任,以建设正大光昌之言论,以唤醒社会,而发行《教育周报》临时增刊,亦其一端。于是由夏君丏尊提出一问题,为'浙江教育之缺点及其改良方法',经众赞成,当即由到会职员签名,每人担任一篇,限于二月十日以前,一律齐缴,毋得延误。余如本会会员,亦应义务投稿,以及教育界之志愿投稿者,

亦准择优登载。约在二月终,即可印发出版矣。"①

本月　浙一师校友会举行新旧职员交代会。叶广梁任第二届文艺部长。

2 月

1 日　长女夏吉子出生。

本月　陈衡恪赠《小梅花屋图》一幅,落款"朽道人衡为夏盖山民制"。章嵚题七绝两首,李叔同题《玉连环影》。夏丏尊自题《金缕曲》(刊《校友会志》第 6 期),跋"朽道人为余画小梅花屋图,厥生、息翁皆有题词,余初学填词,写此补焉。甲寅正月,夏盖山民自记"。陈夔(子韶)题《疏影》,跋"夏盖山民以小梅花屋图索题,且谓系念故乡,当重绘灯机老屋图,故并及之"。

夏满子回忆说:

> "夏盖山民"是我父亲年轻时的别号,等于说"上虞崧厦人姓夏的"。听老人们说,故乡上虞崧厦有一座镬盖山,我们那里叫覆盆式的锅盖为"镬盖"。"镬""夏"两字,上虞人念起来声音很相近,也许父亲故意把"镬"字改成"夏"字。那时候父亲在杭州浙江两级师范教书,住在城里弯〔湾〕井巷,租人家的几间旧房子。窗前有一棵梅花,父亲就取了个"小梅花屋"的室名,请陈先生画了这幅《小梅花屋图》。②

---

① 《本会民国三年第一次职员会纪事》,《教育周报》第 30 期,1914 年 1 月 30 日。

② 夏满子:《〈小梅花屋图〉及其他》,《战地》增刊第 6 期,1979 年 11 月。

4 月

17 日 与经亨颐、王锡镛、姜丹书、胡公冕、叶广梁、本田利实等教职员携学生 200 余人远足云栖,途径西湖、赤山埠、石屋岭、杨梅岭、理安寺、琅玡山、真际寺。返校前,三呼"浙江第一师范学校万岁",鼓掌而散。

5 月

6 日 下午校友会举行新旧职员交代会。徐道政任第三届文艺部长。

同期 与徐道政、李叔同、刘毓盘、徐作宾、姜丹书、郦忱合作的《赋得远足会》联句诗刊《校友会志》第 2 号,夏丏尊撰"百步思芳草,千山拾紫芝"一句。

10 日 省教育会在浙一师礼堂召开春季大会。会长经亨颐致开会辞,孙增大报告办理《教育周报》情形及教育会经费出入数。继选举各部职员。本届夏丏尊未任职。

9 月

5 日 经李叔同介绍加入南社,编号 454 号。该社以"研究文学,提倡气节"为宗旨。同期加入的浙一师同人有徐作宾(455号)、徐道政(457 号)、郦忱(458 号)、姜丹书(459 号)等。

10 月

9 日 下午浙一师校友会举行新旧职员交代会。堵申甫任第四届文艺部长。

26 日 夜与傅璜（湖南湘阴人）小饮。作《高阳台》（刊《校友会志》第 4 号），题"益修先生怀乡不乐，相与买醉，归来赋此呈之"。

30 日 校友会在学校为亡友许锡璋、冯树勋、王锡命举行追悼会。

本月 加入浙一师乐石社。该社以"研究印学"为宗旨，于 11 月初正式成立，发起人邱志贞，社员有李叔同、经亨颐、堵申甫、楼启鸿、朱毓魁（文叔）、陈兼善、周其鑅（淦卿）等 19 人。半年内，又吸收柳亚子、周承德（佚生）、姚石子、费砚等 8 人。

11 月

22 日 校友会组织第二次陆上运动会，分立司令、审判、赏品、装置、记录、卫生、纠察、招待、贩卖、庶务等十部门。夏丏尊、堵申甫、金兆祥、卢瑞冀、杨善恒、王相兆任赏品部职员，戴青色腕章。

12 月

本月 乐石社出版篆刻集《乐石第一集》，内收夏丏尊治印三方。其一为"江湖相忘"，边款"刻爨宝子语并师其意，甲寅中秋，丏公记"。其二为"乐石万岁"，边款"甲寅九月，学友有印癖者设乐石社，丏公隶焉作此为祝，且以示我石友"。其三为"息机归寂"，边款"丏公刻楞严句奉息翁，求息翁为我画佛也"。

本年 乐石社编辑出版《木版画集》，收有夏丏尊木刻作品。

1915 年(乙卯,民国四年) 29 岁

▲1 月 18 日,日本向袁世凯提出旨在灭亡中国的"二十一条"。

▲1 月 24 日,留美学生胡明复、任鸿隽、赵元任、杨杏佛等发起的《科学》杂志在上海创刊,由任鸿隽任主编。

▲9 月 15 日,陈独秀在上海创办《青年杂志》,次年第一期起改名为《新青年》。

▲12 月 12 日,袁世凯宣布接受帝制,改国号为"中华帝国",下令定 1916 年为"洪宪元年"。

▲12 月 25 日,蔡锷等宣布云南独立,组织护国军讨袁。孙中山发表"讨袁宣言"。

1 月

月初 应部分学生请求,业余教授日文。

28 日 下午四时校友会举行第五届大会。郦忧任文艺部长。文艺部下设杂志部和言论部。杂志部职司购备各种杂志及编辑校友会志;言论部主要工作为组织演讲,时间定于每周六晚间举行,每次演讲员 4 人,名单由部长排定。

30 日 与叶墨君、潘子亨、金布(致和)、徐作宾、胡公冕等教职员参加浙一师三年级同级会成立会及其活动。斯会的宗旨是"联络师生之感情,增进同学之友爱"。①

---

① 戴松年:《三年级同级会成立记》,《校友会志》第 5 期,1915 年。

本月　乐石社出版《乐石第二集》，内收夏丏尊"君我双修庵"印一方，边款"此是刘郎迟暮心，台宗古辙幸窥寻。瓶花妥帖炉香定，何肉周妻业并深。整顿全神注定卿，天风鸾鹤怨三生。劳人只有空王谅，万一天填恨海平。兰因絮果从头问，亦是今生后起缘。烈士暮年宜学道，未须料理五湖船。为袁二卧雪作此印，艳其意境，复集定庵句系之，甲寅十一月晦，夏盖山民记"。

2 月

　　23 日　夜为杨贤江讲授《学修法》（日文教材）。九时毕。[①]

　　25 日　杨贤江日记载："近日颇想到：下学年最好集有志者二十四人，合为一自修室，举行各种自治的事业，为全校模范，为全国模范。力祛除奴隶之恶癖，动须受人监督，学问上亦自求进步，不以教室所授者为限，则庶足以养成独立自尊之良道，处应事物之能力，将来出为人师，当无愧师范二字也，拟将此意告诸舍监，以备采择。"

　　27 日　夜本届校友会言论部召集第一次演讲会。郦忱致开会辞并讨论章程，夏丏尊作演讲。

　　本月　乐石社出版《乐石第三集》，内收夏丏尊"佚生之印"印一方，边款"佚生先生为我作书，思仿汉人瘦朱文印报之而无其劲致，惭愧惭愧，丏公记"。

3 月

　　2 日　夜为杨贤江讲授《学修法》。

---

　　①　《杨贤江日记》,《杨贤江全集》第四卷,郑州:河南教育出版社,1995 年版。

3 日　浙江第六师举行体育竞技会,浙一师全体师生往观。

9 日　午后为杨贤江讲授《学修法》,至晚餐始毕。

19 日至 23 日　校友会 240 余人赴兰亭旅行,途经西兴、萧山、会稽山及绍城。

23 日　夜为杨贤江讲授《学修法》,并谈及校友会同人旅行情形。

本月　为《乐石第四集》题签,落款"乙卯二月,丐公署"。

4 月

1 日至 7 日　春假。

11 日　杨贤江日记载:"中饭后,到联桥邮局挂号寄信,即投诸《学生杂志》之文稿,上午已由夏先生写条托傅先生盖校印,故即于此时寄去也。"

13 日　晨为杨贤江讲授《学修法》半小时。

15 日　夜杨贤江来问询《成功与人格》中生字。

17 日　夜出席校友会言论部第五次讲演会,演说《自我认识法》,"谓身体心神不能目为自我。自我之认识,一在阅古今贤哲之书籍,而得见其影,惟此法有谬误;次在取例于并世名人,最好则留意自己之言行云。"(据杨贤江日记)

22 日　夜为杨贤江讲授《学修法》,并谈及学校种种不满意处。

25 日　下午一时校友会举行第六届职员选举会。由会长经亨颐推荐,夏丏尊任本届文艺部长。

27 日　下午四时出席校友会新旧职员交代会。夜饭后为杨贤江讲授《学修法》。

28 日　夜召集校友会言论部数人,商议改良讲演形式,分任叙述、讲解、议论三端。

30 日　杨贤江日记载："四时后散步,继译《四则问题》数则,不能融会贯通,译多牵强,欲询夏师而不获,当待后询云。"

本月　乐石社出版《乐石第五集》,内收夏丏尊"春昼午"印一方,边款"乙卯春日,社友集刻温飞卿《诉衷情》词,夏盖山民分句得此"。

5 月

4 日　午后为杨贤江讲授《学修法》,并解答《四则问题》中不明处。杨贤江日记载："师复托余代译《球规》一书,以应校友会之请,余乃承认,唯近因译算学事已太忙,《球规》一书当迟几天也。"

5 日　傍晚为杨贤江审阅讲稿《自觉》,言解释例证欠多,宜有增改。

8 日　夜出席并主持校友会言论部第一次讲演会,致开会辞。到会会员 33 名,俞惊坤、朱文叔、陈祖延、杨贤江分别作题为《新学制之评论》《孟子承教章》《张翼德大闹长坂坡》《自觉》的演讲。

13 日　晨杨贤江来问询国文入门法。杨贤江日记载："师劝我读子书,以于文笔思路均有启发也。乃借《墨子》首本以归。墨子古人以为异端,其书亦未见重于时,然历二千余年而仍留世间,未可谓无价值也,今日读之甚爱之焉。"

18 日　夜为杨贤江讲授《学修法》。

20 日　应经亨颐之邀,午间与李叔同、严修、张星六、裘公勃、张伯苓、王梦臣、陶孟和、严渔三、严仲锡、王少卿、朱丙炎(宗文中学校长)、陈伯园(安定中学校长)、朱文园(甲种蚕桑学校校长）等在西泠印社聚餐。

23日 晨八时半谢洪赉应校友会言论部邀请来校讲演,题为《高尚之理想》。

27日 傍晚五时为杨贤江讲授《学修法》。

同日 杨贤江日记载:"继读《南社丛刊》文录,是书系假诸夏师者。"

28日 下午四时校友会举行第六届大会。

30日 下午二时在学校礼堂出席省教育会常年大会,会员签到者共有35人。首由会长经亨颐报告,解释本届常年大会召开的时间略比上届迟延,是因其参加了在天津召开的全国教育联合会。"又谓中国教育仅注重学校教育,于社会家庭教育并未如何研究。今后我教育会须提倡军国民教育,以广学识而造人才云云"。收支账目及会务报告毕,提议修改章程,将干事会议定草案分发各会员阅看。金以第四条"干事员无定额"殊不明了,应改为"常住干事至少二人,临时干事无定"。当经逐条通过禀请巡按使备案,即投票选举职员。经亨颐当选为会长,刘焜当选为副会长;夏丏尊、金学俨、叶广梁、王锡镛、张衡、张世杓、沈肃文、蔡敦辛、阮性存等24人当选为评议员。选举完毕,提议事件,夏丏尊提出"设分科研究会",获会长及多数会员赞成。六时半散。①

6月

3日 校友会召集本届第一次职员会,议决取消庭球部,即日改设弓箭部与徒步部,暑假内增设游泳部;并商讨秋季运动会

---

① 《纪浙省教育会四届常年会》,《申报》,1915年6月1日。

部员分配及毕业生送别会办法。

4日　夜饭后为杨贤江讲授《学修法》。

9日　夜饭后为杨贤江讲授《学修法》，并借与《汉译日文词典》。

15日　夜告知杨贤江，日文课改至明日补讲。

16日　夜饭后为杨贤江讲授《学修法》，并商议自修室自治事。杨贤江日记载："余请于夏先生，下学年自修室排列法可否择优良者合为一室，俾为模范之资，一切施行自治制度。先生云可以，亦久有此意，拟实行之，惟谓余言不可说出，说之不便也云云。余敬诺之。"

23日　夜饭后为杨贤江讲授《学修法》。

中下旬　李叔同赠手书"兹流年三十，靡答恩万千"一联，款"丏尊三十之年，集始平公造象字造句索书，即以为寿。乙卯五月，息翁书"。

28日　杨贤江日记载："四时后休息，阅新闻纸，阅《几何学》，读《南社》。当余向夏师易《南社》时，师云：'尚有余力及此耶？'余对曰：'是余固与前无异也。'"

本月　图画手工专修科学生吴梦非、李鸿梁、朱穌典、金咨甫、邱志贞等毕业。浙一师完全成为中等师范学校，以培养小学教员为主。

7月

9日　午后杨贤江来，请代为收藏《史地大辞典》《中国新舆图》及其他书籍数册，并谈及学校情形。杨贤江日记载："余以所拟自修室名单呈阅，师谓：拟善者、不善者均分匀云。先生有整顿之美意，而无其实力，自觉实行难耳！"

11 日起 暑假。

8 月

31 日 杨贤江日记载:"既入校,同学来者约二十余人。即整理书籍,安置铺盖。余今排在第十六自修室,室颇明亮,惟同处者良莠或有未齐,前交夏先生一片,并未如愿,无可如何也。今日交本年制服费及课业用品费十五元于夏学监。"

本月 原两级师范学校同学会改组为"明远学社",取旧贡院"明远楼"之二字,自贡院改办学校以来光复毕业生及职员皆为社员。①

9 月

15 日 晨八时半学校举行始业式。

24 日 杨贤江日记载:"下午四时,校友会开本届常年大会。据会长报告,知余七十八票当选为干事,连前而三次矣。会长开会词毕,干事报告毕,此外,提议无人,演说无人,教职员至此亦属会员,然仍保持严重态度,噤不一声。吾校校友会不几为有名无实者乎?"

25 日 校友会举行新旧职员交代会。金学俨任第七届文艺部长。

同期 诗作《削竹为菖蒲盆,诩其不俗,诗以宠之》,启事《拟醵资广植花木启》刊《校友会志》第 6 期。

本月起 兼教国文课,有学生丰子恺、陈传经、田锡安(以上

---

① 经亨颐:《毕业生送别会开会辞》,《校友会志》第 10 期,1916 年。

为一年级生）；贾祖璋、赵益谦（友三）、宣钟华、黄集成、徐麟书（白民）、傅彬然、李增荣、徐浩[①]、潘天授（以上为预科生）等。

丰子恺在《悼丏师》一文中回忆说：

> 他教国文的时候，正是五四将近。我们做惯了"太王留别父老书""黄花主人致无肠公子书"之类的文题之后，他突然叫我们做一篇自述，而且说，不准讲空话，要老实写。有一位同学，写他父亲客死他乡，他"星夜匍伏奔丧"。夏先生苦笑着问他："你那天晚上真个是在地上爬去的？"引得大家发笑，那位同学脸孔绯红。又有一位同学发牢骚，赞隐遁，说要"乐琴书以消忧，抚孤松而盘桓"。夏先生厉声问他："你为什么来考师范学校？"弄得那人无言可对。这样的教法，最初被顽固守旧的青年所反对。他们以为文章不用古典，不发牢骚，就不高雅。竟有人说："他自己不会做古文，所以不许学生做。"但这样的人毕竟是少数。多数学生对夏先生这种从来未有的，大胆的，革命的主张，觉得惊奇与折服，好似长梦猛醒，恍悟今是昨非。这正是五四运动的初步。[②]

傅彬然在《五四前后》一文中回忆说：

> 从我们这一班起，开始教国文、修身等功课。他读的古书不及别的国文教师那么多，可是他选的文章，多具有较高的文学价值和学术价值。对于文学和语文的见解，跟后来

----

① 徐浩（1895—1947），字子梁，浙江上虞人。浙一师第六次毕业生，1922 年任春晖中学小学部主任，1929 年赴日留学，先后在文化学院、明治大学学习。历任浙江省国民党部组织科科长、临时参议会参议员、中国外交协会浙江分会主任。抗战胜利后任春晖中学董事长、《宁绍台日报》董事长、《上虞报》董事长等职。

② 丰子恺：《悼丏师》，《中学生》第 176 期，1946 年 6 月 1 日。

五四运动陈独秀等人所倡导的颇多不谋而合之处。他介绍给我们阅读的书，如王充《论衡》、黄宗羲《明夷待访录》等，都是我国古代优秀的文化遗产。讲"修身"，对道德的看法，更具有朴素唯物主义的观点。①

10 月

7 日　夜杨贤江来，将所译《德意志之教育》呈阅。

10 日　夜八时杨贤江来谈话。

上旬　浙一师劝用国货同志会举行秋季大会，筹备一切进行事宜，并改选职员。叶墨君任会长，李光业任副会长，夏丏尊、金学俨、华林②、赵钟湻任总务部文牍干事。定 23 日下午举行本学期第一次宣讲。

19 日　夜杨贤江来借阅预科《国文讲义》。杨贤江日记载："师极热心，慎重选文，必须形式、实质两方均有价值可取者；又注重实际，叙述文议论不足尚，故不令读。余知其善也，特索一份备诵阅耳。"

22 日　下午四时为杨贤江讲授《学修法》，并借与《辞林》一册。

28 日　杭县各小学在大营盘举行联合运动会。浙一师停课，全体师生往观。

29 日　杨贤江日记载："四时后本受《学修法》，以夏先生外出，只得作罢。"

---

①　傅彬然：《五四前后》，《五四运动回忆录》，北京：中华书局，1959 年版。

②　华林（1893—1973），浙江富阳人。1920 年加入上海社会主义青年团，1925 年任中共杭州独立支部书记。1931 年进入开明书店，后赴边区工作。

11 月

10 日 校友会组织第三次陆上运动会,分立司令、运动、审判、赏品、记录、卫生、装饰、贩卖、纠察、招待、庶务等十一部门。夏丏尊、堵申甫、尹熙年、吕福同(伯攸)、郭士俊、徐周楣任赏品部职员。

同日起 由王葆初、冯豹、郑在常、姜琦(伯韩)、范承祜(均之)、郑彤华、施国祺、经亨颐发起组织的"国文教授研究会"在浙一师开会,函邀全省教育界人士共同参与讨论,"研究国文教授使正确而切于实用",历时两星期。该会组织缘起于本年8月教育总长汤化龙在全国师范校长会议上提出的"师范教科,国文宜重,惟国民适用之文字,与高等文学异趣,欲置国文于科学的基础之上,教材当如何选择"的咨询案。

18 日 杨贤江日记载:"七时前,阅《青年教育》,续阅《物理学》,读《吕氏春秋》。此书系夏先生假余者,谓有阅读之价值云。"

21 日 祖母潘氏去世。杨贤江等日语学生共送挽轴一幅。

12 月

3 日 下午五时为杨贤江讲授《学修法》。

6 日 傍晚为杨贤江讲解托尔斯泰原著,日文版《人生》。

9 日 下午五时续为杨贤江讲解《人生》。

10 日 下午三时续为杨贤江讲解《人生》。杨贤江日记载:"其全篇意旨,即描写人生状态,谓:富裕者不能得真乐,劳动自给者乃克想真幸福云。夏师谓:此种小说,未合于我国人心理;

一般人所悦读者,无非言情之书。余闻之,颇感国人心理之不正,而号称著作者,亦未尝有此种译著馈饷国人,岂非我国学术界、出版界之缺点欤?"

26 日 与杨贤江、李宗武①、刘蓬洲同游西湖。"八时许出发,乘舟至岳坟上岸。先游玉泉,观五色大鱼。继出寺,前进至灵隐。在饭馆饭罢,往游一线天、大雄宝殿,复上至韬光。"二时许下山,经茅家埠雇舟返校。

31 日 上午十时学校举行本学期终业式。

本年 兼教修身课。

1916 年(丙辰,民国五年) 30 岁

▲1 月 22 日,邵力子、叶楚伧等人在上海法租界创办《民国日报》。

▲3 月 22 日,袁世凯被迫取消帝制,仍自称大总统。

▲6 月 6 日,袁世凯病殁,黎元洪继任大总统,段祺瑞出任内阁总理兼陆军总长,皖系军阀控制北京政府。

▲10 月,上海《时事新报》开辟"上海黑幕"专栏,刊登"黑幕小说",这是继鸳鸯蝴蝶小说后出现的再度引起轰动的一种新式小说。

---

① 李宗武(1895—1968),字季谷,浙江绍兴人。浙江省立第一师范学校学生。1924 年毕业于日本高等师范学校,1927 年任浙江省立第一中学校长。1930 年获英国剑桥大学硕士学位。回国后历任北京大学教授、北平女子文理学院文史系主任、西北联合大学教授、中山大学教授等职。

▲12 月 26 日,蔡元培任北京大学校长。

1 月

2 日 谭禾《年假日记》载:"早食后检视先人遗书,偶于蠹窟之中,得曾文正公家书、家训各一部。取而阅之,颇觉其文情之恳至,夏师屡称述之,诚不虚也。"①

21 日 校友会举行第八届大会。

3 月

4 日 省教育会召集本届评议会,其评议事件为:预备全国教育会联合会;推选全国教育会联合会代表;派员赴各县宣讲义务教育问题。②

17 日 校友会为亡友董翊汉、应康、楼佩木举行追悼会。

4 月

1 日至 5 日 与经亨颐、姜丹书、王锡镛、金学俨、徐道政、堵申甫、朱听泉、胡公冕、张衡等教职员偕学生 280 人赴严陵旅游。

28 日 校友会举行第九届大会。

6 月

本月 《严州游记》刊《校友会志》第 9 期。经夏丏尊指导,杨贤江译文《人生》载同刊。

---

① 谭禾:《年假日记》,《校友会志》第 9 期,1916 年。
② 《本会纪事》,《教育周报》第 119 期,1916 年 3 月 19 日。

本月　华林、戴松年、陈祖延等毕业。

7 月

21 日　下午一时省教育会在浙一师礼堂举行常年大会,到者百余人。本届夏丏尊未任职。

27 日　下午二时明远学社假西泠印社举行第二次常年大会,与会者有王廷扬、徐定超、沈钧儒、孙智敏等 80 余人。社长经亨颐致开会辞。报告社务毕,选举职员,提议事件。推定各旧府属通讯代表,调查各地教育现状,汇刊成集。议毕摄影,并临时雅集,七时许散。

9 月

本月　叶天底、钱畊莘、范尧深(尧生)、俞秀松①、梁培德、王平陵、曹聚仁、徐叔鋆(宿云)、丁世骏(钊八)等考入浙一师。曹聚仁回忆说,夏丏尊在他们二年级时教过他们《中等国文典》。②

10 月

本月　校友会举行第十届大会。蔡敦辛任文艺部长。

本年夏　向李叔同介绍断食之法。

---

①　俞秀松(1899—1939),又名寿松,字柏青,浙江诸暨人。中国共产党早期杰出的革命活动家,杭州“五四运动”的领导人,和陈独秀同为“上海共产主义小组”(中共历史上第一个共产主义小组)的 5 个发起人之一,中国共产党成立发起人之一,“中国社会主义青年团”创始人。

②　曹聚仁:《夏丏尊先生(上)》,《民国日报(赣南)·笔锋》,1943 年 9 月 7 日。

夏丏尊在《弘一法师之出家》一文中回忆说：

　　有一次，我从一本日本的杂志上见到一篇关于断食的文章，说断食是身心"更新"的修养方法，自古宗教上的伟人，如释迦，如耶稣，都曾断过食。断食，能使人除旧换新，改去恶德，生出伟大的精神力量。并且还列举实行的方法及应注意的事项，又介绍了一本专讲断食的参考书。我对于这篇文章很有兴味，便和他谈及，他就好奇地向我要了杂志去看。以后我们也常谈到这事，彼此都有"有机会时最好把断食来试试"的话，可是并没有作过具体的决定。至少在我自己是说过就算了的。[1]

李叔同也回忆说：

　　到了民国五年的夏天，我因为看到日本杂志中，有说及关于断食方法的，谓断食可以治疗各种疾病。当时我就起了一种好奇心，想来断食一下，因为我那个时候，患有神经衰弱症，若实行断食后，或者可以痊愈亦未可知。[2]

本年　出席第十届校友会言论部第三次讲演会，演说《特殊之成绩》。

本年　邱志贞赠刻印一方，边款"丏师正琢，丙辰志贞，湖州"。

---

　　① 夏丏尊：《弘一法师之出家》，《佛学半月刊》第9卷第20号，1940年10月16日。

　　② 弘一：《我在西湖出家的经过》，《越风》增刊第1集《西湖》专号，1937年5月。

1917年(丁巳,民国六年)　31岁

▲1月1日,胡适在《新青年》第2卷第5号发表《文学改良刍议》一文,主张以白话文代替文言文;同月,陈独秀被任命为北京大学文科学长,《新青年》随之迁京;同月,文学月刊《小说画报》在上海创刊,通体白话,图文并茂,为其特色。

▲2月1日,陈独秀在《新青年》第2卷第6号发表《文学革命论》一文,提倡文学革命。

▲5月6日,中华职业教育社在上海成立。同月,刘半农《我之文学改良观》发表。

▲7月1日,张勋等人在北京发动政变,拥溥仪复辟。

1月

月初　返校后,得知李叔同到虎跑寺断食。

14日　与王锡镛在经亨颐寓所午饭。[1]

19日　与黄广(越川)、朱听泉在经亨颐寓所午饭。

2月

8日　晨出席始业式。下午一时与经亨颐、朱听泉、蔡敦辛在校长室商教牛实习事。

12日　午间与经亨杰在经亨颐寓所便膳。

---

[1]　《经亨颐日记》,杭州:浙江古籍出版社,1984年版。

上半月 学校宿舍发生盗窃事件。身为舍监的夏丏尊以绝食来感化盗窃者,窃贼最终自首。

21 日 下午校友会举行第十一届大会。魏仲车任文艺部长。

4 月

19 日至 26 日 校友会师生 300 余人赴普陀旅游。

5 月

6 日 下午一时省教育会在浙一师礼堂举行常年大会,到者 392 人。本届夏丏尊未任职。

7 日 下午校友会在浙一师礼堂举行第十二届大会。范耀雯任文艺部长。

26 日 下午校友会在白衣寺为亡友蔡景贤、赵煦举行追悼会,丁宗祐、吴柳芳略述二君行状,夏丏尊、周稼庄、蔡敦辛作演讲。夏丏尊演说略曰:

> 今又不幸而遇追悼之事。余与蔡君相处已三载,而赵君不过数十日。蔡君之病,非一朝一夕之故,赵君之病,想亦非暴卒,吾侪会员不可不注意卫生也。至于开会追悼之意,非生者哀痛死者,实生者自哀自痛耳。何则西哲有言,死与我不相遇,我在不死;既死非我,则有何苦乐可言者?是故生者苟无苦痛,可不必追悼。然既有死者,而生者不能无苦痛,此何故耶?盖社会之组织如细胞,一细胞损坏,影

响必及于全体。是即追悼之意也。①

6 月

本月　杨贤江、李宗武、朱文叔、周淦卿、陈兼善、李哲成、刘质平、丁宗祜等毕业。

8 月

本月　任浙一师入学测验国文科主考。

本月　明远学社假西泠印社举行第三次常年大会,选举经亨颐为社长,王锡镛为副社长,夏丏尊、叶广梁、张佐时、朱听泉、郦忱、金宗书、蔡敦辛、蔡谔士等8人为干事。会毕雅集。

9 月

本月　张维祺、施存统、周伯棣、魏金枝、杨亦清、邵仁、汪寿华、宋崇文、张春浩、陈恩銮(伯勋)等考入浙一师。夏丏尊作入学式训辞(刊《校友会志》第13期),期望新生"能潜修奋勉,了解从事教育之真义"。魏金枝回忆说,与夏丏尊一同教授国文的,"还有诸暨魏仲车先生,萧山单不厂先生,义乌陈望道先生,杭县范耀雯先生。这几位先生的作风,各各不同,都以一己所长,选择教材,而夏先生所选的,独以归震川的作品为多。关于这,也可说是他一生的文学主张,直到最近,他还是爱好有情韵有暗示的作品,就是他所选印的《国文百八课》,都有着这一主张的色

---

① 《总务部 追悼会记事》,《校友会志》第11—12期,1917年。

彩,而和他的学禅,也有声气想通的痕迹"。①

同期 校友会举行第十三届大会,由会长经亨颐推举,夏丏尊任本届文艺部长。文艺部下设杂志、言论、音乐三部,部员共计168人。徐乃仁、顾士江为杂志部干事,高德本、丰子恺为言论部干事,张均金为音乐部干事。

10 月

13 日 校友会在西湖先烈祠正殿为亡友徐质夫、孙予阐、陈家华举行追悼会。夏丏尊作挽诗《哀徐孙陈三生》(刊《校友会志》第13期):"雨撼碧梧落,风摧桃李零。秋来一相顾,凄绝老园丁。不尽浮生感,招魂来白堤。湖山好如此,云树望中迷。"

本月 明远学社召集本届第一次职员会议,协商社团改进办法,决定添设道区、县区干事二种,职员会每月二次,总务干事与道区干事一律出席。维持费用由现任干事每月捐银一元暂充。

本年夏 乐石社出版《乐石第九集》,内收经亨颐制"丏尊者"白文印一方。

本年 出席本届校友会言论部第三次演讲会,演说《天道是耶非耶论》。

本年 初识内山完造。②

---

① 魏金枝:《夏丏尊先生行略》,《茶话》创刊号,1946年6月5日。
② 内山完造:《悼夏丏尊先生》,《导报》第34期,1946年6月1日。

1918 年(戊午,民国七年) 32 岁

▲1 月 15 日,《新青年》第 4 卷第 1 号开始改用白话文,编辑部改组扩大。

▲3 月,上海《时事新报》副刊《学灯》创刊。

▲6 月,《新青年》第 6 号《易卜生专号》出版。其中发表了胡适的论文《易卜生主义》。

▲11 月,第一次世界大战结束,协约国获胜。

▲12 月,周作人《人的文学》发表于《新青年》第 5 卷第 6 号。

1 月

19 日 夜六时在浙一师礼堂组织本届校友会言论部第十一次演讲会(言论竞胜会),与经亨颐任评判员。邱祖铭、陈达、蔡宗城、宣钟华、张仲孝等 10 人以《学修法之研究》为题依次讲演。结果,选出李唐、叶寿衡^①、石樵、宣钟华为第一至四名,奖品为各色书籍。

2 月

25 日 李叔同皈依三宝,法名演音,字弘一。

---

① 叶寿衡(1897—1974),字作舟,浙江上虞人。浙江省立第一师范毕业生。历任上虞县教育局长,春晖中学代校长,《东方杂志》编辑,绍兴稽山中学、杭州高级中学教员,英士大学、暨南大学、浙江师范学院、杭州大学教授等职。

3 月

16 日 应经亨颐之嘱,为普济轮遇难者,前两级师范学堂监督徐定超代撰挽联:"骑鲸仙去,爰及莱妻,化鹤归来,俨遗神影,生死两光明,彼岸菩提证凤慧;簪笔庙堂,早蜚清誉,树人庠序,群仰师像,老成遽凋谢,满园桃李怯春寒。"

18 日 杨贤江日记载:"夏师信来,嘱代购《大戴礼记》《陆宣公集》《困学记闻》及单先生托购《三国志》《史记》散叶。今日特嘱校役去购,除《史记》散叶外,均已购到,计洋四元八角有奇。明日先将《大戴礼记》寄去,以师言亟须披阅也。"

21 日 午后杨贤江来访,送来托购诸书。

同 日 下午四时校友会举行第十四届大会。堵申甫任文艺部长。

22 日 下午四时校友会举行新旧职员交代会。

本 月 出席明远学社职员会议,商讨学校十周年纪念事,议决以浙一师名义登报广而告之,由本社通函社员筹备一切。社员应各醵资为在校十年以上之教师建造纪念碑,社员录宜从速编制。

4 月

5 日 晨八时参加清明植树节活动,与范琦、傅璜,及全省中等学校联合运动会优秀选手顾大铭、钱锡康、杨善恒、钟星朗、李江城、范椿、吴宝谦"捧树持耜领前,率全体学生至校园中区环立,又各级代表分别植树,并摄一影,三呼万岁,鼓掌而散"。(经亨颐日记)

11 日 傍晚与朱听泉、王锡镛在经亨颐寓所便膳。

12 日 下午三时出席浙一师全体职员会,商议十周年纪念事。

16 日 下午四时校友会举行第十五届大会。单不庵任文艺部长。

26 日 下午二时出席教生实习批评会。经亨颐日记载:"以修身课应由余主席,诸生所陈尚得体,而以夏丏尊所批评为最有价值,余褒之,勗教生并以勉附校诸教员。"

同日 夜与罗子纯在经亨颐寓所晚膳。

5 月

8 日 夜与经亨颐、叶墨君在协顺兴宴请曹慕管,饭后同往第一舞台观张国斌演《刺媳》《潞安州》,小达子演《南北和尚》。十二时返。

9 日 下午二时出席浙一师全体职员会,讨论训练教授实施状况。五时毕。

15 日 下午四时出席明远学社职员会议,修改社章,确认本社以"修养身心,协谋教育"为宗旨。决议征收纪念会捐款,由全体干事分担。社员录定于纪念会时出版,缺者后补。

18 日 傍晚与陈钟祺(一阳)在经亨颐寓所便膳,闲谈至十时返。

22 日至 25 日 浙一师举行丨周年纪念活动。

6 月

7 日 杨贤江日记载:"李师托佛经、夏师托书籍等,均购就,托师校同学带去。"

16 日 下午省教育会在平海路新址举行常年大会,到者172 人。本届夏丏尊未任职。

17 日 经亨颐日记载:"四时返寓,预约丏尊、赓三、听泉来谈校务改进诸计划。拟将校务内部分组负责,余则姑以此为方便,而别图发展敩才教育之动机,力求实现。"

19 日 夜应经亨颐之招往谈其三女经满云婚事,晤陈一阳、陈乐书。

月底 与李叔同谈及出家之事。

夏丏尊在《弘一法师之出家》一文中回忆说:

> 他对我说明一切经过及未来志愿,说出家有种种难处,以后打算暂以居士资格修行,在虎跑寺寄住,暑假后不再担任教师职务。我当时非常难堪,平素所敬爱的这样的好友,将弃我遁入空门去了,不胜寂寞之感。在这七年之中,他想离开杭州一师,有三四次之多。有时是因对于学校当局有不快,有时是因为别处有人来请他。他几次要走,都是经我苦劝而作罢的。甚至于有一时期,南京高师苦苦求他任课,他已接受聘书了,因我恳留他,他不忍拂我之意,于是杭州南京两处跑,一个月中要坐夜车奔波好几次。他的爱我,可谓已超出寻常友谊之外,眼看这样的好友,因信仰的变化,要离我而去,而信仰上的事,不比寻常名利关系,可以迁就。料想这次恐已无法留得他住,深悔从前不该留他。他若早离开杭州,也许不会遇到这样复杂的因缘的。……暑假到了。他把一切书籍字画衣服等等,分赠朋友学生及校工们,我所得的是他历年所写的字,他所有的折扇及金表等。自

己带到虎跑寺去的,只是些布衣及几件日常用品。①

李叔同将少时诗妓朱慧百、李苹香所赠诗画扇页各一装裱成卷轴,题"前尘影事"相赠,款"息霜旧藏此卷子,今将入山修梵行,以贻丏尊。戊午仲夏并记"。后应夏丏尊之嘱,陈衡恪、王瀣、陈夔、陈世宜(匽石)、杨天骥(千里)、徐绍谦②等分别为卷轴题词。

本月　顾大铭、楼启鸿、郑蔚文、邱祖铭、叶作舟、吕福同等毕业。

7 月

1 日　送李叔同出校,"约期后会,黯然而别"。

同日　夜赴经亨颐寓所商谈经满云茶礼一事。

2 日　经亨颐日记载:"今日为三女满云(字颖川)行茶礼。嘱俞福及家人等整除门庭。余抽暇往平海路一转,十时即回寓。冰人陈一阳、夏丏尊,陪座者罗飏伯、赵铁生、袁槐卿、黄谷成、罗子纯、周思溥暨子新共十人。席设西餐,觥筹交错,一阳成醉梅矣。下午有雨。礼盒返已七时。"

11 日起　暑假。

25 日　李叔同致信。"居士戒除荤酒,至善至善。父病日剧,宜为说念佛往生之法。临终一念,最为紧要。(临终时,多生多劫以来善恶之业,一齐现前,可畏也。)但能正念分明,念佛不辍,即往生可必。自力不足,居士能助念之,尤善。劝亲生西方,脱离生死轮回,世间大孝,宁有逾于是者。(临终时,万不可使家

---

① 夏丏尊:《弘一法师之出家》,《佛学半月刊》第 9 卷第 20 号,1940 年 10 月 16 日。

② 徐绍谦,字绥竹,浙江上虞人。清举人,上虞官立县学堂堂长。

人环绕,妨其正念。气绝一小时,乃许家人入室举哀,至要至要。)"

8月

11日 至虎跑寺访李叔同,劝说"既住在寺里面,并且穿了出家人的衣裳,而不即出家,那是没有什么意思的,所以还是赶紧剃度好"①。

20日 至虎跑寺访李叔同。李叔同已于前一日削发为僧,并书《楞严经·大势至菩萨念佛圆通章》一节相赠,"愿它年同生安养,闻妙法音,回施有情,共圆种智"。临别时和李叔同作约,尽力护法,吃素一年。

9月

17日 下午四时校友会举行第十六届大会,王锡镛代经亨颐发表讲话。

同日 弘一法师致信。"顷有暇,写小联额贻仁者。前属楼子启鸿刻印,希为询问。如已就,望即送来。衲暂不他适。暇时幸过谈。"

19日 弘一法师赠手书《峄山刻石》,款"中秋书扇,补书古德偈语三首,赠夏丏尊"。

本月 梁柏台、陈范予、黄寄慈、柔石、钱钰孙等考入浙一师。

---

① 弘一:《我在西湖出家的经过》,《越风》增刊第1集《西湖》专号,1937年5月。

10 月

4 日至 12 日　校友会同人至天目山旅行。

8 日　杨贤江日记载:"夏师托王伯沇①先生题诗或词,前屡访不遇,今始获见,说明原委后慨然允诺,谓此种题极有可做。"

本月　父夏寿恒病逝。弘一法师赠手书《地藏本愿经》一节,款"戊午九月,入灵隐山乞戒,受纸笔墨。时丏尊丧父,为书《地藏本愿经》一节,释演音"。

11 月

3 日　校友会在白衣寺为亡友任课经、郭敬、高卓英、鲁涤生举行追悼会。

6 日　为父开丧。午间经亨颐来吊唁,并便饭。

9 日　弘一法师致信。"师傅有他事不克依尊命,已由演音代请本寺宏祥师及永志师二位,于初十晨八时前至尊府,念普佛一日,至晚八时止。二师道行崇高,为演音所深知,故敢绍诸仁者。是日二师来时,不带香灯师,由尊处命茶房一人,布置伺候一切。布置大略图说附奉。务请于事前布置完善,俾免临时匆促。牌位二分附呈。佛位已写好。灵位请仁者自填,并须做位架二具,张列牌位。灵位供灵前,又灵前亦须上茶上供及香烛。二师贶仪由演音酌定,共送十元。"

下旬　弘一法师致信。"银表,古砚敬受。'判教'宜先看

---

①　杨贤江日记中"沇"字或为"沉"字之误。王瀣(1871—1944),字伯沇,江苏南京人。辛亥革命后在南京图书馆任职,1915 年任南京高等师范学校国文讲师。后任东南大学、第四中山大学、国立中央大学文学院教授。

'五教'，再阅'四教'，'选佛谱'宜每日掷数次。名位繁琐，非如是不易记忆也。"

12 月

8 日　弘一法师赠手书"勇猛精进"横幅，款"戊午大雪，丏尊居士属，大慈弘一沙弥演音，时住银洞草庵"。

21 日　经亨颐日记载："赓三闻学生背后之谤，要求积极办法。余以为不必计较，对学生无曲直胜负可言，仍宜以训谕开导，勿效从前滥用权威，大背教言之本义。而其他职员亦有悻悻者。余故以'人师之患'使若辈反省。惟丏尊与子韶较明事理。今日言教育，难矣哉！"

本年　出席第十五届校友会言论部第八次讲演会，演说《有背景的教育》。

本年　经夏丏尊、范寿康、章育文等帮助支持，章涤园（韵锵）遗孀范钮（德纯）女士将虞西第一女子学校迁至崧厦章家街西新校舍。夏丏尊为校歌作词："章公韵锵，革命先驱。首创女校，雁埠之滨。青山耸，娥江滚。移址崧陵，□□□□。□□□□，迁回雁埠。范君承志，焕然一新。"①

本年　幼子患肺炎夭亡。

---

①　据崧厦镇章家村钱泉水先生回忆整理，为口述资料，未刊稿。

1919 年(己未,民国八年)　33 岁

▲2 月 20 日,南北"和平会议"正式在上海召开,南、北方议和总代表分别为唐绍仪、朱启钤。

▲4 月 30 日,杜威应邀来华讲学,抵达上海。

▲5 月 1 日,英国代表将巴黎和会关于山东问题的决议通知中国代表。中国代表抗议巴黎会议割山东权利给日本。陆征祥密电北京政府,报告中国外交在巴黎和会失败的消息。5 月 4 日,北京五千学生集会游行,反对北洋政府在巴黎"凡尔赛和约"上签字,得到各地学生的响应,五四运动爆发。

▲7 月 1 日,少年中国学会在北京正式成立,并创办《少年中国》月刊。

▲12 月 8 日,李大钊《什么是新文学》发表于成都《星期日》周刊"社会问题"号。

2 月

21 日　晨八时半浙一师举行始业式。

24 日　午后与蒋梦麟、经亨颐、戎昌骥(菽畦)在校商议日文讲习会事,并同往西悦来茶馆便酌。

3 月

3 日　省教育会日文讲习会开学。讲习会面向各学校教职员、专门学校以上学生及各界之有志学习者,以三月为一学期,

二学期结业,学费每期四元。夏丏尊、戎昌骥任教员,教材采用青年团教本,另编写文法讲义,每星期晚七时至九时授课三次。

28日 汪寿华日记载:"上午次时,国文夏师告假。"

4月

1日 汪寿华日记载:"上午国文告假。"

2日 汪寿华日记载:"上午第一时本来是空班,二时国文夏师回家尚没有回来,这二点钟功夫,统演算草。"

11日 弘一法师致信。"前日叶子来谈,藉悉起居胜常为慰。南京版《四书□参》《中庸直指》,仁者如已请来,希假一诵。《归元镜》颇有可观,愿仁者请阅,并传示同人。"

25日 浙江省教育会会刊《教育周报》改为月刊,易名《教育潮》,发行第一期。"自今伊始,将扩充其篇幅,变更其体例,刷新改进,以与全国教育界相见焉。"沈仲九任主干,夏丏尊、胡祖同、袁易[①]、叶墨君、张天祚等13人为编辑。

同日起 《教育的背景》在《教育潮》第1卷第1、2期连载。文章认为,没有背景的艺术,不能叫它艺术。没有背景的教育,也不能叫它教育。该文提出教育应当用人来做背景;第二,应当以境遇和时代为背景;第三种的背景,就是教育者的人格。"现在的学校教育,是学店的教育,教育者与被教育者的中间,但有知识的授受,毫无人格上的接触,简直一句话,教育者是卖知识的人,被教育者是买知识的人罢了。……教育者必须有相当的

---

① 袁易(1884—1967),字新产,又字心产、心粲,浙江嵊县(今嵊州)人。1909年夏考入浙江两级师范学堂优级师范部,1911年毕业,任嵊县剡山小学教员,并主持开办师范讲习所。1915年考入北京高等师范学校,攻读教育学。高师毕业后受聘于浙江省立第一师范学校。

人格,被教育者方能心悦诚服。只靠规则,是靠不住的。我说这句话,并不是凡是教育者,必须贤人圣人的意思。理想的人物,本是不可多得的,我并不要求教育者皆有完美之人格,原来学校所行的教育,都不过是一种端绪,一切教科,无非是基本的事项,不是全体,所以教育者于人格方面,也只求能表示基本的端绪够了。这个人格的基本端绪,比了教科的基本端绪,成就虽难,但是不能说这是无理的要求。"

5 月

7 日　下午杜威博士在省教育会演讲平民教育问题,陈孝昌作翻译。

12 日　为响应北京发生的五四运动,杭州师生走上街头举行示威游行。

　　五月四日北京爆发了"五四"反帝反封建的爱国运动后,经校长就召集全校师生开紧急大会。刘大白、陈望道、夏丏尊等爱国进步教师发表激昂慷慨的演说,动员学生立即响应北京,联合杭州各校同学,投入战斗。经、刘、陈、夏与学生一道上街宣传,并肩示威游行,振臂高呼"外抗强权,内除国贼"等口号,激励了全市各界民众,推动了全省的运动。当时杭州报刊称他们(经、刘、陈、夏)为"五四浙江四杰"。①

26 日　经亨颐日记载:"八时,至金子麻巷,访冯仲贤兄弟,探悉省长对于学生事件决取严格主义,倘一见解散之命,则不知

---

　　①　陈于德:《刘大白事迹述要》,《文化史料丛刊》第 4 辑,北京:文史资料出版社,1983 年版。

如何收拾？沪报载北京政府态度，未始无因，其何以善后也？即至校，闻医学、一中已自今日罢课，本校尚能遵三天之约，取与联合会一致。定下午开临时职员会，即至教育会。学生等又在该处开会，余略述意见，拟以罢课为多次之举，为本会调停之余地。在会午膳后，又返校，与各职员讨论罢课后之办法，互认维持而已。返寓后，何竞明来，据云查办案已成立，且牵涉赓三。晚上，大白、丏尊等来，谈至十一时，始归。"

6 月

本月　丰子恺、徐周楣、钟星朗、田锡安、高德本等毕业。

7 月

6 日　午后三时与王锡镛在经亨颐寓所商讨教务，议定试行教职员专任制、添聘教员等项。定夏、王二人为校内中坚，少任教课。

7 日　午后与王锡镛、朱听泉、经亨颐续商议教员专任制问题。

25 日　省教育会召开常年大会。

29 日　午后与经亨颐商谈校务，受托翌日往海宁硖石为学校添聘国文教员。

30 日　赴硖石。

8 月

月初　至虎跑寺访弘一法师。法师赠手书《楞严经》数则，款"己未中伏，丏尊来大慈，检手写楞严数则贻之。定慧弘一净行近住释演音并记"。

3 日 傍晚赴经亨颐寓所商谈。

10 日 经亨颐日记载:"六时,至会,又至校,又至泰丰旅馆访陈望道,便至湾井弄丏尊家,不在,即返寓。"

11 日 傍晚赴经亨颐寓所商谈。

本月 译作《杜威哲学概要》(〔日本〕帆足理一郎著《民本主义与教育》序文)刊《教育潮》第 1 卷第 3 期。

9 月

1 日 汪寿华日记载:

往大街买应用杂物,返校将午膳。夏师说:"现在杭地,时疫盛行,死亡甚众,全由食物传染,故吾校学生,对于食物上不能不注意。照吾校旧日,每桌所吃之菜,四碗一汤,但人数甚众,菜碗露置空气间,至少经过二十分时,方可全体会食,此露置时间,偶有苍蝇飞来产子其上,则易染传疫疾,故自今日起,每桌盛菜只用一磁盆,用盖盖之,庶可免蝇之来搂,以绝传染之媒。生命为重,不可不慎。"讲毕用膳。

14 日 下午经亨颐召集专任职员会并全体教员会。

15 日 晨八时学校举行始业式。

25 日 夜专任职员在经亨颐寓所便膳,商议校务。

本月 经亨颐在浙一师实行教育改革,提出"与时俱进"的办学方针,内容包括学生自治、职员专任制、提倡白话文及学科制等。夏丏尊、朱听泉、陈纯人、陈望道、姜丹书、胡公冕、袁新产等 16 人为专任职员。"照现行的预算经费,酌定专任职员的月修，一律暂给七十元。"①

本月 与经亨颐、陈望道、李次九及学生傅彬然、施存统、周伯棣、张维祺等以校友会名义着手创办十日刊，"收集诸校友教育上的怀抱，宣布于全体校友的面前"。

本月 弘一法师赠手书"知止"二字，款"己未八月，书贻丏尊居士。大慈定慧弘一释演音"。

本月 弘一法师赠手书"一法不当情，万缘同镜象"对联一副，款"丏尊居士，己未八月，弘一演音客灵苑"。

10 月

10 日 浙江省立第一师范学校《校友会十日刊》创刊。

同日 《双十》半月刊创刊，由浙江省立第一中学、甲种工业学校学生合办。浙一师、宗文中学部分学生陆续加入。

20 日 《机械》刊《校友会十日刊》第 2 号。

30 日 《家族制度与都会》刊《校友会十日刊》第 3 号。该文认为，家族制度因工商、交通实业的发展，都会生活的兴起必然趋于解体，"我们应当趁这个时候，豫先创造别的新组织，来补充这个缺陷；空谈保守，是没有用的。希望做教育者的稍为放大点眼光，将这种实际上的问题注意注意；不要一味的再将那些'命在旦夕'的家族观念，向将来要做都会生活的学生，拼命注入，养成知行矛盾，反背时势的人！"

周振甫回忆说：

在五四运动时期，吴虞提出"打倒孔家店"。他在《新青年》二卷六号《家族制度为专制主义的根据》里，指出封建专

---

① 《本校消息》，《校友会十日刊》第 1 号，1919 年 10 月 10 日。

制建立在家族专制上面,说:"家族之专制既解,君主之压力亦散,如造穹窿然。"因此把孔子的提倡孝悌,说成是封建专制的最大祸根,从而认为"盗丘之遗祸在万世"(本"盗跖"之称,称孔丘为"盗丘"),认为孔子的提倡孝悌成为万世罪人。就在五四运动的一九一九年十月里,夏先生发表了《家族制度与都会》,对家族制度的危害提出了新的看法。夏先生说:"都会生活与家族制度根本上不能不生冲突,乡村有宗祠,都会没有宗祠,就是证据。本来住在都会里的人大概只有家庭,没有家族;在都会作客的人虽然在乡村仍有家族,但是因都会上职业样式的变迁,事实上也不能够维持他在乡村的家族制度。"这篇文章,有力地说明都会的兴起,都会中家庭的建立,造成家族制度的崩溃。这样唯物的观点,实际上推翻了家族制度"遗祸在万世"的说法。不用万世,家族制度已垮了。当时家族制度虽已在崩溃,但并不影响军阀割据的封建专制,也说明家族制度并不是封建专制的根据,家族制度虽已崩溃,封建专制并不因此解体。夏先生的唯物观点,可以纠正吴虞理论的错误,虽然夏先生只讲家族制度在都会建立后趋向崩溃,但读者却可以从中得出以上的结论来。[①]

本月　与沈仲九、陈望道、刘大白等制定《国文教授法大纲》。大纲提出国文教授的目的是使学生能够了解用现代语所发表的文章,用现代语表达自己的思想感情,了解人生的真义和环境的现状;反对看古书、学古文。学生在过程中自己研究,教员处于指导的地位,读看、讲话、作文都用联络的方法。教材则

---

① 周振甫:《从编字典看夏丏尊先生的为人》,《辞书研究》1986年第4期。

以和人生最有关系的各种问题为纲,结合学生心理、现代思潮、实际生活、社会需要、世界大势等,在新出版的各种杂志中采择。每隔一段时间,由教员提出一个研究的问题,将关于本问题的材料分给学生,并指示阅览的次序,释疑答惑。另讲解语法、新式标点和注音字母。[①] 经诸教员努力,"学生作白话文的,已占全数十分之九"。[②]

陈望道回忆说:

> 我们四个国文教员(按:指夏丏尊、陈望道、刘大白、李次九)经常在学生中进行文章思想性、艺术性、可变性等的教育。一个月后,我们曾出了"白话文言优劣论"的题目,叫同学们做作文,当时大部分同学都是讲白话文比文言文好;当然也有少数的反对派,其中有一个学生,在作文中以文言文的体裁大骂白话文,这是我班的学生(我是第二班,由第一班里升上来的,第一班国文主任教员是省政府派来的那个秘书)。我在修改作文时,除了文章内容和文言文的形式不加修改外,对许多文理不通的地方都做了许多记号,并写了批语:写文言文也该写通顺一些,理路不通,无从改起,重新做好再改。在教室里发本子时,他一翻全是红××,就发火了,一把抓住我的领口,叫我去见教务处长。这件事情发生后,在校务会议上曾先讨论过,在校长、夏丏尊(当时是学校国文课主任)等的努力下作出这样的决定:除非陈望道先生同意,不然要开除学籍。开除,我是不同意的,因不从思想上解决是不行的。后那学生哭到我的面前来,向我道歉。

---

① 仲九:《对于中等学校国文教授的意见》,《教育潮》第 1 卷第 5 期,1919 年 11 月。

② 《五四运动之后之浙江第一师范》,《时事新报》,1919 年 12 月 15 日。

我对他进行许多教育,他认识到自己错误,此后这学生也倾向提倡白话文了。事后了解,才知道这学生是受那个反动教师的指使才这样做的。

提倡白话文的活动,除了我们学校外,其他学校也在我们学校的影响下开展起来了,当时杭州各报纸,也都改为白话文了。这一切对当时省政府是很伤脑筋的事。一次我们四个人在我房间里开会(我房间与那个"秘书"住的很近),那"秘书"先生在他房间里大声的与他女儿讲:"我如果没有其他办法,就用枪打死他们"的话来恐吓我们,我们对他们的可耻恫吓置之不理。①

11 月

1日 《双十》更名为《浙江新潮》,改为周刊。经费由学生自捐,并得到夏丏尊、经亨颐、陈望道、刘大白、李次九、沈玄庐等人资助。

同期 初识夏衍。夏衍回忆说:

受到北京学生运动的影响,浙一师和杭州几个学校的青年人凑合起来,办了一份叫《浙江新潮》的周刊,他和陈望道、刘大白先生都是这个小刊物的支持者。也就在这个时候,我经过俞秀松和汪馥泉介绍,在贡院前的浙一师宿舍和他第一次见面。他鼓励我们,要我们象北大学生一样地去闯破沉闷的空气。可是不久之后,因为施存统在《浙江新

---

① 陈望道:《"五四"时期浙江新文化运动》,《杭州地方革命史资料》1959 年第 1 期。

潮》上发表了一篇《非孝》,就"闯"了一场大祸。①

3 日　下午五时经亨颐召集专任职员会议。

7 日　经夏丏尊审阅,施存统《非孝》一文登载于《浙江新潮》第 2 期。文章发刊后,引起轩然大波,遭到北洋军阀政府与省议会的干涉,报社被查封,正在排印的第三期底稿全部搜去,已排好的版子也勒令拆毁,并责令印刷公司的经理周佩芳具结不准再印。

傅彬然回忆说:

> 第一师范的罪状,"非孝"之外,还有"非孔"。非孔,除了形之于笔墨之外,还见之于行动。五四以前,上下丁祭孔的仪式非常隆重。第一师范学生被派去担任司乐的职司。五四以后,我们对于孔子之教既然怀疑,对于祭孔的仪式自然不免要生反感。我们向学校提出要求,拒绝参加。有几位教师劝告我们仍旧去参加,我们没有接受,情绪相当紧张。夏丏尊先生知道了这件事情,没有表示什么意见,只是眯起眼睛苦笑着说:"牛痘发作了,牛痘发作了!"而校外另有一位先生,劝我们照常去参加,等到仪式开始以后,再把礼服礼帽脱去,把乐器丢掉,大闹一番。这个意见,我们也没有接受,只是采取消极行动,拒绝参加而已。"非孝""反孔",这还了得! 于是被目为浙江新文化运动大本营的第一师范,愈加受缙绅先生及一切守旧派的敌视,《浙江新潮》不久也就夭折了。②

15 日　夜与罗子纯在经亨颐寓所商讨校务。

---

① 夏衍:《忆夏丏尊先生》,《浙江日报》,1986 年 6 月 11 日。
② 傅彬然:《我在五四前后》,《中学生》复刊后第 75 期,1944 年 5 月。

同日　《浙江新潮》转至上海出版。

16 日　学生自治会成立。成立大会上，"由本校新剧团扮演新剧，以做余兴。第一出是胡适之氏所编的《终身大事》，第二出是陈望道、夏丏尊二君合编的《严肃》，第三出是新剧团自己编的《骗中骗》。舞台主任是金咨甫君。男女来宾差不多有二千人光景"。①《严肃》寓意人无论在学校还是家庭中严是靠不住的，终要能够自治。②

20 日　与袁新产、陈望道答读者信刊《校友会十日刊》第 5 号。三人认同《十日刊》应"少谈些主义，多研究些问题"，并提议开设"共同研究"和"校友服务状况"两项专栏，以分享校友经验心得。

24 日　钱畊莘复信，请求夏丏尊、袁新产、陈望道诸先生能为《校友会十日刊》按期提出问题，以便共同研究。

25 日　接受省教育厅问讯。

教育厅长夏敬观接到省公署的训令后，不敢怠慢，立即于十一月廿五日，派科员富光年为"查办员"，到一师来查问，这时经亨颐已从山西开完会回来，便亲自接待。查办员先宣读了省长训令，然后提出三个问题：

一、"《浙江新潮》是不是浙江第一师范的印刷物？"经回答："不是。"二、"黄宗正是不是第一师范的学生？"经答："是。"三、"现在第一师范办理情形如何？"经回答："很长。"经校长就谈了学校最近改革的情况及其成绩。该查办员无话可说。接着又找陈、夏、刘、李等四位国文教师来，询查了

---

① 《本校消息》，《校友会十日刊》第 5 号，1919 年 11 月 20 日。
② 《陈范予日记》，上海：学林出版社，1997 年版。

国文课授课情况，又逐本逐页的翻查了白话文的国文讲义和学生的作文簿及学生自治会章程。又要校长陪他看了教室，学生宿舍，还要向校长索取《浙江新潮》社学生的名单。校长不给，该社几个学生怕连累校长，主动交出名单，该查办员才扬长而去。不久，他们又派了一位姓周的科长再次来查办，经过情况，与上次大同小异。

教育厅长夏敬观除将查办情况回禀省长外，过几天，他派人把经校长请了去，指责说："据本厅周科长查明，贵校教员陈望道、刘大白、夏丏尊、李次九等四人，所选国文讲义，全用白话，弃文言而不授，此乃与师范学校教授国文之要旨未尽符合。而此四人，又系不学无术之辈，所选教材，夹杂凑合，未免有思想中毒之弊，长此以往，势将使全校师生，堕入魔障。本厅责成贵校长立即将此四人解职，并将学生施存统开除。"经回答说："我校教师所选文章都是从北京、上海等地公开发行的报刊上选来的，如果使学生读后会产生'思想中毒''堕入魔障'之恶果，政府何以不干脆取缔京沪等地出版之刊物呢？至于教师不学无术，请教何以见得？且学期中途，如何能随便解聘！再说，学生未教好，那是教育者未尽到职责，不能以开除了之，开除学生非为教育之本旨；学生即使言论失当，但没有犯罪，不能开除。何况，新思潮这样勃发，新出版物这样多，其感动的力量，实在大得了不得。要想法子禁止，实在是办不到的。如果空气能排得尽，新思潮才能禁止。盼望官厅明白这一点。"①

① 董舒林：《"浙一师新潮"的前前后后》，《杭州文史资料》第1辑，杭州：浙江人民出版社，1982年版。原材料见经亨颐：《对教育厅查办员的谈话》，《校友会十日刊》第6号，1919年11月30日。

30 日 《"的"字的用法》刊《校友会十日刊》第 6 号。

12 月

2 日 《浙江新潮》以"宗旨悖谬"为由遭北洋政府查禁。

中旬 与陈望道、袁新产等 14 人组织注音字母普及会,并在皮市巷浙一师附属小学第三部设立讲习所,定 28 日上午九时与陈望道先行传习 50 人,听讲者资格不限,费用全免,讲义奉送。

30 日 评论《一九一九年的回顾》刊《校友会十日刊》第 9 号。文章认为 1919 年从世界到中国是个"多事之秋"之年。1919 年中国教育界空前的一桩事,就是"五四运动"。对于 1919 年的教育界,所最纪念的就是一个"动"字!从前的教育界的空气何等沉滞!何等黑暗!经过了"五四运动"以后,从前的"因袭""成规",都受了一种破产的处分,非另寻方法重立基础不可。但是,该文强调"动"有"动"的方向和程度。

本年 与李次九、陈望道、刘大白合编教材《国语法》。

本年 校友会创办平民夜校。浙一师毕业生邵仁后来回忆说:

> 1919 年五四运动之后,我们校友会办起了一所平民夜校。因为我是本地人,而且在校里做自助生,容易和校方联络,叫我筹备。我就到学校附近三角荡、青云桥一带机坊、料坊、络经作(丝绸作坊)各处去宣传劝学,不收学费、杂费,还供给课本及学杂用品,招生对象是成年不识字的文盲,男女兼收,但不收小孩。教室是利用我们一师门房后面的会客室。因为"大师范"办的,群众很相信。(那时称一师为

"大师范"，附属模范小学叫"小师范"），报名的人很多。开学那天，足足有五十多人。平民夜校由高一级同学范尧深主持，请了俞寿松、陆泰生、周伯棣、张维祺、傅彬然、邵镕、施培清（裴卿）、曹元恩等十多个同学轮流任教，我负责总务方面工作。除教平民课本、写字、算术外，还教授注音符号，每晚教课前，规定五分钟讲些国家大事，主要内容是日本凶狠侵略我国，和军阀政府的腐败无能，必须打倒日本帝国主义，去除军阀，不买日货，万众一心，拯救中华等政治知识。开学那天，请来陈望道、袁心粲、堵福诜、夏丏尊各位老师指导。袁心粲先生还当场讲了话。范尧深同学也讲了一番夜校规则，要求学生们遵守。以后每天由各位同学轮流任教。平常还由一师几位老师来指导。[1]

1920年（庚申，民国九年）　34岁

▲3月，胡适出版了新文学初期的第一部白话诗集《尝试集》。

▲8月22日，第一个青年团组织——上海社会主义青年团在沪成立。

▲8月，由陈独秀等人发起组织的上海共产主义小组在沪成立。是月，上海共产主义小组以"社会主义研究社"名义出版发行《共产党宣言》的第一个中文全译本，译者为陈望道。

---

[1] 邵仁：《回忆俞寿松同学片段》，《浙江省青年运动史研究参考资料》第2辑，1983年版。

▲11 月 7 日,由上海共产主义小组主办,李达主编的《共产党》月刊在上海创刊并秘密发行。

▲本年,北洋政府教育部不得不承认白话为"国语",通令全国学校予以采用。教育部训令自 1920 年秋季起"凡国民学校一、二年级先改国文为语体文,以期收言文一致之效"。

1 月

7 日 浙一师全体教职员致电北京政府及教职员联合会,指摘"政府把教育的事情看作无足重轻,所有人民缴纳的赋税、外国借来的债款大部分都拿去做了有损无益的事业","教育当局不得其人,顽旧的官僚、堕落的政客都来谋占教育行政上重要的位置",呈请政府尊重教育界的趋向选择,切实筹集教育基金,即日撤换教育次长代理部务傅岳棻等项。

8 日 全体教职员辍教。

10 日 与黄集成合译的《儿童的游戏》([日本]关宽之著)刊《校友会十日刊》第 10 号。

同日 次女夏满子出生。

13 日 全体教员复教,以俟政府后命。

20 日 《儿童的游戏(续前期)》刊《校友会十日刊》第 11 号。

30 日 《原来如此!》刊《校友会十日刊》第 12 号。

本月 译作《爱》([法国]莫泊桑著,[日本]前田晁译)刊《教育潮》第 1 卷第 6 号。

2 月

9 日 浙江省教育厅撤换校长经亨颐,调任省视学,并勒令解除夏丏尊、陈望道、刘大白、李次九四位教师的职位。学生以"挽经护校"为号召,拉开了"一师风潮"的序幕。

17 日　代理校长金布接任,"闻金代校长对于经君改革校务颇有怀疑,故陈、夏、刘、李四国文教授处并未将聘证送往"。①

25 日　应上虞县教育会之邀,下午二时与经亨颐、陈鹤琴在县城明伦堂作演讲。知事张振声、城中各团体人员、县立第一女校学生等 100 余人参加。县教育会会长胡庆阶致开会辞,略谓今日适逢其会,听了三先生的教言,本邑教育前途,当受良好影响。演讲以《在上虞教育会劝学所青年团欢迎会的演讲》为题,刊 5 月 11 日《上虞教育杂志》第 29 期。作者认为教育事业,无非使社会进化,中国办教育已二十年,没有效果,主要因为教育的目的错了,读书是为做人,而非为做官。

同日起　任上虞县注音字母讲习所讲师,授课数日,地点在县立第一高小校,有听讲者 70 余人。夏丏尊认为注音字母无非是谋不识字的人容易识字,但国音的注音字母,对于平常人晦涩难懂,所以不妨把这种字母读作土音,教授起来可以方便些。

胡愈之评述说:

> 如果夏先生真把注音字母读作土音,那么我们大家应该设法更正才好,因为这种土音的注音字母之后,有许多害处:第一在识字的人,本已识得土音,再用注音字母把注音字母注了出来,有什么用处? 在不识字的人呢,学了此种注音字母,仍旧不能读书看报,因为现在或将来的注音书报,断没有注上虞土音的,注的都是国音哩。第二注音字母若给上虞人读别了,将来核正一定狠困艰,将来上虞人要再想

---

① 《浙江一师更换校长风潮》,《时事新报》,1920 年 2 月 26 日。

学习真正的注音字母,以求语言能和别处统一,一定更多一层阻力。①

月底 返杭。

3 月

2 日 《申报》第 8 版发布杭州快信:"第一师校校长金致和接任后,教职员学生群起反对,现国文教员陈望道、刘大白、夏勉旃等四员,已辞职出校。"

28 日 杭州学生联合会理事长宣钟华发动学生前往教育厅和省公署请愿,遭到省长卫队血腥镇压。②

29 日 军警包围浙一师校园,企图以武力解散学校,将学生押回原籍。学生不畏强暴,与军警英勇斗争。在各界声援下,省公署与学生代表宣钟华、徐麟书等重开谈判,并请蔡元培之弟蔡谷清居间调停。

4 月

8 日 与陈望道、刘大白作《浙一师国文教员为辞职事致学生书》,详述不便就职的理由,希望诸君向着光明的路上努力为新文化运动无私奋斗。③

12 日 新校长姜琦到任,"据学生代表报告,对于旧职教员开会评定等第,分别去留,请予照办。(甲)必留者:刘大白、袁易、陈望道、夏丏尊等,(乙)可留者:姜丹书、胡锡周、金咨甫等,

---

① 胡愈之:《注音字母的商量》,《上虞教育杂志》第 28 期,1920 年 5 月 1 日。

② 《浙江学潮志(八)》,《申报》,1920 年 3 月 29 日。

③ 《浙一师国文教员辞职》,《民国日报》,1920 年 4 月 10 日。

（丙）暂留者:陈云扉、金琢章、金宗书等,（丁）必去者:王锡镛、吴球、郦忱、叶广梁、蔡敦辛、范琦等"。①

17 日　"一师风潮"落幕,全校复课。

28 日　学生代表面呈全体学生挽留书,"请先生别要固执前信,再做却聘的根据了"。②

浙一师范的留经运动,结束以后,学生自治会还议决了挽留四大金刚的议案,我和范尧生兄是学生会所推举的代表。我们心中,以为学生出面挽留,那就什么不成问题了,谁知夏先生只和我们谈闲天,一说到复职的正文,他就不让我们说下去。在我们闲谈中,我忽然觉得夏先生的胸襟真是阔大,我转而敬仰他了,他的为人,是这么地冲淡,不带一点急功近利的意味呢!③

5 月

5 日　与陈望道、刘大白坚请辞职。

10 日　学生再致书夏丏尊、陈望道、刘大白,"我们以为最亲爱的光明指导者,为了环境底关系,不复聚在一堂,心里觉得非常愁闷。不过先生底苦衷,我们也狠明白,这样荆棘横生的道路,也不勉强先生去走。但先生是新文化的先趋,我们对于先生的爱慕依旧不断。……比来寒暑无常,诸惟努力自爱"。④

---

① 《杭州快信》,《时事新报》,1920 年 4 月 20 日。
② 《浙江一师风潮之余音》,《申报》,1920 年 5 月 1 日。
③ 曹聚仁:《夏丏尊先生(上)》,《民国日报(赣南)·笔锋》,1943 年 9 月 7 日。
④ 《浙第一师校之新气象》,《民国日报》,1920 年 5 月 15 日。

7 月

6 日　评论《学术上的良心——阅张东荪君创化论译本有感》(署名勉尊)刊《民国日报·觉悟》。作者通过比对张东荪与金子桂井的译本,批评张东荪所译的第一节就不可解,就此指出译书应负两种责任,"对于原著者须负忠实的责任;对于读者须负易了解的责任"。译者应有学术上的良心。

9 日　夜俞秀松、沈玄庐、陈望道、沈仲九来访,五人谈了很久的话,大都关于张东荪《创化论》的译本的文字。①

10 日　晨与俞秀松、沈仲九、沈玄庐闲谈。

俞秀松日记载:"我们两人谈到八点,才到丏尊家。我忽然起了个念头,对玄庐说,'我和你同到衙前——玄庐——去。'玄庐说,'很好'。我们又说了很久的话。仲九想到日本去读书的意思,也对玄庐说。在这时候,丏尊也对我说:'我也想再到日本去。'"

14 日　俞秀松日记载:"我预备这几天要到杭州去,和仲九、望道、丏尊同住在西湖陶社读日文。"

8 月

3 日　与杨白民、蔡冠洛、范古农、马一浮、李鸿梁、堵申甫等在银洞桥虎跑寺下院接引庵,为弘一法师赴新登掩关饯行。程中和剃度出家,更名"弘仑",随行。众人治面办斋,并合影。弘一法师赠手书"珍重"二字,款"予居杭九年,与夏子丏尊交最竺,

---

① 《俞秀松日记》,《俞秀松纪念文集》,北京:当代中国出版社,1999 年版。

83

今将如新城掩关,来日茫茫,未知何时再面。书是以贻,感慨系之矣。庚申夏弘一演音记"。

夏丏尊在《弘一法师之出家》一文中回忆说:

> 有一次,记得是他出家二三年后的事,他要到新城掩关去了,杭州知友们在银洞巷虎跑寺下院替他饯行,有白衣,有僧人。斋后,他在座间指了我向大家道:"我的出家,大半由于这位夏居士的助缘。此恩永不能忘!"我听了不禁面红耳赤,惭悚无以自容。因为(一)我当时自己尚无信仰,以为出家是不幸的事情,至少是受苦的事情,弘一法师出家以后即修种种苦行,我见了常不忍。(二)他因我之助缘而出家修行去了,我却竖不起肩膀,仍浮沉在醉生梦死的凡俗之中。所以深深地感到对于他的责任,很是难过。[①]

4 日　晨送行至钱江轮上,直到解缆而别。

9 日　弘一法师致信。"曩承远送,深感厚谊。来新居楼居士家数日,将于二日后入山,七月十三日掩关,以是日为音剃染二周年也。吴建东居士前属撰《杨溪尾惠济桥记》,音以掩关期近,未暇构思,愿贤首代我为之。"

9 月

月初　应校长易培基,教务主任熊梦飞之聘,任湖南省立第一师范学校(以下简称湖南一师)国文教员,与孙俍工、舒新城、恽代英、匡互生等成为同事。其时,毛泽东任湖南一师附小主事。据张文亮日记载,毛泽东请陈独秀给湖南一师推荐教员,陈

---

① 夏丏尊:《弘一法师之出家》,《佛学半月刊》第9卷第20号,1940年10月16日。

独秀推荐了夏丏尊、沈仲九二人。[①]

　　易寅村是当时湖南的名宿，而又以"新"人物著称。他和谭延闿有相当的私交。那时湖南既在酝酿自治，教育自当革新，所以张敬尧属下的校长自当更换——实际上彼等亦站不住，有些早已他去——于是易以名宿兼"新"人物的关系而被聘为省立第一师范学校校长。但易原非教育界中的人，自己并无班底，乃请北京高师毕业之熊仁安君任教务主任，匡互生君任训育主任。他俩是"五四运动"中有力分子，很相信工读主义。既入一师，对于素日所信之主义有了发展之地，自然要力图发展。而且少年心情总是以事业为前提，不重视所谓党派。所以当时聘请教员完全采取人才主义。他们以为湖南的人才太少，且有些人因为曾在张敬尧治下服务，品格上发生疑问，即算是才，亦不便用。而况负思想改造之责的人，要以国文教师为主体，此辈人才长沙似亦无多。所以八月间熊仁安君亲去上海聘请教员。当时被聘者有曾在浙江一师教书有成绩之夏丏尊、沈仲九——沈系后去——及武昌三杰之余家菊、陈启天——又一杰为已逝之恽代英，均毕业于武昌中华大学。我在沪曾识恽，至湘始识余、陈——诸君。我呢？大概是因为一年来写过一些文章，那年五月，又在商务印书馆出版一部《实用教育学》，承蒙他采及菲葑，亲至松社——任公先生为纪念蔡松坡先生之社，在上海姚主教路，为一花园，占地数亩，后出售——勉以敬恭桑梓之义。我于是于九月初与熊君同行返

---

　　① 转引自唐振南：《共产党长沙早期组织的诞生与陈独秀的关系》，《上海革命史资料与研究》第7辑，上海：上海古籍出版社，2007年版。

湘——湘人之同返者尚有孙俍工。①

行前,为徐绍谦《湖滨寐语诗集》题诗二首,其一云:"老去填词空传恨,燕钗蝉鬓几曾围。此生只有柔乡路,讵奈柔乡不可几。"其二云:"本初弦上黄祖腹,哀乐由人亦可怜。此是诗人无赖处,借来天女学逃禅。"徐绍谦有一联相赠:"芳草倘容早闻讯,与君一哭贾长沙。"②

18 日　湖南一师举行开学式。校长易培基通告本学期计划纲要,省长谭延闿致训词,教育科长方维夏、来宾朱剑凡、夏丏尊、余家菊、陈启天等相继演说,最后学生代表致答词。

谭延闿日记载:"出至第一师范,今日开学,此吾十五年旧居地,自庚戌重建后未尝至。校长易寅邨请演说,又新聘外省教员夏、余、陈皆演说,甚善。既罢,留饭。"

24 日　作新体诗《时计》(刊 30 日《民国日报·觉悟》)。

27 日　作词《贺新郎》,有"漂泊三千里""尝尽离愁滋味""笑落魄萍踪如寄"等语。

28 日　作新体诗《登长沙白骨山》(刊 11 月 9 日《民国日报·觉悟》)。

同日　陈望道《文字漫谈》一文刊《民国日报·觉悟》,引起夏丏尊、邵力子、沈玄庐、叶楚伧、孙俍工诸人讨论。

10 月

1 日　新体诗《雷雨以后》刊《民国日报·觉悟》。

9 日　与陈望道、邵力子、李汉俊、叶楚伧、冯三昧等合著《用

---

①　舒新城:《湖南第一师范》,《我和教育》,上海:中华书局,1945 年版。
②　据徐绍谦之子徐叔侃遗墨及其学生张宗灿先生回忆整理。

字新例》(刊 15 日《新妇女》第 4 卷第 2 号)。

25 日　上午十时章太炎在湖南一师作演讲,由易培基主持,夏丏尊做记录。讲毕设宴聚饮,席间章太炎书写篆文十数纸,高谈阔论,亦多名言。其讲稿以《研究中国文学的途径》为题,刊 27、28 两日《大公报(长沙)》;后改题为《研究国学的途径》刊 11 月 4 日《民国日报·觉悟》。

同期　罗素、杜威、蔡元培、陶行知、张东荪、吴稚晖、李石岑、张溥泉、杨端六等中外名人应湖南省教育会之邀,先后来校讲演。

27 日　《读存统底〈回头看二十二年来的我〉》刊《民国日报·觉悟》。文章称:"我于这三年中,对于存统,自己也不晓得施过了多少奖励、劝诫的教育作用。他现在底行动中,差不多可以说有一部分就是我底行动,或是我行动底变形。我原不敢自信在教育上有这样感人的能力,但是对于存统,我在责任上,却敢说这样的话,因为存统在某时期内,的确是一个完全相信我的人。存统相信了我,我不能矫正他底弱点,发展他底优点,不是我底方法错误,就是我底无能。我读了这篇文字,实在有一种说不出的责任感,得了感着自己罪恶的机会。可是我还没有和存统一样的勇气,一一地将罪恶披露出来,在人前来忏悔。这是我不及存统的地方!"

30 日　下午章太炎在湖南一师作关于学生求学问题的演讲。由易培基主持,夏丏尊做记录,听讲者千余人。其讲稿以《论求学》为题,刊于 11 月 1、4 两日的《大公报(长沙)》。

秋　毛泽东在湖南一师附小恢复工人夜学,并创办失学青年补习班。夏丏尊、匡互生、熊瑾玎、沈仲九及湖南一师学生夏曦、郭亮、张文亮等在补习班任教员。

11 月

18 日　沈仲九在夏丏尊处留下一封书信后失踪。湖南一师临时停课,四出搜查,至夜在湘潭寻获。据张文亮日记载,沈仲九系愤世嫉俗,自投湘江。

23 日　夜与张文亮、沈仲九商议组织青年团事。

张文亮日记载:"晚上会丏尊、仲九,他们两人都以为青年团有组织之必要。不过仲九以为首先可以组织研究团体,使各团员对于此主义有彻底的了解和坚决的信仰时,再可以组织一个实行改造的团体,从事实际的活动。"①

本月　薪金仍被拖欠。教育经费8、9月份只发十分之三,10月份只发十分之五,11月份则全未发给,以致窘迫难堪。各校教员均拟宣言罢课,师范学校学生则势将断炊。②

12 月

1 日　下午三时湖南省垣教职员联合会召集第一次评议会,公举方克刚、熊梦飞等4人日内进见临时省长林支宇,咨询政府对于教育经费之计划。

5 日　湖南省垣教职员联合会召集第二次评议会,由方克刚报告进见省长情形。报告毕,公决由教职员联合会用书面函催各校校长赶发欠薪,并拟向省议会请愿以米盐公股提充教育基金。

---

① 转引自中共湖南党史研究室、新民学会成立会旧址管理处主编:《风华正茂的岁月——新民学会纪实》,长沙:湖南人民出版社,2008年版。

② 《教职员求发欠薪之急迫》,《大公报(长沙)》,1920年12月9日。

10 日 湖南省垣教职员联合会召集第三次评议会,议决再次致函各校校长,要求于五日内发还欠薪。

17 日 因省署准令三日内发给半薪,现已逾四日,半薪尚未发全,教职员在省教育会举行联合会议,讨论救济方法,主张教育经费独立、教育行政独立等计划,定于 22 日召集大会详商。

22 日 湖南省垣教职员联合会因教育经费无着,教育基础动摇,特开会员大会。各校教职员到会者近二百人。主席方克刚谓"十一月份经费,一限再限,现在还不过发十分之二三,行不顾言。本日大会,希望对于经费作根本上解决"。蒋国辅谓"我们只先商酌期限问题,如政府至期不发,拿甚么作后盾?"熊梦飞、夏丏尊、孙俍工、方旭芝均主张罢课。邓名诗谓"今年不宜罢课,要罢课待明年开学,现在顶好追讨经费"。马续常赞成邓说。毛泽东主张教育界自决,罢课还是消极,要准备积极的办法。政府已经靠不住了,教育界宜联合起来,自行组织一个强有力的机关,像北京之校长团,实行自决自救。北京各校业已自行借款,湖南亦正宜进行教育借款。军费政费等消耗可借款,教育百年之计,当然可以借款。非如此不足自救。熊梦飞主张即派代表见政府,报告本日情形,再由评议部召集第二次大会,组织"罢课委员会",办理善后。毛泽东谓"罢课虽然也是一个办法,但我们总要做积极的自决。教育经费独立机关,即可进行组织"。当天发言者甚多。"主席宣告讨论终结'最后办法',俟政府不履行我们的决定时,再于一月一日开大会取决。众无异议。于是公推代表六人晋见省长,并报告省议会,请予设法维持。六代表姓名如下:周风古、黄士衡、熊梦飞、欧阳雅文、罗大凡、舒兆熊。再议清偿七八两年度教育经费积欠案。主席以限明年春节前清偿付表决,起立多数。主席云,尚有关系重要之四议案,本日时间太久,俟下回大会再议。"①

27 日 湖南省垣教职员联合会召集第五次评议会,续商议欠薪及教育基金问题。

29 日 湖南省垣教职员联合会续开全体大会,到会百余人,讨论以米盐公股充作教育基金事项,当即推举代表蒋育寰、童锡桢等 16 人带意见书向省议会陈述一切。提案遭省议会否决。

30 日 下午三时湖南省垣教职员联合会召集第六次评议会,讨论补救办法。

本年 作有小诗"中年陶写无丝竹,泽畔行吟有美人。搜得漫天风絮去,贮将心里作秾春。"

1921 年(辛酉,民国十年) 35 岁

▲1 月 4 日,郑振铎、沈雁冰、叶圣陶、周作人等在北京发起成立文学研究会。

▲1 月,浙江省教育会主办的《教育潮》发行至第 10 期,因印费无着,暂行停刊。1922 年 4 月继续发行,改称《浙江教育杂志》。

▲6 月,郭沫若、成仿吾、郁达夫、田汉等在日本东京成立创造社。

▲7 月 23 日,中国共产党第一次全国代表大会在上海召开。

▲10 月 4 日,陈独秀因编辑《新青年》杂志及有关共产主义、

---

① 《昨日教职员联合会之大会》,《大公报(长沙)》,1920 年 12 月 23 日。

社会主义内容的书刊而被捕。

1 月

1 日　湖南省垣教职员联合会续开全体大会,因天寒人稀,无甚结果。

3 日　湖南一师全体教职员向校长总辞职,原因略谓:"一、我们此来本想改革教育,传布文化,对于校务有积极的进行,不料政局屡变,经费不是蒂欠,就是停发,甚至全校火食也到了有一餐没一餐的地步。在这样窘境之中,保持现状,尚不可得,至于进行事业,我们虽有方案,那里还有实行的日子。我们初时也曾忍受苦痛,期待时机,到了现在,却已忍不能忍,待无可待了。长此下去,势必流于敷衍,贻误学生,这是我们所不愿干的。二、我们从事教育,虽不全以物质的金钱为目的,却是物质的生活,当然不能没有。我们都是以教师为职业的无产阶级,父母妻子的扶养,责任全在我们一身。半年以来,我们的月俸,虽然也零零碎碎地得到一点,核计所得,不过原俸五分之二三,不足支持身家。我们虽愿终身从事教育事业,但这样的教育事业,是我们所不能干的。"并召集学生开会告别。

同日　湖南省垣教职员联合会举行代表会议,三十余校代表参加。湖南一师主张即时罢课,态度十分坚决,并谓各校如不一致,本校也要单独牺牲。[①]

5 日　上午湖南一师教职员纷纷搬运行李,准备离校。张文亮日记载:"早饭后,泽东找我们谈话:教职员离校很危险,因为他们出去就散了,要想积极奋斗万难了。现在无论如何要把他

---

① 《酝酿中之各校罢课问题》,《大公报(长沙)》,1921 年 1 月 5 日。

们慰留在校。"学生观此情形,仓促围集,把住校门,门首大书"誓死挽留教职员""我们的目的在第一师范之改进和革新,我们所信任的教职员无论如何不能出校"等语。财政厅长姜济寰代述林支宇意,经费可作保障,勉留各教职员勿去。[①]

6日 离校,暂居舒新城寓所。同时离校的还有沈仲九、孙俍工、吴相如、易庆年等。

7日 张文亮日记载:"仲九来此,说学生宜急进,以免减少锐气。泽东则以为重要的在造成舆论,故宜暂缓。丏尊为周刊社做了一篇宣言,对于湖南日报、教职员和省议会、省政府、社会各方面都有责难。他们都说太激烈,我以为并不为然。"

8日 省政府特派姜济寰到校调停风潮,请易培基转达各教职员慰留之意,并向学生表示经费已在竭力筹措,将于农历新年内发足。

舒新城回忆说:

> 五四以后,学生罢课是常事,教师罢教则不大听得。第一师范既由"名宿"任校长,又是当时当地文化运动的领导,而况又聘有省内外的名教员;同时湖南之自治,又要在政治上树立模范为各省倡。这种事体之发生,在"省"的面子上固然不好看,而在"校"则可推到"客卿"——省外教员——身上而更好说话;所以独由一师发难,所以经"合作"而由夏等迁居我家,不数日即解决了。[②]

---

① 《第一师范罢课昨讯》,《大公报(长沙)》,1921年1月6日。
② 舒新城:《罢教》,《我和教育》,上海:中华书局,1945年版。

本月　回杭州前夕,与刘薰宇①相识。②

在湖南一师任教期间,积极鼓励学生写白话文,写新诗,并且要求有新的思想内容,反对专门替古文作注释。批改作文时,遇到属于文法的错误,总是加上"直贯"的标记,属于修辞方面的,则用"勾去"划除冗赘,改为更适当的词句,并补上眉批;经常挑选作文卷中典型的错例加以讲解。③ 长沙别的学校里的学生,有很多抛弃了本校的功课,特地来旁听的。④ 在思想文化方面属于"新文化"中人,与陈启天、余家菊、孙伖工、舒新城等过从甚密,⑤但对于政治不感兴趣。

　　毛泽东因为他是一个为企求光明而前来接受革命洗礼的人物,便劝他也加入他们的党,可是,却给夏先生一口拒绝了,夏先生的主张是:政治的推进是多种方式的,革命的党固然是推进政治很有效的原动力,如我现在所担任的教育工作,也未始不是推进政治的一种动力,你做你的党的工作,我做我的教育工作,原是一般样的,正不必要舍己从人,将来定可殊途同归。

　　毛泽东听了他这一番话,很以为不然,背后曾对人谈

　　① 刘薰宇(1896—1967),字心如,贵州贵阳人。1919 年毕业于北京高等师范学校数理系,先后在河南省立第一师范、湖南常德第二师范、上海大学附中、浙江春晖中学等任教。1928 年留学法国,在巴黎大学研究数学。1930 年回国后在立达学园工作,并在暨南大学、大夏大学、同济大学等校兼课。后到贵阳高中、西南联大任教。著有《初中代数》《解析几何》《数学的园地》《数学趣味》等。

　　② 刘薰宇:《怀至友丏尊!》,《中央日报(贵阳)·前路》,1946 年 5 月 28 日。

　　③ 《从"五四"到大革命时期》,《湖南第一师范校史 1903—1949》,上海:上海教育出版社,1983 年版。

　　④ 许志行:《不堪回首悼先生》,《联合日报晚刊·文学周刊》第 3 期,1946 年 5 月 2 日。

　　⑤ 舒新城:《课余生活》,《我和教育》,上海:中华书局,1945 年版。

说：夏先生的人格学识是令人可钦仰的，可是政治上的认识还不够清楚。因为在旧的政治组织下所需要的，是用革命的行动来粉碎旧的一切，好的坏的，一律加以粉碎，重行建立新的体系，方可达到新的政治理想。所以革命工作是政治推进的先决工作，惟有革命工作方是完成新的政治的坦途。其他教育经济的致力，不过是一种改良主义，而不合乎革命的精神。

夏先生是一个超然的学者，他对于政治实在太不感兴趣了，所以在长沙只逗遛了一个很短的时期便回到沪上了。毛泽东给予他的严格批评，便种下他后期对于政治有研究兴趣唯一的助力。[①]

2月

本月　返长沙。

3月

10日起　与湖南一师第十一班学生李继桢合译的《社会主义与进化论》（[日本]高畠素之著）分17期在《民国日报·觉悟》连载（后于1922年3月作为《新时代丛书》第二种，由上海商务印书馆出版单行本）。文章原序说，该文是从社会主义的立脚点，来论进化论者的进化说，来批评介绍社会学者各种学说的要点。例如，文末对于亨利·乔治（Henry George）单税论到社会主义的介绍与评价："他死后（一八九七年），单税运动底势力全

---

① 徐大风：《毛泽东批评夏丏尊》，《海燕》第9期，1946年5月30日。

然失坠,阵势渐分裂为左右两派。向右边走的,是无政府主义;向左边走的,是社会主义。把单税论底急进方面来澈底,结局就达到社会主义。无政府主义,就是这反动思想底极点。亨利·乔治从过去去求他底敌,对于过去,是很急进的。惟其这样,对于未来是很退步的。像亨利·乔治立脚于现在,对于过去底仇敌,很急进的样子,去立脚于将来,对于过去和现在底仇敌同样急进的,就是社会主义。在这个意味上,社会主义,可以说是急进的亨利·乔治底澈底。"

14 日　午间与匡互生、毛泽东、贺民范、熊梦飞、谢觉哉、李抱一、易礼容、何叔衡、方维夏等 28 人在曲园设宴,欢迎大韩民国临时政府特派员李若松、黄松友、李熙春。席间仇鳌、易培基致欢迎辞,李熙春致答辞。与会者发起成立中韩互助社,以"联络韩中两国人民,敦修情谊,发展两国人民之事业"为宗旨,并制定简章,选举干部。社址设船山学社。

6 月

15 日　在《民国日报·觉悟》文学小辞典专栏介绍修辞名词"描写""暗面描写""周围描写""象征""高级象征""情调象征""象征主义"。

中旬　返回杭州,探望病中的刘薰宇。行前赠张文亮小像一幅,"像中的背景是:在丐师的后面设着一个摆满了书的书架,壁上挂着'珍重'两字的一幅小条;在他面前的书桌上摆着一瓶花。至于他自己却正在那儿握笔沈思,恍惚想要写些什么"。[①]

24 日　上海《民国日报》副刊《觉悟》登载"《新时代丛书》编

---

① 文亮:《前途(寄丏尊)》,《民国日报·觉悟》,1923 年 7 月 29 日。

辑缘起",称:"我们起意编辑这个丛书,不外以下的三层意思:
一、想普及新文化运动。……二、为有志研究高深些学问的人们
供给下手的途径。……三、想节省读书界的时间与经济。……"
"本丛书以增进国人普通知识为宗旨",内容包括文艺、科学、哲
学、社会问题及其他日常生活所不可缺之知识。编辑人分别为
李大钊、李季、李达、李汉俊、邵力子、沈玄庐、周作人、周佛海、周
建人、沈雁冰、夏丏尊、陈望道、陈独秀、戴季陶、经亨颐。通讯处
设上海贝勒路树德里 108 号,由商务印书馆发行。

本月 赠学生柔石弘一法师书信一封。柔石将信裱成立
轴,自题:"余幼鄙,不知叔同先生之为人,然一睹其字,实憾师之
不及者。共和七纪,余学武林师校,适先生弃世为僧,故又不及
见其人而得其片幅。后先生知交夏先生丏尊嘉余诚,以此作赠
余,余乐而藏之。此非余之好奇,实余之痼性也。赵子平复自志。"

7 月

10 日 译作《缺陷的美》([日本]厨川白村著《出象牙之塔》
第四、五章)刊《民国日报·觉悟》。

本月 《近代文学概说》刊《美育》第 6 期;续篇刊 1922 年 4
月第 7 期。文章总结称:"大体上说,十八世纪是古典主义全盛
时代,十九世纪前半是浪漫主义全盛时代,十九世纪中叶至末
叶,是自然主义全盛时代,最近是新浪漫派主义的时代。这不过
是大略的划分,其中原有互相交错的。就一作者说,也可发现这
样进化的经过,易卜生早年的作品,也带着模仿前人的调子,《恋
爱喜剧》却是浪漫的作品,等到著《娜拉》《群鬼》,正是他的自然
主义时代,至于《海上夫人》以后的诸作,显然入了新浪漫主义的
时代了。"

8 月

3 日　上海《民国日报》副刊《妇女评论》创刊。

同日起　译作《女性中心说》(〔美国〕瓦特原著，〔日本〕堺利彦译)分 31 期在《民国日报·妇女评论》连载(后于 1924 年 2 月由民智书局出版单行本)。该篇介绍说，"解释两性关系的学说，有正相反的两派：一是男性中心说；一是女性中心说。""女性中心说"由美国社会学家莱斯特·瓦特于 1888 年提出。瓦特通过考察生物发达及演变的历史得出结论：女性常作主要部分而男性不过是附属物。生物界的一切万物，原来都有以女性为中心的倾向。男性在本来的意趣上，自然是不可或缺的，"但所谓男性，无非是为要想因异质的交叉，确保生物底发达，实是从'益者生存'的原则上派生出来的东西"。生物学、心理学都可以证明这一结论。虽然"就人类，高等哺乳动物，和鸟类底一部分看，男性好像有优胜的现象，这是特别的，例外的进化底结果"。"男性中心说"之所以在人类社会流行，"无非是由于局限着与自己最近周围浅薄的观察，拘着固陋的传说和习惯底结果"。译者翻译此篇的目的是为五四新文化运动时期的妇女解放及男女平等思想提供理论依据。

同期　加入《民国日报》妇女评论社。

本月　舒新城致信，谈及入职吴淞中国公学前，得知学校内部分歧，以后多有困难，恐因改革不成而致使学生平白牺牲，颇不欲置身其间。

9 月

1 日　在杭州译毕《近代文学与儿童问题》(〔日本〕岛村民藏

著)(刊 1922 年 1 月 10、25 日《东方杂志》第 19 卷第 1、2 号），并作译者附记。"这篇东西，是以日本岛村民藏氏底著书为蓝本的。岛村民藏是个潜心于两性问题研究的学者，同时是个剧作者，他关于两性问题，先后出了《现在近代文学上的两性问题》《性的理想主义》《两性问题大观》三书。我读过了这三部衔接的著作，就'烧直'成了这篇文字，其中直译的地方也有，只取大意的地方也有，至于引例，也有参考了别的书籍，把它变易的处所。均望原著者和阅者谅解。"文章编译介绍说，近代两性问题，以儿童问题为归宿。儿童问题，实为两性问题的核心，一切关于政治上、法律上、经济上、道德上的两性问题，无非是由这根本问题派生的支流罢了。"儿童是什么？"对于这问题，古来哲学者，艺术家，社会学者的见解，种类不一，实在不遑枚举，其中最古，最通行的见解，就是说：儿童是保存种族唯一的手段。这简单的解释，原含着不可动摇的真理，在无论哪一时代，都应该有势力的，不过在科学精神和个人主义思潮已发达的近代人，这样简单的解释，已不能满足。特别是近代文人，他们有的受了自己个人阅历的着色，有的因了宗教上信仰的影响，对于儿童的见解，几乎十人十色。主要的约有下面的五种：（一）儿童是服务宗教的便宜的手段说；（二）儿童是母的本能的偶然的产物说；（三）儿童是自我永存的一种的手段说；（四）儿童是人类保存和进化的唯一的手段说；（五）儿童是性的更新作用的产果说。编译者认为前四种都有偏颇之处，赞同第五种之说。

28 日　弘一法师致信。"江干之别，有如昨日。吴子（按：即吴梦非）书来，知仁归卧湖上，脱屣尘劳，甚善甚善。余以是岁春残，始来永宁，掩室谢客，一心念佛，将以二载，圆成其愿。仁者迩来精进何似？衰老浸至，幸宜早自努力。义海渊微，未易穷讨,念佛一法,最契时机。印老文钞,宜熟览玩味,自知其下手处也。(可先阅其书札一类。)仁或来瓯,希于半月前先以书达,当可晋接。秋凉,惟珍重不具。(便中代求松烟墨二锭寄下。)"

佛学于我向有兴味,可是信仰的根基,迄今远没有建筑成就。平日对于说理的经典,有时感到融会贯通之乐,至于实行修持,未能一一遵行。例如说,我也相信惟心净土,可是对于西方的种种客观的庄严,尚未能深信。我也相信因果报应是有的,但对于修道者所宣传的隔世的奇异的果报,还认为近于迷信。关于这事,在和尚初出家的时候,曾和他经过一番讨论。和尚说我执著于"理",忽略了"事"的一方面,为我说过"事理不二"的法门。我依了他的谆嘱读了好几部经论,仍是格格难入。从此以后,和尚行脚无定,我不敢向他谈及我的心境,他也不来苦相追究,只在他给我的通信上时常见到"衰老浸至,宜及时努力珍重"等泛劝的话而已。①

本月 译作《俄国底诗坛》([日本]白鸟省吾著)、《俄国底童话文学》([日本]西川勉著)、《阿蒲罗摩夫主义》([俄国]克鲁泡特金著)刊《小说月报》第 12 卷号外《俄国文学研究》。

《俄国底诗坛》综合评论了 19 世纪中叶之后俄国诗坛创作的概况。白鸟省吾指出,在培林斯奇(Vissarion Belinsky)之后,俄国文学强调文学的社会目的,因为过于强调文学的功利性,使文学表现出一种背离文学本质的倾向。19 世纪 80 年代以后,俄国的抒情诗进入了一个复苏时代。

在《俄国底童话文学》中,西川勉不仅概述了俄国童话文学

---

① 夏丏尊:《我的畏友弘一和尚》,《越风》第 9 期,1936 年 3 月 2 日。

的总体特点,而且比较具体地评述了俄国重要童话作家的作品及风格。西川勉认为,普希金和梭罗古勃(Fyodor Sologub)的作品堪称一流艺术家的作品,儿童在这样的作品上所得的是无限的诗味,可以作羽育心灵的最好的力。在用动物寓言的形式,指责人间心理的某点,或含着社会讽刺的作品上,儿童能得着的是现实批评的精神。"至于强烈地表示对于自由的要求的童话,更不知道养成了多少改革家底胚胎,在帝制时代,并且像在十八世纪初叶以来非常地抑压言论的俄国,把对于专制政治和官僚底私欲行为的讽刺或对于自由的要求,用动物寓言的形式来表出,实在是大有意味的事。从这种方面灌注一种思想于国民的血管,这事于俄国的革命,功效也着实不小罢!"

《阿蒲罗摩夫主义》是克鲁泡特金的一篇文艺评论文章。阿蒲罗摩夫是俄国著名小说家共且洛甫(Ivan Goncharov)小说的主人公。描写的是主人公"不喜奋斗,自己管自己,缺乏进取的气象,无抵抗的被动:这种态度,大部分是俄国人的特质"。这部小说问世于1839年,"阿蒲罗摩夫主义"的名词,差不多是一时指示俄国状态的流行语。译者以为,"这样的人物,实在还是世界的典型,——是因了现在底文明,在富裕、满足的生活中养成的典型,是一种的保守的典型。所谓保守,并不是政治上的意味,是单指对于幸福的保守主义的。凡是到达了某程度的幸福的,或得着祖先余泽的人们,已经不肯再做新的事情。""阿蒲罗摩夫主义"的确不是俄国人特有的人种的疾病,也存在于两大陆,也存在于一切纬度的地方。

本月　应经亨颐之邀,返上虞协助创办春晖中学。

10 月

14 日　弘一法师致信。

承书并珍墨,感谢。曩有人贻以殿试大卷,最宜写经之用。旧藏有紫色笔,今又获松烟墨,具足矣。暇当效殿试黑大圆亮体,写《弥陀经》一部,以奉贤者讽诵。《起信》《楞严》可以暂置。念佛一法,最为直捷了当,希以《印老文钞》为指南,再向之江报社请《彻悟禅师语录》(与蕅一大师《梵室偶谈》合订一册)、《往生集》,并向昭庆经房请《云栖净土汇语》。今后兄等阅此四种,并每日于睡眠前限定三十分钟修习净课,日日相续,未可间断。其净课代订如下:诵《阿弥陀经》一遍,诵《往生咒》三遍,念南无阿弥陀佛名号(暂定为一百零八句,将来再增),诵《云栖愿文》一遍(在《云栖净土汇语》内)。以上四种所需时间,至多不过三十分钟,幸勉为之。音出世之因,实由仁者熏习劝导之力,辄念深思,愧无以报,惟有勉以修行之正路,永为乐邦之善友。惟冀察其愚诚,努力为之,时不相待,珍重珍重。

附寄《佛学浅说》第一种《法味》一册,为尤惜阴居士述著,初信佛法或尚未信者,皆可阅之。幸向朋辈广为劝导,流通驿亭。校友亦可劝其一览也。第二种《谈因》,久已付印,不日出版。书系赠送,仅寄邮送之资,即可寄来,即空函往索,彼亦愿寄。尤居士热心毅力,诚令人感佩无极也。(上海兰路七百廿七号佛学推行社尤居士)又亲手写三经一册,并希收入。他人愿得者,亦可向尤居士索取也。

16 日　与陈望道、邵力子等合著的《答龚登朝先生对于〈用字新例〉"怀疑的所在"》(署名"《用字新例》同人")刊《民国日报·觉悟》。

12 月

10 日　译作《女难》([日本]国木田独步著)刊《小说月报》第
12 卷 12 号。译者记："国木田独步底作品,周作人先生在《新青
年》八卷五号上已经介绍过一篇《少年的悲哀》,现在所译的《女
难》,是一九〇三年发表的,那时砚友社一派底旧势力,还充满着
文坛,居然有这样大胆描写性欲的作品出现,独步真是自然主义
文学的先驱者。自然主义文学者将性欲当做人生底一件事实来
看,描写的态度,很是严肃,丝毫不搀入游戏的分子。令人看了
只觉得这是人生底实相,没有功夫再去批评他是善是恶。这和
我国现在的黑幕派,固然不同,和我国古来的将文学来作劝善惩
恶的功利派,也全然不同。近来文学上算已经有过改革了,却是
黑幕派和功利派底势力还盛,这种魔障,非用了自然主义的火来
烧,是除不掉的。自然主义,在世界文学上,已经老了,却是在中
国,我觉得还须经过一次自然主义的洗礼。自然主义文学者底
人生观,大概是宿命的,机械的人生观,人们受了大自然底支配,
好比是个傀儡,只依了运命流转着,这就是自然主义文学者对于
世相的见解,独步底《女难》中,宿命观和机械观的色彩,都是很
浓厚的。"

本月　拟具《筹备春晖学校计划书》。作者鉴于在 10 月第
七届全国教育会联合会中通过的《改革学制系统案》及近年骤增
的生活程度,对学校学级编制、教师安置、设备预算、经费扩充等
项进行了擘画。

本年夏　加入文学研究会,编号 55 号。该会以"研究介绍

世界文学,整理中国旧文学,创造新文学"为宗旨。同期加入的江浙会员有胡愈之(48 号)、刘延陵(49 号)、顾颉刚(51 号)、俞平伯(53 号)、朱自清(59 号)、周予同(64 号)等。

1922 年(壬戌,民国十一年) 36 岁

▲1 月,《学衡》杂志在南京创刊,由梅光迪、吴宓、胡先骕等人创办。

▲5 月 1 日,郭沫若、郁达夫、成仿吾等创办的《创造》季刊第一期在上海出版。

▲5 月 5 日,上海学界举行马克思诞辰 104 周年纪念会,会中陈望道发表演说,分发《马克思纪念册》《劳动运动史》。这是中共中央在上海发起组织的首次马克思诞辰纪念会。

▲9 月 13 日,中共中央机关刊物《向导》周报在上海创刊。

▲11 月 1 日,北洋政府大总统徐世昌令正式公布《学校系统改革案》,模仿美国学制,将中小学学制改为六、三、三制。这个学制一般称为"新学制"或"壬戌学制"。

1 月

本月 经亨颐将《筹备春晖学校计划书》修正后,呈请校董会复核。

2 月

上旬 弘一法师赠手书蕅益大师、天如禅师、二林居士等高

僧法语数则,款"丏尊居士发心念佛,为写先德法语,以督励之。辛酉嘉平演音"。

12日 章育文父亲章晓亭去世。夏丏尊致信弘一法师,请为题写墓碑。

25日 译作《幸福的船》([俄国]爱罗先珂著)刊《东方杂志》第19卷第4号。

28日 江南银行在上海宁波路35号正式开业。董事长朱葆三,总理徐乾麟,经理夏质均,协理徐源镛,监察人沈田莘、薛文泰。

3月

月初 春晖中学校舍在驿亭白马湖畔落成。校长一职由校董会暂请张世杓充任。

24日 弘一法师赠手书晋王乔之《念佛三昧诗》,款"于时岁阳玄黓吠舍佉月第一襃洒陀前三日,写贻丏尊居士慧览,弘一沙门演音,居瓯岭庆福"。

春 弘一法师复函,送上墓碑题字、旧写佛号及发愿文句,请转交章育文,劝其为亡父躬亲诵经念佛,以尽孝亲之道。

4月

4日 弘一法师赠"大慈""弘裔""胜月""大心凡夫""僧胤"刻印五方,题:"十数年来,久疏雕技。今老矣,离俗披剃,勤修梵行,宁复多暇耽玩于斯?顷以幻缘,假立私名及以别字,手制数印,为志庆喜。后之学者览兹残砾,将毋笑其结习未忘耶。于时岁阳玄黓吠舍佉月白分八日。予与丏尊相交久,未尝示其雕技,今赍以供山房清赏。弘裔沙门僧胤并记。"

10日　译作《恩宠的滥费》(〔俄国〕爱罗先珂著)刊《东方杂志》第19卷第7号。文章借火星之国所出现的骚乱现象喻示当时现实社会中所出现的政治问题、社会问题与劳动问题等等混乱现象,借火星之神之口告诫人们要充分地善用自由、平等与同胞主义等等。

22日　在白马湖作《生殖的节制——欢迎桑格夫人来华》(作为"产儿节制问题专号"先行篇刊26日《民国日报·妇女评论》第38期)。文章认为:"男女用了性的道德的自觉来节制生殖,是引人类到幸福的途径,不是恶事;是以人智来制御盲目的自然,不能说是对于自然的叛逆行为。而在蠡斯式的谬误的多子主义横行的中国,尤认为对症的良药!"

5 月

16日　在白马湖作《艺术生活》(刊《浙人与世界》,具体期号不详)①。作者取意于厨川白村《出了象牙之塔》,认同艺术生活超越浅薄的道德、法则与功利,"只要有感味世相的能力,在一切世相之中,就到处都是艺术的生活了"。

25日　《误用的并存和折中》刊《东方杂志》第19期第10号。作者认为中国人"有一种传统的思想和习惯,凡遇正反对的东西,都把他并存起来,或折中起来,意味的有无,是不管的"。作者批评"在这并存和折中主义跋扈的中国,是难有澈底的改

---

①　此文转引自孙俍工编《初级中学用国文教科书》第四册。《浙人与世界》为小开本旬报,1922年3月1日创刊,每月1日、11日、21日出版,发行部在皮市巷3号,多刊登陈望道、刘大白等人作品。

革,长足的进步的希望的"。"辛亥式的革命,袁世凯式的帝制,张勋式的复辟,南北式的战争,和忽而国民大会,忽而人民制宪,忽而联省自治等类不死不活不痛不痒的方子,愈使中华民国底毛病,陷入慢性。"

6 月

本月 弘一法师赠手书灵峰蕅益大师诗句"万古是非浑短梦,一句弥陀作大舟",款"岁阳玄黓室罗伐拏月,弘裔僧胤"。

7 月

14 日 译作《贺川丰彦氏在中国的印象》刊《民国日报·觉悟》。"贺川丰彦氏是个日本有名的基督教社会主义者,同时是个文学家。同情于贫民,投身贫民窟多年。他底著作很富,据我所看过的有《越死线》《射太阳者》《贫民底心理》《泪底二等分》《人间苦与人间建筑》等几种,新近又购得他近著的《由星到星的通路》一书。其中有散文诗,有感想。氏曾于游欧返国时来游我国,《由星到星的通路》中有涉及我国者二节,因为译出。"

29 日 访陈望道,提出"女天下"观点,与陈致道、福娟、密思濮等各有辩论。

本月 与李宗武、茅盾、吴觉农、胡愈之、章锡琛、周作人、周建人、胡仲持、蒋凤子、倪文宙等 17 人发起成立妇女问题研究会,制定宣言与简章。宣言认为"世界所以有妇女问题,是历来男性不正当的压抑女性的结果;妇女问题的发现,是人类觉悟这压抑的害恶的结果"。研究会主要讨论女性在教育、经济、法律、道德方面遭遇的不平等问题,扩大宣传,研究改革措施。"为求研究的澈底,我们想从事于下列三种事业:一,为增进知识,研究关于妇女问题的学说。二,为改革的预备,调查国内外妇女的状况。三,为发表或宣传,编译关于妇女问题的书籍及发刊会报。"通讯处设上海宝山路商务印书馆编译所妇女杂志社章锡琛收转。

8 月

2 日　译作《"女天下"底社会学的解说》([日本]堺利彦著)刊《民国日报·妇女评论》第 52 期。作者的结论是:"如果有富力支配消失的新社会现出,男性支配也必跟着消失。就是,经济阶级(连政治阶级)和性的阶级,同归消失。由此生出两性并立的新关系,会有一切男女都无苦痛、无虚伪,可以平等地、自由地、单纯地大家相爱的时代来。"

10 至 11 日　与刘薰宇、冯克书在省教育会大讲堂办理春晖中学招生事宜。考试科目有国文、数学、英文、历史、地理、生物。其国文科试题附录于下:

一、试译左文为白话。群盗夜劫人家,家贫,仅得一鸡而归,将杀而烹之。鸡乞命曰:吾有益于人,能夜鸣,使人警醒。群盗笑曰:闻尔言,吾杀尔之心益切矣。二、试解释左列各辞。"矛盾""失约""公德""无聊"(以上为一年级试题)。

一、作文约友投考春晖中学书。二、试解释左列各辞。"所得税""海关""成分""调停"(以上为二年级试题)。

一、作文我的故乡。二、试解释左列各辞。"制度""社会""交通机关""乐观"(以上为三年级考题)。①

---

① 《春晖中学考发生》,《越铎日报》,1922 年 8 月 14 日。

25 日 译作《月夜底美感》([日本]高山樗牛①著)刊《东方杂志》19 卷第 16 号。

26 日 在白马湖作《男子对于女子的自由离婚》(刊 9 月 6日《民国日报·妇女评论》第 57 期)。文章认为,在现制度中,对于女子,离婚"是一种沉痛阴郁的悲剧"。作者不反对自由离婚,"但却不能承认买卖离婚是自由离婚,尤不敢承认男子牺牲女子去逞他底所谓'自由'是应该的事。我们以为:非到了女子再嫁不被鄙笑的时候,后母后父不歧视前夫或前妻之子女的时候,女子不赖男子生活的时候,自由离婚是无法实现的"。"我们以自由离婚做了解决夫妻间种种纠葛的目标,努力来创造这新时代罢。不算旧账,忍了苦痛,创造新的环境,使后人不至再受这苦,这是过渡时代人们所应该做的事"。

本月 横山私立春晖高等小学校移并春晖中学。应<u>夏丏尊</u>之邀,丰子恺、叶天底来白马湖执教。

9 月

6 日 弘一法师赠手书苏轼《画阿弥陀佛像题偈并序》,款"于时逊国后十一年岁次玄黓秋孟之节,写付丏尊居士,弘裔僧胤"。

10 日 春晖中学开学。夏丏尊任中学部国文教员兼出版主任。

25 日 译作《夫妇》([日本]国木田独步著)刊《东方杂志》第19 卷第 18 号;续篇刊 10 月 10 日《东方杂志》第 19 卷第 19 号。

---

① 高山樗牛(1871—1902),日本近代思想家、文艺评论家。其崇信尼采哲学,宣讲"天才论",倡导"日本主义",在 30 岁时赴欧洲留学,不幸在学旅中病故。

10 月

7 日 春晖同人创立"土曜讲话"课外讲演活动。

31 日 经夏丏尊、刘薰宇、赵益谦、丰子恺等筹划,《春晖》半月刊创刊。《我们将使我们底学生成怎样的人》刊《春晖》第 1 期;另转载于 1923 年 5 月 5 日《学生杂志》第 10 卷第 5 号。文章称:一、我们要使我们的学生为有丰富的常识和趣味的人。二、我们要使我们的学生为有广博的同情的人。三、我们要使我们的学生为能自律地不断向上的人。

特别值得一提的是开学后不久,他就写了一篇题目叫《我们应把学生培养成怎样的人》的文章,刊登在《春晖》半月刊上,阐明学校培养学生德、智、体全面发展的方针,并且他是切实贯彻执行的。当时有相当多的一部分学生(包括作者本人)不大愿意上体操、运动课,先生就现身说法,教导说:"体育运动旨在增强人的体质,使人有充沛的精力从事学习或工作。我过去不爱体育锻炼,以致现在工作有时感到精神不济,不能持久。"我和有些同学偏爱文艺,不想好好学数学,他就教诲我们说:"学数学不光是为了能做几道数学题,而在于它能锻炼人的脑筋,使人思维精密。刘先生(指数学老师刘薰宇先生)思维就比我们精密。"至于品行,他更为注意。因为他是痛恶一切行为不端、作风不正派的人的,对于自己学生的言行,自然更不会轻易放过了。①

本月 春晖同人发起设立农民夜校,义务教授西徐岙村民

---

① 钟子岩:《回忆夏师执教在春晖》,《上虞文史资料——纪念夏丏尊专辑》,1086 年版。

109

读、写、算、常识等课程,每周授课十小时,地点在小学部楼下。夏丏尊、赵益谦、戚怡轩、许松年、叶天底等任教师。

11 月

3 日 全体师生赴杭州旅行。

上半月 春晖同人发起招股组织消费合作社,出售日用品、文具、食物等。股份由学生及教职员自由担任。

17 日 夜消费合作社选举职员,刘薰宇任总经理,夏丏尊任副经理,叶天底、张镜义、许殁、朱元泉为进货员,查南强、周绍昌、徐炳荣等为售货员,丰子恺、朱兆莘①为查账员。由经理计定各科新式簿册,略授各售货员簿记术,指定进货。

21 日 消费合作社开业。

本月 邀请经亨颐作"土曜讲话",题为《青年修养问题》。

12 月

1 日 《读书与瞑想》(一)刊《春晖》第 3 期。

同日 与刘薰宇合著的《对于本校改进的一个提议》载同刊。文章认为,理想的社会应当有几分学校化,理想的学校也应当是社会化的。提议将本校组成一个"具体而微"的社会,并列出组织学校自治会等多项纲要。

同日 经夏丏尊指导,丰子恺散文处女作《青年与自然》在同刊发表。

---

① 朱兆莘,字少卿,浙江绍兴人。浙一师第一次毕业生。东京高等师范留学回国后任春晖中学英文教员、代理校长。历任绍兴女子师范学校校长、浙江省教育科长、世界书局编辑等职。

2 日 春晖中学在大讲堂举行学校成立纪念会,来宾 600 余人。校董主任王佐(寄顽)、校董田时霖、省长代表、教育厅长代表、余姚县知事代表、杭州安定中学校长陈伯园、杭州盐务中学校长程耿、上海澄衷中学校长曹慕管、本校教职员等先后致辞。散会后余兴有运动会,晚间有合唱会。

12 日 农民夜校正式开课。

14 日 在白马湖作《中国文字上所表现的女性底地位》(刊 12 月 20 日《民国日报·妇女评论》第 72 期)。"偶从字典来把'女部'的字来一一检查,觉得'女部'所列的字,很足说明中国女性底屈辱。"文章认为,"女部"所收的字,除"女"字外,共 175 字,依其性质,可分五类:表女性称呼的,如"奴""婢"等;表人性的缺点的,如"奸""妒"等;表女性的功用的,如"妊""娠"等;表男性所喜欢的女性的美质的,如"媚""妖"等;表男女间的结合关系的,如"妃""媾"等。依文字的构造上看来,无不表示着中国女性的屈辱。文章呼吁女性解放思想的觉醒。

16 日 作"土曜讲话",题为《中国底实用主义》(刊 1923 年 1 月 1 日《春晖》第 5 期)。文章剖析了学问、宗教、思想、文学、艺术等领域各个不同形式的实利主义,批评中国人的实用实利主义,实足扑杀一切文明的进化。"中国人因为几千年抱实利实用主义的缘故,一切都不进化。无纯粹的历史,无纯粹的宗教,无纯粹的艺术,无纯粹的文学,并且竟至于弄到可用的物品都没有了!国民日常所用的物品,有许多都是要仰给外人,金钱也流到外人底手里去!"作者憧憬"独立的学问"、"无功利的色彩"的宗教、"唯理哲学"、"纯粹的文学"以及"发达"的艺术,热诚地希望国民超脱"眼前的、现世的、个人的利",孕育"创造冲动",推进"文明进化"。

20 日　按照日本建筑风格自行设计建造的四间平房"平屋"在白马湖畔落成。

25 日　作行书联"百尺高梧，撑得起一轮明月；数椽矮屋，留不住五夜书声"，款识"挹新先生以郑板桥联语属书，想见其清怀逸致雅兴，此联足相称耳。惜拙书不及前贤，殊为愧也，即请正之。壬戌冬至节后三日，夏丏尊"。

30 日　作"土曜讲话"，题为《送一九二二年》。

本月　春晖中学校董会追念故校主陈春澜出资兴学之诚，特集资在校侧建筑"春社"以作纪念。

本年夏　弘一法师赠手书妙叶、幽溪、莲池大师法语，款"壬戌夏写付丏尊居士，弘裔沙门僧胤，居温岭"。

1923 年（癸亥，民国十二年）　37 岁

▲1 月，北京大学创办《国学季刊》，由胡适执笔《〈国学季刊〉发刊宣言》，发起"整理国故"运动。

▲4 月 5 日，李大钊在上海大学作了题为《演化与进步》的演讲，指出演化是天然的公例，而进步却是靠人去做的。

▲5 月，《创造周报》在上海创刊。成仿吾《新文学之使命》、郭沫若《我们的文学新运动》和郁达夫《文学上的阶级斗争》分别发表于该刊第 2、3 号。

▲6 月，《时事新报》副刊《文学旬刊》创刊。

▲11 月 25 日，孙中山发表《中国国民党改组宣言》。

1 月

上旬 迁入白马湖平屋。

白马湖新居落成,把家眷迁回故乡的后数日,妹就携了四岁的外甥女,由二十里外的夫家雇船来访。自从母亲死后,兄弟们各依了职业迁居外方,故居初则赁与别家,继则因兄弟间种种关系,不得不把先人有过辛苦历史的高大屋宇,售让给附近的暴发户,于是兄弟们回故乡的机会就少,而妹也已有六七年无归宁的处所了。这次相见,彼此既快乐又酸辛,小孩之中,竟有未曾见过姑母的。外甥女也当然不认得舅妗和表姊,虽经大人指导勉强称呼,总都是呆呆地相觑着。新居在一个学校附近,背山临水,地位清静,只不过平屋四间。论其构造,连老屋的厨房还比不上。[①]

22 日 与刘大白、章育文、施存统、吴觉农、郭挹清、叶天底、刘叔琴、丰子恺等在春晖中学举行恳谈会。首由叶天底谈论近期激烈的破坏运动和暗杀手段,次夏丏尊提出农村运动的必要性,"因为中国是农业大国,浙江省农业发达,文化程度又比较高,利用我校向农民宣传共产主义思想有望获得较好的回应,从而较容易使农民向地主宣战"。[②] 吴觉农认为现今的共产主义运动偏重工业方面,应当注意发展农民运动,与会者均表赞同。讨论决定:分别由沈玄庐、刘大白负责浙江省东、西二部农民运动。设立浙江省农民合作社,同时在春晖中学设置农民补习科。由

---

① 夏丏尊:《猫》,《一般》第 1 卷第 3 号,1926 年 11 月 5 日。

② 《春暉中學校に於ける共產主義者の會合》,《外事警察報》第 21 号,1923 年 2 月。

刘大白执笔《责任》杂志,借机对农民进行宣传,提高农民的共产主义素养。本年度从春晖中学基金中划拨若干,用以创立社会主义青年团,培养团员。今夏在春晖中学召开浙江共产主义者大会,协商对于智识阶级的宣传政策。

2 月

5 日起　学校放寒假三周。

20 日　在夏丏尊等进步教师倡议下,春晖中学录取中学部新生 20 人,小学部 9 人,内有女生 2 人。

27 日　春晖中学第二学期开学。

3 月

12 日　消费合作社举行股东常会。

本月　为浙江省立第一师范毒案①遇难学生撰写挽联"官威驱我,不听弦歌者三年,前尘梦遥,犹自难忘碧梧曲;毒卉害群,竟殃桃李于一夜,花信风恶,那堪凄绝老园丁"(刊 6 月《浙江省立第一师范毒案纪实》)。并捐洋五元。

5 月

1 日　《读书与瞑想》(二)刊《春晖》第 11 期。

12 日　春晖中学公祭故校董陈春澜。

22 日至 25 日　与经亨颐、冯克书、刘薰宇、丰子恺、赵益谦、

---

①　1923 年 3 月 10 日,浙江省立第一师范学校学生晚餐集体中砒霜之毒,致 200 余人发病,24 人死亡,数十人终身残疾。

赵恂如商讨修订学校学则、招生简章及组织大纲,"共经四晚之久,始将全部新章,悉行议竣"。

25日 译作《马尔萨斯的中国人口论》([日本]田中义夫^①著)刊《东方杂志》第20卷第10号。译文结论为:"我深信:中国的根本的改造或救济的途径,在于中国人的精神生活的刷新和经济生活的更新。"

31日 蔡元培日记载:"偕沈肃文、刘大白往上虞白马湖春晖中学校,晤经子渊、夏丏尊诸君(途中遇薛阆仙,同去)。晚,为诸生演说。"

6月

1日起 续前月学则会议。

同日起 春晖中学约同鄞县、绍县、余姚、上虞四县及萧山东乡教育会,发起筹备白马湖夏期教育讲习会(慈溪县教育会随后加入)。夏丏尊积极策划,奔走敦请教育文化界人士来白马湖参与此会。

16日 《作文教授上的一个尝试——教学小品文》刊《春晖》第14期;后改题为《教学小品文的一个尝试》,转载于11月5日《学生杂志》第10卷第11号"国文研究法专号"。作者一面通过叫学生学作小品文,以培养学生对于现实生活的玩味观察的能力,一面又编写小品文的讲义,教授讲解,以提高学生作文的能力。

---

① 田中义夫(1863—1929),日本学者。曾任上海《每日新闻》及《上海周报》记者,著有《中国农民的离村问题》等文,对农民离村问题、数量、质量、原因、类别、时期、职业及影响等进行全面论述。

7 月

7 日起　学校放暑假 70 天。

10 日　妹妹因恶性疟疾引起流产,病殁。

本月　被续聘为下年度校出版主任兼国文教员。

8 月

1 日起　夏期教育讲习会开幕,历时 14 天。演讲者有黎锦晖、经亨颐、丰子恺、黄炎培、赵蔼吴、高铦、郭任远、沈玄庐、林本侨[①]、李宗武、乐嗣炳等 10 余位(按:陈望道、于右任、邵力子、舒新城、黎维岳、滕固、郭沫若、周昌寿、汪精卫等为飓风所阻,未克来校,讲习会实际仅进行 11 天),各县听讲员到会者有徐用宾、徐懋庸、叶作舟、田锡安、姜仲雍、阮法道、张春浩、经寿诒、杨之华等 192 人,多数从事小学教育事业,其中女教员约占十分之一。演讲由听讲员代表速记,内容收录于《白马湖夏期教育讲习会讲演录》一书[②]。六县干事会赠春晖中学教职员银盾一具,上书"嘉惠同人"四字,以表谢忱。

7 日　经亨颐兼任浙江省立第四中学(因地点在宁波,以下简称"宁波四中")校长。夜七时半第四中学、第四师范校友袁恒通、蒋发珍、苏恭萱、施怀钧、章功绩、项家骐、夏明义、张统虞等 30 人假春晖中学图书室举行欢迎会。

---

　　① 林本侨(1898—1989),名本,浙江宁波人。1923 年毕业于东京高等师范,应经亨颐之邀接办宁波四中。历任北京女子师范大学教授、教育部督学、中山大学教授、中央大学教授等职。

　　② 1924 年 9 月出版,由经亨颐题签并作序,内收经亨颐、黄炎培、丰子恺、林本、赵蔼吴、李宗武等 6 人共 12 篇讲演稿,并附讲习会简则及会计报告。

9 月

5 日　在平屋作《日本的一灯园及其建设者西田天香氏》(刊10 月 25 日《东方杂志》第 20 卷 20 号)。该文绪言中说:"在日本现代社会改革家中,我所最神往的人有三:一是建设新村的武者小路实笃氏,一是终身在贫民窟与贫民为伍的贺川丰彦氏,一是这里想介绍的建设一灯园的西田天香氏。武者小路氏和新村,经周作人先生介绍以后,国中知之者已多,贺川丰彦氏前年曾到上海,访过上海的贫民窟,也曾有人做过介绍他的文章。独有一灯园与西田天香氏,国中各杂志里尚无名字看见,久想为文介绍,可是屡次因事迁延,到这次方才执笔。"

17 日　晨八时春晖中学举行第二年度第一学期开学典礼,中小学两部共有学生 103 人,其中女生 14 人。因为本年新行男女同校,在开学典礼中,经亨颐作了关于男女同校需注意的训诫辞,夏丏尊、章育文、王士烈先后演说,最后共唱始业歌而散。

同日　原"土曜讲话"活动改为"五夜讲话"。

25 日　主持第一次"五夜讲话",由丰子恺讲《裴德文与其月光曲》。

下旬　部分学生以纪念孔子诞辰为由提请学校放假,遭夏丏尊拒绝。①

本月　主持改版《春晖》半月刊。

　　一年以来,校刊内容,未分项目。现经校刊编辑部议定自第十六期起,亦将规定项目。共分七项:

---

① 　徐伯鋆:《寓幽默诙谐于严肃之中的夏丏尊先生》,《春晖六十周年校庆纪念册》,1981 年版。

一、"由仰山楼"——凡教职员的意见议论等皆属之。

二、"曲院文艺"——凡学生投稿皆属之。

三、"他山之石"——凡外来宾客之讲演记录及寄稿皆属之。

四、"五夜讲话"——本校一年以来,每逢星期六晚,必有职教员的课外讲话,其讲稿常载本刊。今年因废止星期休假,议将星期六晚之课外讲话,改为一月三次,逢五日晚举行。其讲稿属之此栏。

五、"白马读书录"——本校教职员学生之读书札记属之。

六、"课余"——本校教员学生所作之随笔杂感等文字属之。

七、"半月来的本校"——本校校闻属之。①

10 月

10 日　晨八时半出席双十节纪念会,并作演讲。

16 日　《叫学生在课外读些甚么书?》刊《春晖》第 17 期。文章就上一年度学校实施课外阅读计划的失败,分析了三个方面的原因,并决定改变方针。每一组学生由一位教师担任课外读书指导,学生所阅读的书,须与指导教师商酌,并订定阅读时间。至期,由指导教师命题考验阅读成绩,通过后再换新书阅读,其历届成绩,并入正课成绩计算。作者根据自己的教学实践,为学生开列了"学生课余阅读书目",其中有《论语》《孟子》《老子》《庄子》《墨子》《史记》《文心雕龙》《新旧约》《天演论》《中国哲学史大

---

① 《半月来的本校》,《春晖》第 16 期,1923 年 10 月 1 日。

纲》《共产党宣言》《通俗相对论》《格列佛游记》《威尼斯商人》等。

25 日 作"五夜讲话",题为《观世音菩萨现身说法解》。讲时庄谐杂出,一时听者无不点头。

29 日至 11 月 4 日 与王士烈、赵益谦、刘祖征(叔琴)、章育文偕学生赴普陀山旅行,沿路参观了宁波中等工业学校、第四中学,并于途中翻译亚米契斯《爱的教育》。

11 月

5 日 作"五夜讲话",与同行诸教员谈旅行感想。

8 日 沈仲九与匡互生来校参观,居平屋。

10 日 作《答问》(刊 16 日《春晖》第 19 期)。《叫学生在课外读些甚么书》一文发表后,作者收到来自崧厦西华第一校具名"赤民"和"赤子"两位读者的一封提出五个疑问的长信,对其提出的"学生课余阅读书目"中,有几册如《论语》《孟子》《史记》《文心雕龙》等,以为非专门研究文学者或考古者,此种书籍有否阅读的必要;此种书籍学说陈旧,多主张尊君攘夷、三纲五常,与现代政体实相违背,中等学生志趣未定,阅之思想上有否妨碍;古文学者是否为现在社会所需要等疑问。作者认为他们的意见具有一定的代表性,《答问》一文对这五个疑问作了答复,并希望负有责任的教育界人士不断地研究,定出一个更妥更当疑问绝少的课余阅读书目的范围来,这才是文化运动所急切不可缓的一件事!

16 日 《初中国语科兼教文言文的商榷》刊《春晖》第 19 期。作者主张初中国语科应兼教文言文。"我以为在现在,自小学以至大学的学生,文言文尽可不作,而对于中等程度以上的学生,却希望其能读解普通的文言文。至少,对于文言文,有像对于外国语(普通中学中的英文)的理解力。文言文事实上在社会生活上还占很广的势力,即使有除尽的一日,恐也非眼前的事。如果不授与学生以理解文言文的能力,学生将不能看日报官厅公告以及种种现代社会上种种的文件,这不是大不便利么? 又,做了中国人,中国普通的书,也有阅读的必要,而汗牛充栋的中国书,差不多可以说都是文言做成的。译成语体,又谈何容易。如果中学毕业生还没有阅读普通书的能力,那就不能享受先人精神的遗产,不特本人不幸,恐也不是国家社会之幸罢。不特在中国文化上可悲观,在世界文化上看来,也是可悲观的罢。"

12 月

2 日 春晖中学举行学校成立一周年纪念礼。

同日 《春晖的使命》《一年来的本刊》刊《春晖》第 20 期"本校成立纪念号"。

31 日 春晖师生举行忘年会。

本年夏 应海宁小学教员吴文祺之邀,与陈望道赴硖石暑期中小学教师进修班宣传新思想、新文化。

本年 共作重要演讲 5 次:《都市与近代人》《月夜底美感》《小别赠言》《怎样过这寒假》《观世音菩萨现身说法解》。①

---

① 刘叔琴:《一年来的课外讲演》,《春晖》第 20 期,1923 年 12 月 2 日。

1924年(甲子,民国十三年) 38岁

▲1月,中国国民党第一次全国代表大会在广州召开,决定实行联俄、联共、扶助农工三大政策,国共两党第一次合作实现。

▲4月1日,上海大学召开筹办平民教育大会。

▲9月3日,江浙战争爆发。

▲11月17日,《语丝》周刊在北京创刊。

▲12月13日,综合周刊《现代评论》在北京创刊,由王世杰负责编辑。

1月

1日 《一年间教育界的回顾和将来的希望》刊《春晖》第22期;因"所论足资我国教育界反省",该文另转载于24日《时报·教育世界》第16号。

(一)中国教育的所以不良,是否原于学制,姑不具论。既大吹大擂地改了学制了,希望速将课程审定,学校与学校间衔接规定,新的赶快设立,旧的赶快废除。像现状新旧并存,实反令人茫无适从。须知光是三三制二四制等类的空名词,是无济于事的。因为没有药的药方,有了也没有用。

(二)希望对于各种教育思潮方案等有确实的信念和实际的试验。杜威来就流行"教育即生活",孟禄来就流行"学制改革",推士来就流行"科学教育",罗素来就自负"国学"和甚么忽而"设计教学"忽而"道尔顿制"等类的走马灯式的转变,总是猴子种树难望成荫的。

（三）日本式的教育固然不好，但须知美国式的教育，也未必尽合于中国。参考或者可以，依样葫芦似地盲从却可不必。赶快考案出合于中国的方案和制度来才是！但把"手工"改为甚么"工用艺术"，把国语英文并称"言文科"，是算不了甚么大发明的！

（四）希望教育者自爱，对于学校风潮有真实的反省，像现在的状况，学潮是难免的。不，如果在现状之下学生不起风潮，反是奇怪的事了！愤激点说，我以为中国教育的生机的有无，全视学生能作有意义的廓清运动——所谓"风潮"与否。学生真能有识别力，真能闹"风潮"，中国教育或者还有希望！可惜现在一般的所谓"学生风潮"，或是被人利用为人捧场，或是事理不清一味胡闹，程度还幼稚的很！

（五）希望教育者凡事切实，表里一致。离了以办教育为某种事业的手段的劣观念，赤裸裸地照了自己的信念做去。教育在某种意味上，可以说是英雄的事业，真挚就是英雄的特色。

5 日　作"五夜讲话"，题为《道德之意义》。

上旬　前往崧厦镇测验高小学生知识水平。

20 日至 2 月 18 日　寒假。

25 日起　译作《爱的教育》（［意大利］亚米契斯著，［日本］三浦修吾译）在《东方杂志》第 21 卷第 2、3、4、6、10、14、15、16、17、20、22、23 号连载（后于 1926 年 3 月作为"文学研究会丛书"之一，由商务印书馆出版单行本）。译者序言：

这书给我以卢梭《爱弥尔》、裴斯泰洛齐《醉人之妻》以上的感动。我在四年前始得此书的日译本，记得曾流了泪三日夜读毕，就是后来在翻译或随便阅读时，还深深地感到刺激，不觉眼睛润湿。这不是悲哀的眼泪，乃是惭愧和感激的眼泪。除了人的资格以外，我在家中早已是二子二女的父亲，在教育界是执过十余年的教鞭的教师。平日为人为父为师的态度，读了这书好像丑女见了美人，自己难堪起来，不觉惭愧了流泪。书中叙述亲子之爱，师生之情，朋友之谊，乡国之感，社会之同情，都已近于理想的世界，虽是幻影，使人读了觉到理想世界的情味，以为世间要如此才好。于是不觉就感激了流泪。

这书一般被认为有名的儿童读物，但我以为不但儿童应读，实可作为普通的读物。特别地敢介绍给与儿童有直接关系的父母教师们，叫大家流些惭愧或感激之泪。

学校教育到了现在，真空虚极了。单从外形的制度上方法上，走马灯似地更变迎合，而于教育的生命的某物，从未闻有人培养顾及。好像掘池，有人说四方形好，有人又说圆形好，朝三暮四地改个不休，而于池的所以为池的要素的水，反无人注意。教育上的水是甚么？就是情，就是爱。教育没有了情爱，就成了无水的池，任你四方形也罢，圆形也罢，总逃不了一个空虚。

因了这种种，早想把这书翻译。

章锡琛在《校毕赘言》中说：

我希望这书能够早一点到一般为子弟为父师者的面前，给他们能够像夏先生的多流一点泪。但流泪还是无用的，直要到他们自己觉得可以不必再流泪的时候，那才可以算得真能够读这书的人；而介绍书的夏先生，那时便可以流欢喜之泪了！

前旴葛中华学校校长黄素封评述说：

在一所我经手办理的汉文和英语程度都差不多的初级中学里，据我的调查，最后我发现他们在课外很爱读夏丏尊先生译的亚米契斯的《爱的教育》和葛劳德先生著的《世界之童年》。《爱的教育》藏着做人的感情，青年人读了，将来多少可以增加一点为善的心肠，因为爱是真、善、美的出发点。社会上一切奸狡、险恶、吝啬、刻薄的行为，都有妨碍人类向前的大阻力；那些人所以这样做的，自然是由于他们所得的遗传质里缺少了爱的成分，也或者因为所得的爱的遗传质太少，而不足抵抗环境上"不爱"的势力的侵蚀。但高尚的教育终能运用青年的遗传，利用青年的环境，使青年得来的遗传质充分地发展起来，所以青年时代倘能得着爱的薰淘是再重要不过的。[①]

赵景深谈及此译作对于当时人的影响时回忆说：

以前我看过一本夏丏尊译的《爱的教育》，觉得那本书的译名题得好，拈出一个"爱"字，书中叙及师生间感情的融洽的确当得起这个"爱"字。老师把历年教授的学生名单和成绩分数单都保存着，时常翻阅，回忆前尘往事，极有兴趣。我也受了这个影响，从十八年八月任复旦大学教授起，所有我所教过的大学生，莫不留有名册。我珍重地把它们包了一个小纸包。每逢有毕业后的同学还纪念到我，跑来看我一趟，我就感到人间的温暖，颤抖着把纸包打开来，查阅这位同学的姓名，并且与他絮絮地说起过去的学校生活。[②]

本月　邀请朱自清来春晖中学兼任国文教员。

---

①　黄素封：《译后弁言》，《世界之童年》，上海：开明书店，1933年版。
②　赵景深：《分数单》，《大公报（上海）·大公园》，1946年9月1日。

2 月

14 日 赴上海,邀请匡互生来春晖中学执教。

同日 匡互生致信双亲。"本学期我已答应到上海公学中学部作数学教员,不料春晖中学的朋友夏丏尊、刘薰宇几个人连日来电来信要我去教数学,并且前三天薰宇由春晖赶到上海来请我,我没有答应他,今天丏尊又到上海来邀我。我为他们的感情所动,只好答应他们了。不过我仍只答应教一班课,因为近来我的精力不十分好,并且自己的学识也不十分充足哩。我现在打算明天即乘海船到宁波,后天即可搭火车到春晖中学。"

17 日 匡互生到春晖中学任教。

25 日 作"五夜讲话",题为《作文的基本的态度》(刊 3 月 1 日《春晖》第 24 期)。此文据五十岚力著《作文三十讲》中某篇改编。作者认为"要使文章能适合读者的心情,技巧的研究,原是必要,态度的注意,却比技巧更加要紧"。

3 月

2 日 朱自清到春晖中学任教。

王文川回忆说:

  我们的语文教师是夏丏尊先生与朱自清先生。这两位老师讲课都非常生动,特别是夏丏尊老先生教文学作品时,充满感情;朱先生讲古典文学时,深入浅出,我们都非常爱听。这两位老师对于培养我们的写作能力,十分重视。夏先生往往叫我们去他那里,当面给我们批改作文,指出我们错误的地方,加以详细说明。遇到好的作文,他就张贴出来,叫我们大家去看,予以表扬。朱先生给我们批改作文,每个学生有一张写作成绩升降表。我们的每篇作文,他都在表上标出升降记号,让我们自己看到进步或退步。[1]

徐子梁回忆说:

> 一师毕业之后,回到故乡——上虞——担任新设置的巡回指导员,那时候我最喜欢的是出风头,好飘亮,在一年的工作二个月可以做了的有闲职务之下,更容易入于无聊,过了一年浮而不实的生活,自己觉得不行了,虽然经劝学所所长竭诚的挽留,但是还称有毅力,不愿再过这类无聊而不规律的生活,坚决地辞去了,跑到春晖中学去担任附小主任,那边才是我理想中的处所,我的趣味,我的嗜好,都变了方向,居起饮食,果然和学生们共其甘苦,同时还跟着学生操早操,去运动,一面又跟着夏丏尊、丰子恺、朱佩弦等同事们学做文章,做文章的趣味,就是在那时候培养了的。[2]

9 日　俞平伯应朱自清之邀到访春晖中学。俞平伯日记载:"下午夏丏尊君来,邀至他家晚饭。去时斜风细雨,衣服为湿。他屋颇洁雅素朴,盆栽花草有逸致。约明日在校讲演,辞之不获。"[3]

10 日　主持俞平伯的演讲报告会,俞讲演《诗的方便》。

11 日　送别俞平伯,约讲稿付《春晖》刊出,并赠其丰子恺所绘信纸一匣。

本月　应经亨颐之邀,兼任宁波四中中学部国文教师。

---

①　王文川:《怀念母校》,《春晖中学六十周年校庆纪念册》,1981 年版。
②　徐子梁:《我的青年生活》,《青年》第 2 卷第 3 期,1935 年 7 月 1 日。
③　俞平伯:《游宁波日记——朱佩弦兄遗念》,《民国日报(天津)·民园》,1948 年 9 月 3 日。

本月　在平屋为孙俍工小说集《海的渴慕者》作序。序言评价说:"故乡连年的战祸,遍地的匪难,大家庭的纠葛,爱女的夭折,爱妻的沈疾,以及种种人间社会的不幸不平,都不是婴儿性未泯的俍工所能淡然身受目睹的。俍工的归宗于人道主义,盖非无故。他的作品,简直就是他对于一切迫害的直接的叫喊与抵抗。作中自题材以至主人公的思想,无一不染着愤世不平的色彩,带着狂叫改革的调子,情绪的热烈,俨然像个说教:这在一般的人道主义的作家,虽是普通的风格,而俍工为特甚。有许多地方,很像北欧作家的作品。"此书于4月由上海民智书局出版。

4月

2日至8日　春假期间,与丰子恺、匡互生偕学生30余人至杭州旅行。

13日　方光焘①来访。夜与方光焘、丰子恺在平屋小饮。

15日　作"五夜讲话",题为《阶级和学说》。讲稿改题为《学说思想与阶级》,刊5月1日《春晖》第28期。作者感慨:"学术思想本身的成因有二:一是时代的要求,二是个人的倾向。所谓个人,又是时代的产物,无论如何的豪杰,都逃不掉'时代之儿'一句话。即在成因上说,所谓学术思想已不是纯粹不杂的东西。至于一学说一思想成就以后,有的被尊崇,有的被排斥,尊崇与排斥,似乎另有标准,与学说思想的本身好坏,差不多是无关的。这标准是什么? 老实点说,就是要看这学说思想对于某种阶级

---

①　方光焘(1898—1964),字曙先,浙江衢县(今浙江衢州市)人。1921年在日本参加创造社,1924年毕业于东京高等师范学校,回国后任宁波四中英文教员。1926年任立达学园中国文学系主任。1929年由浙江省教育厅派至法国里昂大学攻读语言学。历任安徽大学、复旦大学、暨南大学、中山大学教授。

有利与否。……不过,阶级之中,有有权力的阶级,也有无权力的阶级。被权力阶级所拥护的思想学说,当然比无权力的阶级所拥护的要来得优胜。并且,事实上权力阶级能支配无权阶级,要他怎样就怎样,所以结果,只有权力阶级能拥护利用自己思想学说,思想学说也只有被权力阶级拥护利用了以后,才能受人尊崇,存在流行。"

19 日　沈仲九、袁绍先来春晖中学参观。

20 日　下午一时半春晖中学举办迎春音乐会,全体教职员及学生、宁波四中和嵊县完全小学两旅行团百余人参加。

24 日　夜得知有学生聚赌事件后即着手调查,自惭年来教诲的无力,痛感现在学校教育的空虚。

5 月

1 日　《近事杂感》刊《春晖》第 28 期。

同日　春晖中学举行劳动节讲演会,午后全校职教员学生除草。

4 日　春晖中学学生协治会发起五四纪念讲演会,夏丏尊、钟显谟(子岩)、郭肇塘、王执中(文川)、刘薰宇、匡互生、刘叔琴等作了演讲。

5 日　夜主持吴稚晖"五夜讲话",提及吴氏所编《上下古今谈》一书。

本月　经夏丏尊、朱自清等支持指导,宁波四中学生成立飞蛾社,并出版同名社刊。

6 月

1 日　《我在国文科教授上最近的一信念——传染语感于学

生》刊《春晖》第 30 期。作者以为："无论是语,是句,凡是文字,都不过是一种寄托某若干意义的符号,这符号因读者的经验能力的程度,感受不同。有的所感受的只是其百分之一二,有的或者能感受得更多一点,要能感受全体,那是难有的事。普通学生在读解正课以及课外读书中对于一句或一语,误解的不必说了,即使正解,也决非全解,其所感受到的程度,必是很浅。收的既浅,所发表的也自然不能不简单空虚。这在学生实在是可同情的事。要从文字去感受其所代表事物的全内容,这是'言语道断'之境。在这绝对的境界上,可以说,教师对于学生,甚么都无从帮助。因为教师自身,也并未能全体感受任何一文字的内容。其实,世间决没有能全体感受任何一文字的内容的人,所不同的只是程度之差罢了。数学者对于数理上的各语,所感受的当然比普通人多,法律学者,对于法律上的用语,其解释当然比普通人来得精密。一般作教师的,特别的是国文科教师,对于普通文字,应该比学生有正确丰富的了解力。换句话说,对于文字,应有灵敏的感觉。姑且名这感觉为'语感'。……自己努力修养,对于文字,在知的方面,情的方面,各具有强烈锐敏的语感,使学生传染了,也成得相当的印象,为理解一切文字的基础。这是国文科教师的任务。并且在文字的性质上,人□的能力上看来,教师所能援助学生的,只此一事。"

6 日　舒新城来春晖中学考察。

本月　介绍章育文兼任春晖中学代理校长。

8 月

11 日　朱自清日记载于此日致函夏丏尊。[①]

月底　黄源慕名来春晖求学。

暑假时，我参加了东南大学主办的暑期讲学会，……讲演会结束后，我就从南京到上海，转宁波，到了白马湖，要求转学到春晖中学。因为我看到该校的校刊，看得出该校学术气氛很浓，教师中有文学家夏丏尊，又有艺术家丰子恺等。我是侧重自学文学的，春晖中学正适合我的要求，暑假里回家，竟独自投奔到白马湖来了。

年轻人做事莽撞，事前并没有联系，便直接到了学校，把行李放下后，便问明夏先生的住址，又沿着湖边的小路，走到山边一座三开间的平房前，径自进门了。夏先生不嫌我莽撞，亲切地接见了我，问明了情由，他说："转学不成问题，交一篇作文看看。现在离开学还早，你先在学校住下，看看书，讲堂大楼前有游泳池，有伴游游水。不要有过虑，可随意来坐坐谈谈。丰子恺先生就住在我间壁。"

从此，我就常去夏先生、丰先生家里。夏先生的书房里，除线装书外，多的是日本作家的小说和欧美各国小说的日译本，我当时对线装书兴趣不大，而外国作家的译作，对我颇有吸引力。国木田独步、山田花袋、芥川龙之介等名家的一册册的原著，对一个青年文学爱好者是多么有吸引力呵。[②]

---

①　《朱自清日记》，《朱自清全集》第 9 卷，南京：江苏教育出版社，1998 年版。

②　黄源：《纪念夏师丏尊》，《出版史料》第 1 期，上海：学林出版社，1987 年版。

9 月

3 日　春晖中学举行第三年度第一学期始业式,中小学两部共有学生 145 人,其中女生 23 人。夏丏尊任本届言文科教员并三年级主任。

12 日　朱自清日记载于此日致信夏丏尊。

16 日　朱自清日记载:"晚丏尊来信,嘱我到白马湖,计划吃饭方法,云已稍有把握;想来或指春晖也。"

17 日　朱自清复信夏丏尊,言不日将来白马湖。

同日　由夏丏尊、匡互生、章育文、徐子梁、雷清尘组织的春晖中学指导科成立。

20 日　朱自清日记载:"绥青说,丏尊将约我到春晖,或编书。"

23 日　与朱自清谈及倪文宙辞职事。图书出版主任一职由朱自清继任。

24 日　朱自清日记载,与夏丏尊商谈编国文教科书事,已有头绪。"稿费据夏说要欠,两月后何以为活?"

25 日　作"五夜讲话",题为《趣味》。

29 日　朱自清日记载于此日致信夏丏尊。

10 月

1 日　《〈爱的教育〉与作者》刊《春晖》第 33 期。

10 日　作双十节演讲,题为《历史的命运与创造历史》。

12 日　朱自清偕家眷抵白马湖,与夏丏尊毗邻而居。

春晖中学在湖的最胜处,我们住过的屋也相去不远,是半西式。湖光山色从门里从墙头进来,到我们的窗前,桌上。我们几家接连着;丏翁的家最讲究。屋里有名人字画,有古磁,有铜佛,院子里满种着花。屋里的陈设又常常变换,给人新鲜的受用。他有这样好的屋子,又是好客如命,我们便不时地上他家里喝老酒。丏翁夫人的烹调也极好,每回总是满满的盘碗拿出来,空空的收回去。白马湖最好的时候是黄昏。湖上的山笼着一层青色的薄雾,在水里映着参差的模糊的影子。①

19 日　与丰子恺、刘叔琴访朱自清,后相偕登山。

20 日　下午邀朱自清来平屋小饮,共赏《前尘影事》画卷。

24 日　邀朱自清来小饮。

月底　率领三年级学生至杭州旅游。

11 月

6 日　为填补戴应观离职之缺,赴上海延请朱光潜担任春晖英文教员。

　　我认识丏尊先生,远在二十年余以前。那时江浙战争刚起,我所任教的吴淞中国公学陷于停顿,正准备应留学复试,丏尊先生替上虞春晖中学在上海找英文教员,由中国公学朋友的介绍,便找到我,我便随他到白马湖住了三个月,这三个月对于我的影响很大,头一层是白马湖的宁静的生活与朴厚的人情至今在我脑里还印着很深的印象。从那时起我才真正爱好乡居的风味。其次,我因丏尊先生结识了一些文艺方面的朋友,像朱佩弦丰子恺叶圣陶几位都是丏

---

① 佩弦:《白马湖》,《清华周刊》第 32 卷第 3 期,1929 年 11 月 1 日。

尊先生至好，也就变成了我的至好。但是最重要的还是丏尊先生自己。他比我长十几岁，虽是同学，我心里总是把他当作一位老师看待。他教的是国文，会谈时他尝谈到文艺的问题，他的见解给我很多的启发，我对于新文学的兴趣可以说是由他引起来的，他所译的日本小说在当时是我最爱好的读品。他鼓励我练习写作。我的第一篇处女作——《无言之美》——得到他的赞许，我才敢拿去发表。①

11 日 朱光潜到春晖中学任教。

13 日 朱自清日记载："昨丰女（按：即丰子恺之女丰三宝）死，夏说是她平时太无人照应了。"

16 日 晨十时与伍敏行、卢绥青、刘叔琴、杜天縻在朱自清处聚饮。

同日 随笔两则刊《春晖》第 36 期。作者感慨，在现制度之下，教师生活并不是一件有趣味的事。但横竖对于命运无可奈何，与其畏缩烦闷地过日，何妨堂堂正正地奋斗。

中下旬 学生黄源因早操课戴毡帽与体育教员赵益谦发生争执。教务主任伍敏行坚持处分，夏丏尊、匡互生等强烈反对，调解无效，以致萌生去意。

25 日 议辞职事。丰子恺已辞职，改任上海艺术师范大学事。

---

① 朱光潜：《记夏丏尊先生》，《生活与学习》第 1 卷第 5—6 期，1946 年 10 月 1 日。

12 月

6 日　裘古怀①日记载:"日语课,夏丏尊先生谈,谓日语难,然能有决心,能朝夕孜孜则可望成,盖天下无便宜事,不能不劳而获也。"

本年　夏采文在白马湖完婚。新娘金秋云亦是前江村人,读过几年私塾。夏采文在江南银行工作,金秋云则住在白马湖,料理家务。

1925 年(乙丑,民国十四年)　39 岁

▲5 月 30 日,上海发生"五卅惨案"。

▲7 月 1 日,国民政府在广州成立。

▲10 月 1 日,徐志摩接编《晨报副刊》。

▲10 月 13 日,丰子恺在《申报》上发表了《浅说漫画》一文。本年,丰子恺在《文学周报》上发表了一组画稿,题头为"子恺漫画"。

▲12 月中旬,上海妇女问题研究会主办的《新女性》月刊出版。

---

①　裘古怀(1905—1930),字述卿,浙江奉化人。1920 年考入浙江省立第四师范学校,1926 年加入中国共产党。1927 年参加南昌起义,1928 年任中共浙西特别委员会委员,指挥兰溪秋收暴动。1930 年 8 月在杭州就义。

1月

4日 匡互生因学生不听训告事宣布离职。学生不明真相，误以为教务处排斥异己，当即约同罢课。

6日 春晖中学学生呈请代校长章育文将伍敏行解约。"乃校长只将呈请书退还学生，不置可否，同时宣布提前放假，并勒令全体学生二日内一律出校，不得停留，即行李亦不许寄存，所有电灯火食，均于八日一律停止。江浙学生路途较近，纷纷散去，其他四川河南广东等省学生，因缺乏路费，且该校地处乡间无处借住（向例校中道远学生可留住校），惟有相视而哭，然亦无可如何。惟闻出校学生，尚拟向校长提出质问，而校中亦拟趁此假中，开除大批学生。"①

中旬 因反对开除学生而辞职，专任宁波四中教务。

　　理想主义的夏先生终于碰着实际的壁了。他跟他的多年的老朋友校长经先生意见越来越差异，跟他的至亲在学校任主要职务的意见也不投合；他一面在私人关系上还保持着对他们的友谊和亲谊；一面在学校政策上却坚执着他的主张，他的理论，不妥协，不让步。他不用强力，只是不合作；终于他和一些朋友都离开了春晖中学。②

月底 春晖中学风潮结束，学校当局最终开除28人。

---

① 《春晖中学风潮纪略》，《越铎日报》，1925年1月15日。

② 朱自清：《教育家的夏丏尊先生》，《朱自清散文》，北京：北京出版社，2008年版。

本月　丰子恺、刘薰宇、沈仲九、陶载良①等集聚上海，"本了自己的意志"创建一所新学校，并取《论语》中"己欲立而立人，己欲达而达人"一句，命名为"立达中学"，宗旨在"修养健全人格，实行互助生活，以改造社会，促进文化"。匡互生则赴北京筹款。

2 月

　　1 日　同人在虹口区老靶子路俭德里（今武进路）租定校舍，筹备招生购置校具等事。

　　8 日　与刘薰宇、陶载良、匡互生、沈仲九、朱光潜、丰子恺、钱梦渭、练为章以校务委员会名义，在《申报》《新闻报》《民国日报》等登载招生广告。至 20 日，招收 60 人，大部分学生是从春晖跟随而来。因校舍不敷用，改租小西门黄家阙路敦厚里原中华艺术大学旧房九幢备用。

　　25 日　立达中学开学，设有初中一、二、三年级各一班。

3 月

　　2 日　立达中学正式上课。

　　10 日　立达中学编辑的《立达》半月刊创刊。

　　12 日　与同人发起成立"立达学会"，并订立会约。学会以"修养人格，研究学术，发展教育，改造社会"为宗旨。首批会员为夏丏尊、刘大白、易培基、匡互生、徐中舒、张东屏、秦大钧、黎

---

　　①　陶载良（1898—1995），江苏无锡人。1919 年毕业于国立南京高等师范数理化本科。历任奉天省立第一师范、天津南开中学、吴淞中国公学附属中学教师。立达学园创办者之一。1933 年任立达学园主席，1941 年迁学园至四川隆昌，抗战胜利后迁回松江。

锦熙等 31 人；截至 6 月，又加入刘尚一、林康元、裘梦痕、丁衍镛、周为群、陆露沙等 6 人。①

16 日 下午一时在宁波四中大礼堂出席孙中山先生追悼会，与会者 500 余人。首由主席沈其达宣读开会词，次全体向遗像行三鞠躬礼，闭眼垂手，静听钟声。礼毕，与华林、李瑄卿、郑鹤春、裘古怀等相继发表演说。

4 月

5 日 立达学会举行第一次常会，选举夏丏尊、匡互生、朱光潜、陶载良等为常务委员，讨论决定自秋季始业起添办高中部及艺术专门部。

10 日 译作《牛肉与马铃薯》（［日本］国木田独步著）刊《东方杂志》第 22 卷第 7 号。这篇短篇小说反映了日本明治时期青年的典型的思想状况与内心挣扎：既有理想主义者马铃薯党，又有奉行实际主义者牛肉党，还有恋爱至上者，崇尚性欲主义者，以及追求生活的意义与灵魂安宁的信仰主义者，表现了作者对于理想主义的追求。译者喻示 20 世纪 20 年代的中国，当时青年人在理想与现实之间对于人生观问题的苦闷与彷徨。

6 月

1 日 立达中学召集全体学生召开紧急会议，议决即日起全体罢课，捐款援助"五卅"失业工人并分往英美租界演讲、发放传单。

---

① 1926 年《立达学园一览》。

本月　文质斌、张志渊、许弢、孙立源、章育武（章育文之弟）、章志青、王文川、钟涛龙、贺美璇、陈瑜清等 21 人于立达中学毕业；徐伯鋆、钟子岩、王传绅、查南强、张荣铭、符复心等 13 人于春晖中学毕业。

本月　立达中学拟下学期扩充学额，特在江湾火车站南首模范工厂自建校舍，并改组更名为"立达学园"。夏丏尊通过夏质均，以尚未建成的校舍在江南银行作抵，借得 15000 元，解决了大部分建筑资金。校舍定开学前一周落成，"计教室十四幢，宿舍十二幢，及平房十余间，可容学生三百余人"。①

本月　立达学会编辑的《立达》季刊创刊。《论记叙文中作者的地位并评现今小说界的文字》刊《立达》季刊第 1 卷第 1 期。文章认为，"记叙文在文字的形式上，要看不出有作者在，才能令人读了如目见身历，得到纯粹的印象。一经作者逐处加入说明或议论，就会减杀读者的趣味"。

同期在该刊封底，与刘薰宇、匡互生、丰子恺、陈抱一、许敦谷等合署名"介绍图案专家陈之佛君"。陈氏为日本东京美术学校图案科唯一之中国留学生，曾获得日本农商务省展览会及日本美术协会褒奖。"现在上海筹划于立达学园开办艺术专门部图案科，以资提倡。同人等以图案为工艺品之灵魂，于国民美术关系甚巨。故特商之陈君，请分其余暇，尽力于实际的改进，以促进中国工艺之进步，承陈君慨然允诺"。

7 月

9 日　因朱光潜将赴欧留学，立达学会第二次常会提前举

---

① 《立达学园新校舍将落成》，《时事新报》，1925 年 8 月 19 日。

行,修正会约,照章改选夏丏尊、陈抱一、丰子恺、刘薰宇、陶载良、匡互生、练为章、钱梦渭、陈之佛等 9 人为常务委员。又由常务委员选出夏丏尊、陈抱一、丰子恺、刘薰宇、周为群、陶载良、匡互生、钱梦渭为学园导师,夏丏尊、刘薰宇为《立达》季刊编辑主任。

18 日 立达学园迁至江湾,以便就近监督工程。

8 月

24 日 朱自清受聘于清华大学,离开白马湖前往北平。

本月 为帮助附近工人及各住户失学儿童,立达学园与江湾模范工厂总务主任蔡春芳商洽合办惠工小学事宜。经费由学园与蔡氏私人分担,内部组织则由学园主持。聘定赵厚斋为主任,办理招生,9 月 1 日开学。

9 月

10 日 立达学园开学。学园分初级中学部、高级中学部及艺术专门部。高级中学部设文科和理科;艺术专门部设师范科、图案科及绘图科。学园还增设教育学、进化论、新闻编辑、第二外国语等选修课程。夏丏尊负责教授国文,"还兼讲一点文艺思潮"。①

本月 初识白采。

> 我的认识白采,始于去年秋季立达学园开课时。在那学期中,我隔周由宁波到上海江湾兼课一次,每次总和他见

---

① 赵景深:《悼夏丏尊先生》,生生图书公司《月刊》第 1 卷第 6 期,1946 年 5 月 20 日。

面,可是因为来去都是匆匆,且不住在学园里的缘故,除在事务室普通谈话外,并无深谈的机会。只知道他叫白采,曾发表过若干诗和小说,是一个在学园中帮忙教课的人而已。[①]

同期 初识赵景深。

10 月

中下旬 赴宁波七塔寺访弘一法师,并邀其翌日同往白马湖小住。相聚数日间,深深地受到了艺术的刺激:"艺术的生活,原是观照享乐的生活。在这一点上,艺术和宗教实有同一的归趋。凡为实利或成见所束缚,不能把日常生活咀嚼玩味的,都是与艺术无缘的人们。真的艺术,不限在诗里,也不限在画里,到处都有,随时可得。能把他捕捉了用文字表现的是诗人,用形及色彩表现的是画家。不会做诗,不会作画,也不要紧,只要对于日常生活有观照玩味的能力,无论谁何,都能有权去享受艺术之神的恩宠。否则虽自号为诗人画家,仍是俗物。"[②]

28 日 在奉化江畔(宁波四中)作《序子恺的漫画集》(刊 11月 8 日《文学周报》第 198 期)。作者介绍"子恺的画这类的画,实由于我的怂恿。在这三年中,子恺实画了不少,集中所收的,不过数十分之一。其中含有两种性质,一是写古诗词名句的,一是写日常生活的断片的。古诗词名句,原是古人观照的结果,子恺不过再来用画表出一次,至于写日常生活的断片的部分,全是子恺自己观照的表现。前者是译翻,后者是创作了。画的好歹

---

① 夏丏尊:《白采》,《一般》第 1 卷第 2 号,1926 年 10 月 5 日。

② 夏丏尊:《序子恺的漫画集》,《文学周报》第 198 期,1925 年 11 月 8 日。

且不谈,子恺年少于我,对于生活,有这样的咀嚼玩味的能力,和我相较,不能不羡子恺是幸福者!"

11 月

7 日　与弘一法师、经亨颐、朱稣典赴杭州。临行时,弘一法师将平日所书之"南无阿弥陀佛"百余条,署名"昙昉"者,广赠春晖中学教职员,以作纪念。

12 月

15 日　妇女问题研究会主编的《新女性》杂志创刊。夏丏尊、章廷谦、王鲁彦、李宗武、赵景深、蒋径三、郑师泉、徐调孚等30 余人为执笔人。

本月　返宁波途中,翻译日本芥川龙之介的文章。译文以《芥川龙之介氏的中国观》为题,刊 1926 年 4 月 10 日《小说月报》第 17 卷第 4 号。译者记中介绍说:

> 日本文学者芥川龙之介氏,于一九二一年受了大阪每日新闻社的委任,游历中国四个月,其足迹所到者为上海、南京、九江、汉口、长沙、洛阳、北京、大同、天津等处。回国以后曾把所得各地印象在日报上发表……
>
> 我每到上海必到一家相识的日本书店去看看有什么可买的新书没有。这一次去时,买得了几本书正要出店时,店主人忽指这书和我说:"先生,这书在你或者不会感到什么兴味,但日本新近很畅销,对于贵国的讥诮很多呢!"于是,我就添买了这书,在由上海至宁波的轮船中,把它翻完。
>
> 果然,书中随处都是讥诮。但平心而论国内的实况,原

是如此，人家并不曾妄加故意的夸张，即使作者在我眼前，我也无法为自国争辩，恨不得令国人个个都阅读一遍，把人家的观察作了明镜，看看自己究竟是什么一副尊容！想到这层，就从原书中把我所认为要介绍的几节译出。

本年春　谢似颜①来访。

　　民国十四年经亨颐先生做浙江省立四中校长，接连打了三个电报到东京，邀我到宁波去，到了以后，首先拜访久仰的夏丏尊先生，黄胖胖的面孔，厚嘴唇，大眼睛，笑嘻嘻的说"卖身的来了"。这开口第一句话的印象，到现在还清清楚楚记得。我以他为老前辈，很拘谨，只好报以一笑。后来才知道他是不讲究这一套的，也渐渐地放肆起来。他老先生很敏感，我们又是同乡，凡土话中带讽刺的字眼，无论半句一字，语未毕总是哈哈地大笑一阵。②

本年秋　与范寿康、章育文、谢似颜、朱文治等 50 余人发起，改上虞声社为上虞青年协进社，增修社约，"遂由言论的建设，进而为事业的企图"。③ 由全体社员选出胡愈之、吴觉农、叶作舟、胡伯恳等 6 人为理事，并由理事会推举黄幼雄、胡仲持、郑

---

①　谢似颜（1895—1959），浙江上虞人。1925 年毕业于日本东京高等师范学校体育系。回国后任浙江省上虞春晖中学、浙江省立第四中学、浙江体育专门学校体育教师。1927—1929 年任浙江省体育场场长。1938 年在西北联大任教。1946 年创办台湾师范学院体育系。1948 年"四六事件"后转任台湾开明书店董事。著有《鲁迅旧诗录》《奥林匹克沧桑录》《田径赛的理论与实际》《西洋体育史》等。

②　谢似颜：《我所认识的夏丏尊先生》，《台湾文化》第 1 卷第 3 期，1946 年 12 月 1 日。

③　朱云楼：《青年协进社大会前的一个小贡献》，《上虞声三日报》第 27 号，1926 年 7 月 21 日。

师泉、谷剑尘、陈春旸、徐叔侃、夏绍虞等 12 人为出版委员，负撰述文稿之责。

本年 辞去宁波四中教职（按：8 月，宁波劣绅以"宣传赤化"为由反对四中校长经亨颐。经氏被控告后，避居白马湖。省教育厅厅长计宗型请经氏赴日本考察教育，聘范承祜继任校长，遭学生拒绝。又派遣第二科长戴应观向学生剀切开导，获多数谅解。范承祜遂于 10 月 13 日进校视事。12 月初，学生听闻经亨颐仍蛰居白马湖，风潮又起。范承祜向教厅辞职离校。15 日，教育厅命郑彤华代理校长之职。学生召集临时会议，议决除经氏外一律拒绝；教职员致电省署，请速促经氏回校。16 日，学生宣布罢课，教职员陆续离校。18 日，会稽道尹朱文劼抵校，劝告学生即日上课。学生意甚坚决，声言不惜牺牲一切。21 日，省教育厅电令四中休学，学生三日内一律离校，校具由鄞县知事接管。次年 2 月，新校长陈世觉到任，将前教职员一律更换。夏丏尊离开宁波四中的确切时间不详，应在年底）。

1926 年（丙寅，民国十五年） 40 岁

▲2 月，中国现代新闻出版史上第一本大型综合性新闻画报《良友》创刊，创办者为伍联德。

▲3 月 16 日，《创造月刊》在上海创刊。

▲3 月 18 日，"三一八"惨案发生。

▲7 月 14 日，广东国民政府发表《中国国民党为国民革命军出师北伐宣言》。

▲8 月，章锡琛在友人的帮助下，创办了开明书店。

▲10 月,北伐军攻克武昌。

1 月

10 日　午间与章锡琛、周建人、胡愈之、郑振铎、叶圣陶、吴觉农等 20 人在北四川路微微菜楼聚餐,商议《新女性》杂志社添招股本、组织出版部等事。

同日　译作《绵被》刊《东方杂志》第 23 卷第 1 号,续集刊 1 月 25 日第 2 号、2 月 10 日第 3 号(后于 1927 年 1 月作为"文学研究会丛书"之一,由商务印书馆出版单行本)。《绵被》是日本自然主义文学的代表作家田山花袋的代表作,也是日本"私小说"的开篇之作。该中篇小说塑造了一个道貌岸然、口口声声提倡明治时代思想和趣味,追求新思想和自由恋爱,而内心又渴望在他和女弟子芳子之间发生一场轰轰烈烈的师生之恋,占有芳子,并发生肉体上关系的男子竹中时雄的形象。小说所采用的自我告白方法,对此后的日本自然主义文学产生了决定性影响。

《棉被》是日本有名的小说,描写灵肉冲突之不可多得之作也。夏先生译笔,亦极流利动人,实系国内第一流之译作。[①]

12 日　与周予同、周建人、郭沫若、李石岑、严良才等 43 人签署《人权保障宣言》[②],呼吁:"第一,凡非确有犯罪嫌疑之人,不

---

① 人骏:《本年度复旦师生的译著》,《复旦旬刊》第 2 期,1927 年 11 月 25 日。

② "五卅"运动领导人之一、上海总工会副委员长刘华于 1925 年 11 月 29 日在上海租界被捕,12 月 17 日被军阀孙传芳所部淞沪军警当局在闸北秘密枪杀。事情发生后,上海总工会质问军警当局刘华下落,而军警当局不予确实答复。上海文化界认为这是破坏国法、践踏人权的表现,即于 1926 年 1 月联合签发了《人权保障宣言》。

得逮捕;逮捕应由法院发拘票为之,其由军警依法逮捕者,应于二十四小时内移送法院审理。第二,凡非现役军人,不受军事机关之审判。第三,凡无害公安之集会结社应保护之,非详明宣示理由,不得限制其活动。第三,凡游街斩首之旧式刑罚及秘密行刑之残忍行为,应一律禁止。"该宣言刊本月 13 日《民国日报》。

同日 夜与丰子恺、王伯祥在郑振铎寓所小饮。①

3 月

6 日 立达学园开学,有学生 138 人,其中女生 34 人。奚今吾慕名来立达学园求学。

23 日 出席立达常务委员会议,议定事项:"(1)陈抱一辞职无法挽留,其常务委员职由次多数袁绍先递补;立达学园导师由次多数沈亦珍递补。(2)本会征收会费案,交大会公决。(3)立达学园经费支绌应如何救济案,交大会公决。(4)召集大会案,议决于三月二十五日下午五时在上海大新街悦宾楼开会。(5)认定:叶绍钧,荣渭阳,周建人,叶吉廷,章锡琛,陈宅桴,郑振铎,蒋爱真,张书绅,王伯祥,李石岑,王淮君,张克成,王亢侯为委员。"②

24 日 学园召集全体大会,为北京惨案发表宣言,主张联合民众作根本改革。

25 日 夜赴大新街悦宾楼出席立达学会全体会议,欢迎新会员加入,计到 33 人。席间讨论学会经费问题,由会员自由捐助,当场共认捐 3500 余元。胡愈之提议创办新杂志,公推章锡

---

① 《王伯祥日记》,北京:国家图书馆出版社,2011 年版。

② 《园讯》,《立达》第 13 期,1926 年 4 月 30 日。

琛负责印刷发行事项,夏丏尊、李石岑、郑振铎、刘薰宇筹备编辑事宜;杂志预定本年九月出版。

本月 上虞青年协进社改《上虞声》为《上虞声三日报》,内容增加国内新闻、地方新闻、公署判牍、商市行情等,朱云楼为编辑主任,编辑事务所拟设百官镇旌教寺内。

4 月

3 日至 6 日 春假。

11 日 夜立达学园高中理科一年级学生夏侠自杀。

12 日 凌晨二时学园召集教职员会议,商议善后事宜,于五时派人至南洋大学报告夏侠之兄,并呈报警察分所。午后一时装殓。

15 日 因学生人数较多,学生思想行为指导不易切实,立达学园训导会议决,除例行事务仍由训导课负责外,学生依信仰自选指导员。

19 日 当选为指导员之一。

30 日 出席导师会,协商指导方针。

本月 王文川在夏丏尊等资助下进入东京高等师范学校文科第三部学习。

暮春 与丰子恺赴杭州招贤寺访弘一法师。回沪后,寄赠法师水彩颜料及宣纸。①

5 月

9 日 出席导师会,商议招生及筹备下学期宿舍等问题。

---

① 丰子恺:《法味》,《一般》第 1 卷第 2 号,1926 年 10 月 5 日。

10 日　《怯弱者》刊《小说月报》第 17 卷第 5 号。该小说刻画了一位性格怯弱、行事犹豫的新知识阶级的形象。文中主人翁"自恨自己怯弱，没有直视苦难的能力，却又具有对于苦难的敏感"，实际上是作者的自我写照。

27 日　傍晚与立达同人在丰子恺寓所便膳。夜八时出席第三次导师会，讨论添设文学专门部问题，"大抵已决定设立，将置文艺院。院设文学、艺术二部，文学部则先开中国文学系"，与郑振铎、胡愈之、李石岑、刘叔琴、沈亦珍、刘薰宇、叶圣陶等 16 人担任筹备工作。十时许散。

月底　梁湖第一校发起白马湖旅行团，师生 30 余人参观春晖中学。校长傅大森、教务主任顾馥清在平屋品茶进点。

6 月

1 日　立达同人在郑振铎寓所商议文学专门部事，公推王伯祥担任"中国文学史大纲"课程。

5 日　夜立达文艺院中国文学系筹委会在悦宾楼召集第二次会议，关于课程纲要及时间分配皆有具体决定。下学期拟招收新生 50 名，并另约定滕固、樊仲云等来任教课。

9 日　出席导师会与立达学会常务委员联席会，议决下学期添招初中一年级，高中文理科一年级，艺术部绘图科、图案科一年级，文学专门部一年级及各级插班生，周为群、刘薰宇、李未农、丰子恺、钱梦渭为招生委员；《一般》杂志用立达学会名义出版，公推夏丏尊为总编辑。

11 日　出席导师会与立达学会常务委员联席会，通过《立达学园组织大纲》，原艺术专门部划入文艺院美术系。与荣渭阳、蒋爱真、刘薰宇、袁绍先、匡互生任第二期募捐筹备员。

12 日　午后与方光焘、刘薰宇赴商务印书馆，就地召集立达同人集会，商议文学专门部事，业经命名为"立达学园文艺院中国文学系"，增添一门中国文化史课程。筹备会即解散。夜与孙伏园、章锡琛、方光焘、刘薰宇、王伯祥、郑振铎、樊仲云、李石岑等在悦宾楼聚餐，共贺周予同生女，纵谈四小时。（按：以上辑录自王伯祥日记。另据 21 日《上虞声三日报》第 17 号《青年协进社上海聚餐会记》记述："青年协进社上海社员，于本月十二号晚间，在美丽菜社开聚餐会。虽逢天雨，而预定餐位仍满。来宾到者，有裴云卿、何五良、胡子衡诸先生，及沈树宝医学博士。新旧社员共到二十人，内有祝采祥、胡颐生两女士。"理事胡愈之报告本社历史及《上虞声》改组为三日刊经过情形，并对各赞助者备述感谢之意。裴云卿、夏丏尊、何五良相继演说，至九时许散。夏丏尊演说录如下：

> 今年家居半载，目睹本县环境，益觉无处不是缺点。如鸦片、赌博、婆媳相争、大出丧、教育不良，种种可叹情形，举不胜举，兹略述数端，希望在座诸君，一筹改良之道。曩闻裴云卿先生云，到上海吃饭，非有亲眷作保不可，似此情形，饭碗全操诸他人之手，危险孰甚。余望乡人于现有势力之外，别求切实的势力。又内地交通不便，实业每遭挫折，例如年前有人创设纸厂，但因燃料运输困难，遂致失败，故发展交通一层，急须设法。又近数月来，家乡孩童患猩红热而死者甚多，其原因大抵由于积善堂施种牛痘之医生，至乡村各处，以未经消毒之"剔脚刀"之类，在孩童臂上施割，致猩红热病菌转辗传染，而乡间医生又多视为痧子，医治不得其

法,因此为害甚烈。^① 上虞人往往肯花五千一万铺张大出丧,而不愿出钱办医院,此种心理,实非纠正不可。又上虞近来时有火灾,而乡间消防器具,粗劣不堪,危险殊甚,此层亦急须设法改良。此外应兴应革之事,一时亦说不尽,本社当逐渐一一做去,并望商界之有力分子,赞助吾社事业的成功。)

14日 出席第四次导师会,推定各部职员。方光焘为中国文学系主任,丰子恺为西洋画系主任,陈之佛为图案画系主任,周为群为高级中学部主任,匡互生为初级中学部主任,夏丏尊、刘薰宇为编辑委员。

16日 《时事新报·学灯》发布立达学园近况:"立达学园自去年在江湾自建校舍后,内部进行,不遗余力。本学期在教学方面,对于学生以各科学力平均发展为原则,一洗从来重视各科总平均分数之弊,凡升级及毕业,均以各科成绩及格为标准。各科因性质不同,均有由各该科教师议订切实周详之成绩考查法,教务课方面并备有多种统计表。该校对于训导,向重感化,少惩罚,向重自由,少压抑,本学期更实行一种学生自选指导者之办法,由学生个人于教职员中择素所信仰之一人为指导者。学生之个性与习惯,至为复杂,断不能强迫其信仰一二人,而训导之成败,又须视学生对于训导者有无信念而定,故此项办法,深合教育原理。闻该校学生近来极难为校外一切妄人邪说所诱动,是或即系训导之效欤。去年该校因无运动场,故体育方面无重大进展。今春在校旁租地十余亩作运动场,并设各项运动,学生每人须选一种以上,由学生主持之体育会分配人数及时间,到场

---

① 积善堂在8月6日《上虞声三日报》第32号回应此事。

运动。近来对于运动发生趣味者日多,将来当有良果也。又该校去年全校食事,由学校招厨房包办,与他校无异,本学期则由学校雇定厨丁若干人,令学生督办,一面学生得藉以练习处理日常生活事宜之能力,一面绝无一般学校所不能避免之闹饭厅举动,成绩甚佳云。"

24日 夜应济难会招请,赴一品香参加"榴花小集",座中有周予同、王伯祥、胡愈之、李石岑、胡仲持、陈望道、杨贤江等人,《商报》编辑陈布雷、潘公展为特邀嘉宾。十时许散归。

本月 弘一法师赠手书莲池大师法语《山色》横幅一条,款"岁在丙寅木槿荣月,时居西湖招贤寺华严阁,晚晴沙门昙昉书"。

7月

1日 《闻歌有感》刊《新女性》第1卷第7号。作者认为,妇女解放的声浪在国内响了好几年了,但大半都是由男子主唱,且大半只是对于外部的制度上加以攻击。"真正妇女问题的解决,要靠妇女自己设法,要从妇女自身的态度上谋改变,意识到为妻、产儿、养育是神圣光荣的事务,不是奴隶的使役,自然会向国家社会要求承认自己的地位价值,一切问题,应早经不成问题了的。"

夏师自己的女性观,见于题名《闻歌有感》的杂文中;他说:"几年前,我读了莫泊桑的《一生》,对女主人公的一生的经过,感到不可言说的女性的世界苦。好好的一个女子,从嫁人生子一步一步地陷入到死的口里去;因了时势和国土,其内容也许有若干的不同,但总逃不出那自然替她们预先设好了的平板铸型一步。"他的一个气概不可一世的从妹,对他大发挥其毕生志愿,他曾加以冷笑,激起了那从妹的愤怒。后来那从妹结婚了,再后来,生子了,一步一步同样地踏上那阶段去。什么"经济独立""出洋求学"等,都如春梦浮云,一过便无痕迹。——"家的铁笼",把那不可一世的英雄野性驯伏了。因此,夏师说:"贤妻良母主义,虽为世间一部分人所诟病,但女性总免不掉为妻与为母的。说女性于为妻为母以外,还有为人的事,则可以这么说。若说女性既为了人,就无须为妻为母,决不成话。既须为妻为母,就有贤与良的理想要求,所不同者,只是贤与良的内容解释罢了。可是无论贤与良的内容怎么解释,总免不了是一个重大的牺牲,逃不出一个忙字。"这是一个平实的女性观,和他的一切主张相适应的女性观;其为一些人所赞同的在于"平实";其为一些人所反对,也在于"平实"。①

3 日至 9 月 4 日　暑假。

上旬　在白马湖为新杂志《一般》向朱自清索文艺批评的稿子,"他提出白采的诗来,说白采是现代国内少见的诗人,且取出那惨绿色封面有丧讣式的轮廓的诗集来叫我看。我勉强地看了一遍,觉得大有不可蔑视的所在,深悔从前自己的妄断"②。

18 日　社评《讼祸的防止法》(署名默之)刊《上虞声三日报》第 26 号。作者认为,不到理想的社会,讼的本身是无法消除的,所可认为祸者,只是因讼而吃法外的亏。要防止讼祸,"最好在报上每期暂辟一栏,用浅近的文字,把诉讼常识择要登载",并"留心县署的判案,遇有妄断的,在报上加以评斥,诉诸公论"。

---

① 曹聚仁:《从夏丏尊先生说起》,《我与我的世界》,北京:人民文学出版社,1983 年版。

② 夏丏尊:《白采》,《一般》第 1 卷第 2 号,1926 年 10 月 5 日。

二者相辅而行。

25 日　译作《秋》(〔日本〕芥川龙之介著)刊《东方杂志》第
23 卷第 14 号。该小说主要讲述信子与照子一对姐妹的恋爱故
事,姐姐信子为了妹妹而牺牲了本属于自己的爱情,结果换来的
并不是尊重和幸福,相反是各自的悲剧。小说反映的主题促使
人们进一步思考什么是正确的婚恋观。

27 日　白采病故于公平号海轮上。立达同人闻讯即为其准
备后事。

本月　初识楼适夷。

> 书店一开始就创刊了新的妇女刊物——《新女性》,仍
> 由章先生主编并由章先生退出前许多《妇女杂志》的执笔者
> 写稿。我刚开始学习写作,对正规大刊物不敢冒昧投稿,朋
> 友徐耘阡把我一篇习作送到《新女性》,很快仍由他转来了
> 回音:"夏先生看了你这个短篇很喜欢,说是最近难得见到
> 的投稿。"夏先生就是夏丏尊先生,那时我还没机会认识他,
> 但他是我所尊敬的前辈,听了这传言大吃一惊,还为此专诚
> 去拜访,这是我第一次认识夏先生,听了他一些鼓励的话,
> 叫我继续再写。于是第一篇在《新女性》发表,第二篇就刊
> 登在夏先生主编的《一般》杂志。①

8 月

1 日　经《新女性》杂志社扩充改组,章锡琛、章锡珊在上海
宝山路宝山里 60 号原址挂牌成立开明书店。《一般》定由开明

---

① 　楼适夷:《难忘的鼓励和帮助》,《我与开明》,北京:中国青年出版社,1985 年
版。

书店印行,9月5日正式出版。

　　同日　译作《武者小路实笃氏的话》刊《文学周报》第236期。该译文译自日本武者小路实笃所著《自然,人生,社会》中的部分章节。译者介绍说:"原书本年春才出版,二文都是'五卅'以后作的。特译之以介绍氏近来对于中国的态度。氏是日本有数的同情于中国的人。文中很可看出他对于中国的热望及忠告。我们读了真当感激。至于说日本不是野心国,似乎难令我们相信。但我们只要知道氏是日本人,这是在日本讲的话,一切也就可没有甚么了。"

　　7日　在江湾立达学园为《文章作法》作序,该文稿于本月由开明书店出版。序言介绍说:

　　　　这是我六七年来的讲义稿,前五章是一九一九年(按:应为1920年)在长沙第一师范时编的,第六章小品文是一九二二年在白马湖春晖中学时编的,二者性质不同,现在就勉强凑集在一处。附录三篇,都是在校报上发表过的,也顺便附在后面。

　　　　教师原是忙碌者,国文教师尤其是忙碌者中的忙碌者,全书诸稿,记得都是深夜在呵欠中写成的。讲的时候,学生虽表示有兴味,但讲过以后,自己就不愿再去看它,觉得别无可存的价值,只把订成的油印本撂在书架上。

　　　　有一天,邻人刘薰宇从尘埃中拿下来看了说是很好,劝我出版,我只是笑而不应。这已是四年前的事了。去年,薰宇因立达学园缺乏国文教师,不教数学,改行教国文了,叫我把稿本给他,说要用这去教学生。我告诉他原稿不完全的所在,请他随教随修改。薰宇教了一年,修改了一年,于说明不充足处,使之详明,引例不妥当处,从新更换,费去的心思实在不少。大家认为可做立达学园比较固定的教本，为欲省油印的烦累，及兼备别校采用计，就以两人合编的名义，归开明书店出版。

读者张佐华评述说：

近来读夏丏尊、刘薰宇两位先生合编的《文章作法》，关于作文方面的种种问题，得了许多好的教训与好的指导！本来中国人学习作文，都是认定"文无定法"只有"神而明之"。所以我国古代虽然是有几部论到作文法的书，但仍然是脱离不了"神而明之"的传统观念。近来还差不多，关于文章作法等的新出版书籍，出了许多，但是，我们严格地说起来，适合于中学生的程度的文法类书，可以是只能夏丏尊、刘薰宇合编的《文章作法》了。这部书是夏丏尊先生以前的讲义稿，全书共分六章，每章都是用极流利的笔所写出来的，不但是说明详尽，就是修词方面，对于读者也有很大的补益！[①]

同日　夏采文长子夏弘宁在白马湖平屋出生。

30日　夜与郑振铎、胡愈之、陈望道、章锡琛、王伯祥、刘叔琴、刘大白、陈望道、茅盾、刘薰宇、周予同、周建人、叶圣陶等在消闲别墅宴请鲁迅，并为朱自清返北平饯行。席散后，与刘大白、陈望道、章锡琛至鲁迅住处会谈。

记得在十三年（按：应为十五年）的夏天，我从白马湖到上海。有一天听郑振铎先生说，鲁迅先生到上海了，文学研究会想请他吃饭，叫我也去。我很高兴能见这位《呐喊》的作者。那是晚上，有两桌客。自己因为不大说话，便和叶

---

① 张佐华：《读〈文章作法〉》，《开明》第35期，1931年9月1日。

圣陶先生等坐在下一桌上；上一桌鲁迅先生外，有郑振铎，沈雁冰，胡愈之，夏丏尊诸位先生。他们谈得很起劲，我们这桌也谈得很起劲——因此却没有听到鲁迅先生谈话。那晚他穿一件白色纺绸长衫，平头，多日未剪，长而干，和常见的像片一样。脸方方的，似乎有点青，没有一些表情，大约是饱经人生的苦辛而归于冷静了罢。看了他的脸，好像重读一遍《呐喊》序。席散后，胡愈之，夏丏尊几位到他旅馆里去。到了他住室，他将长衫脱下，随手放在床上。丏尊先生和他是在浙江时老朋友，心肠最好，爱管别人闲事；看见长衫放在床上，觉得不是地方，便和他说，这儿有衣钩，你可以把长衫挂起来。他没理会。过一会，丏尊先生又和他说，他却答道，长衫不一定要挂起来的。丏尊先生第二天告诉我，觉得鲁迅先生这人很有趣的。丏尊先生又告诉我，鲁迅先生在浙江时，抽烟最多，差不多不离口，晚上总要深夜才睡。还有，周予同先生在北平师大时，听过他讲中国小说史，讲得神采奕奕，特别是西王母的故事。这也是席散后谈起的。①

9 月

5 日 夜郑振铎、茅盾在郑振铎寓所宴请叶启芳，夏丏尊、叶圣陶、王伯祥、胡愈之、樊仲云、谢六逸作陪。"但主要之客始终未至，止此七八熟人打诨而已。"（王伯祥日记）

---

① 《朱自清谈：我和鲁迅》，《鲁迅先生轶事》，上海：上海千秋出版社，1937 年版。

同日 杂志《一般》①创刊,丰子恺装帧,夏丏尊负责编辑后记。发刊词以对话的形式说明,本志由一般的人说一般的话,预备给一般的人看,希望被一般的人所欢迎,给一般人以许多好处。小说《长闲》、书评《张资平氏的恋爱小说》(署名默之)、译作《中国的国家秩序与社会秩序》([日本]长谷川如是闲著)三文刊《一般》诞生号。

> 这杂志有三个好处:第一,是能指示青年生活的迷路。第二,能安慰青年生活的寂寞。第三,是文笔篇篇有一种特别风趣,使人百读不厌。……此外如丏尊译的《中国的国家秩序与社会秩序》,也有使读者了解中国现在的症结及将来应行的道路,如圣陶的《遗腹子》,丏尊的《长闲》,沈本权的《学生杂志批评》,都是极深刻而有价值的文章。现在的杂志真多,东一种,西一类,几乎使智识欲旺盛的青年们,无所适从究竟去读那一种好,有些文艺刊物,是堆砌了千篇一律所谓新文学的烂调,不是说"深蓝色的天空,悬挂几颗明星",便是说"亲爱的,我们热烈的接吻罢",使人看了,不但不能得安慰,反而忏悔又白费了精神。有些近乎政治或关于青年问题一类的刊物,也老是抖圈子,反覆说他们灰色之话。我觉得《一般》,没有上述的毛病。我承认《一般》够得上说是现代中国所要求的一种杂志。②

叶圣陶在《谈丏翁的"长闲"》中如是说:

---

① 该月刊是一种综合性刊物,主要刊载政治与时事、文艺评论、文学创作、音乐绘画等方面的研究文章,同时刊载讨论一般的社会问题,特别是青年问题和教育问题的时论。

② 李宗武:《立达学会编辑的〈一般〉杂志》,《语丝》第101期,1926年10月16日。

丏翁只写过三篇小说，《怯弱者》《猫》《长闲》，都用自己生活中的事情作题材，收入《平屋杂文》中。比较起来，我最喜欢那篇《长闲》。

"长闲"两字从陶渊明的"勤靡余暇，心有常闲"的句子采来。这两句确是名句，对于生活的体验极为深切。一般人往往心里想着"忙啊忙啊"，口里嚷着"忙啊忙啊"，却懒得用心去想，动手去做。越不去想，越不去做，事情堆积得越多，就越见得"忙啊忙啊"。许多人在这样情形之下虚度一生。毫无成就。我们虽不见得经常如此，但是偶而有几段时期也会陷入那样的境地。那时候总感觉烦闷，犹如牙齿痛，时时刻刻都想着他，再也丢不开。又如便急，使你浑身不痛快，任他好吃的东西，好看的风景，好玩的事情，都没有心绪去理会。这种烦闷的难熬不输于受冻挨饿。一生"忙啊忙啊"的人就一生经受这种烦闷，某一时期"忙啊忙啊"的人就在某一时期经受这种烦闷。要解除这种烦闷，惟有用心去想，动手去做。想是想怎么做，做是做那所想的。想了，做了，稳当妥帖，那心头的舒快是无比的。用吃了好东西来比，用发了大财来比，都不大对。吃了好东西，发了大财，都是取之于外，不免带来别的烦恼。吃饱了，胃里感觉胀胀的，这就不舒服。发了财更难，怎样去管理，怎样去运用，足够教你几天几夜睡不成觉。刚才说的那种舒快却是内在的，自发的，舒快就在乎本身，舒快本身就是一种享受。换个字眼来说，那种舒快就是真正的"闲"。谁要永久享受那真正的"闲"，必须时时刻刻去想去做，好像来不及似的。"闲"不是无为和懒散可以取得的，惟有"勤靡余暇"的人才能"长闲"。这中间，包含着工作即是人生的意思，包含着快乐源于工作的意思。谁说陶渊明是个逍遥尘外的遁世者！

丙翁那篇《长闲》用的第三人称写法，写某一天从下午到午夜的自己的杂事。想作文，心不定，起来修剪树枝。随后就独酌。酒罢，与家人闲谈。待家人睡了，才开始执笔。写了几行，又被墙上的画幅引动了注意。于是起来除去画幅，换上字幅。直到打呵欠想睡，文稿终于没有继续写下去。事情是这样的简单，平凡。因为中间叙及玩味柳色，欣赏树的姿态，喝酒，观玩字画，以及湖边小立等等，颇带一些隐逸之风，曾经有人指摘过那篇东西。现在记不清了，大致说他写些身边锁［琐］事，自己夸耀享受清福，是士大夫的旧传统，要不得。在我看来，并不是这么一回事。那篇东西的主旨在厌恶自己的懒散，要策励自己，向着勇猛精进的方向走去，只是没有像誓愿文似的，写出正面文字，说以后一定要怎样怎样。他只把心绪不能宁定的一段光景写出，即在其中托出本意。如想享乐自然，结果做了自然的奴隶，想做湖上诗人，结果做了湖上懒人，这也是他当初万不料及，而近来深深地感到的苦闷。

"难道就这样过去吗？"他近来常常这样自讼，无论在小饮时，散步时，看山时。

又如"猛忆到某友人'清风明月不用一钱买，但是也不能抵一钱用'的话，不觉对于这素所心爱的画幅，感到一种不快。"那画幅是题有"明日事自有明日，且莫负此梧桐月色也"的句子的山水小景。由于不快，就把他除下了，换上"勇猛精进"四字的小额。看着这小额，又提起笔来，书写在午睡前从陶集中看到的"勤靡余暇，心有常闲"的句子。于是，"是的，要勤靡余暇，才能心有常闲。我现在是身安逸而心忙乱啊!"他大彻大悟似地默想。"身安逸而心忙乱",整篇东西就是写的这一点。

《长闲》很有日本风味,自然因为丏翁与日本文艺接触很多的缘故。青年人或许不喜观看,中年人就不然,要想做些工作而心不宁定做不出来的中年人,看了尤其引起同感,能够了解那种苦闷的深度。至于与丏翁熟识的人,便觉《长闲》中间活活画出个丏翁自己,可以想见他的性情神思,声音笑貌。[1]

9 日 湖南一师学生刘梦苇病逝。

26 日 上午立达学园小学部举行开学典礼。钱梦渭叙述筹备之经过,匡互生叙述将来之计划,陶载良演讲小学生教育之要点,小学生家长代表略陈对于学校之希望,最后由裘梦痕率中学部女生起立唱歌,散会。

同日 夜出席立达中国文学系教务会议,与会者有刘薰宇、方光焘、王伯祥、叶圣陶、周予同、高觉敷。会后即在开明书店聚餐,胡愈之、樊仲云、郑振铎(自海宁返沪)先后至。谈至十时半归。

28 日 萧恩承致函夏丏尊,要求刘薰宇就《一般》创刊号中登载的对其著作《教育哲学》所作书评中的置否问题作一解释。

秋 应刘大白、陈望道之邀,兼任复旦大学中国文学科教授。[2]

---

[1] 叶圣陶:《谈丏翁的"长闲"》,《文艺知识连丛》第 1 卷第 1 期,1947 年 4 月 15 日。

[2] 1926 年秋《复旦大学同学录》。

10 月

2 日　夜与张若谷、傅彦长、周予同、叶圣陶、樊仲云、徐调孚、章锡琛、郑振铎、陈乃乾①、王伯祥、茅盾及茅盾友人萧君在杏花楼聚餐。十时许散归。

5 日　散文《白采》、书评《文章学初编》(龚自知编,商务印书馆出版)(署名默之)、译作《疲劳》([日本]国木田独步著)刊《一般》第 1 卷第 2 号。《疲劳》译者附识言:"《疲劳》收在一九〇八年出版的《第二独步集》里。从前一年出版的第一集中的《正直者》《女难》等篇已露出自然主义倾向的作者,至此似已达到了自然主义的顶点。独步的小说,都是短篇,而此篇尤是短篇中之最短者。试看,他就某旅馆的一室,仅少的时间,仅少的人物,写不到二千字,而现社会的紧张的生活状态,已被表现得逼真十足。这是何等手腕。读了这一短篇,效力就不下于读那马克斯·诺尔陶(Max Nordau)的洋洋大著的《变质论》。我相信。"

28 日　王伯祥日记载:"愈之告我,予辞立达事,丏尊诸人俱失望,可否先由人代一两月,仍请予往教。予无词拒绝,只言一时难遽承诺耳。"

31 日　傍晚与方光焘访王伯祥,挽留其立达文学系教职事,允暂为代课。

---

①　陈乃乾(1896—1971),名乾,字乃乾,浙江海宁人。毕业于东吴大学国文系。1926 年任大东书局编辑、发行所长,兼任持志学院、国民大学教授。抗战中期进入开明书店。1956 年后任古籍出版社、中华书局编辑。

11 月

5 日　小说《猫》、书评《哲学辞典》(樊炳清编,商务印书馆出版)刊《一般》第 1 卷第 3 号。

同刊期选登张竞生《答周建人先生〈关于性史的几句话〉》一文。该文涉及张竞生与夏丏尊所谓的笔墨官司。

"不知谁家子? 调笑来相谑!"这回,"调笑"二字既然出于李白的诗句,料度不至被夏丏尊君拿去加上"原文"二字示众。本来这篇文虽名调笑,其实不值一笑,哈哈,可惜不值一笑的文字,被夏君看见就觉得为大可取笑的资料了。

夏君既然戴上"一般"无冠帝主之帽,手拿上一枝不值一文的"毛枪"遇着他佬(粤音粤字)不舒服时就不管三七二十一随手添加上许多"原文"二字于后头,如我这样不幸的人,恰巧在他贵刊十一月号得了这样七个赏赐。写信问他贵主干加上"原文"二字有何意义? 他又假惺惺地打起上海滑头话来说这不过依我嘱咐对于原文不敢加减一字吧了。我想这其中有许多"皮里春秋",故不免依原文次序自己来表白一番。

第一个原文是"固意",他佬就在固字下写下"原文"二字,料他意思是"固"字必是故字之误。我说你佬错了。我也知特地而做曰"故意",固执意见而做曰"固意"。当我写"固意"时,完全是取后义,因我不用故意而用固意者,无非是表示自己谦逊,不敢说"特地"那样放肆的语气。你佬安能强我去就前意而失我个人固有的意见呢?

第二,原文是"取裁",而依夏君意必是"取材"之误,这回他佬又错了,取裁是取裁不是取材,我的本意是有取有裁的，如取舍一样。他佬或者脑筋简单，只有取材二字他才懂。但我用了取裁二字极含深意，请看上我答周建人先生一段文自明。

第三，原文"我对于卵珠与第三水齐来的关系一'段'上"，段字确是抄写者手滑，把他作为段字用了。在这字上我很佩服夏君"眼锐心细"，能把他揭出来。他既将段字下添上"原文"二字在这层上稍识中国字者一见就知是错，那么他于其余的六个"原文"注解，当然也有相同的作用了，而他复信偏不敢说，这可见出他的上海滑头式了。

第四原文"卵的发落"，……我至今尚莫明其妙怎样夏君于落字下也注上"原文"记号。落字当然不会错写，大概他意必是卵不过卵尔，怎样他能自己发落？若就这样解，我就答你佬不知道卵的聪明比你更万倍呢，怎样见他自己不会发落？或说"发落"二字在上海文人看来乃指捕房对着囚人说的，那么，原来中国字义仅限于这样偏狭用，无怪夏君看中国字眼与我们大不同，可惜我住上海不久，不知这样忌讳！

第五原文"于第三种水来时卵珠也同时'乘兴'而下"，"乘兴"二字之下又被夏君加上"原文"的枷锁，真使我通身不舒服。我于卵珠的动作，在上文用"发落"，与此层用"乘兴"等字眼，自以为用得极响。但必要看卵珠像一样乖巧的生物，才能明白这些字句的价值，或者夏君所知的卵，不外是些臭蛋，咸蛋，坏蛋，王八蛋之类，自然难免对这些字用法大惊小怪了。有说他或者看"兴"字为财丁兴旺之兴，不是兴趣之兴，所以他弄不懂。我想堂堂的《一般》主干，而又在海上混了许多年的吃墨生活，即使不通，断不会连这兴字用法也不懂到此地！

第六及第七原文一样即"吧"了的吧字,使夏君费了四个字的注解,凡语助词的"罢"字,已经被人解放为"吧"字好久了,因为"罢"字比"吧"字费写,也如缠字改为才字一样用法。想夏君太"古雅"了,偏要看吧字为罢字之误,这真是太不配为"一般"人的主干了。"欲罢不能"的"罢"字,自然不能改为"吧",但语助词的"罢",或"罢了"的罢,当然可借用"吧"的便写。当我去年作《美的人生观》与《美的社会组织法》时,我仍用"罢"字写法。到现在竟被一班新文字家教坏了,这真对不起夏君与《一般》杂志的古雅读家!

话说到此尚未休,我对不住《一般》杂志的读者仅有一个"叚"的错字,而夏君则使人误会到六端,(其中尚把我原有圈点弄错不少)这不止是他对我不住,真太小觑《一般》读者了。他佬以为文字有一定不易的模型,有人敢越出界限者,必使他难以见众。推此而论,必是他佬一人的文与字为最合式,而他的文字仅可为他一人看,不是为"一般"人看,因为他不准于传统及他个人一己偏见之外许人有自由创造权也。

实在说来:我不是"国字家",当然免不了常常写了许多别字,我当于暇时,埋首研究"旧小学"以免见笑于夏君,同时希望夏君也当着意研究些"新小学"以免见笑于"一般"读者。说起来真好笑,我常误他大名"丏"尊为"丐"尊,因为我对"旧小学"不太留心,而夏君实在有意与我们洋翰林为难,偏偏把大名丏尊与丐尊相混同。在我们看起来,写为丏尊或写为丐尊究竟有什么紧要,不过以这个讲求旧字家的夏君看起来,恐要跳几大跳说:"何事'固意',什么'丐尊',张既如此,夏就发昏。"哈哈,这四句诗虽是"原文"乃套《聊斋·嘉平公子》的，"何事可浪，花葼生江，有婿如此，不如为娼"也。

　　这虽有些不敬，不过题目为调笑而作，留之也无妨也。[1]
包天笑在《裁判张竞生夏丏尊笔墨官司》一文中说：

　　据我旧文化家的裁判，讨论作品，当重理论，不应该毛举细故。张竞生先生偶尔写几个别字，何必给他"原文""原文"的注出来，你又不是他的学校中国文教员，这事夏丏尊先生你不该了。至于张竞生先生呢，写几个别字，也就写几个别字，付之一笑罢了，又何必强词一一辩正，说并非别字，而且越辩越显得别字，这是张竞生先生大可不必了。就我们看杂志的人立论，很愿多得些新知识，却不愿两贤相厄，大家骂的落花流水，多费笔墨，多给外国人消费纸张，不知两先生以为何如？[2]

　　张竞生先生在他主干的《新文化月刊》第一号上有《调笑〈一般〉之所谓主干也者》一文，为了他在本志第三号上所发表的《答周建人先生〈关于性史的几句话〉》中，注有"（原文）"二字，对于本志主干夏丏尊先生，大肆无理的"调笑"。张先生的意思，大约以为这"（原文）"二字是夏先生所手加而有意挖苦他的，因而恼羞成怒，对夏先生写出这些无理的话来。但是张先生错了！因为加入这"（原文）"二字的，是校者，并不是夏先生。至于校者为什么要加入这二字？请说明于后：

----

① 张竞生：《调笑〈一般〉之谓所主干也者》，《新文化》创刊号，1926 年 12 月 1日。

② 爱娇：《裁判张竞生夏丏尊笔墨官司》，《晶报》，1926 年 12 月 27 日。

当夏先生把张先生的大文发排的时候，就对校者再三叮嘱，说张先生的来信有不许更动一字的话，校对时应特别慎重不能有一个错字。因此校者不得不十分小心，把原文一字一字的磨勘。但磨勘到"固意""一段"等字句的时候，觉得张先生的用字，与普通人颇有不同，当然不敢妄改，但恐夏先生及读者要疑心到校者的疏忽，因此特地加入"（原文）"二字，藉明校者对于夏先生，读者及张先生的责任。张先生因此疑心到这二字有意指摘他的别字，并且把这罪加在夏先生身上，那完全是张先生的多心。所以他的调笑，完全成为无的放矢，校者不得不来纠正一下。①

12 月

5 日 书评《人生哲学》（冯友兰著，商务印书馆出版）、《读〈中国历史的上帝观〉》（王治心著，中华基督教文社出版）、《两个美国留学生著的两部天书》（署名默之）刊《一般》第 1 卷第 4 号。《读〈中国历史的上帝观〉》一文另转载于同月《中华基督教文社月刊》第 2 卷第 2 册，原文作者王治心（时任《文社月刊》主编）作的回应短文附录于后：

这篇批评，是《一般》杂志主干夏丏尊先生作的，登在该杂志十二月号六〇八页。我们很感谢夏先生！他对于我们"文社"的作品，有许多恭维的话，我们实不敢当；尤其对于拙作《中国历史的上帝观》有很中肯的批评和介绍。这本书前半是记者任金陵神学教授时的讲义，比较的详细一点，后

---

① 本志校者：《纠正张竞生先生的调笑》，《一般》第 2 卷第 1 期，1927 年 1 月 5 日。

半是"文社"主干要我成书而匆匆续成的,记者自己,也觉得非常疏略,希望将来重加修改,夏先生的赐教,十分感受。现在记者服务"文社",因为"文社"是提倡用中国思想,重新估定基督教的价值的,所以很希望能从这一方面努力,可惜我们的学力不够,没有多少的成绩,极愿夏先生多多赐教!

基督教在中国已几一百二十年了,著作界的沈寂,实在是一件不可掩的事实。在已往的著作中,大半是舶来品,不但与中国思想毫无接触,简直有削足适履之弊,而且有许多作品,逃不了浅陋鄙薄的评语;尤其有若干自己并没有读过中国书的人,居然会从外国书中翻译过关于中国学问的讨论,自己毫没有研究过佛教道教的人,居然也会发表宗教的讨论;尤其有一种顽固的中西作家,居然大放厥词的反对新文化,白话文,新式标点,自己并没有研究过什么是新文化?不懂得白话文的价值,不会用新式标点,居然也拾人牙慧,说些反对的疯狂话,这都是基督教著作界的丑!我们读了夏先生这篇评语,多少应当觉悟些!要晓得现在是学术发皇的时候,非基督教界中也有注意到基督教的作品,我很希望我们自称为基督教著作家的,要慎重些!要藏拙些!要努力些!

1927年(丁卯,民国十六年)　41岁

▲1月1日,国民政府定都武汉。本月,成仿吾在《洪水》第3卷第35期发表《完成我们的文学革命》,开始讨论"文学革命"问题。

▲4月12日,蒋介石发动"四一二"反革命政变。4月18日,南京国民政府成立。

▲7月15日,武汉国民政府宣布"分共",第一次国共合作失败。

▲8月19日,武汉的国民政府决定迁往南京,实行"宁汉合流"。

▲本年冬,"革命文学"团体太阳社成立于上海,发起人为蒋光慈、钱杏邨(阿英)、沈端先(夏衍)、楼适夷、殷夫等。

1月

5日 《艺术与现实》刊《一般》第2卷第1号。

在夏丏尊的《艺术与现实》中,他是首先指出艺术与现实的关系与他的矛盾来,次又由现实与艺术之矛盾说明普通人们对于艺术应有的认识,最后以《创世纪》的神话作结,并表示出作者对艺术的态度——说明艺术是现实的化身。

真的,这篇东西在初头与结论上,以形式上看来,他确是一篇革命的艺术的论文,他以着"存在决定思维"的法则,指出艺术与现实的矛盾性,艺术是现实的化身的定义,(因为某种事务的发展,都以着矛盾的对立而发展)不过在作者全篇的思想里,却有着矛盾的内含,因为,他在中间指出了普遍大众对于艺术之不理解性,也正是显露出作者全篇的矛盾性,因为,我们既然知道艺术是现实的化身,而大众是现实的变面相,当然艺术也就是大众的化身,大众的某种精神要求的表现,而我们绝不能够以着模特尔的事件来否认大众对于艺术的不理解性,因为,模特儿之不模特儿,大众对他的不解性,而正是表现了模特儿之艺术在普遍的大众是不需要的,虽然,模特尔是一种艺术,并且是现阶段上一种进步的,真挚的艺术的流露,但是,我们知道,在今日的大众的生活不安定的状态下,是绝对不需要那裸体的画像来安慰吧! 同时我们更知道,模特儿的艺术是盛于西洋进步的诸国家,他们的大众,最低的限度,在物质的享受一方面,是较优于我们的大众,他们的那种模特儿的感引,也正是表现他们某种精神的需要;然而,在我们这文化落后的国家,在大众的智识还没有进步到那种阶段的时候,怎会不对着那裸体的女性的实体而引起了一种实感呢! 因为,我们绝不能以着将来的形势来说明现在的趋向。

所以,虽然作者在结论上,是承认艺术是现实的化身,然而,他却忘记了艺术也是大众的化身。因此我对于他这篇的东西,终觉得是离开了现实的一种空虚的东西。[①]

17 日 午间与王伯祥、叶圣陶、章锡琛、李石岑、周予同、郑振铎、胡愈之、孙福熙在新有天宴请朱自清(自北平来沪)。谈至二时散。

同期 在开明编译所与朱自清、叶圣陶、金溟若、方光焘、章克标等长谈北平与上海文坛的动态。

中下旬 返白马湖途中,应楼适夷之邀在余姚县城逗留。

23 日 夜在白马湖为朱自清饯行。次日朱自清携家眷离开白马湖北上。

本月 因学生人数稀少,立达中国文学系停办。

本月 《爱的教育》转由开明书店出版,被列为"世界少年文

---

① 雅文:《读夏丏尊的艺术与现实书后》,《津汇月刊》第 13 期,1936 年 10 月 15日。

学丛刊"之一。

夏先生在报上看到《爱的教育》出版的广告，兴致勃勃地跑到商务总发行所（门市部）去买，买不到。问为什么报上已见广告而书却买不到。店员傲慢地回答说："我们这儿书可多哩，谁知道！"夏先生气极了，就要跟商务解除出版契约，又怕商务不答应，先要求把著作权出让，故意提高价格为二千元（约每千字二十元，这是当时所没有的高价），商务当然不答应，商定到初版卖完为止，取消契约。他就把这本书交给开明出版。①

3 月

13 日 午间与郑振铎、王伯祥、叶圣陶、周予同、匡互生、丰子恺、周为群、胡愈之在豫丰泰聚饮，谈立达事，并挽留匡互生，略有结果。

4 月

1 日 《"中"与"无"》刊《民铎》第 8 卷第 5 号。

5 日 译作《第三者》（［日本］国木田独步著）刊《一般》第 2 卷第 4 号；续篇刊 9 月 5 日《一般》第 3 卷第 1 号。

28 日 王伯祥日记载："午后照常入馆。遇丏尊，促往立达上课。许于下星期前往。"

---

① 宋云彬：《开明旧事——我所知道的开明书店》，《文史资料选辑》第 31 辑，北京：中国文史山版社，1962 年版。

5 月

11 日　舒新城日记载:"复夏丏尊一函并约其来宁一趟。"①

15 日　因曹百战争(按:指北伐战争期间发生在上虞曹娥、百官地区的局部战役)影响,上虞青年协进社召集临时社员大会,宣告解散,《上虞声三日报》继续维持,由朱云楼个人接办。

6 月

12 日　郑振铎日记载:"上午,看《爱的教育》,很感动,几乎哭了出来。午饭后即看毕。写了好几封信,其中有一信是给此书的译者夏丏尊君的。"②

7 月

上旬　与徐天禄、王肖峻、吴觉农、胡愈之、刘介安、冯铁生③、黄幼雄、胡伯恩、胡仲持、陈春旸、王星斋等联合澄衷中学校董事向国民革命军第二十六军军法处呈请保释旅沪同乡钱钰孙。经多方努力,钱于 11 日出狱。

本月　作《关于国木田独步——国木田独步小说集代序》(刊 8 月 21 日《文学周报》第 278 期)。作者认为"独步眼中的自然,不只是幽玄的风景,乃是不可思议的可惊可怖的谜,同时就

---

①　《舒新城日记》,上海:上海辞书出版社,2013 年版。

②　《郑振铎日记》,北京:商务印书馆,2018 年版。

③　冯铁生(1888—1957),名铮,字铁生,寿梅,号钝伯,浙江上虞人。1912 年毕业于浙江高等学堂。历任上虞县立第一高小校长、私立春晖小学校长、上海澄衷中学教员等职。抗战中任上虞春晖中学教务主任、战时中学教员、宁波中学教员。著有《鸡鸣集》。

是人生的谜。他的小说的于诗趣以外具有自然主义的风格,和他的热烈倾心宗教,似都非无故的"。

8 月

5 日　下午五时半与同人在江湾立达学园举行会议,决议设立董事会。由学园方面提出易培基、李煜瀛、郑洪年三人,又票选夏丏尊、胡愈之、匡互生、丰子恺、袁绍先、刘薰宇六人为董事,其中易培基为董事长,匡互生为行政委员会主席。八时聚餐,十时归。

上旬　暂辞《一般》杂志主干职务,请方光焘继任。

24 日　应校长郑洪年之聘,兼任国立暨南大学新开设中国文学系主任,教授文选、国文法、修辞学课程,与黄侃(季刚)、黄建中、周传儒、叶崇智(公超)等成为同事。

30 日　出席大学部第四次教务会议,到会者有郑洪年、黄建中、汪奠基、石颖、陈炳章、章克标、杨汝梅、王雨生。会议讨论大学部迁沪、特别生审查日期及标准、编级生考试办法等六项提案。

本月　译著《国木田独步集》作为"文学周报社丛书"之一,由文学周报社出版,开明书店发行。内收《牛肉与马铃薯》《疲劳》《夫妇》《女难》《第三者》等 5 篇小说。

> 国木田独步是日本第一流作家,夏先生是国内第一流译家,本书即系两人心血的结晶,极值得我们的细读。其中《第三者》《女难》《夫妇》各篇均深刻地显出淡灰色的悲哀情绪。有情人读之,有不禁泪下者,足征其价值的一斑。①

---

① 人骏:《本年度复旦师生的译著》,《复旦旬刊》第 2 期,1927 年 11 月 25 日。

9 月

5 日　暨南大学举行开学式。刁汝钧、王永华、白莹、黄焕文、谭其骧、徐宗达、史猛、陆燕诒、黄永标等 27 人考入中国文学系。

9 日　暨南大学部举行第五次教务会议。夏丏尊未出席,由徐中舒代替。

10 日　译作《湖南的扇子》([日本]芥川龙之介著)刊《小说月报》第 18 卷第 9 号"芥川龙之介专辑"。译者附志言:

> 芥川龙之介氏自杀消息传到上海的那一日,我就跑到一家日本书店,看看有无可购的他的近著,当作他的自杀纪念。结果得了一册《湖南之扇》。书是今年六月才出版的,氏两年来在杂志上发表过的小品,差不多尽在于此。《湖南之扇》只是书中的第一篇。

> 芥川氏是以富于中国趣味出名的,喜收藏中国的骨董,有澄江堂的雅号,书册在装制上也都有中国风味。可是他的中国观却很是辛辣,他的《中国游记》,可谓讥诮不留余地,我在去年曾介绍其一部分过了。本篇仍是游记性质,多少仍带讥刺口气,所以续为译出。

11 日　开明发行所迁至四马路(今福州路)北首望平街(今山东中路)165 号。

17 日　出席大学部第六次教务会议,司记录。到会者有叶渊、章克标、黄建中、陈茞民、汪奠基、陈炳章、石颍。会议讨论教务会规程、商科毕业生论文、政治系添设二年级等六项提案。

21 日　暨南大学设立南洋文化教育事业部。校长郑洪年兼任委员长,夏丏尊、黄建中、汪奠基、郑宝照、徐中舒等 16 人为委员,分任教育、调查、指导、宣传、编译五项事宜。

秋 兼教复旦大学中国哲学史、文选课程。[①] 与徐中舒、章克标、方光焘、方欣安暂居宝山路章锡琛处。

同期 介绍方欣安任暨南、复旦等校兼职讲师,主讲中国古代史及中国文学史。

10 月

1 日 夜与方光焘等《一般》杂志社同人在致美斋设宴,客有叶圣陶、王伯祥、徐调孚、徐中舒、郁达夫、王映霞等。六时半开樽,宾主尽欢。

2 日 午前与丰子恺在功德林宴请弘一法师,李石岑、叶圣陶、周予同等陪席。斋后同往新闸太平寺谒见印光法师,请示佛法。

3 日 夜与徐中舒、方欣安、章克标等在美丽川菜馆为暨南大学秘书长谢作舟赴巴黎大学饯行。

5 日 与章锡琛、赵景深、张梓生至共和旅馆访鲁迅,未遇。

同日 暨南大学中学两部举行第二次联席会议,夏丏尊未出席,由黄建中代为提"大学中学课程应如何联络"一案。汪奠基建议"由教务处委托各科系关系教员组织各科系课程讨论委员会",全体通过。

同日 译作《南京的基督》([日本]芥川龙之介著)刊《一般》第 3 卷第 2 号。小说叙述一个笃信基督的雏妓宋金花之奇异故事:南京一个笃信天主教的十五岁少女宋金花,为生活所迫,不得不干此等营生,却患上了不治的梅毒。原本她认为不应再卖

---

① 1927 年秋《复旦大学同学录》。

淫,以免把病传染给客人。宋金花苦于经济,每夜都向救主耶稣基督的画像祷告,希望能痊愈,继续赚钱奉养父亲。但某夜,宋金花却被一位佯装自己为基督下凡的无赖男子设计白嫖了一宿,事后宋金花的病竟然康复,无赖则染病身亡。小说的主旨与内涵在于揭示纯真、善良的妓女宋金花虽然遭到诈骗,却凭着对于上帝的信心、虔诚的信仰而得到救赎,而亵渎基督的无赖最终遭到上帝的惩罚。

8 日 《中国文学系学程说明书》刊《暨南周刊》第 1 期。作者列出中文系"指示研究国学之相当途径""培养文艺创作及批评之技能与指示""造成国文教师及文化宣传者"三项要义,规定最低学分限度,及毕业论文"须于第四学年开始提交主任或有关系之教授,受其审定与指导"。

12 日 鲁迅日记载:"访章锡琛,遇赵景深、夏丏尊。"

17 日 出席大学部第八次教务会议,司记录。到会者有叶渊、石颖、陈苀民、黄建中、汪奠基、叶崇智。会议讨论各系筹备丛刊、讲义刊印时限、参考书选择等五项提案。

中旬 暨南大学出版课副主任章衣萍与陈翔冰、陈希文、陈雪江、郑泗水等华侨同学发起成立秋野社,以"研究文学"为宗旨,下分小说、诗歌、戏曲三组,并创办同名杂志。夏丏尊、叶崇智、方光焘任小说组导师,负责讲解文学思潮与小说的关系及中西小说史略。梁实秋、张凤任诗歌组导师,余上沅、顾仲彝任戏曲组导师。

25 日 晨舒新城、孙俍工到访立达学园。午间与舒新城、孙俍工、熊梦飞、匡互生、沈仲九、周为群、方光焘等在江湾聚餐。夜与匡互生、舒新城等为孙俍工赴日本饯行,谈至十一时。

29 日 下午三时南洋文化教育事业部假座新图书馆举行茶

话会,招待全校教职员及学生团体代表。徐中舒报告事业部经过情形,黄建中、汪奠基、陈希文、林镜仙等先后演说。

下旬　应学生要求敦请鲁迅来暨南大学演讲。

那是一九二七年十月下旬,在夏丏尊先生讲授《马氏文通》将要下课之际,我跑到讲坛前面,很兴奋地说:"夏先生,听说鲁迅先生从广州回到上海不少天数了,我们举行一次宴会以表示欢迎,同时,请他演讲好不好?"建议的声音还没有完,全班同学异口同声一致附和了。夏先生是极受尊敬而和蔼可亲的老师,他微笑着说:"可以,但是鲁迅先生很忙,有许多学校都要请他演讲,你们先写一封请书,由我面交以后,请他决定日期。"第三天就得到了佳音,准于十一月六日上午赴宴。①

30日　鲁迅日记载:"上午得夏丏尊信。"

31日　出席大学部第九次教务会议,司记录。到会者有黄建中、汪奠基、杨汝梅、石颖、陈茇民、陈炳章。会议讨论筹设教育系心理实验室、教师请假救济办法、临时考试办法等六项提案。

本月　兼任暨南大学训育委员。

11月

3日　夜与胡愈之、王伯祥、徐调孚、黎锦明、周予同、章锡琛、赵景深、彭家煌、李石岑、叶圣陶在共乐春川菜馆为黎烈文赴法国饯行,并为自济南来沪的王统照接风。

---

① 黄慕度:《鲁迅先生在暨南大学讲演回忆录》,《鲁迅讲演考》,哈尔滨:黑龙江人民出版社,1981年版。

6日　上午邀请鲁迅至福州路华兴楼,为暨南大学中文系一年级同级会做关于文艺创作和读书方法等方面的演讲。学生听讲者近30人,陪客有方光焘、谢循初等。夏丏尊作欢迎辞,谈及试行学分制问题,①其间多有互动。讲毕聚餐,二时许散。

7日　下午三时半暨南大学中学两部举行第三次联席会议。夏丏尊未出席,由叶崇智代替。

10日　作散文《黄包车礼赞》(刊本月《秋野》创刊号)。作者感慨,"从宝山里的寓所到真茹须一小时以上,到江湾须一小时光景,……总计,我每日在黄包车上的时间,至少要二小时光景,车费至少要小洋七八角。时间与经济,都占着我全生活上的不小部分"。文章结尾礼赞供给作者观风景读书作文的机会的黄包车,"我愿努力自己,把自己弄成一个除了给钱以外,还有别的资格值得你们拉我的"。

12日　旧浙一师学生叶天底被捕。夏丏尊闻讯后即向刘大白求助。

　　　　夏先生得到了叶天底的消息,非常忧急,就给刘大白去了一信,请他设法营救。刘大白曾和夏先生一起,在"一师"任教,是新文化运动的积极分子,也被称为"四大金刚"之一,他又是早期的白话诗人,同时也是叶天底的老师。这时正担任了省府的教育厅长和省党部的委员。他得到了信,却给夏先生一封冷酷的复书,不仅拒绝了嘱托,还反过来指责夏先生为天底求情,是"不负责任的妇人之仁"。他说:"像这样的青年,今天我们不杀他的头,明天他们就会杀我

---

①　刁汝钧:《追忆鲁迅先生的一次演讲》,《西安地区纪念鲁迅诞生一百周年文集》,西安:陕西人民出版社,1984年版。

们的头!"夏先生把这些话告诉我时,他的脸色是苍白的,他的手指微微地发抖。[①]

16 日　下午三时出席大学部第十次教务会议,司记录。到会者有汪奠基、黄建中、谢循初、杨汝梅、陈荩民、石颖。会议讨论新建教室划分普通特别两种、毕业证书应否附以外语成绩证明书等三项提案。

19 日　因事请假,文选课程一小时停授(按:辑录自《暨南周刊》教务处日志,下同。另据《国立暨南大学教职员及学生一览:民国十六年度》教职员退职一览表载,夏丏尊于本月辞职;据《国立暨南大学校务特刊:十六年度》大事月表载,陈钟凡于次年 1月 5 日被聘为中国文学系新主任)。

本月　弘一法师赠手书佛眼远禅师偈"聋人也唱胡笳曲,好恶高低自不闻",款"岁次大辰十月,丏尊居士属书,智幢"。

同期　弘一法师赠手书"愿无尽室"横幅,款"岁次大辰冬初,将行脚他方,写此以贻丏尊居士。钱塘华严寺沙门无等"。

12 月

3 日　章衣萍致信周作人。

> 贵省的夏丏尊君曾在他的功课表上题了八字的绝妙对句,叫做:"不如早死;莫做先生。"我在病榻上呻吟的时候,想到夏君的对句真是从艰苦的经验中得来。但是"早死"究竟不是可以强求的事,所以像夏君那样有了胡子的老人还挟着皮包整天地奔走,而我也只好等到吐血停止之后仍旧

---

① 楼适夷:《怀念夏丏尊先生》,《出版史料》第 4 辑,上海:学林出版社,1985 年版。

要到乡下的讲台上去大叫了。①

15 日 因事请假,修辞、文选课程二小时停授。

19 日 南洋华侨陈性初到访立达学园,慨允为学园捐款建筑大礼堂一座。

20 日 立达董事会立案拟下学年增设大学部。

22 日 因事请假,文法、修辞课程二小时停授。

24 日 午间立达董事会及教职员在学园为陈性初南返饯行,并邀熊梦飞、林复彦、郑天成作陪。夏丏尊因事缺席。

本月 编辑《芥川龙之介集》,由开明书店出版。内收编者个人译作《秋》《南京的基督》《湖南的扇子》《中国游记》,鲁迅译作《鼻子》《罗生门》,方光焘译作《袈裟与盛远》《手巾》,章克标译作《薮中》,夏衍译作《绝笔》等 10 篇。

本年秋 吴觉农介绍夏衍拜会夏丏尊、章锡琛。夏丏尊请其试译本间久雄的《欧洲文艺思潮论》。

这一年秋冬之间,有一次,吴觉农来找蔡叔厚,谈话中他问我为什么不译点书,可以有点收入,我欣然同意。他介绍我去见了开明书店的夏丏尊、章锡琛。章锡琛是第一次见面,而丏尊先生则在五四运动时期就认识了,他还记得我曾在《浙江新潮》上用过的"沈宰白"这个名字。吴觉农和他们谈了我的情况之后,丏尊先生就从书架上拿出一本书来,要我先译几章试试,这本书就是本间久雄的《欧洲文艺思潮论》,这就是我靠翻译糊口的开始。我译了几章,丏尊先生看了表示满意,要我继续译下去,这本书大概有二三十万

---

① 《海上通信》,《语丝》第 4 卷第 1 期,1927 年 12 月 17 日。

字,我每天译二千字,三四个月才译完。①

1928年(戊辰,民国十七年) 42岁

▲1月,创造社与太阳社成员共同提倡"革命文学",引发了延续一年之久的"革命文学"的论争。

▲2月,成仿吾《从文学革命到革命文学》发表于《创造月刊》第1卷第9期。

▲5月3日,国民革命军的北伐遭日军蓄意阻止,"济南惨案"爆发。

▲10月,国民党改组国民政府,采用立法、司法、行政、考试、监察"五院制",蒋介石任主席。国民政府决定将中央大学院改为教育部,任命蒋梦麟为部长。

▲12月29日,张学良通电宣布"东北易帜"。

1月

5日 《文艺随笔》刊《一般》第4卷第1号。

上旬 辞去所有教职。

从人海颠连而深味着的悲凉,对于秀的心胸,更激起忐忑不安之感。武昌中央军事政治学校的招考广告,像是极大的诱惑;在琳决定应试以后,他也毅然决定了。应试前一天下午,夏先生到暨南来上课,在秀的房中休息。

"夏先生,我想进国民党;你看,这个行吗?"秀突然这般

---

① 夏衍:《"四一二"之后的上海》,《懒寻旧梦录》,北京:三联书店,1985年版。

问了一句。

"你对国民党有信心吗？对于三民主义？"夏先生敲着香烟灰这般回问。

"也没有什么，不过世界上什么都是一样的！"秀隐隐约约似讲非讲地告白了自己。

"那末，还是不进为是。"夏先生很清切地答他，又敲一下香烟灰。

那天晚上，秀到杨家桥来告诉我："挺，夏先生完全指导我过了，他是这么这么地说。但是我现在还是非去不可；飘泊在此，还不是一样的飘泊？"

再往后三天，一个冷风飒飒的下午，秀毕竟走了。

在秀离开真茹的第三天，环也要到福州去从军。他走出我的寓所，已经走近篱门，斗然走近我前：

"丏尊先生辞职的事，你该知道了罢？"

"辞职，我是知道的；为何辞职？我可不曾知道。"我这么答他。

"太怅惘了罢！"他说：那天，夏先生来上课，同学到的并不多。平常夏先生总是第二小时才点名，第一小时到得少一些；那天，到得太少了，或者天气太冷一些的原故。夏先生觉得这个太无聊，想不再教下去；而在教室的同学都恳切地留他。第二时，同学到的很多，夏先生和大家讲到各种，同时也讲到考试。夏先生的意思，考试要在教室举行，同学以为习惯上而且是国文科，要请夏先生揭宿题，这个是彼此的歧途。夏先生解释了又解释，同学都默然无言。最后，夏先生便对同学们说："既是这样，我是不能继续了。"同学们相顾默然。夏先生挟了书包走近教室的门，回头对同学郑

180

重地说:"就是这样决定了罢?"同学们相顾默然。"那末,我们再见了。"他便走出教室。以后便是辞职书来了。①

温梓川在《我所认识的夏丏尊先生》一文中回忆说:

> 我听过他的课,动机也无非是因为读过他的文章,心仪其人,而想听听他的言论,瞻仰他的风采而已。谁知道我抱着这种心理去听他的课,自然不会失望。他教书也和鲁迅一样,不大受同学们的欢迎。夏先生那时恐怕也不过是四十多岁左右,正当壮年时期,看起来却是五十多岁光景的老人。他的身体并不好,他自己也觉得体力减退,似乎对什么都觉得厌倦,他就曾对我这么表示过。夏先生看起来的确有点老态,这也难怪同学们把他看作老先生,叫他夏老先生了。②

李则纲在《我的教书生活》一文中回忆说:

> 过去夏丏尊在暨南当文学院长,和教育学院谢循初摩擦很厉害,徐中舒任暨南秘书长,与夏丏尊很相契。谢为人阴险刻毒,夏去职以后,对与夏有关系的人,都施以打击。谢和夏的不协,不独是权利位置之争,因谢当时是著名的国家主义分子,而夏在文艺界尚在进步一方面,自然不能相容。③

10 日 夜叶圣陶、章锡琛、王伯祥、胡愈之、徐调孚、徐中舒、周予同、李石岑、方光焘在开明编译所为夏丏尊返白马湖暂休饯行。八时许散。

---

① 曹聚仁:《夏丏尊——师友之一》,《秋野》第1卷第5期,1928年4月1日。
② 温梓川:《我所认识的夏丏尊先生》,《蕉风》第167期,1966年9月。
③ 李则纲:《我的教书生活》,《李则纲遗著选编》,合肥:安徽大学出版社,2006年版.

民国十五年秋,立达学园已由夏丏尊先生和其他几位不满于当时教育制度的教育家们,用自己的一点点积蓄和自己快被榨干的血汗,在上海江湾创立起来了,先生还继续担任了我们这一班的国文课。先生那时住在浙江上虞白马湖畔,每星期要从白马湖赶到江湾二次,来给我们上课,教授的薪金一个不拿,每月还倒贴不少的旅费——这旅费,是他用心血在深夜写文章换得来的! 在两年当中,我没有看见他换过一顶新帽子,穿过一件新衣服;半秃的脑袋上,总是那顶茶色的呢帽,帽的摺缝已经破了,冬天穿的是一件深灰布棉袍,夏天则是洗旧了的白绸大褂,高大的身材,诚恳的面貌,朴素的衣着,当他上第一课出现在高高的讲台上时,同学们都偷偷笑说:"恰像一个农夫。"

　　他给我们上课的时候,正当国内人民在受着善与恶,新与旧,黑暗与光明分裂的痛苦的时候,他便常常警告学生:"黑暗势力是会没落的,但在没落之前,它一定要挣扎,犹如人死之前有一度'回光返照'一样,在它挣扎的这个时期,大家是要饱受痛苦的。"他又尝详细介绍日本"一灯园"那个组织的哲学思想,他说:"在数学上,以 0 来除任何一个数,都等于无穷大,我们还何必去压榨别人,剥削别人来据为己有呢?"

　　因了时代的动荡,环境的恶浊,一般青年都限于苦闷当中,"自杀"的事,时有所闻,先生特为此作了一次长长的演讲,他要青年们去追寻使人苦闷的原因,他更要青年人以自杀的勇气去铲除那使广大群众个个苦闷,个个窒息的根苗。后来同学夏侠君终于在校自杀了,他悲愤万分,说:"不直接领导行动,只靠一张嘴空议论是不行的! 夏君的死,我们应该负责任。"

他在校提倡"人格教育",但主张兼有"法"的约束,而这"法"须由全校师生以及工友共同来制订。可惜这为当时多数崇拜克鲁泡特金的先生们所不同意,于是他辞去了关于学校行政的职务,只管做一个国文教师。

他改学生的作文卷子,也总是在深夜,他改到较好的文章,常去敲同住的先生的门欢喜无限,说:"来看,来看,好文章!"他那时正主编《一般》杂志,这样的文章,便给收编进去了,他说:"青年人是需要鼓励的。"

他虽然只教授国文了,但对于学生的行动,仍旧非常注意。学校的艺术科新招考了一个女人来做"模特儿"。一部分学生在"模特儿"上课时便去偷偷窥看,他为此也举行了一次演讲,他说:"你们的行为,便是你们智愚的测验器。比如一只苹果挂在树上,小孩见着便想采食,水果贩见着便想赚钱,画家见着,则忘了苹果的本体而去赏鉴它的线条和色彩;你们去偷看'模特儿'不过是想看她的光身体,这不仅表现出你们的愚昧,也表现出你们无意识的下流。"同学们听见这话,都羞惭满面,从此再不去偷看了。

四十年的"教书"生活,拖坏了他的身体,他不能再继续了,在民国十七年初便辞去了立达学园的国文教师之职而改任上海开明书店的总编辑,但他还不时来校讲演。[①]

2 月

19 日　华侨教育协会举行第一届第十三次干事会,决定发

---

① 张志渊·《哀忆丏尊师》,《新华日报·新华副刊》,1946 年 4 月 29 日。

行新华侨杂志,公推陈宗山为编辑主任,夏丏尊、姜琦、汪起予、张国维、章锡琛、丰子恺等百余人为撰述员,五月内出版,月出一册,并商议移设事务所至江湾立达路1号。

本月起　经夏丏尊、叶圣陶等策划,《开明活叶文选》开始分批出版。

3 月

12 日　胡愈之(将赴法留学)、叶圣陶、章锡琛、周予同、章克标、贺昌群来访,同游白马湖及春晖中学,并在平屋前合影。

本月　应王任叔、张孟闻之请,为雪花社社刊《大风》题签,改称《山雨》。

4 月

5 日　经夏丏尊推荐,宁波四中学生戴子钦散文《拆庙》在《一般》第 4 卷第 4 号发表。

本月　在白马湖平屋为《近代的恋爱观》([日本]厨川白村著)作译者序。此书于 9 月作为"妇女问题研究会丛书"之一,由开明书店出版。译者在序言中写道:

> 厨川白村的著书,经移植于国内者已有数种,本书亦曾于数年前由任白涛氏抄节了改作短文介绍过。

> 著者自述其写斯稿的动机说,"因为一方不满于只喋喋谈性欲的一代的恶风潮,一方又感到把恋爱作劣情或游戏观的迷妄,事实上至今还未脱离人心,愤激了于是执笔的。盖只谈性欲与把恋爱视作劣情,一见虽似全然背驰的思想,而于错解恋爱在人生的意义的一点上,于阻碍行驶于时运

之流的生活的进展上，两方的结果，全是相等的"。

　　一方只喋喋于性欲，一方把恋爱视作劣情游戏，这二语竟可移赠中国，作中国关于这部分的现状的诊断。近年以来，青年对于浅薄的性书，趋之若鹜，肉的气焰大张，而骨子里对于两性间仍脱不了浮薄的游戏态度，至于顽固守旧者的鄙视恋爱的迷执，不消说亦依然如故。在这时期中，把厨川氏本书加以介绍也许可谓给同样的病者以同一的药，至少是一个很好的调剂。

曹聚仁对此译作的意义评价说：

　　夏老师的另一译作便是厨川白村的《近代恋爱观》。原书在日本曾有惊人的销数；版税所得，厨川曾在山顶造了一所"恋爱观"（寺观之观），在大地震时遇难。夏师的译本，销数并不怎么大。推究其故，我国的男女关系，一方面只喋喋于性欲歧变，一方面又把恋爱看作是劣情游戏。译本行世时，正当一些青年献身于社会革命，不十分注意恋爱问题；又当张竞生的《性史》和章衣萍的《情书一束》风行之时，有些青年，又不十分喜欢正当的恋爱观。夏师所说："青年对于浅薄的性书，趋之若鹜，肉的气焰大张。"即是《近代恋爱观》所以被冷淡的主因。但这部书的时代意义，一直保留着，直到此刻现在。[1]

5 月

5 日起　重任《一般》杂志主干，实职由刘叔琴代理。

---

　　[1]　曹聚仁：《从夏丏尊先生说起》，《我与我的世界》，北京：人民文学出版社，1983 年版。

同日　《知识阶级的运命》刊《一般》第 5 卷第 1 号。该文说："近来阶级意识猛然抬头,有种种的阶级的名称,其中一种叫做知识阶级。""就狭义言,所谓知识阶级者实仅指下层的近于无产阶级或正是无产阶级的人们。因为在上层的人数不多,并不足形成一阶级的"。"为划清范围计,姑且下一个知识阶级的定义如下:所谓知识阶级者,是曾受相当教育,较一般俗人有学识趣味与一艺之长的人们,学校教员、牧师、画家、医师、新闻记者、公署职员、文士、工场技师,都是这类的人物,现在中学以上的学生,就是其候补者"。"现在中国知识阶级的状况,真是惨澹,实业的不发达,政治的不安,结果各业凋敝,而首当其冲的,就是那附随各业靠月薪过活的知识阶级,无职的谋职难,未结婚的求偶难,有子女的子女教育经费难,替子女谋职业难",既不如资本家有金力,又不如劳动者有暴力,光靠口笔不足与任何阶级相抗,唯有屈身献媚,苟延残喘而已。作者既表达了对于当时中国社会现状的不满,也悲叹中国知识阶级的运命。

　　　　夏先生认识知识阶级的本身,意外的战斗力那么薄弱。他看穿了知识分子在不一定准确可靠的希望上挣扎下去,这就看穿了他自己的命运,因此"感伤"就为他的文章中的主要情调了。[①]

　　12 日　夜与章锡琛、王伯祥、谢六逸、李石岑、周予同、徐调孚、傅东华等在陶乐春聚餐。九时许散,宿东方旅社。

　　15 日　午后访鲁迅。

---

　　①　曹聚仁:《夏丏尊的杂文(二)》,《立报·言林》,1936 年 1 月 21 日。

6 月

5 日　译作《关于济南事件日本论客的言论二则》刊《一般》第 5 卷第 2 号。译者附记："关于济南事件，日本的论坛，远较中国的来得闹猛。今选译两篇，作一斑的介绍。"

6 日　弘一法师致信丰子恺。"城垣拆毁过半，又复中止。（因有人反对。）故寓楼之前，尚未有喧扰之虞。惟将来如何，未可预料耳。向承仁者及夏居士为谋建筑庵舍，似非所急。（因太费事吃力。）朽意且俟他年缘缘堂建成，当依附而居。今后如无大变化，可不移居。若有变化拟暂寄居他处，以待胜缘成就，诸希仁等酌之。"

本月　王任叔来访。

> 记得有一天，大概是六月里，我避暑在白马湖，到他老家去。学校里本来是多狗的，这几天因为散了学，狗也不容易得到残余之食。便东西乱奔起来。同时，我们一批先生们也时常躲在屋里在竹林中消夏。他老不禁有点慨然了。他告诉了我一付对："天高皇帝远，人少畜生多。"我听了，怕是神经过敏，总不免于冷然了。现在我因为课忙，他老家里也不大去了。但行过平屋，则朱红纸写着的对联是这样："端居媚幽独，结习惯平生。"似乎将要完成一个理想人物了。[①]

8 月

1 日　《对于米莱的〈晚钟〉》刊《新女性》第 3 卷第 8 号。作

[①]　王任叔：《关于平屋主人》，《大江月刊》11 月号，1928 年 11 月 15 日。

者剖析米莱的画将信仰、劳动、恋爱这人间生活的三要素调和融合，使自己深受吸引。认为"劳动与恋爱的一致，是一切男女的理想，是两性间一切问题的归趋。特别地在现在的女性，是解除一切纠纷的锁钥"，女性要在物质的生活上脱去奴隶的境遇，获求自由，劳动实是唯一的手段。

本月　夏衍译著《欧洲近代文艺思潮论》由开明书店出版。

9 月

1 日　译作《新"恋爱道"——柯伦泰夫人的恋爱观》(〔日本〕林房雄著)(署名默之)刊《新女性》第 3 卷第 9 号。译者在前言中对于翻译此作的缘由与意义做了说明："原文载日本《中央公论》七月号，是值得注意的一篇文字。柯伦泰的《三代的恋爱》，尚未读过，仅凭了这林氏的介绍，已可窥见一斑。新时代在何时用了甚么形式到来，原不能断定，但已在逐渐地袭近，是事实。同时性的道德的要变更形状，也是事实。把这惊人的棒喝，介绍于一般青年男女，作前途的参考，当不是无意义的事。柯伦泰是苏俄驻挪威的女大使，据说一生已经换过三十个的丈夫了。说虽如此，与所谓奇女子的余美颜，是异其性质的。她的新恋爱道，也不是当世少爷小姐们的随便行为，是过渡时代的性的忠实的救济策，且是有现实与心理基础的必然归趣。我抱着读者误解的杞忧，特加注意如此。"

24 日　弘一法师致信孙选青。"前夏居士发起筑室之事，朽人已谆嘱请于辛未年再筹办。明年后年暂维持现状。随意居处他所可也。"

本月　过沪小住，即返白马湖。

本月　《文艺论 ABC》由上海 ABC 丛书社出版，世界书局印行。著者参考夏目漱石《文学论》、有岛武郎《文学与生活》、木村毅《新文艺讲话》、小泉八云《文学入门》、本涅特《文学趣味》等书中的观点,依次介绍关于文艺的本质、鉴赏及创作,目的但求给读者以文艺的知识与趣味。同时指出,"要享受文艺的恩惠,唯一的途径,就是直接去翻读文艺作品。空疏的文艺论,只是说食数宝,除了当作鉴赏上的一种锁匙以外,是全无用处的"。

本月 与丰子恺、陈抱一、陶元庆、章锡琛、邱望湘制订《钱君匋装帧画例》,为其"挡住了户限为穿的求者的猛势"。①

10 月

16 日 弘一法师致信孙选青。"前金桂荪②居士来,想已与仁者晤谈筑室之事。朽人自惭德薄,本拟缓图,乃夏居士已将山地购妥,用资亦筹备。依此情形,已有不能中止之势。故朽人随顺其意,遂允诺矣。"

月底 弘一法师来沪,与丰子恺筹划《护生画集》定稿事宜。

本月 书龚自珍《己亥杂诗(其一百三十)》立轴赠范寿康,款"十七年十月为允臧先生写定庵诗,丏尊"。

本月 袁希濂来访,赠手书"勤靡余劳,心有常闲。乐天委分,以致百年"横幅一纸,款"戊辰九月来白马湖,丏尊属"。

11 月

月初 与章锡琛、刘叔琴、杜海生、丰子恺、胡仲持、吴仲盐

---

① 钱君匋:《钱君匋装帧艺术·后记》,香港:商务印书馆,1992 年版。
② 金桂荪,字一鸣,浙江绍兴人。毕业于浙江省立第一中学校,历任上虞紫荆小学校长、教育部图书标准编订委员、开明书店南京分店经理、铜仁国立三中国文教员等职。

等发起招股,改组开明书店为有限公司。

26 日 《文学周报》第 345 期发布文坛近讯:"开明书店明年拟大加整顿,已聘顾均正为编辑,复将聘夏丏尊为编辑主任,经理章锡琛拟赴日本调查印刷事业,回国后即自办大规模的印刷所,打破学徒制,开印刷学校,养成一般有印刷上的学问和技能的专门人才,为中国印刷事业开一新纪元。"

12 月

15 日 《大江月刊》12 月号发布文坛近讯:"夏丏尊在翻译日本厨川白村著《近代文学十讲》(这书,已有罗迪先译本)。"①

中旬 建议叶圣陶将长篇小说《倪焕之》修订成书,送至开明书店发排。

本月 与刘质平、朱稣典、周承德、穆藕初等签署《为弘一法师筑居募款启》,"就浙江上虞白马湖觅地数弓,结庐三椽,为师栖息净修之所,并供养其终身。"

本年 访谢似颜。

民国十七年我在浙江省立运动场,夏先生从上海到杭州来看我,第一句就说:"场长布施三十元。我要为弘一法师(即李叔同先生)在白马湖建筑一所山房哩!"我故意把丏尊的丏字读作乞丐的丐字,笑着说:"丐尊先生可否减为二十元。"他也笑着说:"可以,可以,随缘乐助。"即请他到家里

---

① 又 1929 年 4 月 22 日《大公报(天津)·文学副刊》载:"《近代文学十讲》(罗迪先译,泰东书局印。此书颇流行,但罗氏的中文实在不大好。现在听说夏丏尊氏正在重译)。"此书未见出版。

吃便饭。他是会喝酒的,喝了酒很高兴,我不会喝酒,只好陪着专吃菜。菜中有碗霉干菜炖肉很可口,他笑说:"霉干菜做霉干菜,自然好吃啰!"我哈哈大笑。知道他讽刺内人是乡下土老霉干菜似的。一霎时又来了一碗罗汉豆炒肉片,也很可口。我笑说:"浸涨罗汉豆吃浸涨罗汉豆,味道可好啰?"他也哈哈大笑。宾主二人的笑声,传播到了厨房,连做霉干菜炖肉的人,也出来问为甚么这样好笑。她不问犹可,一问越发笑个不了。三人哈哈了半晌,各笑其可笑,我连眼泪都笑了出来,满身痛快。

原来夏先生的体型是圆圆的,手是胖胖的,脚是一双扁平脚,面孔黄苍苍略带浮肿,浑身上下没一些儿棱角,为人又心直口快,但慢慢地用感情打动他,也会慢慢地软化了的,他的内心与外形,当然自己知道,以浸涨罗汉豆来形容他,真是惟妙惟肖淋漓尽致。[1]

本年 在江湾火车站介绍弘一法师与陈抱一相识。

1929 年(己巳,民国十八年) 43 岁

▲1 月,国民政府教育部成立国语统一筹备委员会。

▲2 月,国民党政府公布《宣传品审查条例》和《出版条例原则》,使其对新闻界的管制日趋强化。

▲3 月,中国国民党第三次全国代表大会在南京召开,宣布

---

① 谢似颜:《我所认识的夏丏尊先生》,《台湾文化》第 1 卷第 3 期,1946 年 12 月 1 日。

"军政时期"结束,"训政时期"开始。6 月,国民党三届二中全会规定训政期限为六年。

▲5 月,《科学的艺术论丛书》开始陆续出版,包括普列汉诺夫、卢那察尔斯基等人论著,共 8 种,由冯雪峰、柔石等翻译。

▲8 月 10 日,国民党教育部通过《教科用书编辑计画大纲》,规定今后中小学教科书将收归部办,不任私家书店发卖。

1 月

1 日　在白马湖平屋为朱光潜《给青年的十二封信》作序。此书于 3 月由开明书店出版。

4 日　王伯祥日记载:"予同受丐尊托,为弘一法师募资奉养,今日以启文示予,属量力输助。当书应五元,俟有钱时再缴款。"

8 日　晨十时为弘一法师募款筑居事访舒新城,并共进午餐,谈论开明书店进行事。

20 日起　译作《续爱的教育》([意大利]孟德格查著,[日本]三浦关造译)分 10 期在《教育杂志》连载(后于 1930 年 3 月作为"世界少年文学丛刊"之一,由开明书店出版单行本)。译者序介绍说:

> 亚米契斯的《爱的教育》(《考莱》)译本出版以来,颇为教育界及一般人士所乐阅。读者之中,且常有人来信,叫我再多译些这一类的书。朋友孙俍工先生亦是其中的一人,他远从东京寄了这书的日译本来,嘱我翻译。于是就发心译了,给《教育杂志》逐期发表。

> 原著者的事略,我尚未详悉,据日译者三浦关造的序文中说,是意大利的有名诗人,且是亚米契斯的畏友,一九一〇年死于著此书的桑·德连寨海岸。这书对于意大

利民众曾给与强大的刺激,当代怪杰的牟梭利尼据说亦曾从这书受到多大的感化的。

　　这书以安利柯的舅父白契为主人公,所描写的是自然教育。亚米契斯的《爱的教育》是感情教育、软教育,而这书所写的却是意志教育、硬教育。《爱的教育》中含着多量的感伤性,而这书却含着多量的兴奋性,爱读《爱的教育》的诸君,读了这书,可以得着一种的调剂。

24 日　林语堂日记载:"早晨到锡琛处,谈英文读本事。夏丏尊适来,即约同到新雅吃饭。三元和菜,二元'边炉',吃的很不错。"

同日　林语堂赠《剪拂集》一本。

2 月

10 日　开明书店依公司法条例,正式转为股份有限公司,注册资本 5 万元。实际募得 67500 元,其中章锡琛、章锡珊旧本 23500 元,夏丏尊认购 1500 元(15 股)。① 超出部分则投入美成印刷厂。

本月　《护生画集》由开明书店出版。此书经夏丏尊介绍,由李圆净交付美成印刷厂制版印刷。

3 月

1 日　上午公司在跑马厅南洋菜社举行成立会。下午一时开董事会讨论章程并选举董监,夏丏尊、叶圣陶、舒新城等 9 人为董事,钱智修等为监察人。五时许散。

---

① 《开明书店股份有限公司股东分户簿》由孔夫子旧书网笑笑书局店主提供。

3 日 上午十一时公司召集董事会,推选夏丏尊为编译所主任,冯寄裁为董事长,杜海生为总务主任兼经理,章锡珊为发行所主任,章锡琛负责办印刷所。四时许散会。

4 日 舒新城日记载:"丏尊托为《一般》撰《从故宫到首都》,允之。"

12 日 舒新城致信,商议开明书店印西湖风景片事。

18 日 夏承焘日记载:"阅陈彬龢之《中国佛教小史》,颇简要。夏丏尊之《文艺论》甚畅达,亦多妙论。"

19 日 开明编译所迁至兆丰路 952 号安多里(今高阳路 185 弄)口。

21 日 夜在大东饭店宴客,约王伯祥为开明书店编《本国地理教科书》,细目缓日详商。九时许散。

24 日 胡怀琛致信陈登原,托夏丏尊转达。

夏丏尊先生转陈登元先生鉴:

顷读《一般》杂志,见先生对于拙作《墨翟辨》,有所质问。细读一遍,觉先生所言,虽甚博辨,然先生所寓目者,仅《东方》上所载两文而已,此外鄙人再有《墨学出于印度辨略》,已载本刊,想先生未尝见及,故一字未提起也。而《辨略》所言,仍甚简短,别有详辨,正在预备铅印,今拟先将油印本寄赠一册,请先生一读之,当能得到较多之讨论资料。关于此问题,反对鄙人者甚多(此种翻案,当然有人反对),然以先生之言最有讨论之价值,故敢望先生读该文后,再下一公平之评论,谅先生决不如时人所为,每轶出讨论范围以外也。关于先生所质问各点,或已见于该文(即油印本),或须另作答复,但鄙人须先问明丏尊先生,能否容余在《一般》杂志上答辩,然后命笔耳。此上,即颂撰安。

4 月

4 日　舒新城致信,请代为出席 14 日董事会,并商议西湖风景片印行事。

5 日　午后访王伯祥。夜与叶圣陶、周予同、王伯祥小饮于言茂源。

7 日　王伯祥、周予同来访,商议初中教科书编纂事,定报酬为百分之十五永久版税,月底先交纲要,九月底交出全稿。

同日　舒新城日记载:"得丏尊函,约十四日去沪出席开明董事会。恐伯鸿来相错过,拟先函询伯鸿。"

8 日　舒新城复信,言得陆费逵回函之后再决定出席与否。

9 日　夜九时途遇傅彦长。

14 日　出席董事会。

5 月

15 日　王伯祥日记载:"夜间精神稍起,草《开明本国地理读本纲要》千余言。备明日交调孚,转托均正带与丏尊也。"

17 日　王伯祥日记载:"丏尊来谈,以《纲要》见还,属即照做。约九月底交稿。"

19 日　赴杭州。夜与舒新城谈开明书店事。宿清华旅馆。

20 日　晨舒新城来谈。

28 日　赴澄衷中学演讲,讲题为《国文学习的方法》。

---

6 月

初夏　为弘一法师筑建的山房竣工。新居位于丰子恺"小杨柳屋"与经亨颐"长松山房"之间。

本月　经夏丏尊帮助,王文川诗集《江户流浪曲》由开明书店出版。

本月　商务印书馆私立尚公小学校教师王志成将日记整理后,题名为《爱的教育实施记》,由开明书店出版。

上星期我从友人处借得《爱的教育》,是书在三年前已拜读过了。虽不能如译者夏先生一样多情,"流了泪三日夜读毕",三十滴眼泪不说虚话也曾丢过的。现在重读一遍,使我大大的感动。第一次读时,还是初出茅庐,初执教鞭,抱着一股热望,喜玄想的血性青年。三年来饱受风霜,得到不少做人的教训。训育上遇着许多困难,顽劣儿童常使我怒火冲天,无法处置。《爱的教育》,仿佛是一剂清凉散,三年来郁结的病症,从此迎刃而解了。

不过是书讲理想的教育方针,并不是实施报告,意大利的环境和上海也不同。怎能见诸实现呢? 这是一个问题。

读文课时,儿童要求我介绍几本阅读的书。我说:"我最近看到一本《爱的教育》,可惜你们看不懂! 唉! 这是一本好书,可惜你们看不懂!"他们就蹙着眉要求我把书中的大意讲给他们听。我把"义侠的行为"和"我的女先生"两段讲了一遍,他们屏息着气,侧耳倾听,脸上现出欢跃的光采。

一个孩子尖声惊叫起来:"难道真的有这种侠义的同学和和蔼的先生吗?"他们又恳求我讲了几段。铃响了还是坐着不肯散去,课后有许多孩子围着我要听故事。每讲一段,总是露着微笑,称赞不止的。后来我答应他们每天早上课前一刻钟,讲一段给他们听,他们都快乐得欢呼起来。

每逢我上课的时候,都笑嘻嘻地精神焕发了。

《爱的教育》竟这样使人感动的吗?我反复思量。觉得从前那种谩骂和恐吓儿童的态度,太不应该了,清夜扪心,更觉得实施爱的教育之需要和急切了。

望海内同志,以"爱"的根苗,播入童心,使这灿烂的中华,百年之后,结出爱之果来,以祈世界大同,共享升平之福。①

7 月

1 日 访王伯祥,约后日来商议编书事。

3 日 王伯祥来访。散馆后同赴章锡琛寓所晤盛叙功,谈编书事,无甚结果。

13 日 王伯祥致信,婉拒编写教本,托叶圣陶转交。

15 日 王伯祥日记载:"圣陶来,将丐尊复言,仍请予编书。予允考虑再复答。"

16 日 王伯祥再次辞谢,托周予同、叶圣陶转达。

本月 在沪上为钱畊莘散文诗集《劫后》作校毕后记。作者评价说,"对于已在哀怨感伤里的人们,唯一的慰藉,不是异极的欢悦兴奋,而是同极的哀怨感伤。《劫后》在这一点上,必能获得许多人的共鸣。"此书于同月由开明书店出版。

---

① 王志成:《爱的教育实施记·自序》,上海:开明书店,1929 年版。

8 月

2 日 中华学艺社(原丙辰学社)通过新社章,照章选出第一届执行委员会。屠孝实为主席兼常务秘书,范寿康为编辑部部长,夏丏尊、李宗武、陈柱尊、周予同等 14 人为编辑部干事(按:查 1923 年版《中华学艺社社员录》,并各《学艺》杂志《新入社员名录》编号 1—1397 均无夏丏尊记录。夏之名首次出现于 1929 年 10 月 15 日《学艺》第 9 卷第 9 号《中华学艺社事务所一览》职员表中,其加入中华学艺社时间未知。另据 1930 年 10 月版《中华学艺社社员录》,夏丏尊编号为 412 号)。

20 日 舒新城致信,请开明出版印行《蜀游心影》一书。

22 日 与鲁迅、黄涵秋、赵景深、钱君匋、邱望湘、沈秉廉等 40 人拟《追悼陶元庆氏启事》,定 10 月 12 日在西湖国立艺术院举行追悼会,并集资筹葬。《启事》载 8 月 25、26 两日《申报》。

同日 舒新城日记载:"得夏丏尊函,谓《蜀游心影》纸版铜版等送到后再为照办。"

中下旬 薛季安送来《蜀游心影》纸版。

31 日 舒新城日记载:"午前拟《百科辞典》广告稿两份,下午分别寄交中华、开明,并致丏尊一函,请其介绍。"

本月 在沪寓作《关于〈倪焕之〉》。作者评价说:"题材的琐屑与广大,在纯粹的艺术的见地看来,原是不成问题的事,艺术的生命不在题材的大小上而在表现的确度上。文艺彻头彻尾是表现的事。最要紧的是时代与空气的表现。经过五四五卅一直到这次的革命,这十数年是中国历史上空前的大时代,我们游泳于这大时代的空气之中,甜酸苦辣,虽因人因时不同,而且也许和实际的甜酸苦辣的味觉一样是说不明白的东西,一种特别的情味，是受到了的，谁也无法避免这命定地时代空气的口味。照理在文艺作品上随处都能尝得出这情味来，文艺作品至少也要如此才觉得亲切有味。可是合乎这资格的文艺创作，却不多见。所见到的只是千篇一律的恋爱谈，或宣传品式的纯概念的革命论而已。在这样的国内文艺界里，突然见了全力描写时代的《倪焕之》，真足使人眼光为之一新。故《倪焕之》不但在作者的文艺生活上是划一时代的东西，在国内的文坛上也可以说是划一时代的东西。"此书于同月由开明书店出版。

《文学周报》第三百七十期载着茅盾先生的文字，论及我这一篇。因为他陈说的范围很广，差不多就是国内文坛概观，留心文事的人自会去取《文学周报》看，故而这里单把直接论及我这一篇的转录了。丏尊先生的德行艺能，我向来心折，得他说几句话，并非欲夸耀于人，自有说不出来的欢喜。他果如我的愿，为写了一文。他们两位的文字里，都极精当地指摘我许多疵病。我承认这些疵病由于作者的力量不充实，我相信这些疵病超出修改的可能范围之外。现在既不将这一篇毁了重来，在机构上，这些指摘竟是必不可少的部分。对于他们两位，我何敢泛泛言谢，心感而已。他们也有些奖赞的话，我看了真实惭愧。[1]

9 月

2 日　舒新城致信，询问公司现状。

4 日　访王伯祥，仍劝说为开明编写地理教科书。

9 日　夜与章锡琛在觉林宴客，共两席。

---

[1]　叶绍钧：《倪焕之·作者自记》，上海：开明书店，1929 年版。

28 日　舒新城致信,附《蜀游心影》序文,并告将于下月来沪取排版费。

29 日　舒新城得夏丏尊信,约为新杂志《中学生》撰文。

同日　弘一法师抵白马湖,自题新居"晚晴山房"。晚晴护法会成立,以助弘一法师请经及研究。

本月　丰子恺入职开明书店,任图画部主任。

10 月

1 日　弘一法师致信。"至白马湖后,诸事安适。至用忻慰。厕所及厨灶已动工构造。厨房用具等,拟于明后日,请惟净法师偕工人至百官购买。彼有多年理事之经验,诸事内行,必能措置妥善也。山房可以自炊,不用侍者。今日拟向章君处领洋十五元,购厨房用具及食用油盐米豆等物。其将来按月领款办法,俟与仁者晤面时详酌。立会经理此款资,甚善。拟即请发起人为董事。其名目乞仁等酌定。以后每月领取之食用费,作为此会布施之义而领受之。(每月数目不能一定。因有时住二人,或有时仅一人,或三人。此事俟晤面时详酌。)以后自炊之时,尊园菜蔬,由尊处斟酌随时布施。(此事乞于便中写家书时提及,由便人送来,不须每日送。)一切菜蔬皆可食,无须选择也。草草复此,余俟面谈。"

3 日　弘一法师致信夏丏尊、丰子恺。"至白马湖后,承夏宅及诸居士辅助一切,甚为感谢。前者仁等来函,曾云山房若住三人,其经费亦可足用云云。朽人因思,现在即迎请弘祥师来此同住。以后朽人每年在外恒勾留数月,则山房之中居住者有时三人,有时二人,其经费当可十分足用也。仁等于旧历九月月望以后(即阳历十月十七八日以后)来白马湖时,拟请由上海绕道杭州,代杼人迎请弘祥师,偕同由绍兴来白马湖。"

7日 弘一法师致信。"仁者有疾,行旅未便,本月可以不来白马湖。杼人于下旬即往上海,当可晤谈也。"

11日 弘一法师致信。"摄影甚美,可喜。山房建筑,于美观上甚能注意,闻多出于石禅之计划也。石禅新居,由山房望之,不啻一幅画图。(后方之松树配置甚妙)彼云:曾费心力,惨淡经营。良有以也。现在余虽未能久住山房,但因寺院充公之说,时有所闻。未雨绸缪,早建此新居,贮蓄道粮,他年寺制或有重大之变化,亦可毫无忧虑,仍能安居度日。故余对于山房建筑落成,深为庆慰。甚感仁等护法之厚意也。(秋后往闽闭关之事,是为宿愿,未能中止。他年仍可来居山房,终以此处为久居之地也。)"

15日 访王伯祥,嘱为《中学生》撰稿。

中旬 回白马湖访弘一法师。

21日 上海市教育局聘派夏丏尊、鲁继曾、廖世承、黄敬思、钮长耀、倪文亚、王孝英、程宽正、江鸿起、郑鹤春、王钟灿等11人为中小学课程研究委员会中学组委员,调查教育部暂行课程标准在本市适用性。

22日 与护法会诸友在白马湖贺弘一法师五十寿辰,经亨颐请吃面。法师赠《护生画集》并手书"天意怜幽草,人间爱晚晴"一联,款"丏尊居士慧鉴,己巳九月,昙昉,时年五十"。

同期 与刘质平访弘一法师,"饭罢清谈,偶及当世乐教。质平叹息于作歌者之难得,一任靡靡俗曲流行间阎,深惜和尚入山之太蚤。和尚亦为怃然,允再作歌若干付之"。[①] 是为《清凉歌

---

① 夏丏尊:《清凉歌集·序》,上海:开明书店,1936年版。

集》创作缘起。

同期　提议汇编刊行弘一法师在俗时所临各种碑帖书法。

同期　建议弘一法师为开明书店书写一套汉字,铸成铜模,用于排印佛学典籍。

25 日　与弘一法师、刘质平、徐仲荪等在白马湖放生。

> 白马湖在越东驿亭乡,旧名渔浦。放生之事,前无闻也。己巳秋晚,徐居士仲荪过谈,欲买鱼介放生白马湖,余为赞喜,并乞刘居士质平助之。放生既讫,质平记其梗概,余书写二纸,一赠仲荪,一与质平,以示来览焉。

> 时分:十八年九月廿三日五更,自驿亭步行十数里到鱼市,东方未明。舍资者:徐仲荪;佐助者:刘质平;肩荷者:徐全茂,已上三人偕往。鱼市:在百官镇;品类:虾鱼等;值资:八元七毫八分。放生所:白马湖;盛鱼具:向百官面肆假用,肆主始不许,因告为放生故,彼乃欣然。放生同行者:释弘一、夏丏尊、徐仲荪、刘质平、徐全茂及夏家老仆丁锦标,同乘一舟,别一舟载鱼虾等。放生时:晨九时一刻;随喜者:放生之时,岸上簇立而观者甚众,皆大欢喜,叹未曾有。①

26 日　与刘质平赴沪。弘一法师同行。途中黄寄慈、陈伦孝、李哲成前来送行,共宴于甬江北功德林,并在宁绍码头合影。

月底　在北京路功德林介绍弘一法师与内山完造相识,并赠其法师所著《四分律比丘戒相表记》三十余部,流通于日本各大学图书馆。②

本月　舒新城著《蜀游心影》由开明书店出版。

---

① 据弘一法师手迹抄录。

② 内山完造:《弘一律师》,夏丏尊译自《上海霖雨》,《觉有情》第 4 卷第 11—12 号,1943 年 2 月 1 日。

此书于十六年十月交由北新书局付印，两年来，费去许多唇舌，终于不曾印出。今年八月，全稿已由北新排完，本可以由他们印行，以符其广告上的预告；但因自三月来五个月中连去三函而不得其只字，八月初晤该局主持人李小峰先生时又感着些不快，遂情不自禁地于八月二十三日托刘大杰先生代为交涉，由我自备费用将纸版等等取出，请开明书店的夏丏尊先生代为印行。这种出版的周折，也为我生平所未经；与构成此书的事实的周折，可谓无独有偶，自思亦殊奇怪。但是小峰之替我校对，大杰之替我交涉，丏尊之替我印行，我都一样地感谢他们。[1]

11 月

上旬 弘一法师致信。"来厦门后，居太平岩。拟暂不往泉州，因开元寺有军队多人驻扎也。序文[2]写就，附以奉览。此书出版之后，余不欲受领版税（即分取售得之资）。因身为沙门，若受此财，于心不安。倘书店愿有以酬报者，乞于每版印刷时，赠余印本若干册，当为之分赠结缘，是固余所欢喜仰望者也。将来字模制就，印佛书时，亦乞依此法，每次赠余原书若干册。此意便中乞与章居士谈之，并乞代为致候。字模之字，决定用时路之体。其形大致如下。……将来排版之时，可以不必另加铅条隔

---

① 舒新城：《蜀游心影·序》，上海：开明书店，1929 年版。

② "居俗之日，尝好临写碑帖，积久盈尺，藏于丏尊居士小楳华屋，十数年矣。尔者居士选辑一帙，将以锓版示诸学者，请余为文冠之卷首。夫耽乐书术，增长放逸，佛所深诫。然研习之者能尽其美，以是书写佛典，流传于世，令诸众生欢喜受持，自利利他，同趣佛道，非无益矣。冀后之览者，咸会斯旨，乃不负居士倡布之善意耳。岁躔鹑尾，如眼书。"（弘一：《李息翁临古法书序》，《佛学半月刊》第 10 卷第 11 号，1941 年 6 月 1 日。）

之。惟双行小注,仍宜加铅条间隔耳。"

13日 舒新城日记载:"丏尊昨来一函,谓开明缺现金,议决董事各挪千元资周转,复以一月初可直拨现金,现要,可将寿险单寄去抵押九百余元,再补余数凑足千元。"

16日 舒新城日记载:"午前复丏尊一函,谓《中学生》文不得已当撰寄,款有急需即可将保险单寄用。"

18日 舒新城致信,为《蜀游心影》印行事。

29日 中学课程标准研究委员会召集第一次会议,"主席江鸿起,提出关于教育部新颁之中小学课程暂行标准,有须注意讨论者三点:一、该课程能否十分适合本市环境与夫顾及学生个别差异问题,二、该课程科目分量问题,三、该课程时间支配问题。讨论:一、拟组织分科讨论会案;议决:由教育局召集市立中学及本市优良各私立中学教员,定期分组开会研究,将所得结果,交本局中学课程标准研究委员会,再行讨论。二、拟定讨论会科别案;议决:分科如下:一、国文,二、英语,三、数学,四、自然科学(包括动植矿物生理卫生及理化),五、社会科学(包括史地),六、艺术(包括图画音乐),七、职业(包括农工商业家事)"。[①] 其中夏丏尊、查猛济负责国文,江鸿起、钱慰宗负责英文,戴颖负责算术,郑鹤春、廖世承负责社会,邵家麟、王钟灿负责自然,林立负责职业,俞寄凡负责艺术。

12月

1日 译作《普洛恋爱学》([日本]林房雄著)(署名默之)刊

---

① 《中学课程标准研究委员会第一次会议》,《民国日报·上海特别市教育局教育周报》第30期,1929年12月1日。

《新女性》第 4 卷第 12 号。"在俄国革命当时,性的现象非常混乱,这是事实。——极度的乱伦和这反对的极端禁欲主义。介绍到日本来的许多苏俄的性文学(在苏俄本土也视这些是有害的书物)很夸张地把这过渡状态表出着。革命以后,鲍尔乔的性道德,恋爱,及结婚的习惯,就随了一切鲍尔乔文化,被新兴的普洛阶级否定破坏了。但继鲍尔乔性道德而起的普洛的性道德,却未曾建立。普洛青年男女所实践的并不是新时代的恋爱与性关系,仍是旧鲍尔乔式的肉欲解放,游荡的自由恋爱及所谓'直接法的恋爱'而已。"此文的翻译,表明译者对于中国过渡时代新性道德建立的关注与担忧。

4 日 舒新城赠《摄影初步》一册。

6 日 舒新城日记载:"得丏尊函,谓《蜀游心影》样本已出,并索保险单抵款。午后复之,并将保险单寄去,照章可抵九百四十五元。"

7 日 下午赴敬业中学出席分科讨论会,比较研究现在所授课程与教育部暂行中学课程标准。

11 日 舒新城日记载:"致丏尊一快函,告以《蜀游心影》改排事,费用允由我担任,盖不改印,实太不可看也。"

14 日 晨九时舒新城来访,交与寿险单抵押款收据。

21 日 中学课程标准研究委员会召集第二次会议。

同日 王伯祥日记载:"丏尊为开明借《晋书》以下二十史,凡一百七十二本,今日由出店车去。"

28 日 与丰子恺、章锡琛、顾均正以《中学生》杂志社名义,将提前出版的创刊号寄给胡适,请予以赞助,惠赐宏文。

月底 在沪上为《李息翁临古法书》题跋。"右为弘一和尚出家前橅古习作。和尚当湖人,俗姓李,名与字皆屡更,其最为世所知者名曰息,字曰叔同。才华盖代,文学演剧音乐书画靡不精,而书名尤藉甚,胎息六朝,别具一格,虽片纸,人亦视如瑰宝。居常鸡鸣而起,执笔临池,碑版过眼便能神似,所窥涉者甚广,尤致力于《天发神谶》《张猛龙》及魏齐诸造像,摹写皆不下百余通焉。与余交久,乐为余作书,以余之酷嗜其书也,比入山,尽以习作付余。伊人远矣,十余年来什袭珍玩,遐想旧游,辄为怅惘。近以因缘,复得亲近,偶出旧藏,共话前尘,乃以选印公世为请,且求亲为题序。每体少者一纸,多者数纸,所收盖不及千之一也。"此书于1930年6月由开明书店出版。

月底　开明发行所迁至四马路望平街东口95号。

本月　弘一法师致信夏丏尊、丰子恺。"昨由南普陀送来尊函,及格纸一包、白纸一包,悉已收到。所云字典等一包,想不久亦可寄到。……护生信笺,乞即选定并示知其格式,即为书写。以前属写各件,除铜模字须明年乃可奉上,其余各件,不久即可写好邮呈。"

本年夏　书《残暑》一诗:"噭噭困残暑,得雨易为秋。鸣蜩如余怒,寒蝉且复休。茨枯烟幂水,树回月明楼。向夕西风急,徘徊咏四愁。"赠史济行。

1930年(庚午,民国十九年)　44岁

▲1月,鲁迅与冯雪峰等合编的《萌芽》月刊创刊。

▲2月12日,鲁迅、柔石、郁达夫、冯雪峰、夏衍等人在上海发起成立中国自由运动大同盟,简称自由大同盟。其宗旨是要

争取言论、出版、集会、结社等自由,反对国民党政府的专制统治。

▲3月2日,中国左翼作家联盟在上海召开成立大会,鲁迅、茅盾、柔石、殷夫等50余人到会。

▲5月20日,中国社会科学家联盟(简称"社联")在上海召开成立大会。

▲本年夏秋时节,上海开明书店和世界书局之间发生了一起教科书出版权诉讼案。

1月

1日 《中学生》杂志正式创刊。夏丏尊担任主编,撰写《发刊辞》,阐明本志的使命是"替中学生诸君补校课的不足;供给多方的趣味与知识;指导前途;解答疑问;且作便利的发表机关",并负责社论及编辑后记。顾均正负责编排阅稿等日常事务,丰子恺负责插图、封面等设计装帧,章锡琛负责宣传推广。与此同时,《一般》和《新女性》停刊。

> 夏丏尊先生一生的努力所在,似乎在中等教育,他从不好高骛远。他创办开明书店,其出版品,多数是供中学生用的,尤其以他所主编的《中学生》杂志,为全国中学生一致爱好的读物。他总是把青年向光明正路上引,不大作政治宣传,他的态度,真是教育家的态度,他的一生,虽没有创立系统的学说,没有建立伟大的事功,但是他的大名,却能深刻地印入青年的脑海,一致公认他是个正直无邪的学者,反观

一般高谈阔论，朝秦暮楚的人，他说得是典型永在的。①

　　我是一个《中学生》杂志的新定户，但是它在我脑中所感受到的影响，还在好几年以前。

　　大概在我刚出校门的时候吧，偶然不知在那里读到了这书，直欢喜得不忍释手。然而因为书是别人的，所以未能读个畅快。后来又因经济关系，连升学都不能，终于没有把它定阅。

　　直到去年，才算财运亨通地抢到了一只出卖劳力的破饭碗，五毛六，作为一天的血汗的代价。除了简陋的衣食费外，每月居然也可以多这末几块钱。一向觉得工余时间，在寂寞中荒废过去，非常可惜，要想出一个办法，来求点知识，也曾化了极贱的价钱，去买些一折九扣的小说，然而毫无益处，偶然看见了《中学生》杂志的广告，才回忆得几年前的欲望，便刻不待缓地，决定去预定。

　　向来自怨自艾的我，自从得了这书后，好像突然从黑暗中爬到了光明之地，干什么事都提高了不少的兴趣。每每刚从邮局里把它取了来，捧着读的时候，便自言自语地发出了"唔"，含有"一切都明白了"的意思的声音来。可见它对于我的魔力之大了。

　　书中我所最感兴趣的，是那随笔、小说、青年文艺和青年论坛这四种，而属于青年们的文艺和论坛，对于我的信仰心尤大，在每期去检查它的篇幅的时候，发见了它在渐渐地

---

　　① 阿灵：《一双自学成功的骄子——夏丏尊典型永在 梁漱溟悔不当初》，《捷报》，1946 年 12 月 6 日。

扩大，我总觉得非常欢喜。这里面的作者，大概是大学和中学的学生。他们在学校里，对于写作的技巧，当然是经过了一翻锻炼的，所发表的作品，又都是经过编者的渲染，所以毫没有枯燥的滋味，这是使我最喜欢阅读的理由。

看了人家的优美的作品，使毫无技巧的我，也起了跃跃欲试的雄心。曾经放大了胆子把所感觉到的幻想和事实，综合一下，写成小说，随笔一类的东西。可是写完后重新再拿起来一读，总觉不大妥当，久而久之，虽然是苦思力索，非但没有整齐些的东西写出来，徒然地倒把字纸篓垫满了。后来才觉悟，若要自己做得好文章，非得先把别人的作品，细细地去赏鉴，咀嚼一下不可，嚼烂了，再使它溶解到自己的心里去，灌溉我的情感。这样或许还有些功效。

本来我看书，只知道"囫囵吞"，至于它的结构等等，是不闻而不问的，所以对于书的趣味，自然不会十分浓厚。自从被《中学生》杂志唤醒了之后，才理解到看书，并不是一件极容易的事。

我现在极愿意永远地，做它最忠实的一名门徒，希望它不断地以种种甜美的甘露，来灌溉我的心田，启发我的理智，给予我一种良好底成就。[①]

他们出版的《中学生》月刊，也活泼丰富，图文并茂，时时打动着已非中学生的我的心弦。广大青年受教育之深，可想而知。比我年轻的我的同事徐盈及子冈两同志，听说就是在《中学生》上投稿，互通感情，最后结成伉俪的。我今

① 顾骥：《对于中学生杂志的话》，《申报·读书俱乐部》，1936 年 11 月 16 日。

春在京重逢老友吴金衡女士,才知道她和吴绳同志的结为伴侣,也从《中学生》开端的。①

同日 《"你须知道自己"》《谈吃》(署名默之)刊《中学生》创刊号。在《"你须知道自己"》一文中,作者指出,"中国的中产阶级已在崩溃的途上,当世流行的一切青年的烦闷与中流家庭间的不宁,实都就是中产阶级在崩溃途上的苦闷的挣扎与呻吟。诸君是中产阶级,中产阶级的崩溃,就是诸君的崩溃"。作者警醒中学生要对于自己所处的地位与时代有所觉悟,并提出两点希望:第一是要快把从来的"士"的封建观念先行划除,第二是养成实力。"了解了以读书为荣的错误,知道了实力的重要,在环境许可的期间,利用诸君的青春去作将来应付新时代的豫备。有能力升学出洋固好,即不能升学或毕业,也比较容易以所养成的能力找得相当的职业。中产阶级只管没落,自己能在新兴继起的阶级中做一个立得住站得稳的人,不做新时代的落伍者:这是我所希望于诸君的总归宿。"

　　《中学生》创刊号的第一篇,便是夏先生以"你须知道自己"为题目的文章。那篇文章,今天的中学青年见者不多,但是它的价值是无比的。我们都知道我们生在苦难的中国,一个作为青年呼声的刊物,当然不能粉饰太平而漠视现实。《中学生》之所以获得全国青年的爱戴便在于此。在这第一篇文章里面,夏先生这样的诏告我们青年人:"现在在中学为中学生,前途难免要碰到种种的障碍。不能入大学,不能入高中,或并初中亦不能毕业,也都是很寻常的可有的遭遇,并非甚么意外的大不幸。"一切烦恼与苦闷之来临,原

---

① 徐铸成:《忆夏丏尊》,《文汇报》,1986 年 5 月 29 日。

是失望过度所招致。惟其在苦难的中国，教育不上轨道，拿辉煌的学府之门来炫惑青年，是大欺骗，惟有夏先生这样恳挚的指点，才是因幻灭而易致苦闷的青年人一服仁慈的清凉剂。

在那篇文章中，夏先生更进一步的说明："想叫诸君张开了眼，认识眼前的事实，更由这认识发出勇敢的新的努力，去适应目前或将来的环境，能在大时代中游泳而不为大时代的怒涛所淹没。"这便是夏先生那篇文章的主旨所在。

尽管说夏先生没有建树理论的体系，但是我所爱的是夏先生那种"悲天悯人"的胸怀和"洁白晶莹"的人格。许多年来，夏先生在《中学生》中启示给青年人的原不仅只上述的一点，然而他的态度是一贯不易的：他把我们这些青年人当作他自己的子弟，当作他自己的真骨肉。

随着年龄的进增，我深深地感觉到中国家庭伦常关系的伟大。许多做父母的，尽管儿女怎样不肖，但是打了，骂了，终究不减弱他们的关怀和抚育。这种天伦之爱自然不免狭隘、浅陋，但是把它扩充开来，那不就是耶稣、释迦牟尼和孙中山先生的"博爱精神"吗？历来政治家、科学家、艺术家或宗教家，凡是对事业有所成就的，无不以对广大的人群的挚爱做出发点。夏丏尊先生所以能够系住许多青年人的心，也就是这个道理。

"青年是社会的栋梁，国家未来的主人翁。"在某种意义上说，这是蒙了糖衣的害人药片。青年诚然是社会的栋梁，国家的主人翁，可是同时还得使青年知道：今日的中国青年是苦难的青年，横在他们之前的，不是坦荡的大道路，而是崎岖的窄路，这个事实十年前就存在着，十年后仍然如此。

这一点必须认清,不明了这个事实,社会的栋梁,国家的主人翁,将永远可望而不可即。因此,夏先生所启示的"你须知道自己",值得十多年前的青年人采纳,也值得今日的青年人采纳。这句话对于我个人最为受用,对别的青年朋友也相同。我只是一个平平庸庸的中国青年,我出身在苦难的祖国、苦难的家庭,生活在苦难的时代,受的是苦难的教育,如若我们不明了我们的处境,那我们简直可以天天苦闷,时时烦恼,永永无所作为。但是我们不能,我们要"认识眼前的事实,更由这认识发出勇敢的新的努力,去适应目前或者将来的环境"。有了这种认识,加上自己的努力,那我们便无所谓悲观与消极了。[①]

同日 《中学生》杂志社成立"中学生劝学奖金委员会",夏丏尊、章锡琛、刘大白、叶圣陶、周予同、林语堂、舒新城、丰子恺、顾均正9人为委员,并发布《中学生劝学奖金章程》。奖金专为劝励阅读《中学生》杂志的高初级中学在校学生而设,经所在学校校长及训育主任推荐,每校以3人为限,奖金每人100元,作为得奖人学费。

8日 夏采文次子夏弘奕出生。

同日 夜与章锡琛在陶乐春宴客。

10日 王伯祥日记载:"丏尊书来,仍以教本相属,盛意殷拳,殊不可却也。"

16日 弘一法师致信。"今秋到沪时,今由仁者托同居之张居士,带往嘉兴之《佛教大字典》一册,至今彼处未曾收到,乞为

---

① 王天一:《"你须知道自己"——夏丏尊先生的启示》,《中学生》第178期,1946年8月1日。

查询。如已烦人带往,乞速送至第二中学蔡丏因居士处。如尚未带去者,即仍存上海尊寓,俟将来再酌定办法可耳。"

2 月

5 日 弘一法师致信。"尔来患神经衰弱甚剧。今年拟即在此静养,不再他往。晚晴山房若无人居住,恐致朽坏。如惟净师能来住,甚善。否则或请弘祥师,或他人,入内住之。此事乞仁者斟酌为祷。信笺附挂号寄上,乞收入。铜模之字俟病愈后再执笔。"

11 日 弘一法师致信。"拙书集出版之时,乞检三十册寄福建泉州承天寺性愿法师收。再检三十册寄温州大南门外庆福寺因弘法师收。并乞挂号,至为感谢。模字,拟于二三日后,即动手书写。先写七百字寄上。俟命工镌刻时,再继续书写他字。"

12 日 王伯祥致信,告已着手编写地理教本。

21 日 前分科所议重要修改要点提交局务会议修正通过,由局长陈德征令发市立及已立案私立各中学校从事试验一学期,并将试验结果呈报备核。其中,初中国文教材大纲内应加中国固有文化一条,并宜多加文言文。

27 日 弘一法师致信。"是间近来大兵云集,各大寺院皆住满。以前所云在此静修之事,恐难成就。且俟下月再酌定可也。弘祥师之事,今由余详思,似须余亲往商量,决定可否,乃为稳妥。倘余于春暖之时返浙者,即拟亲往杭州一行也。旅费已不足,拟请仁等为集资十五元,汇下存贮。倘于春暖返浙,即以此费充之。万一仍居闽地者,当存贮此费,以备他日旅行用也。"

3 月

1 日起 《中学生》杂志辟"答问"栏目,由编者酌定回复读者提问。

同日 在《中学生》第 3 号登载 4 条"解答"(署名尊)。

13 日 王伯祥托茶房送来《开明地理教本》上册,请制图付印。

14 日 王伯祥日记载:"接丏尊、雪村信,约星期日午饭其家。"

同日 弘一法师致信。"拟于旧三月初旬动身,先至温州。(由福州往,不过上海。)俟下半年,再至白马湖。因质平属撰歌辞,须在温州撰著。彼寺中经书齐备,可资检阅也。"

16 日 午间与章锡琛在提篮桥人安里(今霍山路 21 弄)寓所设宴,客有叶圣陶、王伯祥、周予同、顾均正、钱智修、张纪隆。三时三刻散。

本月 经夏丏尊助译、王文川校正,章锡琛译著的《文学概论》由开明书店出版。

4 月

1 日 《受教育与受教材》刊《中学生》第 4 号。文章指出,中等学校教育的课程,只是一种施行教育的材料。学生须借助这些材料来养成身心的能力。

《中学生》主编人谈到创刊的旨趣,曾说过一句出名的话:"受教材并不等于受教育"。这句话是说,在学校里学习课本或教材上的基础知识(不包括那些被窜改了的反动知识），固然是需要的。但是如果仅仅满足于这种知识，那只算是"受教材"，谈不上"受教育"。由"受教材"进到"受教育"，有一段吸收转化的过程。首先对所学的知识，不光是能够记诵，就算完事。重要的是要认真思考，充分理解，并在实际生活中去验证，使之逐渐化为自身的血肉。这有些象我们平日进餐，食物必须经过口腔的咀嚼和肠胃的消化，才能摄取到身体的营养。不过这种过程要比进餐复杂得多。它要求读者解放思想，开阔视野，多多吸收课外知识，多多参加业余活动。各种科学知识是互有联系的，而且来源于社会实践。课外知识越丰富，在实践中的体会越深刻，只会大大提高我们对课本知识的理解和运用，从而进一步启迪我们的才智。[1]

11 日　王伯祥送来地理教本配图 140 余张。

15 日　与王伯祥共商地理教本插图事，拟先制作若干，后续待定。

19 日　夜赴福州路大中华饭店贺赵景深续弦。

至 20 日　《中学生》杂志共订出 8228 份，中学生劝学奖金委员会照章设置奖金名额 8 名。

27 日　午间与王伯祥、盛叙功在状元楼小饮。饭后同往编译所谈教本事。

28 日　弘一法师致信。"铜模字已试写二页，奉上。乞与开明主人酌核。余近来精神衰颓，目力昏花。若写此体，或稍有把握，前后可以大致一律。若改写他体，恐难一律。故先以此样子

---

①　覃必陶：《"受教材不等于受教育"》，《我与开明》，北京：中国青年出版社，1985 年版。

奉呈。倘可用者,余即续写。否则拟即作罢。(他体不能书写。)所存之格纸,拟写小经一卷,以奉开明主人,为纪念可耳。此次旅途甚受辛苦。至今喉痛及稍发热咳嗽头昏等症,相继而作。近来余深感娑婆之苦,愿早命终往生西方耳。"

5 月

1 日 在《中学生》第 5 号登载 3 条"解答"(署名尊)。

2 日 夜与章锡琛、王伯祥、赵景深、樊仲云、陶希圣、叶圣陶、傅东华、徐调孚、高蕴华、顾均正、周予同等在郑振铎寓所为耿济之出任赤塔总领事饯行,并为自日本回国的茅盾接风。十时半散。

同日 傅彦长日记载:"阅《棉被》,田山花袋著,夏丏尊译,毕。"

6 日 弘一法师致信。"此次由闽致温,旅费甚省,故尚有余资。宿疾本因路途辛劳所致,今已愈十之九。铜模字即可书写。拟先写千余字寄上。俟动工镌刻后,再继续书写其余者。今细检商务铅字样本,至为紊杂。有应用之字而不列入者。有《康熙字典》所未载之僻字及俗体字,而反列入者。若依此书写,殊不适用。令拟改依《中华新字典》所载者书写,而略增加。总以适用于排印佛书及古书等为主。倘有欠缺,他时尚可随时补写也。"

7 日 弘一法师致信。"此次写铜模字,悉据《商务新字典》(前片云《中华大字典》者,非也。)所载之字。去其钙腺呎等新造之字,而将拾遗门之字择要增入。并再参考《康熙字典》,增加其适用之字(如丏字等)。先依此写成一部。以后倘有缺少者,可以随时增入也。拟先写卅纸奉上,计一千〇五十字。俟动工镌刻后,乞即示知,再当续写。前寄样纸两张作废,今拟重新书写也。大约十天后,即可写就奉上。书写模字最应注意者,为全部之字须笔画粗细及结构相同。必能如是,将来拆开排列之时,其字乃能匀称。又写时,于纸下衬一格纸。每字中画一直线。依此直线书写,则气乃连贯。将来拆开排列时,气亦连贯矣。今夏,或迟至秋中,余决定来白马湖正式严格闭关。详情后达。"

10 日 弘一法师致信。"铜模已试写三十页。费尽心力,务求其大小匀称。但其结果,仍未能满意。现由余详细思维,此事只可中止。……余素重然诺,决不愿食言。今此事实有不得已之种种苦衷。务乞仁者向开明主人之前,代为求其宽恕谅解,至为感祷。所余之纸,拟书写短篇之佛经三种(如《心经》之类是),以塞其责,聊赎余罪。……余近来精神衰颓,远不如去秋晤谈时之形状。质平前属撰之《歌集》,亦屡次构思,竟不能成一章。止可食言而中止耳。余年老矣,屡为食言之事。日夜自思,殊为抱愧,然亦无可如何耳。务乞多多原谅,至感至感。已写之三十片奉上,乞收入。"

26 日 弘一法师致信。

　　去秋往厦门后,身体甚健。今年正月,(旧历,以下同。)在承天寺居住之时,寺中驻兵五百余人。距余居室数丈之处,练习放枪并学吹喇叭,及其他体操唱歌等,有种种之声音,惊恐扰乱,昼夜不宁。而余则竭力忍耐。至三月中旬,乃动身归来。轮舟之中,又与兵士二百余人同乘。(由彼等封船)种种逼迫,(轮船甚小)种种污秽,殆非言语可以形容。共同乘二昼夜,乃至福州。余虽强自支持,但脑神经已受重伤。故至温州,身心已疲劳万分。遂即致疾,至今犹未十分痊愈。庆福寺中,在余归来之前数日,亦驻有兵士,至今未退。楼窗前二丈之外，亦驻有多数之兵。虽亦有放枪喧哗等事，但较在福建时则胜多多矣。所谓"秋茶之甘，或云如荠"也。余自念此种逆恼之境，为生平所未经历者。定是宿世恶业所感，有此苦报。故余虽身心备受诸苦，而道念颇有增进。佛说八苦为八师，洵精确之定论也。余自经种种摧折，于世间诸事绝少兴味。不久即正式闭关，不再与世人往来矣。（以上之事，乞与子恺一谈。他人之处，无须提及，为要。）以后通信，唯有仁者及子恺质平等。其他如厦门杭州等处，皆致函诀别，尽此形寿不再晤面及通信等。以后他人如向仁者或子恺询问余之踪迹者，乞以"虽存如殁"四字答之，并告以万勿访问及通信等。

29 日 弘一法师致信。"余拟于新历六月五日（星期四）到宁波。（三日自温动身）在北门白衣寺暂住二三日。乞仁者于六日（星期五）或七日（星期六）自上海搭轮船来为盼。仁者到宁波时，乞坐人力车，至北门白衣寺（车力约二角余）。到白衣寺，乞问慧性师。倘云不知，乞问念佛堂内出尘老和尚，由彼二人可以引导与余晤谈也。有应商酌之事，统俟面谈。乞仁者先去信，托尊府人到山房洒扫。"

本月 中华学艺社本介绍世界专家代表著作之宗旨，决定编译名著一百种，内容包含社会科学、自然科学、哲学、文学四类，推定夏丏尊、张资平、周昌寿、马宗荣负责计划进行，印刷由开明书店负责。

6 月

上旬 赴白衣寺，在甬江旅舍遇钱家治。翌日同访弘一法师。

10日　生日。邀经亨颐、弘一法师来平屋吃素餐。经亨颐赠画,款"清风长寿,淡泊神仙,十九年六月,丐尊老兄四十五生辰,颐渊写此为祝"。弘一法师题:"庚午五月十四日,丐尊居士四十五生辰,约石禅及余至小梅花屋(按:这里指平屋)共饭蔬食。石禅以酒浇愁,酒既酣,为述昔年三人同居钱塘时良辰美景,赏心乐事,今已不可复得。余乃潸然泪下,写《仁王般若经》苦、空二偈贻之:生老病死,轮转无际。事与愿违,忧悲为害。欲深祸重,疮疣无外。三界皆苦,国有何赖。有本自无,因缘成诸。盛者必衰,实者必虚。众生蠢蠢,都如幻居。声响皆空,国土亦如。永宁沙门亡言,时居上虞白马湖晚晴山房。"

16日　弘一法师致信。"返山房后,诸承照料,感谢无尽。子渊及尊府送来烧饼甚多,乞仁者勿再买饼干,亦勿买罐头。闭门用功之广告,拟即日贴于门外(不俟七月六日),但此是对外方人,若仁等则非此限也。白衣寺安心头陀,今日来山房,声泪俱下,约余往甬。泥水工人昨日已做工一日,因天气阴雨无定,嘱彼暂止。以后如有出家人在家人等,向尊处或子恺处询问余之消息,乞告以不晤客、不通信等。"

21日　夜赴傅东华新雅晚宴,座有陆侃如、冯沅君、王伯祥、章锡琛、郑振铎、周予同、徐调孚、陈望道、谢六逸、叶圣陶等。九时许散。

22日　午后访王伯祥,未遇。

23日　王伯祥日记载:"依时入馆,写信与丐尊,坚辞辍编教本。散馆后丐尊适又见过,因面陈困难。但尚未解决。"

24日　王伯祥日记载:"开明事予同已与丐尊洽过,决暂置。"

下旬　中华学艺社与开明书店订立合印"汉译世界名著"

契约。

本月　开明董事会(按:其时夏丏尊、章锡珊、章锡琛、邵力子、舒新城、杜海生、冯寄裁、吴仲盐、钱智修为董事,胡仲持、夏质均、郑振铎为监察人)议决添招新股五万元,并刊登广告公开招股。

本月　夏吉子春晖中学初中毕业(第六届),同届同学有黎殿臣、江之永、徐如愿、经娟华等。

本月　夏满子春晖中学预科乙班结业(第七届),同学有章逸仙、章曼华、章秋帆(章育文之女)、夏觉夫(夏丏尊侄女)等。

7 月

1 日　译作《列宁与未来主义》([俄国]莱裘耐甫著,[日本]升曙梦译)(署名默之)刊《中学生》第 6 号。文章介绍了列宁关于绘画的轶话数则。

5 日　夜在功德林宴请茅盾、王伯祥、叶圣陶等。

同日　教育部发布训令,案查中小学课程暂行标准,前经本部订定,令饬所属学校实地试行在案,现因试行期届满,各校未据暂行课程标准实地试验结果呈报,特将试行期间延长一学年。

上旬　弘一法师致信。"移居之事,诸承护念,感谢无尽。居此已数日,至为安适。气候与普陀相似。蚊蝇等甚稀,用功最为相宜。居此山中,与闭关无以异也。以后出家在家诸师友,有询问余之踪迹者,乞告以云游他方,谢客用功,未能通讯及晤谈,云云。……前存泉州行李三件,拟托彼觅便人带至上海,送存江南银行。乞仁者为写一凭信,寄至余处,转为寄去。"

19 日　夜赴周予同悦宾楼晚宴,座有章锡琛、王伯祥、樊仲云、陶希圣、陈望道、傅东华、徐调孚、蒋径三。九时许散。

中旬 弘一法师致信,托将洋元若干汇至南京金陵刻经处。

26日 午后朱自清(自扬州来沪)、王伯祥、周予同、叶圣陶来访。五人又另邀章锡琛、张同光①、吴仲盐同赴豫丰泰聚餐。饭后在远东饭店打麻将。

同日 弘一法师致信,言已收到《华严探玄记》,法界寺气候适宜,寺主招待甚周。

本月 弘一法师致信夏龙文。"居此罕有需用,旧存者尚多,乞为致谢尊翁。山房中所存火油、菜油、盐等乞尊宅取用。因音一时未能返山房也。附奉上画集三册,乞赠与春晖图书馆二册,杨家溪小学校图书馆一册。"

8 月

4日 弘一法师致信。"南京经书已寄到,乞勿念。居法界月余,甚安,与闭关无以异也。以后倘有出家在家之人,向仁者询问余之近状者,乞告以隐遁用功,不再晤面及通信(现住之处勿告彼),云云。他日仁者返白马湖时,乞惠临一谈,为祷。"

16日 夜赴徐调孚觉林晚宴,座有王伯祥、章锡琛、叶圣陶、傅东华、李青崖、赵景深、周予同、陈望道。九时许散。

19日 弘一法师致信。

> 朽人于八月十一日患伤寒,发热甚剧,殆不省人事。入夜,兼痢疾,延至十四日乃稍愈。至昨日(十八日)已获全

---

① 张同光(1896—1971),名若桐,浙江金华人。1923年毕业于北京高等师范学校史地系,1925年秋任春晖中学国文教员,1931年为开明书店注释活叶文选,1935年任杭州师范教师。抗战全面爆发后率学生开展抗日救亡宣传活动。1943年春任浙江大学龙泉分校讲师,同年秋任北洋工学院副教授。1946年赴台湾筹建台湾师范学院。著有《作文概说》《戊戌政变》等。

愈，饮食如常，惟力疲耳。……前存之痧药等，大半用罄，惟余药水半瓶。乞仁者便中托人代购下记之药以惠施，他日觅便带下。因山居若遇急病，难觅医药，(即非急病，亦甚困难。)故不得不稍有储蓄耳。(药名另写一纸。)如此之重病，朽人已多年未患。今以五十之年而患此病，又深感病中起立做事之困难(无有看病之人)，故于此娑婆世界，已不再生贪恋之想。惟冀早生西方耳。阳历九月十日以后，仁者或可返里。其时天气已渐凉爽(已过白露节)。乞惠临法界寺，与住持预商临终助念及身后之事，至为感企！

同期 弘一法师附笺："尚有二事，乞转告尊宅眷属：倘有病时，暂请停止送菜来此，即与老帮言之。他日病愈再当通知。病时不须延医。倘买药者，当与老帮言之。种种费神，感谢无尽。"

20日 王伯祥日记载："纵观《南疆绎史》《明季南略》诸书，备作《郑成功》参考。并抽《一统志》'兖州府'诸卷出，将作《曲阜杂谈》以应丏尊之属也。"

26日 王伯祥日记载："依时入馆，草完《谈曲阜》，总计十五纸，即封送丏尊，俾了心愿。"

30日 夜与王伯祥、章锡琛、陈望道、谢六逸、周予同、茅盾、徐调孚、叶圣陶、傅东华在郑振铎寓所聚餐。十一时许散。

31日 弘一法师致信。"惠书，前已诵悉。又由尊宅送到书籍及惠施诸物，至用感谢。宿疾已渐愈。质平前日来此，二宿而去。佩弦居士及尊眷属书之幅已写就，俟后面呈。《临古字迹》承为代寄，甚感。"

本月 与周予同、章锡琛、周昌寿、谭勤余、屠孝实、江铁、马宗荣等在福州路悦宾楼设宴,为范寿康压惊①。

9 月

1 日 在《中学生》第 8 号登载 1 条"解答"(署名尊)。

同日 《悼一个自杀的中学生》载同刊期。作者就北平《民言日报》上一则有关一位中学生石惠福君因中学毕业无职可就而自杀的消息发表评论,分析中学生的出路何以在中国成为问题的原因,并感慨"现在的学校差不多谈不到身心的锻炼,全体充满着虚伪的空气";同时也指出学生自身应有时代与地位的自觉。

上旬 弘一法师致信刘质平。"前过谈,为慰。近来老体仍衰弱。稍劳动,即甚感疲倦。再迟十数日,夏居士必返白马湖。当与彼商量,预备后事,并交付遗嘱,可作此生一结束矣。"

13 日 夜与王伯祥、章锡琛、陈望道、谢六逸、周予同、茅盾、徐调孚、叶圣陶、傅东华、孙福熙、赵景深在郑振铎寓所聚餐,十时许各归。

15 日 中华儿童教育社《儿童教育》杂志改由开明书店出版发行。陈鹤琴为主编,夏丏尊、丰子恺、俞子夷、马静轩等 15 人为常任编辑。

同期 加入中华儿童教育社,编号 299 号。该社为纯粹学术研究机关,以"研究小学教育、幼稚教育、家庭教育,注重实际问题,供给具体教材"为宗旨。

18 日 返白马湖,携带药及食品赴法界寺探望弘一法师。

---

① 6 月 15 日,范寿康、伍敏行及学生夏廷才在春晖中学遭土匪绑架,经交涉于 8 月 7 日获释。

20 日　弘一法师致信性愿法师。"前日夏居士来时,匆促致书,想已收到。其时因夏居士即欲归家,故匆匆略陈,不及详述。兹更补记如下:据夏居士云,临古书册,初版仅印千册,后学应分得百册。现已超过应得之数。(后学之意,欲开明书店再加送若干册,故彼云云。)若再赠人者,应出资购买,云云。彼即为写名片一纸,持此往购,可以七折记算也。明年或能再版印刷。(但不能定)俟印就时,后学当于分得之书中,再以三十册奉赠法座,广结善缘。再者,承寄下行李,已于前日由夏居士带到。"

本月　陈友生译著《给那后来的》由开明书店出版。

我于经济学原是门外汉,对于本书,最初只当作英文古典之一加以崇仰而已。玩读既久,遂偷闲移译,交开明书店出版。译文经过好几次修改,最后由夏丏尊君依照日译本(日本有三种译本,译者为石川宪次,西木正美,宫岛新三郎)详加校正。其中的译注,是完全由他依日译本代为加入的。[①]

10 月

1 日　译作《妇女解放论的原理》(〔日本〕荻原朔太郎著)(署名默之),刊《妇女杂志》第 16 卷第 10 号。译者附记:"荻原朔太郎是日本现存的诗人,于诗集以外,其著作有《诗的原理》,随笔《虚伪的正义》等。本文是由《虚伪的正义》译出的。"

同日　在《中学生》第 9 号登载 1 条"解答"(署名尊)。

10 日　致信舒新城。"据赵君说,该部对于艺术一门,并无专门人才,可工举得出姓名的,一为蒋息岑,一为梅女士。其余

---

① 陈友生:《给那后来的·译者序》,上海:开明书店,1930 年版。

只是义务审查员而已。茅盾君的工作,已承答允。请检寄该丛书目录一分(寄文学名著书目),以便转交,俾得认定。(或由你们指定译何书。)将来署名可以另行设法。"

19 日 樊仲云在北平路大加利举行婚礼。

27 日 致信舒新城。"闻已返国了,此行想必有许多珍闻,他日当顷耳而听。有友人(沈端先)愿译高尔基的小说,附上原文(英译本)一本乞予审度。如可列入中华文学名著计划中,更妙。又有关于教育的论文一篇,是湘一师旧学生周君赞襄的,请为试投《中华教育界》(按:此文为《中国教育之根本改造》,刊《中华教育界》第 18 卷第 12 期)。"

11 月

1 日 中学生劝学奖金委员会评选出第一届得奖中学生 8 名,候补 2 名,分别来自河北、浙江、广东、湖北、安徽、江苏、河南、福建 8 个省份。

2 日 弘一法师致函夏丏尊、丰子恺。"前存开明发行所之《五戒相经》及《有部毗奈耶》,并存尊处之吴梦非居士由南京请来佛经等,皆乞托人于阴历九月廿日以前带至白马湖,为祷。"

21 日 夜赴宋云彬老半斋晚宴,座有叶圣陶、郑振铎、王伯祥、顾均正、章锡琛、徐调孚、朱起凤,商议《读书通》版权转让事。九时散。

30 日 午间与叶圣陶、王伯祥、计硕民等在功德林宴请一灯园创建人西田天香。据王伯祥日记载:"天香演讲其生活大概,颇近佛之苦行而又不弃现实生活者,由程祥荣及丏尊译述,坐客皆了然。"饭后宾客合影。

本月 经夏丏尊、林语堂、丰子恺等帮助,顾均正译著《宝岛》由开明书店出版。付印题记言:"尤其是夏丏尊先生,他不但替我就日译本校正了好几处的错误,并且有许多词难达意的句子,都得他的有力的帮助。"

12 月

2 日　弘一法师致信,谈及《华严经疏论纂要》刊版年代问题;返白马湖日期待定。

3 日　出席中华学艺社第四次年会。"上午九时,社员齐赴总理陵园恭谒总理陵墓,瞻仰遗容,行礼如仪后,即在墓前摄影,旋赴国民革命军遗族学校参观,下午二时在中央大学生物馆举行年会典礼,到会社员共百二十余人。中央委员何应钦、胡汉民(左恭代),教育部长蒋梦麟(赵遒传代),铨叙部长张难先,京市市长魏道明(张育海代),京市教育局长张忠道等均莅会指导,来宾有谢冠生、吴冠、王德溥、程其保、李元白、陈世鸿及外宾柯克等数十人,跻跻一堂,颇极一时之盛。社员有张忠道、舒新城、邰爽秋等相继演说,最后由主席史维焕答词。至六时散会。"夜在中央饭店聚餐,"由欧元怀主席,来宾到有王伯群、孙科(梁寒操代),中央政治学校代表吴南轩,中国经济学社代表朱彬元及京沪各报记者张佩鱼、唐三等数十人,主席致词,社员及来宾相继演说,最后由各地分社代表报告社务,宾主尽欢而散已九时矣"。①

4 日　年会继续召开。上午八时社员宣读年度有价值论文,并进行演讲。中午中华书局招宴,由编译所所长舒新城主席,赠各社员精美案头日历一份,刘运筹代表答词。下午二时在中央

---

① 《第四次年会纪事》,《中华学艺社社报》第 2 卷第 1 期,1931 年 1 月。

大学生物馆举行社务会议,由傅式说主席,常务秘书马宗荣、会计高士光、工程师柳世英等相继报告学社出版物、经费及事务所建筑情形,讨论通过提案 32 件。夜交通部长王伯群招宴,胡庶华代表答词。

5 日 年会继续召开。上午八时续社务会议。中午商务印书馆招宴,编译所长何炳松(柏丞)赠各社员甲种袖珍日记一册,窦觉苍代表答词。下午一时参观各机关及学校。夜市政府招宴,市长魏道明致辞,朱章宝代表答词。九时许散。

6 日 年会闭幕。中午南京分社社员招宴于立法院西花厅。

10 日 夜立达学会在功德林举行年会。

12 日 读者尼一在《现代社会》第 1 卷第 6 期发表评论:"开明书店在新书业中算是最稳健的一家。它不跑到时代前面去,也并不落伍,所以在普罗作品盛行一时的时候,开明独未随波逐流,参加战团。但那时普罗气焰甚盛,不出普罗作品,便无销路,开明乃走入教科书的一条路上去。因为开明编辑如章锡琛,夏丏尊,丰子恺,顾均正等都曾与学校有关,此路比较可通,于是出版林语堂的英文读本,活叶文选,中学生杂志等,结果销路反比普罗作品为佳,所以他们现在还是继续着这条路。在新书业一落千丈的时候,他们的营业独盛。"①

14 日 舒新城日记载:"二时半去提篮桥出席开明董事会,因丏尊、海生等均回家,未开会。"

同日 弘一法师致信。"承寄之书籍,昨日已收到。兹寄上拙书二纸,一赠天香大士,一赠内山居士。(附邮挂号奉上)附呈致小楼居士一纸,乞转交。又致内山居士三纸,乞转交。并乞为

---

① 尼一:《新书业最近之鸟瞰》,《现代社会》第 1 卷第 6 期,1930 年 12 月 12 日。

说明其意,因彼不甚解汉文也。又请经目录一纸,乞于晚晴护法会支洋三十元。托人持此目录,往北火车站东首宝山路口佛学书局购请,并托佛学书局代寄,即将邮资及挂号资付清。所余之零资,乞购邮票,于他日便中寄下。种种费神,感谢无尽。又致丰居士一纸,亦乞于便中转交。又附奉上拙书六纸,乞随意转赠他人结缘。"

16日 赴前江村为舅氏金燕臣[①]送殡。

26日 弘一法师致信。"承托佛学书局所寄之书,已收到。感谢无尽。讲经即将圆满。拙人因天气太寒,骨节凝痛,困苦殊甚。不得已,拟于五六天后,即往温州,在彼过年。春暖之后,再当返法界寺。"

本月 《中学生》杂志社编辑创办《中学生文艺》年刊。刊物收录未能在《中学生》登入的"遗珠",使读者对于作文发生兴趣,也使教育专家和教育当局对于青年学生有更深的了解。

本年春 朱自清作《怀南中诸旧游》诗五律,寄托对夏丏尊、刘延陵、丰子恺、叶圣陶等怀念之情。描写夏丏尊摘录如下:

古抱当筵见,豪情百辈输。

莳花春永在,好客酒频呼。

鞮译勤铅椠,[②]江湖忘有无。[③]

别来尤苦忆,风味足中厨。

本年夏秋 参与调解开明书店与世界书局英文读本版权纠

---

① 金燕臣(1867—1930),名采南,别署耐庐主人,浙江上虞人。前清郡庠生,历任上虞县参会议员、劝学所委员、款产委员、积善堂董事等职。

② 君译日本小说甚多。

③ 君自撰门联有"江湖相忘"语。

纷事。

本年 介绍钱歌川任中华书局编辑。

1931年(辛未,民国二十年) 45岁

▲1月31日,国民党政府颁布《危害民国紧急治罪法》。

▲2月7日,左翼青年作家柔石、殷夫、胡也频、冯铿、李求实与何孟雄等24位共产党人在上海龙华警备司令部惨遭杀害。

▲4月,巴金的长篇小说《激流》(后改名为《家》)开始在上海《时报》连载。

▲9月18日,"九一八"事变爆发。

▲11月,中国共产党在江西瑞金成立中华苏维埃共和国临时中央政府。

1月

1日 《关于国文的学习》刊《中学生》第11号。

同日 散文《作了父亲》刊《妇女杂志》第17卷第1号。在该文中,作者叙述自己不太喜欢小孩,也不曾与小孩互动,对于儿女则一直听其自然,不加管束。这不是不爱他们,而是做了父亲之后,"自己须出外糊口","没有财力与闲暇去对付他们","觉得还是听其自然,比较地可以减少些责任"。作者意图促使人们进一步思考过渡时代家庭问题中父亲的责任与义务是什么。

9日 夜与郑振铎、徐调孚、叶圣陶、王伯祥在世界酒家茶叙。

10日 上午十时与章锡琛、舒新城谈商务印书馆改组事。

舒新城日记载:"据谓商务印书馆因实施合理化改组,周予同、王伯祥、郑振铎等均将出所,询吾局可否用人及稿,言下颇有愠意。当答以添人不易,稿当按需要而收。但为同业道德计,不愿于其困难时有所挑拨。"

17 日 左联作家胡也频、殷夫、柔石等遭国民党逮捕,关押于龙华警备司令部。夏丏尊与叶圣陶闻讯,即联名致信邵力子,请求设法营救。

19 日 夜赴一枝香菜馆参加商务印书馆编译所职工会招待会,"由陈岳生主席,报告该馆总经理王云五新颁编译工作报酬标准章程。对于编译工作,定计日计字之例,非惟蔑视编译同人之人格,且于中国文化之进展,亦有重大影响。现经同人公决,根本否认,希望各界予以援助云云。次周予同说明,该项标准章程之种种流弊。次由来宾吴稚晖演说,指摘按字计酬之不当。次社会局长潘公展报告调解经过。次来宾朱隐青、陈霆锐、后大椿、谢福生、邝富灼先后演说,对于标准章程,均表示不满,希望社会局善为调解,俾风潮不致蔓延。最后由主席答谢。至十时始散"。①

25 日 下午与舒新城、章锡琛访孙俍工。

舒新城日记载:"丏尊、雪村谈及近日友人中之闹恋爱问题者很多,但多是苦恼不堪。他们主张夫妻与爱人分开而同时并存,若男女不争地位,只以爱为爱人之结合条件,以法律与义务为夫妇之结合条件,则苦恼可以减去许多。但事实恐非如此简单。"

27 日 夜赴舒新城中央大菜社晚宴,座有曾觉之、盛成、林

---

① 《商务书馆纠纷案 职工会之招待》,《申报》,1931 年 1 月 20 日。

语堂、郁达夫、刘大杰、张梦麟,商议选印世界文学名著事。拟第一期先出百种,"其要项(1)从十九世纪下溯至现在。(2)为文学而文学,不分派别国籍,凡有永久价值者,一律选入,以扩充中国读者眼界为目的,不含文学以外之任何作用,将来结果为如何,亦不过问。(3)材料不限门类,诗歌、小说、戏剧、散文均选入;诗及戏剧用选集。(4)暂定英法俄各五十种,德十五种,日五种,南欧及北欧各十种。(5)定价求一律,长者一部分数册,短者集数种为一册。(6)任何种类均于书前撰一长序叙著者身世及作品特点。(7)各种著作以从原文翻译为原则"。夏丏尊负责日文,曾觉之、盛成负责法文,郁达夫、林语堂负责英文及德文,俄文则未定。十时许散。

本月 为贾祖璋新书拟名《鸟与文学》,并作序。文章认为"事物的文学背景愈丰富,愈足以温暖润泽人的心情,反之,如果对于某事物毫不知道其往昔的文献或典故,就会兴味索然。故对于某事物关联地来灌输些文学上的文献或典故,使对于某事物得扩张其趣味,也是青年教育上一件要务"。此书于 4 月由开明书店出版。

本月 以"考试与文凭"为题向舒新城约稿。

2 月

1 日 作为开明书店代表与林语堂签订《英文读本》第一、二、三册出版契约,定版税为百分之十。

同日 《动物界的无线电》(署名默之)刊《中学生》第 12 号。舒新城《考试与文凭——致中学生的一封公开信》载同刊。

同日 应夏丏尊之邀,叶圣陶入职开明书店,任《中学生》杂志主编。

6 日 弘一法师致信。"旧历明年正月元宵后,即拟觅便返法界寺,极迟或延至正月底,必可到法界也。其时当先到尊寓午餐,然后乘船而往。再者,前至宁波时,偶一不慎,将衣袋中之钞票一包完全遗落。幸得友人资助,得以动身至温州。将来由温返白马湖时,所需路费及买物等费,仍乞护法会有以施助,至为感荷。"

22 日 蒋光慈来访。

23 日 致信钱歌川。"蒋光慈氏昨来弟处,谓郁达夫曾将中华文学百种的事告诉他,叫他译俄国的作品。他愿担任,叫我说合。未知达夫曾向你们提起过此事没有?蒋氏谙俄文,曾译过《爱的分野》与《一周期》。他愿以每千字五元(不除空行标点)替中华工作,至于作品,尽可双方协定。如何?乞与新城兄商之,即以结果见复为幸。"

25 日 弘一法师致信。"昨诵惠书,承施资,至感,已甚足用。山房潮气全除,至用欣慰。唯此次余返驿亭时,仅携带薄棉被一件。其他蚊帐被褥等,皆存在法界寺中,以是之故,未能在山房止宿。且俟秋凉时,再当来山房也。动身之时未定,早者二十左右,至迟者在月底。"

3 月

1 日 《青年与读书会》(署名默之)刊《时代青年》第 27 期。

7 日 午后三时访王伯祥,告知北新、江南、乐群、群众等 9 处书局遭官厅封锁,各经理将被查办。

同期 邀请赵景深再次出任开明书店编辑。赵景深"虽婉辞谢绝,但犹为感激"。

13 日 夜与刘大杰、谢六逸等在舒新城寓所聚餐,讨论选译、出版世界文学名著事。十一时许散。

15日　午间公司为减低版税事①招宴，与会者均著作界同人。夏丏尊嘱舒新城演说，略述出版家困难处。三时许散，全体至汇芳照相馆合影。

同日　书评《中国文学论集》（〔日本〕铃木虎雄著，汪馥泉译，神州国光社出版）（署名默之）刊《当代文艺》第1卷第3期。

同日　《漫谈青年读物》（署名默之）刊《时代青年》第29期。作者认为青年现在所需要的读物，"是一种实际的具体的辅助学术上有所进展的文字"。而今书肆日趋商品化，一心追求营业上的发展，失去了固有的创办文化事业的旨趣。

17日　致信舒新城。"挂号函738敬悉。《家》及《岚》愿担任翻译。至于方光焘君所担任者原为《田山花袋集》，日前由弟与其至友章克标君函致里昂，请其担任，并将《田山花袋集》寄去矣。来函似欲令方君改译芥川作品及佐籐作品，于接洽上颇感困难。可否仍照原约进行？盼复。"

本月　爱罗先珂童话集《幸福的船》作为"世界少年文学丛刊"之一，由开明书店出版。内收夏丏尊译作《幸福的船》《恩宠的滥费》，鲁迅译作《红的花》《时光老人》，吴觉农译作《松孩》，胡愈之译作《世界和平日》《春日小品》等16篇。

> 这是爱罗先珂童话底第二集，凡商务出版的《爱罗先珂童话集》以外的作品差不多全都搜罗在内，有几篇译文还是不曾在他处发表过的。于此我们不得不特别感谢鲁迅，丏尊，觉农，希可，惠林，愈之诸先生，他们肯答应把他们底译

----

① 23日《文艺新闻》第2号发布消息："听说开明书店会议，请著作家降低版税率，一律规定百分之十五。"

文底版权赠与上海世界语协会,使本书有机会和读者见面。①

4 月

1 日 在《中学生》第 14 号登载关于日语学习的 6 条"解答"（署名默）。

10 日 书评《欧洲最近文艺思潮》（［日本］宫岛新三郎著,高明译,现代书局印行）（署名默之）刊《现代文学评论》第 1 卷第 1 期。

18 日 夜与宋云彬、叶圣陶在王伯祥寓所聚饮,九时半散。

19 日 出席第二届股东常会。

　　开明书店股份有限公司,昨日（十九）午后二时,假爱而近路旅沪绍兴同乡会开第二届年会,公推林语堂君为主席,首由主席报告,到会股东已足法定人数;次由董事会代表章锡琛君报告去年营业状况云,比上年增多百分之百二十,计二十九万余元;次提议董事会提出,分派利息,及修改章程,改定年度各案,均照通过;次由章锡琛君报告,本年三个月内营业状况,均比去年增加一倍,本店现有资本,不敷应用,应请公同讨论办法,当由股东某君提议,增加股本十万元。经多数通过,并当场认定三万余元。最后公举董事监察人,杜海生、夏丏尊、邵仲辉、舒新城、章锡琛、姚慧尘、冯寄裁、章守宪、胡仲持九人,当选为董事;章锡珊、吴仲盐、林语堂为候补董事;夏质均、吴觉农、刘启敬三人当选为监察人;胡

---

① 巴金:《幸福的船·序》,上海:开明书店,1931 年版。

仲持、林语堂当选为候补监察人。①

舒新城日记载:"因营业发展非增加股本不可,议决续招十万元。我本无余资,因系董事之一,非尽力不可,由丏尊强认五百元,但六月前实无款可交。"

25 日 下午六时出席董监执行会议,议决加薪案及招股至二十万元诸事。

舒新城日记载:"丏尊强欲我加认五百元。在现在情形之下,实无余力,但又不能推却,只好等六月交款时将保险单抵去缴付。"

本月 大江书铺计划出版中学教本《大江百科文库》,由陈望道主持,内分文艺、英文、社会科学、自然科学等类,夏丏尊负责撰《描写文》。②

本月 楼适夷自日本回国,来访。

经过大革命的失败,我成了失掉社会职业的流浪者。一九三一年从东京流亡中回到上海,去虹口区开明书店编译所拜访夏先生。开明的事业已经大大发展。在福州路有场面开阔的门市部,编译所的规模也颇为可观。编辑室的大广间里,一排排写字台,很多人在默默办公。其中好些都是相识的,见面招呼很亲切,真觉回到祖国来了。

夏先生说:"现在回来了,很好,今后打算做什么呢?"我自己还没有好好想过,反正,再回到社会职业,有困难了。他说:"还要流浪吗? 卖小字生活,是不容易的呀!"他把卖稿称做"卖小字",意思是从前读书人失了业没办法了,就卖

---

① 《开明书店股东会纪》,《申报》,1931 年 4 月 20 日。
② 此文未见报刊登载,待考。

大字为生，现在则改"卖小字"了。我也知道他说的"不容易"确是事实。他告诉我："现在开明编辑部里，也有从大革命浪潮中经历过来的人，年纪大起来了，也得顾家，应该安定下来。"他明白说出来："如果愿意，也可以到开明来呀！"他让我自己考虑一下。刚回来，连个定居地方都没有，就听到这温暖的声音，我心头流进一股热流。[①]

5月

1日 《致文学青年》刊《中学生》第15号。该文是作者对某读者关于终身职业方向垂询的回信。作者赞许读者"专心研究文学"的志向，但认为读者某君高中毕业后拟不再升大学，专"靠文学生活"的想法不现实，即便是鲁迅、周作人、高尔基，最初都有别的职业，直到"在文学方面因了稿费或版税可以维持生活了，这才辞去职业，来专门从事文学"。奉劝其"要把文学当作终身的事业，切勿轻率地以文学为终身的职业"。

同日 《中学生》杂志社取消《中学生劝学奖金章程》，新定《中学生劝学贷金章程》；同时成立"中学生劝学贷金委员会"，夏丏尊、周予同、林语堂、章锡琛、舒新城、叶圣陶、刘大白、丰子恺、顾均正任委员。贷金专贷无力修完最后一年学程的高初中学生，以订阅《中学生》杂志者为限，偿还期限为5年。请求贷金者须应中学生劝学贷金委员会之考试，并填具请求书，由所在学校校长及训育主任保证（其境况确系贫苦，试卷确出己手），每校3名。

---

① 楼适夷：《难忘的鼓励和帮助》，《我与开明》，北京：中国青年出版社，1985年版。

236

同日　中学生劝学贷金委员会发布公告,规定本年贷金总数为 1400 元,名额为高中 4 名,初中 8 名。

　　同日　上海市教育局召集中学课程标准研究委员会,将所整理之试验结果加以讨论,以便转报教育部。

　　3 日　夜赴郑振铎寓所晚宴,座有叶圣陶、章锡琛、王伯祥、谢六逸等,十一时各归。

　　12 日　舒新城日记载:“我曾告以丏尊所谓现在女子争地盘之言,谓现在之所谓新式女子所谓恋爱,无非是争太太的地盘。旧式女子无生活能力,恃名义以生存,固无足怪,而现在□□有能力之新式女子亦不要发展其能力,自谋生存,不要以独立的人格与男子为对等的交结,仍□为男子之附属品,其不足重视反过于旧式女子。”

　　26 日　散馆前贺玉波①来访,谈及《中学生》及各类学生杂志、文艺运动等问题。“《中学生》印刷纸张成本要一角三分,外加发行邮费,刚刚相等于定价一角五分。编辑费和稿费完全要亏本,每年需一万元。所以,《中学生》多销一份,书店方面便多亏损一份杂志的本钱。”②夜与刘叔琴、丰子恺(自嘉兴来沪)、贺玉波等在寓所聚饮。

　　本月　开明编译所迁至东百老汇路仁兴里(今东大名路 437 弄)749 号。

　　初夏　刘大白自南京来访,谈《中诗外形律详说》在开明书店出版事。“成问题的是稿中所用符号的繁多。这种符号须一一特制模型,其中有几种,形体根本和铅字的形体不相称,即使

---

①　贺玉波(1896—1982),笔名白露、兰城,湖南津市人。毕业于北京师范大学。1928 年进入开明书店,1931 年任光华书局编辑主任。1939 年返湖南任教。

②　贺玉波·《夏丏尊访问记》,《读书月刊》第 2 卷第 3 期,1931 年 6 月 10 日。

特制了模型，浇铸出来，也无法容纳在铅字旁边，结果发见了排版不可能的困难。”①

6月

月初 应中华国民拒毒会之聘，与蔡元培、王云五、马寅初、吴稚晖、潘公展等任第三届全国大中学学生拒毒论文比赛大学组评审。

1日 《我的中学生时代》《关于职业》（署名默之）刊《中学生》第16号。

7日 《大学讲义无用论》（署名默之）刊《时代青年》第41期。

10日 《读书月刊》第2卷第3期发布文坛消息：“海宁朱丹九先生曾尽其毕生之力，著有《读书通》一书，专搜集各种联绵词而加以解释，非常详尽。原书虽未出版，但国内学者知者甚多，卒以篇幅过巨，不获出版之处。最近闻开明书店以六千元之巨额，购得是书之版权，将于一两年内谋与世人见面。并闻书名已改为《辞通》云。”

本月 教育部中小学课程标准起草委员会改组为中小学课程及设备标准编订委员会，聘夏丏尊、周予同、孙俍工、马涯民为中学组国文科审查委员，先于会外自行召集审查会议，孙俍工为召集人，7月5日前呈报整理意见。

---

① 夏丏尊：《中诗外形律详说·跋》，《学术界》第1卷第1期，1943年8月15日。

7 月

10 日　王伯祥日记载:"依时入馆,晤丏尊及景深。"

14 日　上午与孙俍工、舒新城商议中学国文标准。谈至一时散,无甚结果。

舒新城日记载:"十时去夏丏尊处,悉其约赴俍工处,谈中等国文标准问题。盖孙之提案以作法为中心过偏,他不主张,恐二人之各执己见发生争端,特约我去,盖我与二人均为十年旧交也。"

至 15 日　中学生劝学贷金委员会收到应试试卷 8 份,即进行共同评阅。

21 至 22 日　中小学课程及设备标准编订委员会召集中学组会议,将分组审查会所提修正意见逐加整理。

24 日　舒新城、刘济群来看房,未遇。

8 月

1 日　中学生劝学贷金委员会选出贷金人 7 名,贷出 800 元。剩余贷金存入银行,本利计入下届。

9 日　杨贤江在日本长崎病逝。

贤江兄逝世的时候,遗下三个孩子,身后很萧条,朋友们发起替他筹募遗族教育基金。夏丏尊先生要我去跟几个经济状况比较好的同学朋友商量。当时有一个同学在本地做县长,我去了,对于那位朋友的希望并不奢,只想他出五十块钱。不料在我说明了来意之后,他先向我叹了一阵子苦,接着讲了一番大家应当"各尽本分",不要闹什么革命的

239

"道理",最后总算拿出二十块钱来。我当时满肚子懊恼,答辩了几句,原想拒收这一点钱,觉得当面使人太难堪不大好,才收了下来,预备回头写封信退还给他。夏先生听了这情形,皱皱眉头,苦笑着说"算了吧!"[1]

至中旬 初选拒毒论文 14 篇入围。

30 日 上午十一时舒新城来访。

本月 谢似颜来访。

　　我后来到了北平,也常与他通信,所谈的总是怎样做文章一类的话。二十年八月间回家一趟,路过上海当然拜访他老人家,我们见面向来没有甚么寒暄之类的客套,讲话总是开门就见山,他正在一心一意办立达学园,想罗致各科有特别兴趣的教师,所以这次态度却很严肃,第一句就说:"到上海立达学园来教书,把北平的教授去辞掉,你自己想想,配不配做大学教授!"我说:"当然不配。不过事实上不是配不配的问题,那是活不活下去的问题。"他板着面孔说:"谁教你多生儿子!"我即回答说:"那么,立达学园是不许教员多儿子的。"他自知理屈笑了起来,这一笑把严肃的面孔拉倒,依旧充满了嘻嘻哈哈的空气。[2]

9 月

1 日 在《中学生》第 17 号登载 1 条"解答"(署名尊)。

同日 《怎样对付教训》载同刊期。文章说,"暑假已完,新

---

① 傅彬然:《悼念杨贤江学兄》,《光明日报》,1949 年 8 月 9 日。

② 谢似颜:《我所认识的夏丏尊先生》,《台湾文化》第 1 卷第 3 期,1946 年 12 月 1 日。

学年就此开始,诸君将出家门,即有亲爱的父母向诸君作种种叮嘱,'保重身体'咧,'爱惜金钱'咧,'勿管闲事'咧,'努力用功'咧,……这么一大套。才进校门,在开学式中又有校长训话,教师训话,来宾训话,又是'革命勿忘读书,读书勿忘革命'咧,'打倒帝国主义'咧,'以学救国'咧,'陶冶品性'咧,'锻炼身体'咧,'谨守校规'咧……那么一大套"。作者认为中学生诸君若想切实奉行父母师长的种种教训,"须辨别教训的真伪","须注意于教训的彼此矛盾"。

4 日 夜与章锡琛在陶乐春为郑振铎赴北平饯行,茅盾、叶圣陶、周予同、王伯祥、方光焘、顾均正、胡愈之、宋云彬作陪。八时许同往惠中旅社叙谈,十一时各散。宿惠中旅社。

13 日 下午三时出席董事会。

21 日 作社评《闻警》(刊 10 月 1 日《中学生》第 18 号;未署名)①。作者认为"九一八"事件是庚子事变以来最重大的耻辱。在现今这样的世界,公理是"拜伏在炮口之下的",青年们不仅需要认清帝国主义,详知敌方底细,更应当认识自己,对于所患的病害自得努力排除。并呼吁"我们永远不要忘记这日子"。

26 日 弘一法师致信。"绍兴诸居士等,盼望朽人往彼一游,甚切。拟二三日即动身往绍,将来或顺便至杭沪,亦未可定也。俟返法界寺时,再致函奉达。前得黄寄慈居士函,谓彼校颇欲以拙书临古印本为习字用,惜其定价太昂云云。可否乞仁者转商诸章居士,另印江南连史纸,粗率装订者,发行。则定价可在六七角也。"

---

① 30 年代北新书局编印的《初中活页文选目录》第 444 篇即《闻警》,作者注明为夏丏尊。叶至善将《闻警》收录于《叶圣陶散文》(四川人民出版社 1983 年版);商金林、刘增人等皆认同《闻警》为叶圣陶所作,理由未知。

28日　《其实何曾突然——问题的解决要看资本主义的利害关系》刊《文艺新闻》第 29 号"日本占领东三省屠杀中国民众!!! 文化界的观察与意见"专栏;另转载于 12 月国立中山大学反日救国运动大会《反日特刊》。

　　日本在满洲经营已久,陆续投资至十五亿余元之多。当然是不肯白费心力的。此次对华出兵,日本报纸上已喧传得很久很久,而上海各报登载这消息,却在沈阳的日军开炮以后。大家都说"日本突然占领我满洲",其实何曾突然。

　　现在已是资本帝国主义的时代了,日本所要的是满洲的膏血,不是满洲的躯壳。日本吸去满洲的膏血已不少,还想多吸,独吸,故有此横暴行动。结果也许因了与别国的利益冲突,引起世界大战吧。

　　满洲事件,一方面是中国的大事,一方面是世界的大事。中国对于此次大事,除了"逆来顺受""政治手腕""和平抵抗"等等的所谓口号以外,不知最后准备着甚么? 我虽是中国人,殊难悬揣。即使悬揣了也不会有甚么把握。问题的如何解决,要看世界方面的情形怎样了。但须声明,我的所谓世界方面的情形者,不是甚么"公理"之类的东西,乃是着着实实的露骨的资本主义的利害关系。

本月　入选《当代中国名人录》。该书由良友图书印刷公司出版。

本月　经夏丏尊、王文川、冯次行等指正,胡仲持译著《世界文学史话》由开明书店出版。

10 月

上旬　莫志恒入职开明书店。

11日　夜与王伯祥、宋云彬、叶圣陶、吴文祺在豫丰泰小饮，八时三刻散。

28日　自白马湖转杭州返沪。"钱塘江江心忽然涨起了一条长长的土埂，有三四里路阔，把江面划分为二。杭州西兴之间，往来的人要摆两次渡，先渡到土埂，再走三四里路，或坐三四里路的黄包车，到土埂尽头，再上渡船到彼岸去。这情形继续了大半年，据说是百年来从未有过的奇观。"①

下旬　在内山书店遇夏衍，邀至开明书店与胡愈之、章锡琛、叶圣陶、吴觉农、宋云彬、徐调孚等聚餐，共谈国事。

月底　弘一法师过沪，本应广洽法师之邀往厦门。夏丏尊等以时局不宁劝其暂缓动身。

11月

1日　《悼爱迪生》(署名默之)刊《中学生》第19号。

5日　夜与王伯祥、叶圣陶、宋云彬、章锡琛在王宝和品蟹，谈张晓峰与开明书店纠纷事。八时半散。

8日　午前赴福州路大雅楼聚餐，座有叶圣陶、王伯祥、胡愈之、章锡琛、方光焘、谢六逸、周予同、徐调孚、周淦卿、樊仲云，及樊仲云之友曹君等12人。饭后同往东方饭店打牌。

21日　夜与章锡琛、叶圣陶、胡愈之、樊仲云、傅东华、王伯祥、方光焘、刘薰宇、周予同、徐调孚、郭一岑在豫丰泰聚餐。饭后同往神州旅社续谈。

本月　与同人讨论《中学生》新年号议题。

　　　我父亲说读者来信越来越多，有些还不大好答复。因

---

① 夏丏尊：《一个追忆》，《中学生》第47号，1934年9月1日。

而想请青年们尊重的长者帮个忙，请他们来回答。题目越笼统越好。有的长者，也许正有一肚子话要向青年学生说呢，会有回应的。集在一起发表在新年号上，读者会欢迎的。大家都说可以试试。父亲给长者们出的题目是："假如先生面前站着一个中学生，处此内忧外患交迫的非常时代，将对他讲怎样的话，作努力的方针？"后头加上署名："中学生杂志社"。排印的小信笺，由夏先生、雪村先生、均正先生和我父亲等，寄发给有交情而且信得过的朋友。①

12 月

5 日 夜与徐调孚、王伯祥、章克标、方光焘、胡愈之、章锡琛、傅东华、周予同、蒋径三、李青崖、樊仲云、周淦卿等在虹口大旅社聚餐。

19 日 上海文化界同人在四川路青年会食堂召集谈话会，夏丏尊、方光焘、顾凤城、张天翼、武埔干等 20 余人与会，公推姚蓬子为主席，发起组织文化界反帝抗日联盟，订立"反对帝国主义对我经济文化政治军事的侵略，尤其是目前日本帝国主义的武力侵略行为；反对依附帝国主义的一切势力，及其对反帝抗日运动的压迫；主张废除一切公开秘密的外交上的不平等条约；反对帝国主义分赃机关的国际联盟；反对帝国主义瓜分中国的阴谋；反对酝酿中之第二次世界大战；发扬反帝国主义文化，争取关于反帝抗日的一切自由"七条纲领。最后决议谈话会更变为成立大会，推选夏丏尊、胡愈之、傅东华、周建人、邓初民、钱啸秋等 11 人为执行委员，由胡愈之、姚蓬子、袁殊负责召集第一次执

---

① 叶至善：《父亲长长的一生》，成都：四川文艺出版社，2015 年版。

行委员会议。

22 日 由开明、亚东、光华、新时代、北新等 5 家书局发起,下午三时各代表在四马路民乐园集会茶叙,请愿国民党政府当局废止出版法,维护言论出版自由。共 49 家书局签名加入。

23 日 上午续集会,并拟定请愿书。

26 日 夜与胡愈之、叶圣陶、王伯祥、章锡琛、方光焘、谢六逸、周予同、徐调孚、樊仲云、傅东华、李青崖、章克标、周淦卿在广西路聚丰园聚餐。八时许散。

28 日 出席文化界反帝抗日联盟第一届执行委员会议,"当议决:一,通过章程。二,推邓初民,钱啸秋二人起草宣言,宣言内容根据纲领及共同议决之几要点。三,推举傅东华,胡愈之,蓬子三人组织常务委员会。四,出版机关志,推适夷,郁达夫,丁玲,夏丏尊,叶绍钧五人进行。五,举行反帝抗日大规模演讲,推邓初民等数人筹备。六,某小报登载破坏本联盟反帝抗日运动之稿件,显系受人指使之恶意中伤,决议聘请法律顾问二人,请法律顾问去函质问并查究新闻来源。会毕,一致表示积极进行工作,并先巩固及扩展本身组织"。[①]

本年春 经夏丏尊介绍,傅彬然入职开明书店。

本年夏 学生莫志恒来信求助,请帮忙介绍工作。

民国二十年……我写了一封信给中学生社,改换我的通讯地址。又写了一封信给丏尊先生,告诉他我已经离开学校,希望对于今后工作方面,赐予一点帮助。过了几天,

---

① 《反帝抗日大联盟 积极推进工作巩固扩展组织》,《文艺新闻》第 43 号,1932年 1 月 3 日。

他的回信来了,粗壮的钢笔字迹,与他本人一样的浑圆。他说,开明机构不大,暂时无法安插人员;另外他所熟识的工厂之类的机关行号,暂时亦少有机会介绍(按一九二九年由金元帝国美国开始的经济恐慌,到民国二十年——即一九三一年——已经波及到全世界;这时上海的工商业,也进入非常萧条的境地),叫我慢慢等着吧。[①]

1932年(壬申,民国二十一年) 46岁

▲1月28日,日军进攻上海,"一·二八"事变爆发。驻沪第十九路军在蒋光鼐、蔡廷锴率领下,奋起抗战。商务印书馆、东方图书馆、中华学艺社、立达学园等惨遭毁损。5月5日,国民政府与日本签订《淞沪停战协定》,规定自签订之日起,中日双方军队在上海周围停止一切敌对行动,日军撤至事变之前驻扎的地区,取缔一切抗日活动,第十九路军撤防,划上海为非武装区。

▲1月30日,国民政府迁都洛阳,12月1日始正式迁回南京。

▲3月9日,日本关东军策划的伪满洲国在长春成立,以溥仪为执政,郑孝胥任总理,年号"大同"。

▲6月14日,国立编译馆成立,统筹文化书籍及教科图书编译与审查。

▲12月17日,宋庆龄、蔡元培、杨杏佛、林语堂等在上海发

---

① 莫志恒:《回忆·感想——从〈中学生〉到出版界》,《中学生》第171期,1946年1月。

起组织"中国民权保障同盟"。

1 月

1 日 译作《满洲事变与各国对华政策》([日本]田中九一著)(署名默之),刊《中学生》第 21 号。

上旬 赴杨树浦圣心医院探望刘大白。时刘大白已骨瘦如柴,面白如纸,肺部严重剥蚀。

同期 与徐蔚南、邵力子、陈望道、朱兆萃、王新甫等商议刘大白后事。

21 日 夜与郑振铎、王伯祥、徐调孚、宋云彬、刘叔琴、方光焘等在章锡琛寓所聚餐,十时归。

24 日 上午与章锡琛、顾均正访叶圣陶未遇,晤王伯祥。午后王伯祥与叶圣陶来访。夜同饮于高长兴,谈时局。

28 日 "一·二八"淞沪抗日战事发生。正在宝山路装订作坊装订的《中学生》2 月号,遭悉数焚毁。

本月 李青崖译著法国自然主义小说集《俘虏》由开明书店出版。书名由夏丏尊、叶圣陶、章锡琛共同商定,意在"显得出打仗的空气"。

本月 与叶圣陶、章锡琛等发起创办函授学校开明中学讲义社,同时制订《开明中学讲义社简章》。夏丏尊自任社长。讲义社"使有志上进之失学者,得于职务余暇,修得中学程度之各种学科;同时使在校就学之学生,获得课外修业辅益校课之机会"。教材《开明中学讲义》由讲师撰写或选录。夏丏尊、叶圣陶、宋云彬负责国文,林语堂、林幽负责英文,王伯祥、宋云彬、倪文宙负责历史,丁晓先(按:即韦息予)、傅彬然、邓启东负责地理,章克标、刘薰宇负责数学,沈乃启负责物理,程祥荣负责化学,薛德焴、薛德燡、缪维水负责动植物,丰子恺负责图画与音乐,谢似颜负责体育。

这时大约我就要到开明书店当一名编辑人员了,工作是编写开明函授学校的数学讲义。开明书店想创办一家私立函授学校,中等学校程度的,普通科,那时也已经觉得中学太少了,考不上中学的失学者很多,比较好的中学招生,大抵总是十人当中只能收取一个人样子。为了让这些失学的人可以自己进修学习,夏丏尊同章锡琛他们就想开办函授中学,以适应时代的需要,同时也推广开明书店的出版物。各科讲义要预先编起来,尤其分量较多的国、英、算三个科目,要先有准备,因而招呼我进开明坐班八小时,编写函授教材,拿工资吧。[①]

2 月

上旬　返白马湖避难。

13 日　刘大白逝世。

本月　与匡互生、胡愈之、巴金、潘震亚、陈望道等 129 人签发《中国著作者为抗议日军进攻上海屠杀民众宣言》,严词抨击政府当局的无抵抗政策,呼吁全国被压迫的民众"现在是我们生死存亡的关头,是我们血肉抗争的时候","只有积极抗争到底,才能在这次血战中,争取中国民族自由独立的光荣"。宣言附录于王礼锡《战时日记》,载 4 月 1 日《读书杂志》第 2 卷第 4 期。

本月　《中学生》杂志辟"文章病院"栏目。

---

① 　章克标:《"一·二八"前后》,载《世纪挥手:章克标回忆录》,深圳:海天出版社,1999 年版。

《中学生》的特色，我以为有下面的两方面：第一，内容丰富而有趣味——中学生的读物，至少要内含为多方面的有趣味，一方灌输以知识，一方期养成其读书的习惯。过去的《学生杂志》以及目前的其他多种学生定期刊物，我以为都太单调了。尤其现出各种偏重于文艺方面太甚。虽说时下青年，好尚小说诗歌，然但图迎合青年的兴趣，使其养成偏狭不健全的习惯，甚至由颓废文艺引至消沈浪漫的境界，对于学生对于社会实有极大的罪咎。所以要在引起读书成为习惯之外，更当注意到前途的指导。《中学生》关于这一方面，狠能致力；每以科学的知识叙述，或短论中，发为不磨之论，其鼓舞与指示之力，盖非常之大。又凡中学所有各课程，皆为论叙以补校课之不足，哲学，科学，文学，医学，历史，地理，手工，图画，体育，乃至德育，宗教，莫不时为系统的介绍与传授，更能时就其读书和生活各方面，时为深刻痛切之言，如清夜钟声，发人猛省，而趣味氛围，则又于文字篇幅中，时为顾及，引人走入佳境，不致掩卷中辍。方向既多，趣味又永，有助于国家教育者，实非浅鲜。

第二，有计画有系统的介绍与叙述——在近年以来的无虑百十种的大小杂志刊物中，什九是没有计画的更没有系统的；这一期敷延过去，再筹备下一期；这一期介绍政治思想，那一期刊为文艺专号，莫不以稿件塞责刊物，以所收稿件为主，而以刊物为客体，驯至所刊内容往往会与其旨趣相违反，持与创刊号一较，会相去万里的。《中学生》力矫此风，预定计画，再征稿件，确然以刊物为主，而以作者为宾的。进一层说，他们实在确认刊物的读者中学生为主体，谨守其名称与主旨的。故能持其旨趣，骎进不息，无坠其绪。

至于每一种学科的系统的介绍与叙述,尤为是刊精采的不懈的工作之一。

其他若文字淡显,印刷精美,定价低廉,出版按期,皆为国内一般刊物所不能同时并有的好处。有志的学生们,乃至学生界以外的青年们! 如感到彷徨于纷叉的歧路,饥渴于寥廓的荒原;那吗,这种刊物便是你们的指导,你们的伴侣,你们的食粮啊!

是刊内容并不明确的分栏,但大致常有的,包括通论,各种学科的通论,各学科的讲话,(如美术讲话,社会科学讲话,气象讲话,等等,其涉及专门科学的,也往往用特殊写法,由浅入深)科学零拾,问题讨论,文艺竞赛,(二者都是征集学生投稿的选登,有时也举行美术竞赛)以及通信专载等。通信发表中学生的问题质询的信,编者以简明恳切的答复。此外临时变通的篇幅很多,例如第十六号中提出"我的中学生时代"一题,由编辑者四人各做一篇。又如最近一期(本年二月)忽添"文章病院"一栏,搜列时行宣言通告之文字,指出文字上的"病"而加以"诊治",这就无形中对学生作作文与文法的训练了。要而言之,是刊内容性质并不固定,而多能趣味隽永,切合实用。无怪其出世未及三年,已很流行于中学生的社会了。

本月刊现出至廿二号,即今年第二号。于烽烟鼙鼓之中,沪变国难之下,仍复迈进不已。沙漠驼铃之音,诚是令人兴奋欣慰的一件事情啊![1]

---

① 洁:《中学生》,《浙江省立图书馆月刊》第1卷第2期,1932年4月30日。

《中学生》这个刊物当时是最受欢迎的,除介绍一般科学知识和发表文艺作品之外,夏丏尊和叶圣陶两位主编特别重视语文教育方面的问题,曾特辟"文章病院"一栏,以具体的例子,生动地说明了当时官方报刊的公文和社论的思想和语文的毛病所在以及治疗的方剂。这不仅讽刺了官样文章及其所表现的思想,也对当时的文风和学风乃至语文教学都起了难以估计的保健作用和示范作用。这个"文章病院"至今还令我特别怀念。因为现在语文在思想内容和表达方式上的一些老毛病依然存在,而病院和医生却不易找到。如果现在那么多的报刊也多办几所"文章病院",少发些公式教条的空论,这对文风和学风都造福不浅。①

3 月

1 日　与罗迪先、谢六逸、林本侨、朱兆萃、陈鹤琴等 10 人任《儿童时报（杭州）》编辑顾问。

10 日　下午三时与章锡琛访舒新城,谈公司紧缩事。夜在致美楼聚餐,商定自三月起同人薪给减为七至九折,暂以六月为止。

同日　午后叶圣陶、王伯祥来访,未遇。

11 日　午后与王伯祥、章锡琛、叶圣陶商编初中教科书事,嘱王伯祥负责国语课程。

16 日　午后与王伯祥、章锡琛、叶圣陶商编《初中国语教本》事,议定共编六册,合酬二千金。

27 日　午间与叶圣陶、王伯祥、陈铎（稼轩）、方光焘、傅彬

---

①　朱光潜:《回忆上海立达学园和开明书店》,《解放日报》,1980 年 12 月 2 日。

然、宋云彬在章锡琛寓所,商新中国书局与开明书店合作出版中国地图册事,大致谈妥。

30 日 夜与郑振铎、章锡琛、谢六逸、傅东华、叶圣陶在高梦旦寓所聚餐,九时半散。

4 月

7 日 下午三时商务印书馆职工被难善后委员会在新新酒楼招待出版、新闻、律师代表,报告职工与资方纠纷情形。夏丏尊、陈乃乾、叶圣陶、樊仲云、章锡琛、谢六逸、傅东华、王伯祥、陈望道、沈钧儒、潘震亚、唐鸣时等百余人参加。"首由主席葛鹤才报告招待意义,及希望各界主持公论情形。次由该会委员陈稼轩报告,略谓此次日兵侵入闸北,商务全部被毁,损失殊属不赀,资方即藉口不能即时恢复,拟将全体职工解雇,除每人发五天薪金及维持费十元外,所有退俸金及储蓄存款,一概不发,此举实与该馆定章不合。现闻馆方尚存现款八十余万,存储银行,而现在沪上之一千余职工,每人要求区区二十元,虽经社会局一再调解,交涉至四星期之久,资方由王云五代表主办,始终未予答应,盖王君前曾实施科学管理方法失败后,对职工未免存有介蒂,而出此手段也。复由该会委员陈东武报告,略谓沪人士虽知商务之被毁,损失千万,然商务原有资额,仅二百五十万元,后因同人努力之结果,历年盈余,遂将股款银额增加一倍为五百万元,此非我全体同人三十五年之血汗而何?今商务虽被毁,而核其现有财产,如各处分馆及香港北平印厂,尚不下七百余万元,谓为损失则可,若谓蚀本,则如何取信于社会。今商务各分馆,仍照常营业,版权俱在,尽可进行恢复,岂知资方不此之图,无端要求全体职工解雇,我劫后余生之职工,颠沛流离,困苦万状,如是遭际,岂谓得其平耶？末由麦朝枢潘公展等相继演说,至六时茶点而散。"①

11 日 夜与章锡琛、王伯祥、叶圣陶小饮,共商《初中国语教本》编例。

16 日 夜与叶圣陶、王伯祥、章锡琛增删《初中国语教本》篇目,至十二时议定。

同日 文化界反帝抗日联盟机关志《文化通讯》创刊(仅出一期)。

17 日 文化界反帝抗日联盟召集第三次执行委员会议,报告批评过去工作,讨论决定参加上海各界反对政府出卖上海联合会代表大会等要案多件。

18 日 晨十时与王伯祥同往开明编译所,选定教本四册。

20 日 夜与章锡琛、王伯祥、叶圣陶小饮,十一时归。

23 日 晨王伯祥来访,商议国语教本发排事。

本月 开明中学讲义社开始招生。

5 月

1 日 夜与宋云彬、王伯祥、叶圣陶商谈,十时散。

同日 中学生劝学贷金委员会发布公告,规定本年贷金总数为 1700 元,名额为高中 4 名,初中 11 名。

4 日 王伯祥日记载:"夜饭后,稼轩来,约日内偕丐尊、雪村、雪山往观其地图工作。"

7 日 夜与宋云彬访王伯祥,长谈。

15 日 上海舆地学社两合公司成立。夜赴陈稼轩致美楼

---

① 《商务职工招待新闻界》,《申报》,1932 年 4 月 8 日。

晚宴。

王伯祥日记载：

> 六时出，与雪村、圣陶同赴致美楼陈稼轩之招。至则丏尊已在，余为陆震平及葛石卿等，皆已久候矣。七时半开饮，九时而毕。饭后即餐室议定《上海舆地学社两合公司章程》及《学社与开明特约合作合同》。两合公司之组织：一为无限责任者，计一万元；陈稼轩八千元，陆震平一千元，葛石卿一千元。一为有限责任者，计六千元；开明书店五千元，叶圣陶五百元，予亦五百元。合作合同则予与丏尊、圣陶为见议人。一切签字等手续，将候稼轩分缮完竣后送到时再办。十时三刻散。

同日 《开明中学讲义》由本社发行，夏丏尊编纂，弘一法师题签。"每月发行一册，每册约二十万言。以三册为一卷，全部六卷。每卷内容相当于初中一学期之教材。除依照课程登载初中必修之各科讲义外，各册冠以讲坛，指导学员独学自习之方法及立身处世之方针。末附课外讲义一种，对于部定课程所无而学员投身社会所必需之各种学科，分请专家讲述，务求简要明显，适切实用。自习册依照讲义程序，每科各分练习、笔记、质疑三项，按月印发。社员写毕送社，经讲师分别批答，评定分数发还。"[1]

21日 徐调孚入职开明书店。

23日 王伯祥日记载："参考稿九篇已交由雪村先看，并嘱再交丏尊、圣陶轮看。"

---

[1] 《开明函授学校中学部章程摘要》，《开明中学讲义》第1卷第1期，1932年5月15日。

同日　夜与叶圣陶、王伯祥商讨国语教本参考书事。十一时许散。

26 日　夜与章锡琛访王伯祥,九时归。

31 日　夜访王伯祥,十时许归。

下旬　视察立达学园,在满目凄怆的环境中徘徊了几小时,归途拾得一片日军遗留的炸弹裂块,"阔约六寸,高约三寸,厚约二寸,重约一斤。一面还大体保存着圆筒式的弧形,从弧线的圆度推测起来,原来的直径应有一尺光景,不知是多少磅重的炸弹了。另一面是破裂面,巉削凹凸,有些部分像峭壁,有些部分像危岩,锋棱锐利得同刀口一样"。①

本月　乘坐新江天轮赴宁波,在船上远眺蕴藻滨吴淞一带战后情形。

本月　与丰子恺、陈抱一、王礼锡、胡愈之、陈望道等为钱君匋重订《装帧画例》。

6 月

1 日　《甘地》(署名默之)刊《中学生》第 25 号。

5 日　立达学园召集沪战后第一次行政会议,讨论复兴问题,议决即日起进行恢复事宜,所需恢复经费分两期筹措,将详细预算书提请校董会通过。

6 日　夜在寓所与章锡琛、叶圣陶、王伯祥共商《初中国语教本》文法等事,十时散。

15 日　《书法》(按:内文标题为《开明书法讲义》)刊《开明中学讲义》第 1 卷第 2 期。作者认为随着时代变化,"终身埋头于

---

①　夏丏尊:《钢铁假山》,《中学生》第 52 号,1935 年 2 月 1 日。

书法原可不必,但鄙视书法,认为不值得注意,也是偏见。以文字传播之广狭而论,现代人对于书法,实更有注意与价值"。

20 日　王伯祥日记载:"达人书来,谓已决与殷佩斯、萧百新办《女子杂志》(按:实为《女子月刊》,1933 年 3 月创刊),设办事处于华龙路七一号。特托转约丐尊、雪村、圣陶、予同、振铎、调孚为特约撰稿人,并托开明为代定阅处。"

月底　在白马湖为经亨颐五十六岁生日祝嘏,晤自沪杭来虞的张大千、张善孖、黄宾虹、俞寄凡等。黄宾虹赠溪亭泛舟图一幅,款"壬申长夏,丐尊先生属粲,宾虹写于长松山房"。同期闻讯往访者有范寿康、张同光、朱云楼、黄树滋、伍敏行、杨赓德、林子仁诸人。

本月　《开明文学词典》由开明书店出版,署"编辑主干章克标""编辑者沈叔之、宋云彬、林语堂、徐调孚、夏丏尊、章锡琛、张梓生、黄幼雄、叶作舟、叶圣陶、顾均正、丰子恺"。此书的原稿来源未知,"条目的说明主要是从日本的某些辞书里抄译来的,极其芜杂凌乱,观点立场也不一致",同人"费时六七年,易稿四次,始告成功"。

7 月

1 日　《人所能忍受的温度》(署名默之)刊《中学生》第26 号。

7 日　夜赴周予同、傅东华梅园晚宴,座有张世禄、胡愈之、樊仲云、谢六逸、王伯祥、姚名达、叶圣陶、徐调孚、宋云彬、章锡琛、张同光、顾均正、方光焘、徐莲僧等 18 人,分两席。九时许散。

12 日　午后娄立斋与王伯祥来,商预支款项一百五十金,作丁晓先丧女赙礼。

13 日 夜与章锡琛、宋云彬、叶圣陶以公司名义在聚丰园宴请王伯祥、范寿康、周予同、方光焘。九时许散。

22 日 教育部函聘（第 5572 号）夏丏尊、孙俍工、郑鹤声、翁之龙、吴梦非、张士一、周昌寿、余光烺、萧一山等 37 人为中学课程标准修订委员会委员。其中夏丏尊、孙俍工、伍叔傥负责国文科。

至 25 日 中学生劝学贷金委员会收到应试试卷 16 份，即进行共同评阅。

31 日 夜赴胡愈之梁园豫菜馆晚宴，座有叶圣陶、章育文、王伯祥、方光焘、徐调孚、章锡琛、吴仲盐、黄幼雄。九时许散，与章锡琛乘夜车赴南京。

本月 贾祖璋入职开明书店。

8 月

1 日 上午九时在教育部大礼堂出席中小学课程标准修订委员会合组会议，与会者有蒋息岑、陈鹤琴、胡颜立、魏学仁、郑鹤声、郑贞文、吴梦非、姜丹书、钟灵秀、赵征铎、许炳堃等 50 人。"由顾树森主席，报告教部对于修订课程标准之意见毕，委员李贻燕代表编译馆对于中小学课程标准提出全部修订意见，惟多数委员以为暂行课程标准，曾经多数教育专家长时间之协议编订，且经过各省市之实地试验，如有不甚妥洽之处，尽可提出修订，似无庸全部推翻，重行编订。次由各委员将中小学课程共同修正各点详加讨论，至十二时散会。"下午二时出席中学组会议，"由顾树森主席，沈慰霞记录。议决（一）将中学各科课程体例重加修订；（二）初级中学课程时间表修正通过。"会后教育部长朱家骅在白宫饭店宴请全体委员。①

2 日　续出席中学组会议，"顾树森主席，上午议决：(甲)初高中取消学分制概用钟点计算。(乙)重行支配初中各科科目钟点如下，一、各学期每周概授课三十六小时；二、党义改为公民科，钟点仍旧；三、国文各学期有每周概授课六小时；四、算学各学期每周概授课五小时；五、自然科以分科制为原则，如有适用混合教本，采用混合制亦可。分科制，理化分列物理化学，各在一学年中教完，各学期每周各授课四小时；六、生理卫生改为健康，各学期每周概授课一小时；七、地理各学期每周概授课二小时；八、其他各科均仍旧。(丙)规定中学课程标准体例如下：一、标准，分为目标、教材大纲时间、支配三部；二、实施方法概要分为作业要项、教法要点、毕业最低限度三部；三、各科教材大纲，分学年，不分章节；四、各科详略勿相去太远。下午开会讨论高中各科目时间分配表，各人意见大致分为三项：一、高中除职业师范两科外，只设普通科必修科目一种；二、为适应个性及习惯，计高中一年起，科目分为文理两科，各具必修选修科目；三、一二年不分科，三年起分为文理两科。委员中分部派各科专家及教育家，三种各有其主观的，坚决主张，对于分科与否，争论颇烈，讨论至五时余，仍无结果。最后议决：推戴应观、李贻燕二人，重行起草高中科目时间分配表。三日晨八时，再开会讨论"。②

3 日　续出席中学组会议，"议决：(一)中小两组，为同议决中小学概不特设党义科目，将党义知识分别归并其他各科内。小学增设公民训练，初中增设公民，高中一二年设公民，三年级

———————————
①　《中小学课程标准会议 第一日会议详记》，《申报》，1932 年 8 月 4 日。
②　《纪第二日中小学课程标准会议》，《申报》，1932 年 8 月 3 日。

起教社会问题。(二)高中以不分科为原则,但在班数较多学校,第二年得减去公民四小时、国文论理音乐各二时,将所余时数,就下列二类各选设数科目,分组教学学生选习第一类科目者,不得选习第二类;选习第二类者,不得选第一类。第一类选设科目为国文、英文、社会学、论理、心理五种,第二类为数学、物理、化学、生物、地质、图画六种。(三)张士一等请复议初中课程时数表案,议决初一减算学一小时,初二上减劳作一时,初二下减物理、劳作各一时,初三减公民一时,初三下减化学一时。(四)高中一二年军训,对女生改教看护与家事三时。课程标准,看护请健康科人员起草,家事另请专家起草。(五)对小学组提议,甲乙丁三项意见,完全接受。惟于小学不重职业指导,只就十二岁以下小学毕业生而言,固可赞同,但我国小学毕业年龄,大都在十二岁以上,故小学亦应施以适当之职业指导,以应社会之需求。(六)通过高中普通科教学时数表。(七)请各科专家参照前日前议之课程体例,将各科课程,尽日内修订完毕,五日下午开大会讨论。"①

5 日 下午续出席中学组会议,"顾树森主席,由各专家将审查各科课程意见及应修改点,向大会报告,俾归纳讨论,关系各点逐科报告,故需时甚久。如历史地理化学物理国文体操等,各专家均有极详尽意见,尤以国文一科,有主张全用语体文,有主张全用文言文,争执颇烈。旋全体表决,仍定文言语体并重"②。有会员临时提议,自修既须教师负责指导,则自修时间,应与上课时间,同样计薪。结果,教部表示中学以时论薪,易滋流弊,教

---

①《纪第三日中小学课程标准会议》,《申报》,1932 年 8 月 4 日。
②《中小学课程标准会》,《新闻报》,1932 年 8 月 6 日。

部正拟订中学教员给薪办法。夜返沪。

9日 晨王伯祥来访，续商《初中国语教本》事。

王伯祥日记载："上午九时往访丏尊，商五六两册入选事。盖吾原定为文学史的选文，而近日教育部召集之课程会议则定为名著举隅，文章源流须展至高中末年始用也。当商定改选名著之代表作，侧重其书籍之介绍。"

12日 与王伯祥、徐调孚、叶圣陶等商议名著选读书目事。

王伯祥日记载："名著选读书目已开好，亲送开明，与丏尊、调孚等商酌之。圣陶根本反对此次课程会议所定名著选，以为大有提倡国故意味，故不参论。予亦委其稿于调孚，俟再商决进行。"

17日 晨访王伯祥，告知朱自清夫妇已从普陀返沪。午后与朱自清在编译所晤谈。夜在聚丰园设宴，客有朱自清夫妇、方光焘夫妇、叶圣陶夫妇、徐调孚、章锡琛、王伯祥、胡愈之等。饭后同过英华街精美食品公司吃冷饮，叶圣陶做东。

19日 夜赴胡愈之梁园晚宴，座有朱自清夫妇、方光焘夫妇、王伯祥夫妇、叶圣陶夫妇、徐调孚、章锡琛、茅盾等14人。九时散。

20日 开明中学讲义社编辑的《社员俱乐部》季刊创刊。

中旬 弘一法师书古德法语赠夏龙文，题"岁次壬申早秋，安居伏龙讲苑。龙文居士书来，云将筑室杨溪，埋名遁世，写此付之，月臂"。

24日 王伯祥日记载："饭后丏尊电话约谈，有文法上数事献疑，经予剖解，即冰释。"

28日 夏吉子日记载："收到了父亲寄给我的一包书，一本是《文学辞典》，一本是《英文法初步》，还有一本是《稻草人》，这是我早就读过的。"

30 日　返白马湖,带回水果、布料等。

31 日　中学生劝学贷金委员会选出贷金人 9 名,贷出 1100 元。剩余 600 元贷与立达学园。

9 月

1 日　译作《歌德的少年时代》(摘译自〔德国〕歌德著《诗与真实》第一部)(署名默之)刊《中学生》第 27 号。

同日　因贷金考试"应者稀少",录取率过高,"去竞试之旨已远",中学生杂志社取消《劝学贷金章程》。

同日　夏吉子日记载:"弘一法师寄了许多字给阿龙,我抢了二张来预备请父亲带去一裱,不再胡乱送人。"

9 日　离家返沪。

11 日　出席第三届股东常会。

　　开明书店股份有限公司,昨日(九月十一日)假绍兴同乡会,开股东常会。首由董事代表报告去年营业状况,继讨论董事会提出分派赢余及招足股本二十万元,并修正章程案,当经全体通过。最后选举董事及监察人,夏丏尊、章锡珊、杜海生、朱兆萃、胡愈之、章锡琛、林语堂、姚慧尘、章守宪九人当选为董事。夏质均、舒新城、陈济城三人当选为监察人。议毕散会。①

14 日　夏吉子日记载:"今日信客来,父亲送给我一只表,我自然欢喜的很。"

19 日　教育部函聘(第 7575 号)夏丏尊、顾均正、周予同、赵

---

①　《开明书店股东会记》,《申报》,1932 年 9 月 12 日。

景深、顾树森为小学国语课程标准审查委员会委员。

同日 夜与徐调孚、叶圣陶、章锡琛、王伯祥共商教科书事，七时许散。

22 日 夏吉子日记载："收到父亲给我中学讲义一本。"

23 日 王伯祥日记载："助来送校样一批至，因即对勘，至午后三时乃毕。亲往开明交调孚，并晤云彬、丏尊等。"

24 日 午后王伯祥来开明编译所。夜与陈望道、王伯祥、叶圣陶、宋云彬赴王宝和小饮，饮后同过精美品咖啡，谈至十时。

25 日 夜与顾均正、赵景深同赴南京教育部参加小学国语课程标准修订，沿途讨论文法和作文法。

26 日 出席教育部小学国语课程修订会。

27 日 续修订会。两日会议拟定读书教材分量支配表。①

29 日 中国工农红军第十三军军长胡公冕在上海被捕，后关押在南京。在关押期间，胡识因、夏丏尊、华林多方奔走，设法营救，并募款救助其家属。

30 日 王伯祥日记载："夜小饮，并与墨林（按：即胡墨林，叶圣陶夫人）谈话。伊劝我改取版税，甚有理由，予将从之。拟第二册交出时与雪村、丏尊接洽，未知能否如愿耳？"

本月 在沪寓为刘棨敬《肺痨病自己疗养法》作序。此书于10月由光达医院出版发行。

10 月

7 日 夜与宋云彬、徐调孚、叶圣陶访王伯祥，商议开明中学

---

① 教育部中小学课程标准编订委员会编：《幼稚园小学课程标准》，上海：中华书局，1933 年版。

丛书事,嘱王伯祥条拟意见。

19日 返白马湖,带回布料、食物等,并赠夏吉子一本《修辞学发凡》。

22日 告诉夏吉子,打算明年安排她去开明书店做校对。

夏吉子日记载:"若能成为事实的话倒也好,白马湖虽使我留恋,但为了要做人,也终得离去,久居湖上,那里来这种福气!"

同日 朱自清日记载:"在琉璃厂为圣陶、丏尊治印,又购书籍等。"

26日 经夏丏尊、马君武、胡愈之、江恒源(问渔)、王伯祥、姜琦、徐悲鸿等30余文化界同人赞助筹备,全国唯一寄售书店作者书社在福州路开业。

同日 夏吉子日记载:"阿龙近来似乎很不安,他的事业也毫无着落呢。晚饭食桌上,父亲大大的教训了我们一番,做人难的事又重新被勾引起来,雯时心又被重铅压着了!"

27日 夏吉子日记载:"夜饭后听了父亲一番现社会的真面目的谈话,简直令人不寒而栗。做人的事,难道真难到这样?!"

28日 偕夫人返沪。

29日 王伯祥日记载:"路遇雪村,知开明发行所将移东数家,在旧中西药房原址开张。从此美奂美轮,更见显扬,亦一进展之弘猷也。"

30日 上午与宋云彬访王伯祥。午间同邀叶圣陶赴王宝和品蟹,二时许散。

本月 教育部颁行《幼稚园小学课程标准》。

本月 光华书局征稿出版《现代中国作家自传》,夏丏尊复信,言"鄙人于文学毫无贡献,虽在书肆糊口,却不敢自附于作家之林。嘱写自传,愧无以应。"①

11月

1日 《国文科课外应读些什么》刊《中学生》第29号。

同日 东方杂志社向各界知名人士发布通启,征答"先生梦想中的未来中国是怎样""先生个人生活中有什么梦想"。夏丏尊、柳亚子、郑振铎、马相伯、陈乃乾、章衣萍等应邀在列。征文以《梦想的中国》为题,刊1933年1月1日《东方杂志》第30卷第1号"新年的梦想特辑"。

我常做关于中国的梦,我所做的都是恶梦,惊醒时总要遍身出冷汗。梦不止一次,姑且把它拉杂写记如下,但愿这景象不至实现,永远是梦境。

我梦见中国遍地都开着美丽的罂粟花,随处可闻到芬芳的阿芙蓉气味。

我梦见中国捐税名目烦多,连撒屁都有捐。

我梦见中国四万万人都叉麻雀,最旺盛的时候,有麻雀一万万桌。

我梦见中国要人都生病。

我梦见中国人用的都是外国货,本国工厂烟筒里不放烟。

我梦见中国市场上流通的只是些卷得很好看的纸。

我梦见中国日日有内战。

我梦见中国监狱里充满了犯人。

我梦见中国到处都是匪。

---

① 《作家的消息》,《出版消息》第1期,1932年12月1日。

2 日 王伯祥日记载:"珏人(按:即秦珏人,王伯祥夫人)往饮墨林所,九时始归。盖墨宴丏尊夫人兼为施太太饯行,故邀陪晚饭也。"

4 日 晨访王伯祥。

5 日 午间公司在南京饭店举行职工及家属聚餐会。饭后夏丏尊夫妇、王伯祥夫妇及三女、刘叔琴夫妇及两女、章锡琛夫妇及三子一女、宋云彬夫妇及一子一女、索非夫妇及一妹一子、贾祖璋夫妇及一子、傅彬然夫妇及二子、胡伯恳夫妇及一女、叶圣陶夫妇及一子一女,共 39 人在静安寺路大同照相馆合影留念。夜同赴古益轩聚餐。

8 日 夜偕夫人赴王伯祥寓所晚宴,座有丁晓先、娄立斋、宋云彬夫妇、叶圣陶夫妇、章锡琛、吴天然①、王钟麟夫妇、秦祖青夫妇、王悦之夫妇、顾漱石、聂文权等。

13 日 夏夫人偕章育文夫人、夏采文返白马湖。

27 日 午间赴陈稼轩金陵酒家之宴,座有唐鸣时、叶圣陶、王伯祥、章锡琛等,三时许散。饭后与叶圣陶、王伯祥过大世界看百岁老人张再丰,并听孙大玉大鼓书。

30 日 王伯祥日记载:"圣陶见过,……且谈参考书改版税事,或有几分希望也。只求赶速作成第二册交出,则一切可与丏尊、雪村面洽矣。"

本月 教育部颁行《初级高级中学课程标准》。

---

① 吴天然(1898—1940),名逸,胡墨林姑母胡铮子之养女。毕业于上海同德产科学校,先后在安生医院、志华产科医院等服务多年。1932 年在提篮桥开设诊所,专任妇幼护理。1940 年因牙疾去世。

12 月

2 日 王伯祥日记载:"昨日圣陶来言,谓予事已与丏尊说过,改版税可商,似有希望。"

9 日 夏吉子日记载:"听阿文说,我家门前有一青年跪着,据阿文说他正在门前小立,这青年身穿蓝衣,手一破篮,飘然而至,向阿文一鞠躬,叩父亲并朱自清先生在否,接着就长跪在地不起。"

11 日 午间访王伯祥,晤叶圣陶、章锡琛,共谈至十二时。

12 日 与茅盾、鲁迅、郁达夫、穆时英、祝秀侠等 57 位著作界同人联名致电苏联,贺中苏复交。电文刊 15 日《文学月报》第 1 卷第 5－6 期合刊。

15 日 傍晚与章锡琛、宋云彬、吴仲盐、王伯祥在王宝和小饮,谈版税事,并邀王伯祥来开明任职。

王伯祥日记载:"四时许接丏尊电话约谈,即往开明晤之,约至王宝和饮酒。雪村、云彬及仲盐俱与焉。丏尊为予改换酬报事,特提出办法,约予自下月起入所编下,仍月送薪水百五十元,前账不必再算;版税则似不旨行。予意,止需不致过亏,当属可商,遂允之。八时归。"

16 日 经夏丏尊等筹划,立达学园校刊《立达》复刊。

17 日 王伯祥日记载:"于是第二册全毕(按:此处指编写《开明国文读本参考书》),俟便交与丏尊,亦暂了一重公案矣。余事进行,当俟正式入所再谈矣。"

18 日 午前与叶圣陶访王伯祥。

19 日 夏吉子致信。

20 日　午后王伯祥、孙祖基^①来访,请将电稿翻译为日文。

22 日　夏吉子收到父亲回信。

27 日　为次子夏龙文婚事,返白马湖。赠夏吉子皮夹一只,《陶渊明诗集》一册。

31 日　开明发行所迁至福州路 85－86 号。

本月　贾祖璋著《动物珍话》由开明书店出版。书名为夏丏尊拟定。

本年冬　与丰子恺、李圆净、李绍莲资助弘一法师 30 元,用于《地藏菩萨圣德大观》在佛学书局排工。

本年　介绍钱畊莘任世界书局编辑。

本年　介绍宁波四中毕业生杨良瓒进美成印刷厂做学徒。

1933 年(癸酉,民国二十二年)　47 岁

▲1 月 1 日,日军侵占山海关,进逼华北,中国守军奋起抵抗,长城抗战开始。

▲1 月 18 日,茅盾的长篇小说《子夜》由上海开明书店出版,3 个月内,重版 4 次。

▲5 月 31 日,中日双方签订《塘沽协定》,规定日军撤归长城一线,中国军队撤至长城以南地区,划冀东为非武装区,由中国警察维持治安,华北门户自此洞开。

---

①　孙祖基(1903—1957),字道始,江苏无锡人。开明书店董事之一。1929 年毕业于东吴大学法科。历任河南省政府参事、无锡县县长、申新九厂经理等职。1933 年在沪开设律师事务所。著有《中国历代法家著述考》《祖基文存》等。

▲7月1日,《文学》月刊创刊于上海,由郁达夫、郑振铎、茅盾、胡愈之等九人任编委,此刊是30年代出版时间最长、影响最大的文学期刊。

▲9月,国民党政府加紧"围剿"革命文艺运动,蒋介石饬内政部警政司通令禁售普罗文艺刊物。是月,国民党对中国共产党中央根据地发动第五次"围剿"。

1 月

1 日　《电子的话》(署名默之)刊《中学生》第 31 号"科学特辑"。

同日　与叶圣陶合撰之中学国文学习读物《文心一:"忽然做了大人与古人了"》《文心二:方块字》载同刊。《文心一》以 H 市第一中学校放学时场景开篇,通过主人公周乐华和张大文这对姨表兄弟的对话、做过中学国文教师的乐华父亲周枚叔对二人的预习指导,将问题的探讨指向了中学国文读写领域。《文心二》中,国文课教师王仰之讲授了《秋夜》《登泰山记》两篇文章,通过对文言文与白话文的比较,主要说明了"方块字"在不同语境中的词性问题。

同日　与叶圣陶、徐调孚租定熙华德路汾安坊(今东长治路 894 弄)3 号。

同日　夏龙文与韩玉严在白马湖完婚。

4 日　王伯祥入职开明书店。

6 日　夜在经亨颐长松山房就餐,十时半归。到家仍有兴致小饮,并与夏吉子等谈及,来年全家迁居上海,平屋则留由两位儿媳照看。

7 日　午间返沪。

8日 下午三时出席董事会,只由经理报告两月事务,无议案。

同日 夏吉子致信。

12日 王伯祥日记载:"寇警如故,而报纸消息沉滞,丏尊得平友信,正纷纷预备逃难矣。可见平、津倭情甚叵测也。"

13日 王伯祥日记载:"十时乃睡,就床未久,邮差叩门急,启户接之,乃子敦快信也。剖而读之,知《备要》三集俱有人求售,索价亦仅三百元,可筹款往取书矣。为之大快。不图急景凋年乃使旧藏之一部得庆延津,合浦之喜如此也!明日当与丏尊一商,俾筹款。"

14日 王伯祥日记载:"丏尊、雪村未来,未及与商。"

15日 上午王伯祥来,商议预支中学生丛书稿费以购《四部备要》事。

16日 预支三百元与王伯祥。

同日 开明编译所迁回安多里口。

20日 夏吉子日记载:"今日收父亲信,他说已在上海租了房子,将在半月内接我们去。我感到将变换生活方式的喜悦。"

25日 弘一法师致信。"久未通讯,甚念。厦门天气甚暖。石榴花、桂花、晚香玉、白兰花、玫瑰花等,皆仍开放。又有热带之奇花异草甚多。几不知世间尚有严冬风雪之苦矣。近由李圆净居士,交至尊处之天津寄款二十元,乞便中托人送至愚园路胶州路七号佛学书局交沈彬翰居士,收入第766号弘一存款户头中,以备将来请经之用。至为感谢。拟于旧历正月二十一日,即蕅益大师涅槃之日,在此讲《四分律戒本》及《表记》。"

30日 夜赴傅彬然寓所聚餐,与叶圣陶夫妇、王伯祥、宋云彬同席。席间辩论气节问题。

2 月

1 日 与叶圣陶合撰之《文心三:题目与内容》《文心四:一封信》刊《中学生》第 32 号。《文心三》记述了中学第一节作文课,指出作文是生活中不可缺少的一个项目,规定了作文练习的目标,解释了"题目"与"内容"的内涵及次序问题,列举了两个先有题目、实则因实际需要而作文的练习实例。《文心四》通过枚叔对乐华和大文信稿的指导,探讨了作文中承接和转折处的用词、内容顺序的调整、情感的表达等问题。

4 日 夜与叶圣陶、王伯祥同赴东方杂志社晚宴,晤蒋径三、周予同、胡愈之。十时许仍与叶圣陶、王伯祥同乘归。

同日 夏吉子收到父亲信。

5 日 与叶圣陶同迁入汾安坊新居。

6 日 夏吉子收到夏采文信,称父亲近日无暇返白马湖,拟由其接吉子和母亲赴沪。

9 日 夜王伯祥、宋云彬、叶圣陶来访,谈至十时半散。

15 日 夏夫人与夏吉子赴上海。夏吉子随后进入开明书店做学徒。

20 日 《社员俱乐部》第 3 号登载开明中学讲义社社员钟流致夏丏尊信。① 录如下。

社长先生:

　　本社预备发起的集会,我是赞成的一人。我对于英文

---

① 《社员俱乐部》创刊号曾发布"本社消息":本社为谋本埠社员互相认识,敦厚情谊起见,将发起一种集会,并于每次集会中,举行各种使社员实际获益的会,例如"英语正音会"等等,这未始不是本埠社员的福音。但何时开始举行,现在尚未决定,这须先行视察一下社员的需要,然后厘订办法,甚望社员能够供献我们一点意见。

一科,全无基础,像所说的"英语正音会",正是我最需要的。
如能举行各科演讲会,请各位教师分期演讲,那就更好了。
先此报名,伫候实现。

一○一三五号社员　钟流

27日　夜六时与王伯祥、章锡琛、叶圣陶同赴上海舆地学社
出席股东年会,晤陈稼轩、陆震平、沐绍良、葛石卿等。饭后共谈
至十一时许散。

同日　王伯祥日记载:"丏尊为予代向江南银行保火险二千
两,已将保单交予。"

本月　与王伯祥、章锡琛、叶圣陶等商议印行陈乃乾校辑的
《元人小令集》。

3月

1日　与叶圣陶合撰之《文心五:小小的书柜》《文心六:知与
情意》,刊《中学生》第33号。《文心五》一文讲述了枚叔带领大
文和乐华整理挑选图书的过程,提出了中学生课外阅读应采取
"经济的读法",列举了工具书、小说、诗歌、传统经史子集、新进
少年读物等各类书籍中适合中学生阅读的书目。《文心六》以
"九一八"事变为背景,通过王仰之先生指导学生写作"抗日的文
字"的过程,探讨了心理学中知情意的不同作用及其在文章中的
分别与联系。

4日　王伯祥日记载:"雁冰来,持启为马翁捐钱作纪念,予
与丏尊、云彬、息予、圣陶各捐二元与之。"

12日　夜与傅东华、茅盾、樊仲云、宋云彬、胡愈之、金仲华、
张明养、叶圣陶、徐调孚、谢六逸、章锡琛、王伯祥在聚丰园聚餐,
十时许散。

25 日 傍晚与王伯祥、章锡琛、叶圣陶、徐调孚同赴爱多亚路杭州饭庄聚餐,另到茅盾、樊仲云、宋云彬、傅东华、金仲华、胡愈之。九时许散。

27 日 译作《萧的卖老》([日本]长谷川如是闲著)刊《申报·自由谈》。该文章开首如是说:"萧游日本,曾寄稿《改造》杂志,题曰《恩格尔斯,萧,列宁》。卖老之态可掬,原文移译如下,亦社会主义文献之一也。"

本月 开明书店向上海市教育局申请登记"开明函授学校",经核准备案。

4 月

1 日 散馆后与王伯祥、徐调孚、宋云彬、章锡琛、刘薰宇、刘叔琴同赴古益轩聚餐,另到叶圣陶、郑振铎、黎烈文、胡愈之、周建人、赵景深等,共两席。九时许各散归。

同日 与叶圣陶合撰之《文心七:日记》《文心八:诗》,刊《中学生》第 34 号。《文心七》主要记录了乐华写予大文的一封信和三篇《难中日记》,乐华于寒假中随父甫至上海,闸北便沦为战场,日记记叙了他连续三日的经历,在向读者呈现战时社会生活状况的同时,也向中学生展示了日记这一文章体裁,提供了学习日记写作的范本。

5 日 开明同人商议编辑高小教科书事。

6 日 夜与郑振铎、叶圣陶、陈望道、茅盾、黄源等在会宾楼聚餐,讨论筹备新杂志。决定由郑振铎、傅东华任主编,即席确定编委名单,杂志定名为《文学》,用"文学社"名义对外,社址设拉都路敦和里 11 号,7 月 1 日创刊。(按:辑录自黄源《鲁迅与〈文学〉》,载丁锡根执笔《鲁迅研究百题》,长沙:湖南人民出版社,1981年版。但茅盾《回忆录》载,列席人员为周建人、黄源、"鲁迅、叶圣陶、郁达夫、陈望道、胡愈之、洪深、傅东华、徐调孚以及郑振铎和我"。王伯祥日记载,"计主人之外,有乔峰、鲁迅、仲云、达夫、蛰存、巴金、六逸、调孚、雁冰、望道、圣陶及予十二客"。夏丏尊均不在列。)

11 日　赴南京教育部接洽教科书审批事。

15 日　经亨颐、俞士麟、经亨咸、经润甫、李宝煦、朱云楼等在白马湖长松山房商议驿亭大同医院进行事宜,通过董事会章程、经费支配办法及开院日期。又由常务董事推定夏丏尊、宋汉章、何香凝、何五良、章培、范洗人等 60 人为维持董事,每人年纳维持费 50 元。

17 日　王伯祥日记载:"教育部批回,《开明小学课本》之国语、常识已无问题,俟七八两册审过,便可发给审定执照云。惟《中学国文读本》则尚在审查中,不识如何耳。"

22 日　夜在古益轩宴客。

同日　匡互生逝世。

27 日　返上虞,为亲戚调解争讼。

本月　与沈起予、张天翼、陆侃如 48 人任《文学》特约撰稿员。

5 月

月初　弘一法师致信。"前寄上书面字,想已收到。昨承转寄超伊师函,已达,至感。开明书店出版之《护生画集》,乞惠施二十册上下,俾便转赠同人,为祷。《辞通》出版后,乞惠施一册。"

1 日　与叶圣陶合撰之《文心九:"文章病院"》《文心十:印

象》,刊《中学生》第 35 号。《文心九》借助几位同学对《中学生》杂志中"文章病院"专栏的讨论,将此专栏于该刊第 22 号中的创设目的及所分析的三篇例文进行了补充说明。《文心十》讲述了枚叔与乐华、大文游赏一座山的经历,介绍了游记的两种写法,即"平平板板记述"与"印象的描写",并通过具体文例辨析了"记叙"与"描写"的区别,强调了后者在写作中的重要作用。

13 日 王伯祥日记载:"依时入所,注毕《闲情记趣》,并接注丏翁之《长闲》。"

15 日 王伯祥日记载:"注毕《长闲》及朱孟实《无言之美》。"

同日 弘一法师致信。"惠书诵悉,至用感谢。《画集》即可收到。讲律尚须继续,今年或不能北上也。两旬之后,拟往百里外山中避暑,乞暂勿来信。将来住处定后,再以奉闻。"

16 日 王伯祥日记载:"依时入所,注丏翁《文艺鉴赏的程度》和周启明《生活之艺术》。丏尊接俍工函,知予编《读本》以语文比率有问题(按:详见《图书评论》第 2 卷第 1 期《国立编译馆审查教科图书一览表》附二),似作难然。予甚耻之,不图佣书之贱殆有甚于仕宦也。所中为生意计,不得不周旋,丏尊且定日内晋京疏通焉。可胜道哉! 可胜叹哉!"

18 日 赴南京商洽中学教科书事。

21 日 王伯祥日记载:"建初之来,大东书局实招之,将畀以推广部之职。予闻之,不能无动,因劝其暂勿进受,俟予与开明当局商酌后再说,能为予而却彼就此,固所深望也。明日当约圣、丏、雪等一商之。"

22 日 与杜海生、王伯祥、章锡琛、章锡珊、叶圣陶谈妥招揽张建初来开明就职事。

23 日 与陈望道、郁达夫、胡秋原、施蛰存、沈从文等文艺界同人联名致电国民党政府行政院院长汪精卫、司法行政部部长罗文干,请对于著作家丁玲、潘梓年"揆法衡情,量予释放,或移交法院,从宽办理"。电文刊 24 日《申报》。

25 日　公司借叶圣陶寓所宴请陆并谦,招揽其为开明在上海推广教科书。

同日　韦丛芜致信,提及在南京偶遇丁玲。

29 日　匡互生追悼会在江湾立达学园举行。

本月　开明编译所迁至兆丰路 183 号。

6 月

1 日　《关于后置介词"之""的"》(署名默之)刊《中学生》第36 号"质疑与解答"专栏。

同日　与叶圣陶合撰之《文心十一:辞的认识》《文心十二:戏剧》载同刊。《文心十一》借由乐华与枚叔对卢先生谈话时"用辞不切当"的讨论,指出中学生应该时常翻查现代辞书,并介绍了传统类书的含义、作用、编排体例及中学生对这类书籍的使用方法。《文心十二》中,几位同学从中国传统戏剧出发,对比了其同西方戏剧在体裁上的差异,进而商讨以"一·二八"战役为题材编写剧本。

2 日　与鲁迅、柳亚子、邵洵美、郁达夫、李青崖等 19 位上海文艺界同人在《大美晚报》联合发表《为林惠元惨案呼冤宣言》。

同日　王伯祥日记载:"建初本月十九日续弦,与丏尊、雪村、圣陶合送一绸幛,将托翼之在苏就近代办。"

24 日　王伯祥日记载:"前送部审查之教本已批回,指摘不合处甚多,须修正再送云。丏尊、雪村之意,不理会它,照常进行,勿再送审矣。据云,审查者孙俍工与丏有不快,故藉为报复之具也。"

27日 夜与胡愈之、周予同、茅盾、徐调孚、章锡琛、宋云彬、王伯祥、方光焘、傅东华等在叶圣陶寓所聚餐,九时许散。

同日 王伯祥日记载:"息予将于下月一日正式任开明推广部事,月薪百金,丐尊托予转说合之。"

30日 王伯祥日记载:"开明大添人,金仲华、韦息予、卢沅①定于明日到。姚云漪(按:即姚韵漪,杨贤江夫人)亦将来。其他临时工作人员王志成、马精武闻亦将于明日来也。"

本月 开明中学讲义社举行第一届学员测验。试卷由学员自行领取,作答完毕后寄缴。

7月

1日 《文学》杂志创刊;《命相家》刊《文学》第1卷第1号。

同日 开明中学讲义社遵照《上海市私立补习学校函授学校职业传习所办法大纲》,改名为"上海市私立开明函授学校",即日起招收新学员。夏丏尊任校长。

同日起 《社员俱乐部》改名为《学员俱乐部》,由开明函授学校编辑发行。

同日起 《开明中学讲义》亦改由开明函授学校发行。

3日 王伯祥日记载:"依时入所,料理参考书第三册稿毕。以丏尊赴甬未归,先属圣陶看之。"

7日 弘一法师致信。"前函初发出,即奉到开明所寄书籍一包,乞便中代达子恺居士。"

---

① 卢沅(1910—1957),字芷芬,江苏苏州人。无锡国学专科学校肄业,进入开明书店后参与编纂《二十五史》《二十五史补编》等。抗战中任昆明分店经理。

24 日　夜与叶圣陶、丁晓先、章锡琛、章锡珊以公司名义在明湖春菜馆宴请张建初、丁重宣、熊骞高、赵欲仁等,王伯祥作陪。九时散。

27 日　学员测验结果在《申报》公布,共 67 名分获现金、水笔、书券、便笺等奖励。

30 日　午间与章锡琛、王伯祥介绍屠思聪①与陈稼轩晤面,同赴状元楼商调上海舆地学社与世界舆地学社、东方舆地学社版权纠纷事(按:详见 21、23 两日《申报》第 4 版),席间张建初至。谈至三时散。

下旬　弘一法师致信。"因事留滞泉州,秋晚乃可入山也(今年未能北上)。前承尊戚施眼镜,甚为适用。但携带未能轻便。仁者前用之眼镜,如已不合用,(闻人云,近十年即须换。)乞以惠施。因余犹可适用此光也。且备有两具,万一有破碎亦可资急需。至镜边金质,可用他物涂之,无有碍也。惟付邮寄下,颇非易事,或致途中损破。乞托眼镜公司代寄,当妥善也。"

本月　夏质均、金能之盘入大英药房中国有限公司旗下老德记汽水厂,邀请夏丏尊、章育文共同备资三万元继续营业。"故自斯时起,老德记汽水,即由外商经营,而变为纯粹国产汽水矣。"②厂址在榆林路 94 号,事务处暂设宁波路江南银行三楼。

---

①　屠思聪(1894—1969),原姓申屠,字哲生,浙江上虞人。1920 年毕业于上海南洋中学。历任上虞县立第二高小校教员及时化小学校长。1922 年在沪创办世界舆地学社,先后主编出版《中华最新形势图》《简要中华地理图说》《简要世界地理图说》等。

②　寒梅:《老德记汽水厂改组创立记》,《上海报》,1934 年 12 月 20 日。

8 月

2 日 午间与叶圣陶、黄幼雄、王伯祥、陈稼轩、丁晓先赴北京路大加利晤屠思聪,相约双方重写信稿,只许传示相关人员,不得发表。

5 日 夜赴屠思聪杏花楼晚宴,座有陈稼轩、王伯祥、张纪隆、丁晓先等,谈甚洽。九时许散。

6 日 夜公司在明湖春宴客。

9 日 散馆后与王伯祥赴上海舆地学社出席临时股东会。开明方面提出,社中但管制图,由开明负责印刷、发行诸务,向学社提交版税。原则通过,细目另定再商。九时半散。

同日 夏采文女儿夏弘琰在平屋出生。

16 日 应上海市教育局之邀,下午四时在南京路大中华电台播讲《文学的力量》(刊 31 日《上海市教育局无线电播音演讲集》第 6 期)。作者认为文学的力量是从具象来的,是感染的,自由的。文学作品对于读者发生效力需要通过"共鸣",并且因人的思想环境有别而各异。

同日 与叶圣陶、鲁迅、茅盾、田汉、郁达夫、巴金等 106 位上海文艺界同人在《大美晚报》联合发表《欢迎巴比塞代表团启事》。

18 日 屠思聪声明世界舆地学社不再参与版权纷争,由陈稼轩与东方舆地学社社长洪懋熙直接交涉。夜赴陈稼轩古益轩晚宴,客有屠思聪、王伯祥、章锡珊、叶圣陶、张纪隆、丁晓先,"当面解释,彼此涣然"。九时三刻散。

20 日 《"文化"与"文字"》刊《学员俱乐部》第 5 号。

中旬 公时中学开设课外文学及社会科学讲座,夏丏尊、余楠秋（复旦大学文学院长）、李青崖（中国公学文学系主任）、姚名达（暨南大学教授）、陈望道（大江书铺总编辑）、郑师许（交通大学教授）等60余人任讲师。

28日 夜与宋云彬、王伯祥、章锡琛、叶圣陶、徐调孚、金仲华、胡愈之、蒋径三、方光焘在三马路古益轩聚餐，为周予同赴安庆、高觉敷赴广州饯行。九时许散。

29日 经夏丏尊、叶圣陶推介，陈友琴编辑的《清人绝句选》谈妥在开明书店出版，即日付梓。

月底 朱光潜归国，来访。夏丏尊告知其父朱子香逝世消息。

9月

1日 《原始的媒妁》刊《中学生》第37号。

同日 与叶圣陶合撰之《文心十三：触发》《文心十四：书声》载同刊。《文心十三》通过引述枚叔写给乐华的家书，主张"勿只把文字当文字读，勿只从文字上去学文字"的国文学习方法，强调了阅读作文中最重要的是"由一件事感悟到其他的事"这一"触发的功夫"。《文心十四》一文记述了王仰之先生与学生们在山寺清游读书的经历，提出朗读"是心、眼、口、耳并用的一种学习方法"，并通过具体的文句介绍了标记语调的各种书面符号。

6日 夜在明湖春设宴为陈望道赴安徽大学教书饯行，客有茅盾、蔡慕晖、朱光潜、蒋径三、郑振铎、谢六逸、许地山、樊仲云、叶圣陶、徐调孚、黄幼雄、王伯祥、胡愈之、李健吾、魏金枝、陈子展、周淦卿、刘薰宇、方光焘、金仲华、宋云彬等，共两席。十一时许散。

15日 武汉警备区司令叶蓬签发《训令所属各机关部队为

据报密查汉口市各书店刊物经过情形附抄中国普罗文学作家姓名表令仰查扣以杜流传文》，夏丏尊、叶圣陶、鲁迅、郑伯奇、钱杏邨、蒋光慈等 35 人列入其中。密令称"此辈普罗作家能本无产阶级之情绪，运用新写实派之技术，虽煽动无产阶级斗争，非难现在经济制度，攻击本党主义，然含意深刻，笔致轻纤，绝不以露骨之名词嵌入文句，且注重题材的积极性，不仅插写阶级斗争，尤必渗入无产阶级胜利之暗示。故一方煽动力甚强，危险性甚大，而一方又足闪避政府之注意"。

16 日　鲁迅日记载："下午得韦丛芜信，附致章雪村、夏丏尊笺。"（按：或为告知韦丛芜与韦素园在开明的版税由鲁迅代收。详见韦丛芜：《读〈鲁迅日记〉和〈鲁迅书简〉——未名社始末记》，《鲁迅研究月刊》1987 年第 2 期。）

17 日　十一时三刻与王伯祥、叶圣陶赴陈稼轩致美楼午宴，座有章锡琛、章锡珊、葛石卿及上海舆地学社书记，共商开明与上海舆地学社合作契约。议定出版、发行归开明，上海舆地学社抽版税百分之十。先清算前账，然后再议结束方式。

20 日　下午俞平伯自苏州到访开明书店。夜与章锡琛、徐调孚、王伯祥、俞平伯在叶圣陶寓所聚餐。谈至九时许散。

26 日　夜饭后与胡愈之、章锡琛、王伯祥、黄幼雄、张梓生、俞颂华等聚于开明发行所，谈至十时半散。

29 日　夜赴娄立斋古益轩晚宴，座有谷春帆、胡愈之、王伯祥、叶圣陶、章锡琛、章锡珊、黄幼雄、丁晓先、庄子良①。九时许散。

---

①　庄子良，浙江绍兴人。绍兴县教育会副会长。抗战期间任开明书店广州分店经理。1941 年客逝柳州。

本月　钱君匋在四马路大中华举行婚礼。夏丏尊转赠"一法不当情,万缘同镜象"对联一副,题"君匋思得弘公法书,检旧藏赠之,癸酉秋日丏翁记"。

10 月

1 日　《光复杂忆》《蟋蟀之话》(署名默之)刊《中学生》第38 号。

同日　与叶圣陶合撰之《文心十五:读古书的小风波》《文心十六:现代的习字》载同刊。《文心十五》讲述了 H 中学因阅读古文而产生的风波,称高二学生小李的壁报文章《谁愿意迷恋骸骨》"把迷人眼目的障翳都揭破了",指出现代中国青年需要的是"在现代中国做人的知识和经验",国文科中只有古代的文学作品才有阅读的必要。《文心十六》通过几位同学与汤慧修父亲探讨现在与从前习字的不同,提出了今日仍然需要练字的主张,并规定了"迅速、准确、匀整和合式"四项习字标准。

3 日　王伯祥日记载:"明日中秋,下午放假。据丏尊言,凡端阳、中秋后将为例矣。"

8 日　出席第四届股东常会。

开明书店股份有限公司,昨日午后二时,假爱而近路绍兴同乡会,开股东常会,公推吴觉农君为主席。首由主席报告,到会股东,已足法定人数;次董事会代表报告本年度营业状况;次讨论董事会提案:(一)盈余分派案,议决,每股分派股息红利一分四厘;(二)添招股本案,议决,添招十万元,并讨论修改章程等项。最后投票选举,邵仲辉、曾仲鸣、何五良、陈济城、姚慧尘、杜海生、夏丏尊、章锡琛、章锡珊当选为董事;林语堂、范寿康、章守宪为候补董事;夏质均、冯寄载、朱仲华当选为监察人;舒新城、王伯祥当选为候补监察人。[1]

10 日 王伯祥日记载:"十一时三刻赴稼轩致美楼之约,晤雪村、雪山及石卿、绍良,十二时三刻乃饭。丏尊、圣陶迄未至。饭后,开明与上海舆地社签订版税合同,予为见议人。"

上旬 为卢冀野旧藏、清端木采选编的《宋词赏心录》付印锌版,并更名为《宋词十九首》。

11 日 弘一法师致信。"惠书具悉。承施目鱼(此名马居士定),感谢无尽。印西师盛意,至用铭感。近年来虽无大病,但衰老日甚,殊畏寒暑。闽南气候调和,适于疗养,故暂未能北上,至用歉然。稍缓,即拟移居山中。希施资贰拾元,付邮汇下,以备杂用,甚感。"

14 日 王伯祥日记载:"丏尊购得《明诗综》一部,板尚未甚漫漶,此已不易多得,可谓偶得之便宜货矣。"

本月 经夏丏尊、章锡琛帮助,楼适夷译著《林房雄集》由开明书店出版。

11 月

1 日 《我之于书》刊《中学生》第 39 号。

同日 与叶圣陶合撰之《文心十七:语汇与语感》《文心十八:左右逢源》载同刊。《文心十七》一文通过杜振宇同学分享进步经验的演讲和王仰之先生的补充讲授,针对作文提出了注意收集和比较词类、选用适当的词语、丰富各类语汇、磨练对于词类的感觉力等要求。《文心十八》中,几位同学分别回忆了算学、

---

[1] 《两书局股东会记》,《申报》,1933 年 10 月 9 日。

图画、英文等科目的教师在教授功课时与国文相关联的实例,强调了在普通教育中,各科都是"必要而有关联的","不可偏重"。

4 日 下午陈稼轩、葛石卿、沐绍良来编译所参加第一次地图编审委员会,通过会章及付印《中国袖珍图》《暗射图》《上海交通图》诸案。

5 日 午间与傅东华、茅盾、王伯祥、胡愈之、徐调孚、谢六逸、黄源、洪深在霞飞路觉林聚餐。三时许散。

7 日 钱玄同日记载:"戴遰孙来访,携来朱丹九《辞通》卷五排印样本来,因夏丏尊要我做序也。"

14 日 鲁迅致信山本初枝。"上海仍有寂寞之感,到处都是不景气的样子,与我初到时已大不相同。对于文坛与出版界的压迫也是日日加紧,什么都是禁止发行,连爱米基斯的《爱的教育》,国木田独步的小说选集,也都被禁止,真使人啼笑皆非。"

17 日 夜夏夫人偕夏吉子、夏满子赴四马路同兴楼贺叶圣陶四十生辰。

18 日 夜赴方光焘聚丰园晚宴,座有裘梦痕、章锡琛、吴仲盐、徐调孚、叶圣陶、刘薰宇、王伯祥、胡愈之、周为群。九时散。

19 日 侄女夏觉夫与春晖中学教师黄清野在春社设筵五席宴请诸亲友及同事,庆祝成婚。

23 日 散馆后邀王伯祥、宋云彬、丁晓先往马上侯品蟹,谈开明各所主任室秘书人选事,共推王伯祥为编译所主任室秘书。

25 日 夜《中学生》杂志社在聚丰园设宴,客有孙祖基、谢六逸、黄幼雄、王纪元、俞颂华等,共三席。

30 日 王伯祥日记载:"散班后往访锦珊,遂与其父子对饮。谈至十一时始归,薄醉矣。车中遇丏尊,询悉已十一时,乃恍然时晏耳。"

12 月

1 日 《白马湖之冬》《关于银》(署名默之)刊《中学生》第40号。

同日 与叶圣陶合撰之《文心十九:"还想读不用文字写的书"》《文心二十:小说和叙事文》载同刊。《文心十九》围绕乐华因家计困难而被迫停学的问题,指出"真要求学的人是不一定要进学校的","学习的主题是我们自己",号召青年人要在"社会的图书馆里""读不用文字写的书"。《文心二十》通过几位同学与英文科教师张先生的讨论,阐述了小说与叙事文的不同,指出小说的本质在于作者将"从人生中间看出来的意义""含在故事中间"。

6 日 嘱王伯祥写信延揽王勤埆(鞠侯)。夜与金仲华、王伯祥、丁晓先在叶圣陶寓所小饮,九时归。

同日 王伯祥日记载:"立达学生黄业熊托介绍事情,已与丏尊说过,一时实无法,已照复之矣。"

7 日 教育部函聘夏丏尊、郝更生、袁敦礼、黄国璋、戴安邦、萧友梅、杜佐周等79人为师范学校课程标准起草委员。其中夏丏尊、孙俍工、蒋伯潜、周予同负责国文科,草案定于翌年1月15日前汇送到部。

10 日 公司举行第二次业务会议。

13 日 午间邀张聿光至寓所小饮,延请其来开明任画职。叶圣陶、王伯祥作陪。

19 日 王伯祥复信张世禄,托为夏丏尊购《彊村遗书》。

26 日 与叶圣陶夫妇、王伯祥、宋云彬、丁晓先、傅彬然、徐调孚、顾均正、金仲华合送章锡琛父母寿礼及章锡珊娶儿媳喜礼,摊费三元余。

29 日　午间与叶圣陶、章锡琛、庄子良、杜海生、顾均正、丁晓先、王伯祥以公司名义在汾安坊寓所宴请教育部科长钟灵秀、南京分店经理金桂荪。席间王伯祥拟一呈文,托钟灵秀转请部长王世杰指派专员来沪签看《教育年鉴》校样。

本月　《宋词十九首》由开明书店出版。

本月　经夏丏尊帮助,宁波四中学生杨荫深小说《少年英雄》由开明书店出版。

本年　与章克标等造访崇德县石门湾,为丰子恺新屋"缘缘堂"落成贺喜。

1934 年(甲戌,民国二十三年)　48 岁

▲2 月 19 日,蒋介石在南昌发起"新生活运动",提出要以孔孟的"四维"(礼义廉耻)、"八德"(忠孝仁爱信义和平)为道德标准,统一人们的思想。

▲3 月 1 日,溥仪在长春称帝,改"满洲国"为"满洲帝国",年号"康德"。

▲5 月,汪懋祖发表《禁止文言与强令读经》,提倡读经,反对白话。本月,国民党政府在上海成立"图书杂志审查委员会"。6 月 9 日,国民党政府公布《图书杂志审查办法》,规定所有出版物交付印刷前须先经审查委员会审查。

▲6 月,陈望道等人发起大众语运动。

▲11 月 13 日,上海《申报》总经理史量才遭国民党特务暗杀。

1 月

1 日 《恭祝快乐》(署名默之)刊《中学生》第 41 号。作者认为新年对于中学生"是愁情与快乐兼而有之的"。可乐的是不久就可从中学毕业升级;可愁的是随着年龄增大,出路问题一年急迫一年,家庭对于自己负担能力一年不如一年。希望诸君早事预备,不可无谓愁思。

同日 与叶圣陶合撰之《文心二十一:语调》《文心二十二:两首菩萨蛮》载同刊。《文心二十一》一文中,王先生布置了"句调"这一演讲题目,作者借由几位同学在聚会时的讨论,介绍了影响句调的若干要素,包括字数,句式,音节、标点等。《文心二十二》通过图画教师李先生对温庭筠和辛弃疾所做的《菩萨蛮》的对比讲解,介绍了词的构造、内容、意旨、写作方法、风格等问题。

同日 《灶君与财神》刊《文学》第 2 卷第 1 号。

4 日 朱自清日记载:"下午,瞿忆鲈来,还五元并赠火腿一只、茶叶两瓶,谈王执中评丐尊为商人。"

16 日 开明书店与上海舆地学社合作中止。

18 日 散馆后邀叶圣陶与王伯祥来寓所小饮,谈至八时许散。

中旬 为倡导新村建设运动,改进人类共同生活,中国新村建设社与《时事新报》商妥周刊编印事项,定 22 日发行。邹孟晖为总编辑,夏丏尊、李石岑、李宗武、孙伏园、白蕉等 44 人为撰述人。

25 日 晨与王伯祥、章锡琛、丁晓先至发行所,讨论两合公司解散事,并延请法律顾问查人伟律师莅临商议。午后开会讨论全公司文件处理办法,制定收发保管各项措施。

2 月

1 日　《一个从四川来的青年》《紧张气分的回忆》刊《中学生》第 42 号。

同日　与叶圣陶合撰之《文心二十三:新体诗》《文心二十四:推敲》载同刊。《文心二十三》一文中,汤慧修阅读了周锦华创作的新体诗,并借助王先生的观点同"菲薄"新体诗的父亲探讨了诗的含义、新体诗与散文的分别、新体诗的特点及代表作、学习创作新体诗的方法等。《文心二十四》讲述了宋有方与周乐华推敲文章的过程,通过对比修改前后的两篇文章,指出了原作存在的表达累赘、表意不明、用词不当等问题,并对各处修改进行了细致的分析。

2 日　夜在电车上遇王伯祥,即同往访宋云彬,未晤。

3 日　夜与开明同人在宋云彬寓所聚饮,为其出狱压惊(因政党事受牵连遭羁押),共两席。八时三刻散。

4 日　晨公司举行业务会议。

6 日　王伯祥日记载:"夜归小饮,饮后为丏尊草《辞通序》。"

7 日　晨王伯祥送来《辞通序》文稿。

8 日　午后赴发行所出席临时业务会议,定另组审查委员会,审查 4 日所提文书处理规则草案。会后与叶圣陶、徐调孚、丁晓先、章锡琛、王伯祥赴大鸿运楼小饮。席间商定公司人事变动。十时散归。

10 日　散馆后往惠中旅舍晤章锡琛,叶圣陶、丁晓先、王伯祥、章锡珊、徐调孚、胡愈之均至,即同赴美丽川菜馆聚饮。

11 日　出席董事会,决议免夫杜海生职务,公推章锡琛为公司经理。

12 日　嘱王伯祥办一呈文致教育部,请将《中学生》列入《中学生良好读物目录》,以资提倡。

15 日　下午夏夫人偕叶圣陶夫人、王伯祥夫人、王伯祥弟媳赴大千世界看戏。

19 日　国民党上海市党部执行委员会批准中央宣传委员会呈文,以"鼓吹阶级斗争"为由,查禁数十家新文艺书店左翼及进步书籍 149 种,涉及开明、世界、光华、现代等 20 余家书局。陈望道译《苏俄文学理论》、茅盾著《蚀》、胡也频著《鬼与人心》等均在列。夏丏尊、章锡琛闻讯即致信蔡元培、邵力子,要求解除禁令。

中旬　教育部批示嘉奖《中学生》杂志,准予列入《中学生阅读参考图书目录》第二辑。

22 日　王伯祥日记载:"饮后为叶、夏两家写喜帖。"

23 日　得邵力子电报,日前所发航空快信未送达。夜与王伯祥、宋云彬、章锡琛谈至十时许。

25 日　午间与叶圣陶在寓所宴请开明同人及诸友,为夏满子与叶至善订婚。

同日　开明等 26 家书局联名递交《上海书业界呈文》,请愿执行委员会重行审查,从轻处理,以恤商艰。

26 日　夜与章锡琛、王伯祥、徐调孚、顾均正、丁晓先在叶圣陶寓所小饮,谈公司进行事。十一时散。

27 日　午后与同人往梧州路北口参观新勘定厂址。"其地本为一旧丝厂,厂屋甚合用而住人则欠佳,盖环境颇不合适也。原有联同移住之议,至此无形解体矣。"

本月　弘一法师致信。"居此甚安,乞释慈念。兹有恳者,乞汇洋拾元,致南京延龄巷马路金陵刻经处。云系弘一购经之款,请彼存贮,云云。费神,至感。通讯处,尚无有定。信面写开元寺,但音仍在草庵也。距泉州三十里乡间。"

3 月

1 日 与叶圣陶合撰之《文心二十五:读书笔记》《文心二十六:修辞一席话》,刊《中学生》第 43 号。《文心二十五》借由王先生布置学生试写读书笔记时的讲解,介绍了古今笔记的性质与样式、代表作,读书笔记的含义、种类、代表作,以及值得写读书笔记的材料、写作态度等。《文心二十六》借由赵景贤先生关于修辞学的讲演,介绍了修辞学的基本知识,包括修辞的意义、消极修辞与积极修辞、常用的辞格及风格等。

同日 春光书店《春光》杂志创刊,夏丏尊、巴金、王任叔、老舍、何家槐、叶灵凤等 48 人为特约撰稿人。

2 日 夏质均、金能之等集议,决定扩充资本十万元,改组老德记汽水厂为股份有限公司。

3 日 朱光潜致信林语堂。"去秋过沪时,本拟请丏尊介绍造访,因父丧匆卒返皖,遂失之交臂。"

4 日 上午出席业务会议,通过文书处理规则。下午出席董事会。

王伯祥日记载:"夜小饮,饮后过雪村谈,知今日下午之董事会杜海生大放厥辞,竟随意指摘同人,肆口谩骂云。"

8 日 夜与章锡琛、王伯祥、徐调孚、丁晓先、章锡珊在叶圣陶寓所讨论公司进行事,逐条商酌职员服务规则,十一时许散。

9 日 公司组织迁移委员会并举行会议,议决每周三下午开例会。

12 日　散馆后与王伯祥、徐调孚、茅盾、傅东华、黄源、梁宗岱、胡愈之、叶圣陶夫妇等在聚丰园为王统照赴欧饯行,九时许散。饭后与王伯祥、徐调孚、叶圣陶夫妇过天蟾书场听大鼓书,白云鹏《太虚幻境》压轴。十二时归。

13 日　夜与章锡琛、章锡珊、王伯祥、丁晓先、徐调孚在叶圣陶寓所谈公司进行事,意见相左,一时难洽。十一时散。

同日　夜作散文《春的欢悦与感伤》(刊 4 月 1 日《中学生》第 44 号)。作者感慨"每年也曾无意识地以传统的情怀从冬天盼望春光早些来到"。但是局促在都市中,妻女们因流行感冒的呻吟和干咳,邻家收音机和麻雀牌的喧扰声以及日来经济、事务上的遭遇都不使人感到春宵的欢喜。

14 日　下午迁移委员会召集会议。

上半月　开明等 26 家书局递交《上海书业界二次呈文》,拟处理方法七条。

20 日　国民党上海市党部对呈文作批答,解禁部分书目。

中旬　弘一法师致信。"惠书诵悉,至用感慰。近来老态日增,足力未健,不胜舟车之劳,恐一时未能北上,至用怅然耳。近因研习编辑,请经甚多,乞再汇二十元至金陵刻经处,为祷。附笺,乞并寄去。以后惠书,乞寄厦门南普陀寺转交弘一收。"

22 日　晨九时在南京教育部出席师范学校社会科、国文科、自然科课程标准起草委员会议,与会者有黄建中、杨浪明、胡定安、戴夏、孙俍工、黄国璋、罗宗洛等 30 余人。顾树森主席,金采芝做记录。议定由各委员分组开会讨论修正后汇送,十二时散。下午出席国文科会议,四时许散。

23 日　下午续国文科会议,因内容繁复,未有定论。

29 日　王伯祥日记载:"丏尊由宁归,知予同并未到部参加会议也。随办携回各件。"

31 日 下午公司举行第三次编审会议。

同日 弘一法师致信。"惠书诵悉。近见仁者所撰《辞通序》,古雅渊懿,至为欢赞。并悉作者为老儒,因写字一叶赠之,乞托宋居士转交。"

月底 开明发行所迁至福州路 278 号河南路西首。

本月 为张光钊(叔容)编著的《杭州市指南》作序。文章介绍"杭州风景名区,聚为集团,游览便利,不若别处的各各孤立;产物丰富而多特色,无不富于情趣"。此书于同月由《杭州市指南》编辑社出版发行。

本月 经夏丏尊、王莹等帮助,臧克家著《烙印》由开明书店出版。

4 月

1 日 公司举行业务会议。

同日 《春日化学谈》(署名默之)刊《中学生》第 44 号。

同日 与叶圣陶合撰之《文心二十七:"文章的组织"》《文心二十八:关于文学史》载同刊。《文心二十七》讲述了周锦华代表学校参加演说竞赛会的经历,作者借由其演讲稿阐述了作文必须讲究"组织"、文章组织要遵循"秩序、联络、统一"原则、具体的组织方法应该"回问自己"等观点。《文心二十八》通过周乐华与王先生之间的四封往来信件,指出了文学史学习中"避去了切实修习而趋重于空泛"的弊病,强调了应该先接触文学作品、中等程度学生则应首先从历代名作选本着手的学习方法。

同日 《白屋杂忆》刊《文艺茶话》第 2 卷第 9 期"纪念刘大白先生特刊"。文章回忆了与刘大白交往的轶事数则。

2 日　夜与王伯祥、叶圣陶、章锡琛、贾祖璋、傅彬然、丁晓先、徐调孚、方光焘在聚丰园宴请周淦卿,八时许散。

3 日　下午三时与王伯祥乘京沪通车赴杭州,夜七时抵城站。即往皮市巷访陈训慈,商影印《图书集成》事至九时许,并约翌日在浙江省立图书馆续谈。宿平海路瀛洲旅馆。

4 日　王伯祥日记载:

> 清晨起,与丏尊徜徉湖滨,观陈英士铜像。旋登西园三楼啜茗进点。楼本面湖,素为揽胜要地,乃浓雾笼罩,竟不辨山湖,为之叹息啬遇也。本日为儿童节,当局在湖滨公共体育场检阅童子军,外县来参加观摩及乘此春假旅行者亦不少,以故甚热闹。但予等素不喜挤,因避道行,径过开明书店特约发行所少息,晤张叔容。既而与丏尊闲步清和坊,陪其访友于恒裕布庄,晤经理刘子行。坐至十一时,径赴叔谅图书馆之约。至则晤鞠侯,亦深赞景印事,谈甚洽。未几,同往湖滨朱恒升午饮,叔谅、鞠侯且介友陈豪楚同席,商此事。饭后暂别,丏尊归卧于旅舍,予则独行南山路,至苏堤,坐人力车循堤穿孤山、白堤,复归寓。五时许,叔谅、鞠侯再来,丏尊之学生多人亦来。予与鞠侯谈,丏尊则与叔谅往教厅见布雷,直商影印《集成》事,移时归,谓布雷虽赞成其事,但不愿由浙馆出面。且以前途纠纷为言,似成泡影矣。予不禁大失所望。旋仍到朱恒升夜饮,仍由叔谅、鞠侯作东。十时许散归。

5 日　返沪。

同日　林语堂主编的《人间世》半月刊创刊,夏丏尊、陆侃如、郑振铎、李青崖、章衣萍等 49 人为特约撰稿人。

6 日　王伯祥日记载:"夜写柬帖四分将分致云彬、息予、圣

陶、调孚,请其执柯为清儿与士敩订婚也。其他柬帖已由雪村请
丐尊书之,从越俗也。"

7日 晨夏龙文长子出生。午间王伯祥、刘薰宇、方光焘来
寓所小饮。

8日 出席章士敩与王清华订婚礼。

11日 迁移委员会商决新厂各部布置,先将兆丰路安多里
及东百老汇路仁兴里各部迁入梧州路,再将福州路总务处迁来
并设。

13日起 参与编译所、图书馆、出版部、栈房等搬迁工作。

14日 开明编译所迁至梧州路390号欧嘉路(今海伦路)桥
南堍。

15日 午间赴张世禄梁园之宴,座有何炳松、金兆梓①、王
伯祥、方光焘、谢六逸、盛叙功、罗常培、龙沐勋等,二时散。午后
四时出席第五届第四次董事会,通过各项草案。

18日 夜与章锡琛颇有争执,坚请辞职。

19日 晨王伯祥、叶圣陶、宋云彬来劝慰。午后徐调孚、叶
圣陶、王伯祥、章锡珊、章锡琛、丁晓先等共谈挽留夏丐尊事。夜
心情稍平复。

同日 应夏丐尊之邀,范洗人入职开明书店。

20日 晨王伯祥来访,再作挽留,遂打消辞职之意。

21日 夜赴吴仲盐祥光里晚宴,座有章锡琛、章育文、宋云
彬、黄幼雄、丁晓先、徐调孚、叶圣陶、胡愈之、王伯祥、章锡珊。
十时散。

---

① 金兆梓(1889—1975),字子敦,浙江金华人。北洋大学矿冶系肄业。历任浙
江省立第七中学校长,北京高等师范、大夏大学教授,中华书局文史编辑,北碚国立
编译馆编辑等职。

25 日　下午三时迁移委员会召集会议,结束前事,并议决投保火险办法。

26 日　夜公司在聚丰园宴请中华职业教育社潘文安、杨卫玉、郑通和等,夏丏尊、王伯祥、章锡琛、丁晓先作陪。十时散。

30 日　午前与章锡琛商议各办事规程,公司上下不论何人均照章坐班签到。午后公司举行编审会议。

同日　王伯祥赠夏龙文长子满月礼金三元。

5 月

1 日　与叶圣陶合撰之《文心二十九:习作创作与应用》《文心三十:鉴赏座谈会》,刊《中学生》第 45 号。《文心二十九》一文借由王先生、图画教师李先生与同学们的谈话,通过对绘画与写作进行类比,将文章区分为"应用之作""习作""创作"三个"项目",强调了前者是最基本最重要的,也是中学生所当努力的项目。《文心三十》通过同学们在鉴赏座谈会上的发言,指出了鉴赏是一种深入其境的心理活动,其态度是"玩",其作用是引发作者与读者间的共鸣,介绍了鉴赏的预备知识、想象对于鉴赏的作用,提出了从"坏的文章"、前人的诗话文话中提高鉴赏力的观点。

2 日　王伯祥日记载:"今日始,本公司人员始全体签到,无例外。"

6 日　上午公司举行业务会议。

9 日　迁移委员会解散。

19 日　夜六时半与王伯祥、叶圣陶赴刘薰宇陶乐春晚宴,与周昌寿、方光焘、胡愈之、章锡琛、谢六逸、王兆荣等同席。九时三刻散,与王伯祥、叶圣陶同乘汽车归。

30 日　公司举行第五次编审会议常会。

6 月

1 日　《国文科的学力检验》刊《中学生》第 46 号"升学与就业特辑"。作者依个人教学经验举出四项标准,鼓励中学毕业生"自己检验自己的国文能力"。

同日　与叶圣陶合撰之《文心三十一:风格的研究》《文心三十二:最后一课》载同刊。《文心三十一》中,大文结合自己所学及自身的阅读体悟,介绍并对比了司空图、姚鼐、曾国藩、陈望道等人对风格的划分,分析了作家的取材范围、品性、语言习惯、写作习惯等因素对文章风格的影响。《文心三十二》记述了王先生与同学们在最后一节国文课上的讨论,指出"是否真能充实你们自己,是否随时随地可以受用"是评价各科学业成败的标准,"整个生活的改进"是各科学习的最终目的;中学国文科应当让学生养成阅读的习惯,掌握写作的技能永远为自己服务、树立"文学者创作的态度",让"文学的遗产"成为"产生我们的新血肉"的"荣养料"。

3 日　上午公司举行业务会议。

9 日　夜公司在庄子良寓所宴请广州分店经理徐少楼、汉口分店经理钟养初、长沙分店经理李诵邺、南京分店经理金桂荪、北平分店经理吴心厂。十时许散。

10 日　午后出席第五届第五次董事会。

上旬　陈望道、乐嗣炳为《乒乓世界·连环两周刊》征稿,在一品香设宴,夏丏尊、胡愈之、叶圣陶、黎锦晖、陈子展、黎烈文、王人路、马宗融、茅盾、曹聚仁等 12 人出席(按:出席人员据陈望道、乐嗣炳、曹聚仁各人回忆均有出入)。席间讨论保卫"五四"

文化革命成果,反对文言复兴。陈望道草拟话语文学运动宣言。

> 最先到的是沈雁冰,胡愈之。我给他们谈了一下,谈了之后,沈因事先走了。我请他告诉鲁迅,请鲁迅领导这场运动,沈就告诉了鲁迅。

> 那次会,十一点钟吃午饭,一直到下午五点多钟。首先讨论宣言。胡愈之认为在那个环境之下,宣言很难代表一群人的意见。赵元任没有参加会谈,来信也认为宣言不符合语文统一的要求。望老讲他写了宣言,读给蔡葵听,她说完全听得懂。大家都笑了,因为他爱人是个大学生,《微音》月刊的编辑。后来决定不搞签名,我就把宣言编入《连环两周刊》中发表,代表望老和我两人的初步看法。这次会谈,大家畅所欲言,对发动一次运动,意见是一致的。我和望老谈的几点意见,大家也是同意的,决定多找一些人再开一次会。①

11 日 上午公司在福州路总店举行营业会议开会式,并摄影。下午讨论各项报告。

12 日 续营业会议,分组审查提案。

13 日 续营业会议。

15 日 与陈望道、傅东华、曹聚仁等 30 余人在聚丰园集会。会上傅东华提出"大众语运动"口号,具体办法由黎烈文联系《申报·自由谈》为据点,发表一组文章作为大众语运动的引论,开展讨论,名单先后由同人自己认定。一时间,"大众语"成为全国文化界讨论的焦点。

---

① 《乐嗣炳谈大众语运动和鲁迅先生》,上海师范大学中文系编:《鲁迅研究资料》,1978 年版。

附:陈望道亲笔写的当时约定写大众语文章的 12 人及文章发表的时间、标题:

6 月 18 日,陈子展发表《文言—白话—大众语》。

6 月 19 日,陈望道发表《关于大众语文学的建设》。

6 月 21 日,乐嗣炳发表《从文白斗争到死活斗争》。

6 月 23 日,胡愈之发表《关于大众语文》。

6 月 25 日,叶圣陶发表《杂谈读书作文和大众语文学》。

6 月 27 日,夏丏尊发表《先使白话文成话》。

6 月 28 日,傅东华发表《大众语问题讨论的现阶段及以后》。

6 月 29 日,姜琦发表《我也谈谈文言与白话的论争问题》。

6 月 30 日,樊仲云发表《关于大众语的建设》。

7 月 3 日,王任叔发表《关于大众语文学底建设》。

7 月 4 日,陶行知发表《大众语文运动之路》。

7 月 5 日,尤墨君发表《从中学生写作谈到大众说》。①

16 日 江苏省教育厅修订国文教学进度表委员会议决,审查删除初中范文中不适用者,另从夏丏尊、梁启超、谢冰心、叶圣陶诸人作品中酌选数篇补充。

20 日 王伯祥日记载:"丏、圣辈忽视事务太甚,每以予任秘书为不经,面子为惜才,实则嫌予典枢要耳。领袖犹然,其他悠悠之口夫何足责!"

25 日 公司举行编审会议,决定"二十五史刊行委员会"由

---

① 文章标题为笔者据《申报》等资料所加,原名单见《陈望道谈大众语运动》,上海师范大学中文系编,《鲁迅研究资料》,1978 年版。

夏丏尊、叶圣陶、顾均正、王伯祥、章锡琛、徐调孚、宋云彬等 7 人组成，即日入手计划。并分任编纂中学各科教本。

27 日 公司召集刊行委员会出版会议联席会议。

同日 《先使白话文成话》刊《申报·自由谈》。作者认为"五四"以来的白话文，因为提倡者都是些本来惯写文言文的人们，他们都是知识阶级，所写的文字，又都是关于思想学术的，和大众根本就未曾有过关系，名叫白话文，其实只是把原来的"之乎者也"换了"的了吗呢"，硬装入蓝青官话的腔调的东西罢了。作者主张，要改进白话文，要使白话文与大众发生交涉，第一步先要使它成话。如要使之成话，用词应尽量采取大众所使用的话语，在可能的范围以内尽量吸收方言。方言使用的人多了，就会形成普遍性。

28 日 下午二十五史刊行委员会召集谈话会。

29 日 公司举行人事会议，通过《薪给章程》及订约、增薪诸事，议定惩治散布流言及搬弄是非人员措施，由经理执行。

本月 与叶圣陶合著的《文心》作为"开明青年丛书"之一，由开明书店出版。①

这部《文心》是用故事的体裁来写关于国文的全体知识。每种知识大约占了一个题目。每个题目都找出一个最

---

① 该书出版后，开明书店对其内容作了介绍并广而告之，附录于此："这是用小说的体裁来述说关于国文的各项知识的一部书。每项知识大约占了一个题目。每个题目都捉住一个最便于衬托的场面，把个人和社会的事件交织进去，关联地写出来。所以，它与机械地述说读写方法的那些书籍绝不相类，从另一方面说，它便是一群中学生三年间的生活史的缩影。这书在《中学生杂志》连续刊载一年半，深得读者诸君的热烈的赞许。现在刊载完毕，特出单行本，以飨研修国文的青年。这书全部十六万言。卷首有陈望道、朱自清两位先生的序文，提举要旨，足助理解。"（载《中学生》1934 年 9 月第 47 号）

便于衬托的场面来,将个人和社会的大小时事穿插进去,关联地写出来。通体都把关于国文的抽象的知识和青年日常可以遇到的具体的事情熔成了一片。写得又生动,又周到,又都深入浅出。的确是一部好书。

这部好书是丐尊和圣陶两位先生特为中学生诸君运用他们多年教导中学国文的经验写成的。什么事应该说以及怎样说才好懂,都很细心地注意到,很合中学生诸君的脾胃。我想中学生得到此书,一定好像逢着什么佳节得到亲眷特为自己备办的难得的盛馔。

这里罗列的都是极新鲜的极卫生的吃食。青年诸君可以放心享用,不至于会发生食古不化等病痛。假使有一向胃口不好的也可借此开胃。

以前也曾有过用"文心"这两个字做书名的书,叫做《文心雕龙》,那是千把年前的刘勰做的,也是一部讲全体国文知识的书,也许在子渊的旧书箱里还可以找得着,但是你们如果找来放在自己的书架上,枚叔看见,一定又要来一句"了不得"。我家里也藏着板子不同的好几部,从未拿给还在中学读书的两个女儿看。

世界总是一天一天的进步起来,好像你们总是一天一天的大起来进步起来一样。即就国文的知识来说,我们做中学生的时候所受的,不是一些繁繁碎碎,像从字纸篓里倒出来的知识,就是整部的《诗经》《书经》《易经》《礼记》,从陈年老书箱里搬出来,教我们读了做圣贤的。那里有的这样平易近人而又极有系统的书?即使找出几本古人写的,例如《文心雕龙》罢,也是古人说古文的。有些我们急于要晓得的,他们都还不曾想到。就像这部《文心》里面说的文法之类，那位做《文心雕龙》的刘勰就连梦里也还未曾梦见呢。

我们应谢谢丏尊、圣陶两位先生，替青年们打算，把现在最进步的知识都苦心孤诣地收集了起来，又平易地写出来，使我们青年也有机会接近它。①

丏尊、圣陶写下《文心》这本"读写的故事"，确是一件功德。书中将读法与作法打成一片，而又能就近取譬，切实易行。不但指点方法，并且着重训练；徒法不能自行，没有训练，怎么好的方法也是白说。书中将教学也打成一片，师生亲切的合作才可达到教学的目的。这些年颇出了些中学教学法的书，有一两本确是积多年的经验与思考而成。但往往失之琐碎，又侧重督责一面，与本书不同。本书里的国文教师王先生不但认真，而且亲切。他那慈祥和蔼的态度，教学生不由地勤奋起来，彼此亲亲热热地讨论着，没有一些浮嚣之气。这也许稍稍理想化一点，但并非不可能的。所以这本书不独是中学生的书，也是中学教师的书。再则本书是一篇故事，故事的穿插，一些不缺少；自然比那些论文式纲举目张的著作容易教人记住——换句话说，收效自然大些。至少在这一件上，这是一部空前的书。丏尊、圣陶都做过多少年的教师，他们都是能感化学生的教师，所以才写得出这样的书。丏尊与刘薰宇先生合写过《文章作法》，圣陶写过《作文论》。这两种在同类的著作里是出色的，但现在这一种却是他们的新发展。

① 陈望道：《文心·序》，夏丏尊、叶圣陶合著《文心》，上海：开明书店，1934年版。

自己也在中学里教过五年国文，觉得有三种大困难。第一，无论是读是作，学生不容易感到实际的需要。第二，读的方面，往往只注重思想的获得而忽略语汇的扩展，字句的修饰，篇章的组织，声调的变化等。第三，作的方面，总想创作，又急于发表。不感到实际的需要，读和作都只是为人，都只是奉行功令；自然免不了敷衍，游戏。只注重思想而忽略训练，所获得的思想必是浮光掠影。因为思想也就存在语汇，字句，篇章，声调里；中学生读书而只取其思想，那便是将书里的话用他们自己原有的语汇等等重记下来，一定是相去很远的变形。这种变形必失去原来思想的精彩而只存其轮廓，没有甚么用处。总想创作，最容易浮夸，失望；没有忍耐而求近功，实在是苟且的心理。本书对于这三件都已见到；除读的一面引起学生实际的需要，还是暂无办法外（第一章，周枚叔论编中学国文教本之不易），其余都结实地分析，讨论，有了补救的路子。（如第三章论作文"是生活中间的一个项目"，第九章朱志青论文病，第十四章王先生论读文声调，第十七章论"语汇与语感"，第二十九章论"习作创作与应用"。）此外，本书中的议论也大都正而不奇，平而不倚，无畸新畸旧之嫌，最宜于年轻人。譬如第十四章论读文声调，第十六章论"现代的习字"，乍看仿佛复古，细想便知这两件事实在是基本的训练，不当废而不讲。又如第十五章论无别择地迷恋古书之非，也是应有之论，以免学生钻入牛角尖里去。

最后想说说关于本书的故事。本书写了三分之二的时候，丏尊、圣陶做了儿女亲家。他们俩决定将本书送给孩子们做礼物。丏尊的令嫒满姑娘，圣陶的令郎小墨君，都和我相识;满更是我亲眼看见长大的。孩子都是好孩子,这才配得上这件好礼物。我这篇序也就算两个小朋友的订婚纪念罢。①

　　我们握起笔来作文,很多时候,心里有许多话想说,要说,而且也写了出来,但是停下笔,仔细再把自己作的文章一看,不是辞不达意,就是零乱无章,于是有些人感到自己的学力不够,甚至对自己的才能怀疑了。有决心的人固然会再接再厉,努力下功夫读书,想用读书来培养自己的作文能力。这种人当然有他们的成功底一天,但是,用读书来培养文力,等于说"熟读唐诗三百首,不会作诗也会吟"。这实在是很笨的方法,没有科学精神的方法,而且有时候虚费了光阴到头得不到益处,到老作不好文章。

　　我们只要看有些秀才先生的文章就可以明白用读书培养的方法底无益了。他们读破那么多的书,结果除了搬运古董,除了抄抄古文以外,要他们用自己的意思,用现代的话写文章,你就会发觉他们原是一文不通的。

　　这样说,那么我们不必读书就能作文了吗?这当然不成的,我们上次就说过,读书是将前人的经验吸收的唯一的办法,那么我们上面又说读书不能帮助作文的话,不是自相矛盾吗?不是的,我们所说的用读书来培养文章的方法要不得,而不是说读书不能帮助文章的进益。

　　因为我们要研究作文,研究用文字的方法来表达自己

---

　　① 朱自清:《文心·序》,夏丏尊、叶圣陶合著《文心》,上海:开明书店,1934年版。

的意义,第一当然先要了解文法,换句话说就是读文法的书,研究文法的书。但是研究文法,读文法的书,他仅是帮助你了解中国文字的词性,而你在实际上作文时,没有办法一个个字去考究了词性再下笔的,当然也没有人写文章是一个字一个字去考究词性的。所以,我们在研究文法之后,必须读指示写作方法的书籍。

这种书籍在书店里的确不少了,但是要说对于我们学作文的人有益处的书却是少见。像什么《国文百日通》啦,《写作方法指导》啦,不是老先生批古文式的书本,就是空洞得不着边际的作品,读这些书不仅荒费我们的时间,亦荒费我们的金钱与精神。所以我极诚恳的介绍这一本《文心》给各位准备学习文章的青年朋友。

关于内容我想引二段陈望道先生的序文里面的话吧。"这部《文心》是用故事的体裁来写关于国文的全体知识。每种知识,大约占了一个题目,每个题目都找出一个最便于衬托的场面来,将个人和社会的大小时事穿插进去,关联地写出来。通体都把关于国文的抽象的知识和青年日常可以遇到的具体的事情熔成了一片。写得又生动,又周到,又都深入浅出。的确是一部好书。"

我们再读一段朱自清先生的序言,他说:书中将读法与作法打成一片,而又能就近取譬,切实易行。不但指点方法,并且着重训练;徒法不能自行,没有训练,怎么好的方法也是白说。

我并不想做广告,陈朱两位先生也没有代表广告的居心是可知的,这实是一本指导写作方法的好书。[①]

夏　与叶圣陶迁居狄思威路麦加里(今溧阳路965弄)。夏家住12号,叶家住31号。

7月

1日　上午公司举行业务会议。

3日　夜与宋云彬、王伯祥、叶圣陶、徐调孚赴功德林聚会,另到章锡琛、周予同(自杭州来沪)、范寿康、胡愈之、方光焘、戚叔含[②]。九时许散。

4日　上午出席编审会议临时会,决定买收英文字典,不抽版税。夜与章锡琛、金仲华、徐调孚、章锡珊、叶圣陶、丁晓先、范洗人以公司名义在聚丰园宴请周予同、高觉敷、许杰、茅盾、傅东华、范寿康、姜琦、刘薰宇等。八时开席,十一时许散。

6日　公司举行人事会议,通过《练习生章程》《病假津贴章程》《婚丧给假章程》,商定人员进退调动顺序,以及分配花红奖励金原则。

8日　下午四时中央宣传委员会图书杂志审查委员会在一品香大厅招待出版界茶话,夏丏尊、傅东华、杜重远、伍联德、马国亮、梁得所、姚名达、章衣萍、赵景深、张静庐、汪原放、赵南公、王子澄等50余人参加。中央宣传委员会秘书方治,内政部警政

---

①　于逈:《一本指导写作方法的好书——〈文心〉》,《世界晨报》,1935 年 10 月 18 日。

②　戚叔含(1898—1978),名毓芳,以字行,浙江上虞人。1926 年斯坦福大学硕士毕业。1927 年任教于上海大夏大学外文系,兼系主任。后任教于省立安徽大学外文系,兼系主任。1930 年任国立暨南大学教授,兼文学院院长、外文系主任。1946 年任浙江大学外文系教授。著有《莎士比亚历史剧》《莎士比亚评论》《莎士比亚的戏剧艺术》等。

司司长李松风,市教育局局长潘公展,审查委员会委员孙德中、项德言等先后报告该会组织经过及其工作情形,并发布新修正审查条例。

17 日 上午公司举行编审会议。

19 日 出席二十五史刊行委员会议,公推王伯祥为常委。

24 日 王伯祥日记载:"傍晚雪村见过,告经济会议情形,谓上年度客帐不佳,重以分店亏耗,竟折阅,勉强作到股息八厘,余不复论云。此事予于子如所已略有所闻,丙尊更大叫不了,其实胜败常事,初不能随便乱动也。干部步调不一致,前途殊堪虑耳。"

8 月

5 日 晨公司举行业务会议。

6 日 午前公司举行人事会议。

12 日 午后四时赴北四川路新亚酒店,与叶圣陶、王伯祥、章锡琛、徐调孚、丁晓先、范洗人、章锡琛商公司进行事。续与王伯祥、章锡琛、章锡珊、丁晓先、范洗人在广州酒家晚饭。饭后众人再回新亚酒店续谈董监人选及章程修改诸项,均有结论。十二时许散。

26 日 午后出席董监联席会议,"二十二年度结算不佳,勉强足派股息八厘而已"。五时半散会。

31 日 午间与王伯祥、叶圣陶、徐调孚、章锡琛在南京路冠生园宴请郑振铎、周予同、胡愈之、傅东华。

本月 《辞通》分上下两大册由开明书店出版。

　　我将油印本携至上海后,托徐志摩携一册至中华书局,朱宇苍携一册至丁福保的医学书局,宋云彬托徐调孚携一册至开明书店。中华书局舒新城对此书颇感兴趣,唯认为排印成本贵，只能影印。他从档案中找出一九一八年晒图纸印刷的数页，认为原稿笔画太细，无法影印，曾致函徐志摩，提出需将原稿笔画加粗，始能印行。开明主持人夏丏尊、章锡琛考虑出版，尚未定夺，刘大白等人读稿后，认为如此巨著，不应任其淹没，而王伯祥、叶圣陶、周予同、郑振铎均极力赞成，夏、章之意遂决。并改名《辞通》出版。

《辞通》这部近三百万字的大著作，最终由开明书店出版，为始料所不及。书店之所以不愿印行《辞通》，一是怕亏本，二是僻字多。开明在当时是个中型书店，不说它有与大书局一决雌雄的野心，至少有厕身大书局的奢望。当时，商务已出《辞源》，中华正编《辞海》，开明似尚未出版什么大部著作，因而出版《辞通》，亦能鼎足而三，引起社会重视。出版一部有影响的著作，尽管亏本，却能赢得声誉。当然，这是需要远见和魄力的。开明创办人章锡琛自然要考虑出书的亏本问题，但在大家的敦促下，却能毅然表示：此书看来是要亏本的，然即使亏本也要出。此言颇说明这个企业家的魄力。至于夏丏尊、王伯祥、叶圣陶、周予同、郑振铎诸人，均是文人学者，当他们看到《新读书通》时，首先考虑的是其学术价值而非亏本问题。因此《辞通》终于由开明出版了。①

9 月

1 日 《一个追忆》刊《中学生》第 47 号。

---

① 吴文祺：《〈辞通〉与开明书店》，《我与开明》，北京：中国青年出版社，1985年版。

2 日　公司举行第十一次业务会议。

9 日　夜与胡愈之、王伯祥、章锡琛、叶圣陶、徐调孚、傅东华在何炳松寓所聚餐,为郑振铎返北平饯行。十一时许散。

10 日　《读二十五史兼答棱磨先生》刊《申报·自由谈》。作者就开明书店编排《二十五史》消息发出后,对读者棱磨《从二十四史说起》一文(按:见 9 月 5 日《申报·自由谈》)中的建议进行了答复。

16 日　鲁迅得夏丏尊信(按:或为寻购印行《十竹斋笺谱》用纸事)。

20 日　由左翼作家和进步作家共同组办的文学半月刊《太白》创刊。陈望道任主编,艾寒松、傅东华、郑振铎、朱自清、黎烈文、徐调孚、徐懋庸、曹聚仁等 11 人组成编委会。夏丏尊、巴金、丰子恺、张天翼、王统照、魏猛克等 68 人为特约撰述人。

同日　《幽默的叫卖声》刊《太白》第 1 卷第 1 期。作者在许多都市叫卖者中,发现卖臭豆腐干的"富于热情,像个矫世的君子";日升楼的卖报者"似乎鄙夷一切,像个玩世的隐士"。

27 日　鲁迅致信郑振铎。"开明买纸事,因久无消息,曾托夏丏尊去问,后得来信,谓雪村赴粤,此外无人知其事云云。"

28 日　鲁迅致信郑振铎。"午前持'罗甸纸'问纸铺,多不识,谓恐系外国品,然则此物在南方之不多见,亦可知矣。看纸样,帘纹甚密,或者高丽产亦说不定。现已一面以样张之半寄夏丏尊,托其择内行人再向纸铺一访。"

本月　教育部颁行修正后的《师范学校课程标准》。

10 月

1 日　《良乡栗子》刊《中学生》第 48 号。作者以主客谈论

"良乡栗子"的一段对话,侧面反映了中国的各项行业均被外国货入侵的事实,"提倡国货"无由说起。

4日 王伯祥日记载:"南京分店经理金桂荪,狂人也,无端腾书指斥,报书纠之,犹哓哓不已,因陈其事于丏尊,丏尊去字训责。予谓若打官话下去,将大为决裂,故息事容忍之。"

5日 译作《新教师的第一堂课》(节选自[日本]田山花袋著《山村教师》)刊《太白》第1卷第2期。

6日 散馆后在寓所与王伯祥商谈翌日股东常会事宜。

7日 出席第五届股东常会。

开明书店,昨日(七日)下午二时,在本埠梧州路总厂,开第五届股东常会。公推章守宪主席。董事会代表章锡珊,报告民国二十二年度该店营业状况及帐略;监察人代表夏质均,报告第四次续招股款五万元,业已如数收足,及查账情形;继讨论分派盈余及修改章程各案,并选定章锡琛、邵仲辉、章锡珊、夏丏尊、范洗人、曾仲鸣、叶圣陶、夏质均、胡愈之九人为董事,朱达君、何五良、陈济城三人为监察人。最后,由董事会代表当场声明,自十月十五日起,即可发给二十二年度股利云。①

8日 鲁迅致信郑振铎。"丏尊尚无信来,黄色罗纹纸事,且稍待后文罢。"

同日 鲁迅再致信郑振铎。"顷得丏尊回信,附上备览。"

9日 午间与章锡琛、王伯祥、叶圣陶、章锡珊、范洗人、徐调孚、丁晓先在大鸿运楼聚餐,商公司进行事。二时许散。

13日 夜出席公司第六届第一次董监联席会,选举邵力子

---

① 《开明书店股东会议纪》,《申报》,1934年10月8日。

为董事长,章锡琛为经理,范洗人为协理,夏丏尊为编译所主任,章锡珊为营业处主任并兼总务处主任。各处所均设副主任,由经理分别聘任。会后聚餐,九时许散。

14 日　公司举行第十二次业务会议。

28 日　开明练习生在梧州路齐辉堂举行谒师礼,并宴请各业师。午后公司举行临时人事会议,商定职务新配置事宜。

30 日　应杭州市政府之请,在弘道女中礼堂演讲《小学教师国语进修问题》,听讲者 600 余人。

本月　开明函授学校因学员人数激增,讲师批答未能及时,资金投入不足等原因停止招收新生。《上海市私立开明函授学校学员俱乐部》停刊。作为善后,各科讲义陆续公开出版发行,现有学员修业完毕后学校即停办。

11 月

1 日　《中年人的寂寞》刊《中学生》第 49 号。文章提醒中学生,学校教育不但只是灌输知识,最大的好处,还在给予中学生求友的机会上,要彼此珍惜中学时代的友谊。

4 日　上午九时出席公司职员谈话会,十一时出席业务会议,十二时许散。

28 日　下午夏夫人偕章锡琛夫人、叶圣陶夫人、金仲华夫人等赴虹口大旅社,为郑振铎祖母贺寿。

本月　与叶圣陶、宋云彬、陈望道合编的《开明国文讲义》三册由开明函授学校出版,开明书店印行。《编辑例言》介绍第一、二册"注重在文章的类别和写作的技术方面";"每隔开四篇选文有一篇文话,用谈话式的体裁,述说关于文章的写法、欣赏种种方面的项目";"每隔开四篇选文有一篇关于文法的讲话。文法完了之后,接着讲修辞"。第三册"注重在文学史的了解方面,每隔开三篇选文有一篇文学史话,注重文学的时代和社会的背景"。

本月　许晚成编著的《人生问题讨论集》由龙文书局出版,内转引夏丏尊《广泛的读书运动》一文。[①]

12 月

1 日　《两个家》刊《中学生》第 50 号。作者说:"我们现在有两个家,在都市里的家,是工商社会性质的,在故乡的家,是农业社会性质的。"文章反映了处于过渡时代从乡村进入都市生活与工作的人们所遭遇的矛盾心理与困难。

2 日　上午十时公司举行业务会议。

6 日　公司举行人事会议。

9 日　下午三时出席第六届第三次董事会,范洗人、朱达君、章锡琛、叶圣陶、陈济城等到会,王伯祥做记录。四时散会后与叶圣陶、王伯祥过大陆商场中国国货公司购物,并在马上侯小饮。十时许归。

16 日　出席老德记汽水厂股份有限公司成立大会。

华商老德记汽水公司,于十六日下午二时,假爱而近路三三〇号绍兴旅沪同乡会开创立大会,到会户数九十户,计七〇二权,列席各股东及社会局代表王宝鋆等数十余人,公推俞钟骆君为大会主席,行礼如仪。当选第一届董事吴蕴斋、陈济城、夏质均、金能之、魏乙青、夏丏尊、童显庭、刘韫磻、陆仲良、胡国磐、嵇馥苏十一人,监察谢惠元、王星远。

---

① 此文原载《时事新报·国庆纪念特刊》1933 年 10 月 10 日。

选毕,讨论发展营业方针及种种急须进行计划等,至六时散会。①

21 日　上午十一时与夏质均、章锡琛、范洗人、叶圣陶、何五良等设宴欢迎董事长邵力子、夫人傅学文莅临,由各董事陪同巡视总厂各办公厅一周,并合影留念。

25 日　生活书店出版《民国二十四年文艺日记》,内收夏丏尊散文《送殡的归途》。

30 日　参加章锡琛母亲七十寿宴。

月底　弘一法师托人带来两只泉州土产瓷碟,分赠夏丏尊、叶圣陶。"瓷碟子的直径大约三寸。土质并不怎样好,涂上了釉,白里泛一点青;跟上海缸甏店里出卖的最便宜的碗碟差不多。中心画着折枝;三簇叶子像竹叶,另外几簇却又像蔷薇;花三朵,都只有阔大的五六瓣,说不来像甚么;一只鸟把半朵花掩没了,全身轮廓作半月形,翅膀跟脚都没有画。叶子着的淡绿;花跟鸟头,淡朱;鸟身跟鸟眼是几乎辨不清的淡黄。从笔姿跟着色看,很像小学生的美术科的成绩。"②

1935 年(乙亥,民国二十四年)　49 岁

▲1 月 10 日,王新命、何炳松、陶希圣、萨孟武等十教授在《文化建设》月刊上发表《中国本位的文化建设宣言》,由此引起"中国本位文化"与"全盘西化"大论战。

---

① 《华商老德记汽水公司开创立大会》,《民报》,1934 年 12 月 19 日。
② 叶圣陶:《近来得到的几种赠品》,《新小说》创刊号,1935 年 2 月 15 日。

▲2 月，全国国语教育促进会定本年为"国语教育年"。

▲7 月 6 日，国民党政府派代表何应钦与日本驻屯军司令官梅津美治郎签订《何梅协定》，取缔河北省的反日团体和反日协定。这个协定实际上放弃了华北主权。

▲12 月 9 日，北平学生发动"一二·九"抗日救亡运动。

▲12 月 12 日，上海文化界马相伯、沈钧儒、邹韬奋、郑振铎等 283 人联名发表《上海文化界救国运动宣言》。

1 月

1 日　为蔷薇园新村题词"都市的乡村化，乡村的都市化"刊《时事新报·新村周刊》第 49 期。

同日　征文《中国妇女应上那儿跑》刊《妇女旬刊》第 19 卷第 1 号。作者认为答案须由社会环境及自身境遇决定。

同日　开明同人在梧州路总厂新年聚会并合影。夏丏尊因事缺席。

5 日　《一九三四年我所爱读的书籍》刊《人间世》第 19 期。推介两部书：一为斯文赫定著《亚洲腹地旅行记》，"一部三十余万言的探险记录，看去却不厌其冗长。因了著者生动的描写及有趣的插图，使我从纸上得到中亚各地的鲜活的印象"。二为友松圆谛著《宗教读本》，"这是一本通俗的读物，谈宗教而不迂拘执着，句句话有力量，颇能深入浅出"。

6 日　上午公司举行业务会议。

8 日　下午出席人事会议及董事会。

10 日　出席开明书店创业十周年纪念筹备会。

同日　作散文《钢铁假山》（刊 2 月 1 日《中学生》第 52 号）。

14 日　散馆后与章锡琛、范洗人、王伯祥、叶圣陶、徐调孚、丁晓先、章锡珊、朱子如、索非在衍福楼（福州路总店过街楼）聚餐，决定专注文选事，定由章锡琛、张同光负责。十时许散。

23日 午前舒新城致电，拟请章锡琛约北新书局等签署同行业规草案。因章锡琛赴杭未归，改翌日来公司商谈。

同日 约定赠予舒新城白纸印《二十五史》一部，作为其夫人刘济群三十岁纪念。

24日 上午十时舒新城来访，泛谈及各方面问题。

舒新城日记载：

> 雪村精练明达，处理全店事务，井井有条理。厂地为旧制丝厂，房屋占地数亩。房租月千一百元。照现在情形，五年内可以不必迁地。但因各方面之影响，营业亦无起色，不过能维持而已。彼等对于业规甚赞同，允即去约同他家签字。

同日 下午公司召集经济委员会议。

25日 夜与索非、徐调孚、叶圣陶、王伯祥在章锡琛寓所为庄子良饯行，郑振铎、胡愈之、傅东华、朱子如、陈超仑等作陪。十时许归。

26日 午后出席第十三次编审会议常会，议决设立造货设计委员会，与章锡珊、范洗人、徐调孚、顾均正、丁晓先、索非任委员，由夏丏尊召集，将议决案提付下届业务会议讨论。

2月

7日 夜与章锡琛在舒新城寓所聚餐，谈同行业规及应付商务折价预约新书办法（按：商务印书馆为纪念总厂被毁三周年，自1月28日起至4月底，读者预定二十四年度新书可享受对折或六折优惠）。九时半散。

舒新城日记载：

　　业规草案由伯鸿提出，交章审查，其意见分六项：(1)另组起草委员会起草(以伯鸿之草案为私人提案)；(2)组小组研究；(3)取消折扣制一律实价；(4)由各小组议定最低定价标准；(5)吸收同业为会员，其方法以批发时用会员非会员鼓励限制之；(6)对于著作者应有一致之办法。对付商务折扣主张联合各家发联合书券。

9 日　出席造货设计委员会会议。

10 日　公司召集业务会议，决定专注完成中学教本事，《二十五史补编》暂停进行。

14 日　公司召集临时编审出版联席会议，通过发行《二十五史补编》预约。

同日　午间与章锡琛在冠生园宴请舒新城，商议联合发书券事，拟各书店制定样式，由银行发售。购者至各书店兑书后，再由各书店至银行兑款。

同日　下午出席公司经济会议。

王伯祥日记载："洗人、丐尊、雪山一致以'钱'相约证，颇令人不欢。无结果而散。眠后思公司事，至不宁，未识丐等之意究云何也。"

17 日　下午出席董事会。

19 日　午后舒新城致电，谓"各家联合发书券颇不妥，因对门市无券顾客未免使之太吃亏也。而且我们出书不多，强使人购书券十元亦无几人要，不如将新书一律六折之为愈。"

20 日　经夏丐尊指导，夏吉子散文《到南京路去》在《太白》第 1 卷第 11 期发表。

22 日　下午出席编审会议，无甚结果。夜与王伯祥、章锡

琛、徐调孚、宋云彬、郑振铎在叶圣陶寓所小饮,听郑振铎邓尉赏
梅逸事。七时三刻散。

25 日　立达学园建校十周年纪念日。上午九时全校师生及
与学校关系深切人员齐集大会堂,举行纪念仪式。陶载良详述
学园历史及今后进行方针,周为群宣读并解释校歌。谭云山、钟
涛龙、王学明作演说。十一时半散。

26 日　夜与章锡琛、范洗人、王伯祥、宋易、丁晓先、叶圣陶
以公司名义宴请王鞠侯、郑振铎、卢冀野。

本月　应郑振铎之请,与卞之琳、王以中、徐霞村、钱玄同等
120 余人任《世界文库》编译委员。

本月　与陈望道、吴文祺、刘延陵、徐懋庸、章乃器、沈兹九
等 200 位文化界同人联合《中学生》、《现代》、《世界知识》等 15
家杂志社签发《推行手头字缘起》,附第一期 300 个推行字汇。
众人主张"把手头字用到印刷上去,省掉读书人记忆几种字体的
麻烦,使得文字比较容易识,容易写,更能够普及到大众"。字汇
"已由中华书局制范铜模,并浇大批铅字,约三月十五日可全部
完竣。旧历除夕在金城大戏院开映的《新女性》影片,其字幕已
采用手头字,这是这次手头字运动的第一声"。①

3 月

1 日　《试炼》刊《中学生》第 53 号。作者寓所附近有两所屠
宰场,夜间外出总会听到刺耳的"猪的绝命时的惨叫"。某次,作
者下了决心想要借此锻炼自己的胆力,等到走近屠宰场,听见惨
叫声,还是不由自主地退缩了。

---

① 《文化界杂讯》,《现代》第 6 卷第 2 期,1935 年 3 月 1 日。

同日 与魏金枝、孙寒冰、徐蔚南、伍蠡甫、郑振铎等 42 人被列为《现代》杂志特约撰述人。

同日起 中学生杂志社出版《中学生杂志丛刊》。丛刊采选《中学生》杂志五年以来各期的精华,按类编排,共 32 册,约 400 万字。《一个从四川来的青年》《受教育与受教材》《春日化学谈》《一个追忆》等文分别收入各集。

2 日 散馆后与叶圣陶、王伯祥、徐调孚、章锡琛赴郑振铎马上侯晚宴,九时许散席,续与同人返福州路总店长谈,十时返。

6 日 下午公司举行人事会议。

9 日 下午三时与舒新城、叶圣陶、陈望道、乐嗣炳、曹聚仁、郑伯奇、李公朴、艾寒松、汪馥泉等 20 余人在大陆商场申报流通图书馆茶聚,商酌推行手头字,并筹组中国语言学会,"旨在联络同志,研究关于中国语言的学术,促进中国语言的发展,增加中国语言的功能"。夏丏尊、胡愈之、叶圣陶、陈望道、舒新城、曹聚仁、乐嗣炳等 7 人任筹备员。

同日 傍晚与王伯祥、范洗人、章锡琛、章锡珊、丁晓先等赴马上侯小饮,谈及出版事,颇有争执。

王伯祥日记载:

> 谈次,及出版事,晓先又力言旧籍连出之无聊,应让应用科学多出;又云印旧书空气万不能听其浓厚。一若开明出《二十五史》及《补编》颇有损令誉也者。予甚愤,扶酒折之。洗人本不主《补编》进行者,当然附和晓先,竟酒为之不欢。

10 日 下午出席董事会。四时散会后与叶圣陶、王伯祥、范洗人同游豫园,遇孙祖基。五时许返。

20 日 《一种默契》刊《太白》第 2 卷第 1 期。

夏丏尊先生在战前某杂志上有一篇小品文,预言"再过几时,也许穷,苦等可憎的话会转成时髦漂亮的称谓……"又说,"到那时,穷困和苦闷,令人走投无路,成为现世的实况,彼此因了境况相似而事实明显,成就了一种默契。从来的道德习惯等等,在这默契之下,恐不能再维持他的本来面目了"。夏先生这种预言,现在已经证实,穷苦等可憎的话,不但普遍流行,在穷苦的遭遇上,其中含有道德的机契,大概现代所遭遇穷苦者,虽在英雄豪杰目光中看来是时代落伍者,但他们良心没有黑,身体和灵魂没有出卖,也是他们应该穷苦的唯一原因。夏先生晚年的忽然信佛,我相信他不是企求上西天成佛,不过求在穷苦的遭遇中得着一种精神上安慰了。[①]

28 日　散馆后与叶圣陶、丁晓先、徐调孚、范洗人等前往慰问章锡珊(日前吴仲盐寻衅,挥拳伤其耳),并商定善后办法:先由夏丏尊前去开导,如冥顽不化,再正式书面诘责,或通过法律手段解决。

31 日　《中学生文艺》(1930—1934 年为年刊)改为《中学生文艺季刊》,由开明书店出版。编辑者为夏丏尊、叶圣陶、金仲华、顾均正。

4 月

1 日　夜与章锡琛、王伯祥、金仲华、叶圣陶夫妇在古益轩为周予同夫妇接风,陈望道作陪。谈至十时半散。

5 日　公司举行人事会议。

---

① 巨人:《夏丏尊的预言》,《东方日报》,1945 年 5 月 2 日。

同日　《阮玲玉的死》刊《太白》第 2 卷第 2 期。作者借电影伶人阮玲玉的死引起大众轰动的原因,指出不论音乐、绘画、文学,凡是真正的艺术,照理都该以大众为对象,努力和大众发生交涉的。好的艺术家,必须和大众接近,同时为大众所认识所爱戴。但是,因国内文盲众多,文学在中国根本是和大众绝缘的东西。救济的方法,"一方面固然须普及教育,扫除文盲;一方面还得像旧剧改进到电影的样子,把文学的艺术材料和演出方法改进,使容易和大众接近,世间各种新文学运动,用意不外乎此"。

　　7 日　晨公司举行业务会议。

　　8 日　夜与张同光、宋云彬、方光焘、王伯祥、刘薰宇设宴为章锡珊与吴仲盐媾和。九时许散。

　　11 日　公司举行修订章制会议。

　　14 日　午后出席董事会,章锡琛、章锡珊、叶圣陶、范洗人、夏质均、朱达君到会,王伯祥做记录。三时许散会,与王伯祥、章锡琛闲谈。

　　15 日　二十五史刊行委员会编辑的《二十五史刊行月报》创刊。

　　18 日　夜与章锡珊、王伯祥、叶圣陶、徐调孚、丁晓先在范洗人寓所聚饮,谈公司进行事。九时三刻散。

　　20 日　夜赴舒新城一家春晚宴,座有陈望道、乐嗣炳、叶圣陶、胡愈之、曹聚仁。

　　21 日　应潘公展之邀,黄绍雄、李绍哲、伍蠡甫、胡怀琛、汪馥泉等在上海联欢社举行读书指导座谈会。夏丏尊因事未出席,以书面提供指导办法。

　　22 日　《读什么书》刊《晨报·晨曦》。文章提倡读"关于本务的""关于修养的"以及"关于趣味的"书,"从前传下来的错误的读书观，如把读书看作雅事，把读书当做消遣之类，都该抛弃"。

同日 夜与樊仲云赴杭州，参加中国文化建设协会浙江分会读书运动周活动。

24日 午间参加三义楼酒菜馆宴会，由许绍棣（徐泽予代）、陈训慈、刘湘女等做东，客有樊仲云、贺扬灵、赵曾珏、胡寄南、沈有乾、黄翼、孙福熙等。各陈述沪杭等地读书运动情形，并畅谈中国文化建设及艺术发展方法，至为欢洽。一时四十分散。夜七时在浙江省立图书馆演讲《中学生之读书问题》，听众六七百人。"先讲为什么读书，分趣味修养与实用解说。又讲怎样读书，于涉览序文篇目把握要旨摄取共鸣部分，提出问题等各点，分述甚详。又对于读书的选择，亦多举例。最后则讲对于读书的误解，辟解尤富隽趣。讲毕由该馆馆长陈氏代表协会致谢词。"①

26日 与王伯祥、章锡琛、叶圣陶等商议谢国桢《丛书子目类编》在开明出版事，一致赞成通过。

29日 顾颉刚来编译所晤谈。

30日 夜与范洗人、章锡琛、章锡珊、丁晓先、徐调孚、宋云彬、王伯祥以公司名义在觉林宴请杨劳民夫妇（按：据顾颉刚日记载，是为彭浪明夫妇）、顾均正、胡愈之、顾颉刚、吕思勉、何炳松、严良才、卢冀野、陈乃乾、郑振铎、傅东华等，共两席。八时许散。

本月 为《世界文库》题词："系统地把世界文学名著来结集流通，这事在别国早已经有人做过，在国内还是破天荒。《世界

---

① 《读书运动周第三日》，《东南日报（杭州）》，1935年4月25日。

文库》包罗本国外国重要文学典籍,按月分配刊行。从此,读书的可不费搜求之劳,不出高价,读到重要的中外名著了。这的确是一种功德!"

本月 为《中学生》"文艺特辑"向朱光潜约稿。

本月 王世裕搜编的刘大白旧诗遗稿《白屋遗诗》由开明书店出版。夏丏尊为封面题签。

本月 陈乃乾校辑的《元人小令集》由开明书店出版。

本月 经夏丏尊、王伯祥、叶圣陶等帮助,王鞠侯著《气象学讲话》由开明书店出版。

5 月

1 日 《读诗偶感》刊《中学生》第 55 号。作者认为文学作品的意味,在于是否对生活发生交涉。

5 日 晨公司举行业务会议。

6 日 下午公司举行业务会议常务会。

9 日 与胡愈之、叶圣陶、陈望道、舒新城、曹聚仁、乐嗣炳以"中国语言学会筹委会委员"名义联名致信蔡元培,邀其入会。

12 日 下午出席董事会。

15 日 与王伯祥、叶圣陶等商定先于中华书局出版《六十种曲》。

王伯祥日记载:"乃乾书来,告书本已函催,当可无虑。顺告中华书局将影印《六十种曲》,因邀集雪村、丏尊、圣陶、晓先、调孚商对付,遂决即日准备样本,将已排之十种先行发售预约,定自七月起,每月出书十种,年内出齐。否则彼先发布,开明又落后手矣。"

20 日 公司举行业务常务会议,商决赶制《六十种曲》措施。

28 日 王伯祥日记载:"散班时,雪村语予,丏尊坚示欲去,今日与洗人言之,当然不能听,盖丏去圣陶必继之,公司将受大影响也。"

本月 丰子恺为老德记汽水绘制漫画三幅,在各报广而告之。

6 月

月初 弘一法师致信。"上月徙居山中,距邮政代办所八里,投信未便,故诸友处悉无音问也。兹拟向佛学书局请经,附一笺乞转送,并洋三十元附递。(乞由晚晴会施)费神,至感。山乡风俗淳古,……余居此间,有如世外桃源,深自庆喜。开明出版拙书《华严集联》及《李息翁法书》,乞各寄下三册,以结善缘,感谢无尽。"

月初 夏吉子突患伤寒。

1 日《坪内逍遥》刊《中学生》第 56 号。文章介绍了日本文艺家坪内逍遥在该国文学界的历史地位。

同日 王伯祥日记载:"雪村、仲盐之间又闹别扭,丏尊周旋其间已两日,不知如何始得圆满解决耳。"

2 日 晨公司举行业务会议。

3 日 王伯祥日记载:"闻吉子病剧,颇轸惜之,午饭回家说与珏人知之,伊亦为之减膳叹息也。丏尊身丁其间,不知复当如何难堪耳。"

4 日 王伯祥日记载:"今晨倒闭银行四家:曰江南,曰香港国民,曰宁波实业,曰大沪;又一公司曰上海国货公司。市况之劣,前此未之见。而江南银行与开明关系尤切,不但公司受损失二千金,即丏尊个人,几整个倒进矣。吉子既病危且殆,金融风潮又卷及其身家,丐尊不幸甚矣！奈何！"

5 日 与柳亚子、周建人、郑振铎、郁达夫等 149 人,以及文学社、文学季刊社、文艺画报社等 17 个文学团体,针对王新命、何炳松、黄文山等 10 位教授提出的重建以孔孟之道为基本内容的"中国本位文化建设"的复古思潮,联名在《芒种》第 7 期发表《我们对于文化运动的意见》,声明"复古运动发展的结果,将是一服毒药,对于民族前途,绝对没有起死回生的功效"。并指出救国不必读经,读经和救国没有关系。民族自救的路径,除了向"维新"的路上走去,再没有别的办法。民族自救的责任,不是少数人所能担负的,必须大众来通力合作。"怎样普及知识于大众,是今日最重要的问题。所以我们对于改革汉字的运动觉得是必要的。"

8 日 午间与章锡琛、叶圣陶、王伯祥、丁晓先、徐调孚、顾均正以公司名义在聚丰园宴请郑贞文,周昌寿、顾寿白、孙君立作陪。

9 日 王伯祥日记载:"下午二时往福店出席董会,司记录。会时晤丐尊,据云吉子病稍好转,同为引慰。"

10 日 王伯祥日记载:"丐尊未来,闻吉子病转沈重,恐凶多吉少,至为叹惋。"

11 日 王伯祥日记载:"吉子日趋危境,今日诸医束手矣。夜饭后同光来告,谓今晚不得度也,闻之惨然。"

12 日 王伯祥日记载:"吉子病危笃,其家已为之筹备后事矣。"

13 日 晨王伯祥来探视。午间十一时二十分夏吉子病殁。夏丐尊夫妇送遗体至斜桥绍兴会馆殡殓,开明同人共十五车前往执绋。夜在功德林进素斋,饭后举行告别仪式。宿新雅饭店。

14 日　五十寿辰。散馆后偕夫人与叶圣陶夫妇、张同光、徐调孚、章锡琛、范洗人、章锡珊、丁晓先等在霞飞路觉林进素斋，兼慰丧女之悲。十时许散，由王伯祥与章锡珊送至振华旅馆休息。

17 日　下午出席业务常务会议，提裁员加薪案。章锡珊、范洗人附议。

18 日　下午公司举行临时编审会议，决定造货方针。

20 日　王伯祥日记载："柏丞近有出长暨大之说，约予往任秘书。予谢不往，而丏、圣俱有劝驾之意，其殆预备饯行乎。予自循省，岂在开明为赘旒，无所用而糜厚廪耶！抑有所冲突见憎老友耶！"

中旬　弘一法师致信。"兹拟将《四分律比丘戒相表记》，再版石印二千册流传。所需多金，前年曾属丰居士商诸仁者，由护法会捐助，已荷欢赞。今托上海世界新闻社陈无我居士（太平洋报社旧友）经手办理一切。需资之时，径向仁处领取。即依彼说之数目，交付为感。"

中旬　弘一法师致信。"兹托陈无我居士经手介绍石印《戒相表记》二千册并装箱运送等所需之资，乞交下为感。再者，既用第一次所印者为底稿，乞托陈无我居士，将前寄去之一册，详细检察一遍。……又将来印刷之本，既恐难于十分美善，所用纸张，亦乞改用'改良连史（又名江南连史）'。较诸旧法所制之连史，价甚廉也。"

22 日　王伯祥日记载："丏尊力劝同光就春晖中学校长（按：时春晖中学因校董会经费支绌，有改省立乡村师范学校之议而发生风潮，经护校运动委员会、旅外同学会及上虞城内各团体等斡旋，始告解决。校长黄树滋提请辞职，暂延至本学期结束后离校。），至再至三，一若不容再在开明逗遛者，极为诧愕。渠等近日为倒款事刺心，动止皆失态，殊可笑也。"

28日 弘一法师致信。"吉子临终安详无苦，是助念佛名力也。余自昨夕始，为诵《华严行愿品》。又有友人（不须酬资）亦为诵《行愿品》及《金刚经》。附奉上诵经证，请于灵前焚化可也。……附奉《表记》附录一章，拟附于再版《表记》之后。倘陈无我居士来时，乞面交与。若已来者，乞挂号寄至世界新闻社。（大约在慕尔鸣路，乞探询之。）费神，至感，不宣。开明出版《子恺漫画》，其卷首有仁者序文述余往事者，已忘其书名，乞寄赠四册以结善缘，至用感谢。"

本月 与叶圣陶合编的《国文百八课》①第一册由开明书店出版。

7 月

4日 夜六时与章锡琛、章锡珊、王伯祥、范洗人、叶圣陶、徐调孚、丁晓先在高长兴集会，商公司进行事，定下年度招股十万元，董监各出二千，其余人员各出五百，余再招外股。十一时散会。

11日 王伯祥日记载："下午四时，叶长青持道始介绍信来晤，商《文史通义注》稿让渡版权于开明事，雪村、丏尊俱不在，予

---

① 《国文百八课》是开明书店出版的一部很有特色的初中语文课本。从1935年到1938年先后印出四册，第五、六册因抗日战争全面爆发，未能继续编印，实际只有七十二课，因先期出版时已使用"百八课"名称，故以后出版仍沿用原名。内容安排为"每课一单元，有一定的目标，内含文话、文选、文法或修辞、习问四项，各项打成一片"。其中文话是编排的纲领，文选配合文话，文法修辞又取材于文选，这样就不但是让每一课成为一个单元，并且让全书成为一个有机的整体。

允代洽,约期回音而去。"

12日　与同人商议《文史通义注》版税事。

王伯祥日记载:"丐尊意出五百金嫌贵,雪村以二千部版税率折定六百元,遂函复之。"

13日　中国语言学会召集末次筹备会议,定月底举行成立大会。

14日　下午赴福州路总店出席董事会。五时许散会,与王伯祥、范洗人、章锡琛、叶圣陶、章锡珊过王宝和小饮。八时许归。

20日　夜赴黄素封新亚酒楼晚宴,座有舒新城、叶圣陶等,谈国立编译馆修改教科书事,表示强硬反对,并主张明日即行集会应对。

舒新城日记载:

> 所谓编译馆修改教科书事,系该馆于十八十九两日分别召集各书店之南京店经理,谓以外交关系,教科书即须修改,嘱各经理将已审定之中小学教科书送交二份,由其漏夜审阅发还逐改。此事在法律颇不合,因教科书之审定,在事实上归为编译馆负责,在名义上则为教育部处理,教部无明令,如照改后,再有问题,政府可不负责,出版家于外交发生问题负责而外,并有据改审定书籍之责任也。但在事实上,教部既不能以明令修改,国家又无力拒绝他人之要求,惟有自动办理之一法。此时非因内之法律问题,而为对外之方法问题,出版家固疲于奔命,政府亦苦无良法,要言之,弱国之苦痛而已,于政府无尤。

22日　舒新城日记载:"午前章锡琛夏丏尊来电话,谓关于修改教科书事,拟有呈文,并拟由各家派员至教部请愿,请其按照图书审查规程第九条于三个月前通知修改。请我先去开明相商。我以地位关系，对此呈文不能签字，请其先将底稿送来。十一时持该稿去伯鸿家，将文字略加修改由其签字携至开明，同锡琛去银行公会，云五、叔良、伯嘉、子泉、高谊均到。云五谓书业公会呈文于十七日送教部时，曾致一私函于教部长王雪艇，王当亲复一函，对呈文所说之(1)规定敦睦邦交之范围(2)不溯既往极表同情，不日当提中政会办理，故主张等候数日，俟该文批复及编译馆之教科书发表再说。当通过。"

25日　舒新城日记载："今日报载中政会通过取缔出版物标准(1)审查依出版法，(2)记载历史事实之书籍图画不在六月十日国府《敦睦邦交令》限制之内，交由行政司法两院通知主管机关，(3)在六月十日国府《敦睦邦交令》之前之出版物，不追溯既往，交由行政司法两院通知主管机关。据此，则书业公会呈文所请求者均已有答复。故云五来电谓锡琛前片所拟上之呈文可以中止，我与伯鸿亦以为然。"

28日　下午王伯祥、周予同来访，谈至四时。夜与王伯祥、周予同、陈望道、郭一岑、林仲达等在地丰里郑振铎寓所聚餐，谈暨南大学更换校长及招聘教员事。十一时许散。

本月　《怎样叫做世界文学的两大思潮？》收录于《文学》月刊二周年纪念特辑《文学百题》，由生活书店出版。该文说："在古代的历史上，有两种民族，他们的思想显著地是处于相反的。这相反的两种思想，完全基于相反的两种人类的本性。这两种思潮，一盛一衰，一胜一败，循环往复的斗争着，形成了世界文明光华的历史。"作者认为世界上一切的文学，从往古到现在，完全受着代表基督教思想的、崇尚"灵"的希伯来主义和代表异教思想的、尊重"肉"的希腊主义所支配。

8 月

3 日　夜与章锡琛、宋云彬、王伯祥等以公司名义在三马路小有天宴请郑振铎、周予同,方光焘、胡仲持、刘薰宇作陪。九时许散。

4 日　上午出席业务会议。午间与章锡琛、王伯祥、顾均正、徐调孚赴八仙桥青年会参加中国语言学会成立大会。

语言学会发起人原来共有八十八人,那天成立大会中出席的已有四十五人之多,中间还有特地从广东等处外埠跑来开的。除了筹备会中诸人外,此外到会的还有征农,陈子展,叶籁士,郭挹清,李辉英,沈起予,傅东华,黄源,马宗融等等为我们所熟悉的人。

大会在那天中午举行,四个钟点的时间中自然也不能有很大的决定。首先是由夏丏尊和乐嗣炳代表了筹备委员会报告筹备的经过,其次是通过会章,最后选举出来了理事。

所谓通过会章,只不过是修改了字句。但有一点是较有意义的,那便是原来的简案草案中规定着愿捐助会费百元以上的个人或团体即可做该会名誉会员,这一条被郑振铎底提议取消了。

还有一个讨论是更为值得注意的,那便是关系到"国语"的问题的。

在去年的语文讨论时曾有国语专家们把所谓国语和大众语掉了包,以为眼前就应该把一种方言人工地规定为统一全国的语言,但这种说法是早已,而特别是在拉丁化方案与其理论提出来之后受了清算。一般的语文问题讨论者都确认：即使"全国统一的语言"需要是的，那也一定是各地方言在高度发展中而溶合起来的。所以最近陈望道在一次谈话中说：言语学会底工作，"是侧重这三项的：开手是调查方言，再就是方言文学，最后就要着手到文字本身改造的问题"。在言语学会底名单中我们找不到为我们所熟知的国语问题专家底名字，除了一位周辨明先生，但他在成立大会中却并没有来参加。

但是在讨论会章到"宗旨"的一条时，有位毛文麟先生提议说，把"本会宗旨在……促进中国语言的发展"这句话改成"促进国语的发展"。于是全场哗然。乐嗣炳便说："那不成了'国语促进会'么？"陈望道也接着说："所谓'国语'是北平一个小地方的土话吧了。"然而原提议人还坚持着说："不论用什么地方的话做国语，总得要一个国语。我们是要促进国语的发展，不是促进各地土话的发展。"于是征农又起立对于"国语"作了不假借的反驳，力说发展各地土话的必需。结果那一个提议便没有一个人附议地被打消掉了。

最后是选举理事，推出了十一个人，即陈望道，夏丏尊，乐嗣炳，胡愈之，郑振铎，傅东华，叶圣陶，曹聚仁，金兆梓，舒新城和聂绀弩。[①]

6日 上午公司举行人事会议。

12日 王伯祥日记载："子如以店亏胁丏尊，丏尊故态又作，不可终日。洗人来商，谓帐款不应如是结算，且笔数不能凭，当厘正之，事态始缓，可叹也。"

---

① 胡绳：《语言学会在上海》，《大公报（天津）·小公园》第 1766 号，1935 年 8 月 25 日。

15 日　王伯祥日记载："丐中子毒,大愁,傍晚包围洗人、雪山密谈,不知云何。"

18 日　《时事新报·青光》发布文坛消息:"《太白》半月刊停刊问题,亦颇多周折。当陈望道决定赴广西教书时,曾有将《太白》交傅东华兼编,或交夏丏尊编辑之议,后来又有由黎烈文或徐懋庸编辑之说,最后又有改出周刊之说,直至最近,闻生活书店方面已决定停刊云。"

中旬　应穆藕初之请,与江恒源、贾季英、陈陶遗、黄炎培等任穆氏文社导师。该社分初、中、高三组,指导青年进修国文。学员完成规定文题后,由各导师修改评定寄还。社址设华龙路80号中华职业教育社。

26 日　下午公司举行业务会议常务委员会。夜开明同人在齐辉堂为张同光就杭州师范学校教职钱行。

27 日　晨公司举行练习生谒师典礼及毕业式。

28 日　下午公司举行编审会议。

同日　王伯祥日记载:"开明景象大非,云彬感于丏尊裁员减薪之论,陈书试探,雪村留之。晓先则别有所怀,凡编审会议,托故规避者屡矣。"

31 日　午后二十五史刊行委员会召集会议,议定《二十五史补编》加装为七册,改换排版,免铸锌版。

本月　经夏丏尊、顾均正、章嘉禾等帮助,黄素封、平祖荫编译的《实用有机化学》由开明书店出版。

本月　为郑振铎编辑瞿秋白遗作《海上述林》捐款十元,并与章锡琛联系美成印刷厂排印。

9 月

1 日 《句读和段落》刊《中学生》第 57 号"文章偶谈"栏目。

4 日 夜与章锡珊、王伯祥、范洗人在杏花楼小饮,谈近事。

7 日 公司举行业务会议常务会。

8 日 下午出席董事会。

11 日 慰问王伯祥人安里住楼失火事,知无大碍。

18 日 朱自清致信叶圣陶。"丐翁生日纪念刊,弟本想作一文,题为《参观南开国文教学感想》。但集稿期早过,如本月底寄出,不知赶得及否?乞示。丐翁生日,忆在七月间,是日如何热闹,甚愿闻之。"

本月 《二十五史》全九册出齐。

本月 与叶圣陶合编的《国文百八课》第二册由开明书店出版。

有教室实际经验的人,对于中学语文教学时常要发几种不同的感慨:甲,感慨教材的缺乏;乙,感慨教本的缺乏。

以往的国文教材略约可分三种来源:一种经过桐城派的选择,保存在古文辞类纂一类选本中的;议论文很多演绎儒家的道德训条,或用褒贬抑扬的笔调来泛论史事;记叙文除了山水游记以外,绝少实生活的记录;抒情文也为酬应世俗的文字,实感太少,表现全不真切。一种是五四文学革命潮流中所表章几种旧小说,截取一章一段出来;本非完整的组织,而前后情节的接笋处,由于截取的缘故脱开了。又一种是五四初期的白话文,论议的题材大而无当,状物的词语,拖沓而杂乱,难得纯净无疵的作品,无论是教本,或是活叶文选,碰来碰去都是这类教材,对于青年学习语文实在不很适用的。并且文章中所含蕴的中年人的气分和感慨太浓厚；现在中学生年龄大约在十四五六岁之间，叫他们领略中年人的感慨，实在有一点"无谓"。做国文教师真想使青年语文程度提高一点，这些病态教材使做教师的受到说不尽的困难。

至于坊间出版的国文教本，因为书贾志在营业牟利，不容编书的人从容选材，从容编次，从容查考，因此所有选本，都变成"碰选"——碰巧手头有这教材就选。加以每本书有一定分量，编的人只好把可能选到的都选在里面；因此高中选本和初中选本有时相同的有十分之五六，无论那一种教本，每册注明供一学期之用，事实上至少要一学年才教得完。书店为定价着想，把教室实际重开了。我敢大胆说一句：一年以前，没有一种国文教本恰巧适合讲授之用的。

在教材缺乏教本缺乏的情形之下，我来推荐夏丏尊、叶圣陶二先生所编《国文百八课》，不为无意义了。这部教本有三种特长：

甲，教材分配适于教师讲授——不久以前，教育部编印的初中精读国文范程出版了；那部教本的取材和注解都有缺点，只有教材分配非常适合；一星期敷一星期之用，一学期敷一学期之用。这部《国文百八课》有同样的优点，中材学生有这几篇精读文章已经很够，教师还可以替高材生找点补充的教材。

乙，教材内容适合青年身心修养——教材选择应当以学生为本位，不当以教师自己的口味为本位；我上面已指出传染青年以中年情调的错误。这部教本，就已出版的第一二册看来，中年情调的文章已经很少很少。他们所灌输的思想,可说是十分正确的。能在旧有三种教材来源以外自己另找新源,这工作是极有价值的。

丙,语文技术的混合练习,便于初学——坊间出版的国文教本,如赵景深的《初中国语》,陈望道傅东华的《初中国文》,都把文选、文法、修辞、文章论几种打成一片,可以免掉旧时机械式教学法的枯窘弊病。语文技术上的知识,赖于初中学生不宜说得太繁碎;练习题和文本应该有连带关系;这部教本在这方面费了很多的心力,一用这教本来讲授就可以知道混合分配的适当了。

我仔细回看我所批评的话,似乎没含阿私的意味。做国文教师的甘苦只有做过国文教师的人才知道,一部教本的好坏和编者天才高下的关系少,和编者身历讲台实际的久暂关系多。夏丏尊、叶圣陶二先生在这儿并不显出他们的天才,只用他们的经历来解决教本缺乏这问题呢![1]

10 月

1 日 上午与王伯祥、章锡琛、徐调孚、章锡珊、丁晓先商议《中学生》接办事,未有结果。

同日 《早老者的忏悔》刊《中学生》第 58 号。作者感慨在学生时代"蔑视体操科,看不起体操教师",以致"三十五六岁以后,身体一年不如一年,工作起来不得劲,只是怏怏地勉强挨,几乎无时不觉得疲劳,什么都觉得厌倦"。希望青少年引此为诫。

3 日 公司举行业务会议常务会,议定《中学生》仍由叶圣陶在苏州编辑。

---

[1] 曹聚仁:《国文百八课》,《时事新报·青光》,1935 年 10 月 3 日。

4 日　夜与范洗人、丁晓先、章锡珊、章锡琛、王伯祥、孙祖基在三马路美丽川聚餐。九时许散。

上旬　致信朱光潜，言"近来颇有志于文章鉴赏法。昨与友人谈起'曲终人不见，江上数峰青'，这两句大家都觉得好。究竟好在何处？有什么理由可说：苦思一夜，未获解答"。

上旬　教育部聘派夏丏尊、许本震、廖世承、喻传鉴、任孟闲、李清悚、周淦卿、魏学仁、郑通和、庄泽宣、李延禧、方豪、马宗荣、周邦道、顾树森、戴应观、钟道赞等 17 人为修订中小学课程标准委员会中学组委员。

12 日　午间与王伯祥、章锡琛、范洗人、宋易、杨廉（安徽教育厅厅长）、罗公陶在新亚聚餐。

13 日　出席第六届股东常会。

> 昨日（十三日）下午二时，开明书店股份有限公司，在梧州路该公司总厂，开第六届股东常会。爰将开会情形，探志如次：主席孙祖基对于该公司同人之努力，表示嘉许。旋由董事会代表章锡琛报告二十三年度营业状况及账略，颇为详尽。又由监察人代表章守宪报告查账情形，谓各项账目，均经查核无讹。报告毕，讨论二十三年度盈余分派案，决议照案通过，并由主席声明，自本月二十一日起，即可开始发给云。临时动议，有章锡琛、范洗人提议拟增加股本五万元一案，决议通过，并授权下届董事会进行招募事宜。选举下届监察人，当选者计何五良、章守宪、夏质均三人，董事当选者，计邵仲辉、曾仲鸣、范洗人、夏丏尊、孙祖基、章锡琛、章锡珊、朱达君、郑晓沧九人，至五时许散会。①

---

① 《开明书店股东常会记》，《申报》，1935 年 10 月 14 日。

14日　王伯祥日记载："散馆后如道始约往福店候之。六时半来，因与丏、洗同饮高长兴。八时出，已雨，乘道始车同过汕头路吟梅家小坐，至十时，与丏尊同乘北归。"

同日　舒新城日记载："据佛航言，昨日开明股东会议决股息八厘照发，无红利。且以周转不便，再添招股本五万元。"

同日　朱光潜复信，言"曲终人不见"所表现的是消逝，"江上数峰青"所表现的是永恒。"可爱的乐声和奏乐者虽然消逝了，而青山却巍然如旧，永远可以让我们把心情寄托在它上面。人到底是怕凄凉的，要求伴侣的。曲终了，人去了，我们一霎时以前所游目骋怀的世界猛然间好像从脚底倒塌去了。这是人生最难堪的一件事，但是一转眼间我们看到江上青峰，好像又找到另一个可亲的伴侣，另一个可托足的世界，而且它永远是在那里的。"①

17日　午后出席第七届第一次董监联席会，孙祖基、丁晓先、郑晓沧、章育文、范洗人、朱达君、章锡琛、章锡珊到会。议决范洗人为营业处主任，各处所副主任均裁撤。

20日　赴南京。

同日　与王伯祥、叶圣陶、章锡琛合著的《五十年来中国名著之一斑》，刊《人间世》第 38 期"五十年来百部佳作特辑"。文章共推选近现代名著 66 种。

21日　上午九时出席教育部中小学课程标准讨论会，与会者有部长王世杰，普通司长顾树森，科长戴应观、吴研因、钟道赞，督学周邦道，秘书李之鸥，马宗荣，小学组陈鹤琴、俞子夷、马

---

①　朱光潜：《说"曲终人不见，江上数峰青"——答夏丏尊先生》，《中学生》第 60 号，1935 年 12 月 1 日。

客谈、胡叔异、金海观,中学组周淦卿、魏学仁、郑通和、李清悚、廖世承等20余人。"由教长主席致开会词,并报告数事:一、厘订中小学课程标准实施意见之经过;二、征求各省市对于课程标准实施意见之经过;三、本部提出讨论之重要点。"继出席中学组会议,"由顾树森主席,金采芝记录,根据教部所提出对于中小学课程应行讨论之重要各点,并以各省市对于课程标准实施贡献之意见作为参考,自上午十时至十二时,下午二时至五时,经到会各员详加讨论,于中学课程已有若干项之决议"。①

22日 上午九时续出席中学组会议,讨论"(一)高初中教学总时数及自习时数问题,(二)高初中教学科目增减问题,(三)高初中科目时数问题,(四)拟订高初中各科教授细目,以为编书标准,(五)高初中算学分组问题,(六)女生家事教育问题,(七)其他",正午散会。② 下午二时出席合组会议,由王世杰主席,顾树森及杨振声相继报告各组讨论结果,统交由主管司整理呈部长审核,定于明年暑假前正式公布。四时半散会。③

26日 夜公司在聚丰园宴请戴应观、史佐才,夏丏尊、章锡珊、章锡琛、丁晓先、索非、王伯祥、汪孟邹作陪。八时许散。

27日 午间与章锡琛、章锡珊、宋云彬、李诵邺、金仲华、华林、傅彬然、贾祖璋、吴仲盐、丁晓先、范洗人、徐调孚、顾均正、索非、王伯祥等16家共52人为叶圣陶全家返苏饯行,并摄影留念。二时半散。

---

① 《教部中小学课程标准讨论会 前日上午九时举行》,《民报》,1935年10月23日。

② 《教育部昨续讨论中小学课程标准》,《南京日报·教育与体育》,1935年10月23日。

③ 《教部继续讨论中小学课程标准》,《申报》,1935年10月23日。

28 日 公司举行业务会议常务会。

11 月

1 日 《文章中的会话》刊《中学生》第 59 号"文章偶谈"栏目。

2 日 夜与王伯祥、章锡琛、宋云彬、吴仲盐、方光焘、周予同、戚叔含、王耘庄在公园坊刘薰宇寓所聚饮。九时许散。

4 日 弘一法师致信。"《表记》样本甚为清楚。余初意以为依小字摄影恐致模糊,今乃得良好之结果,至用欢慰。此事始终承仁者尽心辅助,感谢无量。"

9 日 夜与王伯祥、吴仲盐、宋云彬、胡愈之、范洗人、丁晓先、卢冀野、郑振铎在章锡琛寓所品蟹。席间颇有争执,不欢而散。

王伯祥日记载:

> 酒并不多,而云彬、仲盐俱发风,云骂晓先而盐詈洗人,几乎决裂。予劝晓、洗行,自身亦随归。由是观之,开明前途至黯默,演化所届,正不知伊于胡底也?

10 日 下午出席董事会,范洗人、章锡琛、孙祖基、章育文到会。四时许散。

15 日 夜访王伯祥长谈,晤沈家海。

19 日 公司举行十周年纪念筹委会议。

23 日 上午公司举行业务会议常务会。散馆后与徐调孚、章锡琛、叶圣陶、方光焘、宋云彬、王伯祥、周予同、胡愈之、傅东华、茅盾在郑振铎寓所聚会。八时许散。

26 日 弘一法师致信,言《四分律比丘戒相表记》制版印刷俱佳,承感护念。

本月 生活书店出版《民国二十五年文艺日记重编本》,内收夏丏尊《一月献辞》。

12 月

1 日 《整理好了的箱子》刊《中学生》第 60 号。

这一篇随笔,讲的是去年十一月初上海地方的纷扰情形,可以说是"簇新鲜"的实录。那一回纷扰,由于中日两国间局势的紧张,一般市民根据着"一·二八"的经验,以为能够赶早逃避总是便宜,所以纷纷向租界里搬。这一篇讲的却是想搬而没有搬的一家。

要记那时候的纷扰情形,自然可以有种种的写法。譬如,作者站在马路旁边,看见大车小辆、拖箱提笼的慌忙景象,就把这些景象扼要地记下来,这是一种写法。或者,作者向熟识的朋友、遇见的生人逐一访问,听取他们对于时局以及逃呢还是不逃的意见,就把这些意见归纳地记下来,也是一种写法。或者,作者自己下一番省察工夫,什么都不管,只知道逃是不是应该的,大时代中一个平常人物要不要有一种确定的处世方针,就把这些自省的答案坦白地记下来,又是一种写法。可是这一篇的作者并不采用这些,他另外有他的写法。在种种的写法中间,我们不能够批评那一种好那一种不好,因为每一种写法都可以写得好或者不好。我们只能够看写成功的文章,能不能教人家明晓那时候的纷扰情形甚至感觉那时候的纷扰空气,然后说它好或者不好。

这一篇里,作者自己并不出场,完全站在客观的地位。他所讲到的仅仅限于一家,一家的一夫一妇。这一对夫妇姓甚名谁？因为没有关系，所以没有叙明，只用"他"和"她"两个字来代替。这男子干什么的？因为没有关系，所以并不提及，只从"办事的地方"一语，使人家知道他是薪水阶级的人物罢了。这一家除了一夫一妇以外，再没有别的人吗？因为没有关系，所以不去管他，也许有，也许没有，总之不用浪费笔墨。——上面说了几个"没有关系"，到底是对于什么的关系呢？原来是对于这一家准备搬家这一回事的关系。叙明了这一对夫妇姓甚名谁，男子干什么的，家里有没有别的人，并不能增加这篇文章的效果，反而使读者多看一些无谓的枝节，故而一概不叙，只让无名无姓的一夫一妇充任这一篇中仅有的角色。

这一篇虽然只叙一家的事，但也附带写到马路上和里弄里的慌乱状况，报纸的特别受人注意，报贩的迎合社会心理而大做其生意，等等。在"她"的谈话里，又可以见到那些搬了的人家是怎样的以耳为目，心慌意乱，除了精神困顿以外，还受到不轻的物质损失。至于局势的从紧张转到缓和，那是在后半篇的开头点明的。"他""带来了几种报纸，里面有许多平安的消息"，把这些消息扼要记上，就见得局势是转变了。一个完全不知道这回事的人读了这一篇，也可以大略知道当时的纷扰情形，感到当时的纷扰空气，这就由于这篇文章能用一部分来显示全体的缘故。

"他"和"她"的谈话各表示一种心理。"她"的心理，只顾私人的利害，只知道追随人家的脚跟，在先因为不搬而焦急，后来又因为不搬而庆幸，这可以说是一般市民的代表。"他"的心理却是特殊的。在普通心理以外，对于当时事态的特殊心理当然有许多种，"他"所怀的只是其中的一种罢了。"他""不相信真个会打仗",如果真个会打仗,"我们甚么都该牺牲,区区不值钱的几只箱子算甚么?"这里头寄托着很深的感慨。明眼人自然会知道,"他"决不是黩武主义的信徒,"他"所说的打仗原来是中国民族解放的斗争。

前后两半篇各记着一个傍晚时候的情形。形式也相同,都从"他"回家叙起,然后夫妇谈话,然后看那整理好了的箱子,然后报贩的叫卖声来了,报纸上列着枣子样的大字的标题。很有意味的,前半篇里"悄然对了这几只箱子看"的是"她",而后半篇里却是"他"了。"她"的看含有无限的爱惜和焦急的意思,"他"的看却含有无限的愤激和惆怅。还有,前半篇空气紧张,在末了点明报纸上的两个标题,见得当时真个会紧张到爆炸起来似的,后半篇空气转变得平安了,可是在末了也点明报纸上的一个标题,见得这所谓平安实在并没有平安。这不是作者故意弄玄虚,要使文章有什么波澜。当时原来有这样的事实,经作者用自己的头脑去辨别,认为这几个标题足以增加这篇文章的效果,才取来作为前后两半篇的结尾。果然,把标题记了进去之后,使读者引起无穷的感想,在全篇以外,还读到了没有说尽,没有写尽的文章。

这一篇里有些语句是文言的调子,像"赖以打破黄昏的寂寞的"和"一星期来的愁眉为之一松",都和我们的口头语言不一致。为求文章的纯粹起见,能够把这些语句改一下自然更好。作者在写的时候没有留意,要改绝不是不可能。读者不妨试试,把这些语句改为口头语言而并不变动原文的意思。①

5日　夜与章锡琛、章锡珊、徐调孚、范洗人、丁晓先、顾均正、贾祖璋、宋云彬在王伯祥寓所为金仲华夫妇饯行。十一时许散。

8日　下午出席董事会,邵力子、孙祖基、朱达君、章锡琛、章锡珊到会。四时许散。

10日　下午四时半至五时,中央广播电台教育播音节目播出夏丏尊国语科讲演,题为《阅读什么》(刊27、28两日《申报》;另刊1936年1月1日《中学生》第61号)。文章认为阅读的范围大致可分为"关于专业的""参考用的"及"关于趣味修养的"。"一个人该读些什么书,看些什么书,要依了他自己的生活来决定,来选择"。

12日　下午四时半至五时,中央广播电台教育播音节目播出夏丏尊国语科讲演,题为《怎样阅读》(刊1936年1月1日《中学生》第61号;另刊1月14、15两日《申报》)。文章就上述三类书籍给出了定向的阅读方式。

13日　上午公司举行业务会议常务会,决定人事处分及新书定价等事。

20日　夜与章锡琛、叶圣陶、傅东华、金仲华、郑振铎、周予同、方光焘、徐调孚、宋云彬在王伯祥寓所聚餐。

中旬　柳亚子发起成立南社纪念会,原南社社友及新南社社友为当然会员。

29日　晨公司举行业务会议。

---

①　叶圣陶:《夏丏尊的〈整理好了的箱子〉》,《新少年》第1卷第2期,1936年1月25日。

本月　为《平屋杂文》作序。作者自谦"不配做文人,写的东西既不多,而且并不自己记忆保存。这回的结集起来付印,全出于几个朋友的怂恿"。此书于同月作为"开明文学新刊"之一,由开明书店出版,收录评论、小说、随笔等33篇。

金性尧在《读平屋杂文》如是评:

一

这册《平屋杂文》出版于民国廿四年十二月,我的一本还是廿八年十月三版,前后约读了三四遍。所以老早就想写点读后的感想出来。前一回和朋友K先生等在路上散步,无意中,邂逅了作者夏丏尊先生,经K先生背后的指示,才得到夏先生的"文如其人"的印象。他穿着一件蓝色的布袍,腋下夹着一顶纸伞(大约为了天太热遮阳光之用),头顶有点秃了,两眼呈着眈形,嘴上出着几绺须,穿了一双自制的布鞋从容地缓步着,这正粹然符合着历来所说的儒者身分,可惜这时没法和他谈话。到了今年仲春,在某书店里又见到了夏先生和主人在谈话,语调相当沉缓,但因我另有他事,故而也只是匆匆的一瞥。现在挨到执笔写此小文,虽然谈不上和作者有怎样深切的认识,然总算也有了一二次的印象,可以补想象之不足。

听说夏先生是开明的股东之一,所以他的书也都由开明出版,这册《平屋杂文》(以下简称《杂文》)则收入在开明文学新刊之中。广告说"各书文字又皆为作者几经洗练而成",倒不失为名实相符之语,其中如丰子恺叶绍钧二氏及夏先生自己,恕我杜撰一个名词,也可谓之"开明风",无论处世行文,皆有一种淡泊自甘的风格,写着中年人的感伤踌躇和智识分子的坎坷潦倒的故事,虽是一枝半节,合起来却别有一番令人沈思的境界，而且又都与弘一法师颇有交接，故又时时的渗杂着一种亲切的哲理。后来听说他们中的两家，还结起儿女亲家了。他们在表面上，仿佛缺少一股热烈蓬勃的朝气，但骨子里却是和文字一样的几经锤炼，对人生和世态都有会心处，"人之情伪尽知之矣"，所以发之于文也值得咀嚼流连，写尽人间的错综奇态，而复保持着凝静坚定的性格，这观于几年来的行动便是确切的说明。至于说到文字的驾驭上，也都一样的冲淡而朴素，总之就是平实稳健。不易见出毛病，和他们的持躬接物一般。所以他们文艺上的活动，向来就很矜持。像夏先生那样的到目前止共只有三五种的作品，这更值得我们年轻人的省惕了。

因为要想谈夏先生之作而涉及到叶丰二位，这好像拉扯，但也可说是自然的联想。在这里，我还想举出日本谷崎润一郎氏之批评缘缘堂随笔一文来。(载《学术界》一卷一期，太一译)他说丰氏"所取的题材，原并不是甚么有实用或深奥的东西，任何琐屑的轻微的事物，一到他的笔端，就有一种风韵，殊不可思议。求之于现在的日本，唯内田百间氏一流人差可比拟。"夏氏的风格虽与丰氏不甚相同，但在创作的态度和材料的剪取上，往往有共通地方。谷崎又在开头引过吉川幸次郎"译者的话"云：

"现代中国文学之中，最可观的是随笔，小说戏曲比起随笔来都下劣。这从中国文学的历史上说来是很有兴趣的事。在过去的中国文学中，可以认作散文文学的正统而最发展的是随笔，文选里所收的以及唐宋八大家的文章，都是随笔类的东西。民国的文学革命曾反抗这个传统。希望从中国出莎士比亚，出歌德出左拉，但结果似乎仍流入了随笔的方向去(中略)。这尊重实际的民族,于叙述身边杂事是有热心的,擅长的,可是对于小说的构成却不内行,非其所长。"

这里所说的随笔,鄙意不能单以形式分之,"民国的文学革命"所"反抗"的文选所收的唐宋八大家(此云文选,未知指《昭明文选》抑就一般选集而言,若指前者则大误特误),并非仅因他们"都是随笔类的东西"之故,而是因他们包涵的思想必须"反抗"之故,且五四时对于随笔小品之写作还是提倡甚力,而唐宋八大家倒是轻蔑"随笔"的。不过这说来话长,不在本题以内,姑且略去。然而也说明了随笔之在中国,较小说等为发达普遍,则是事实。像上举的夏、叶、丰三氏,虽然叶先生以小说驰誉文坛,丰先生则着重于绘事,但在散文随笔的造诣上,这三位仍有他们卓然的特色。只是夏先生除了翻译之外,虽有几篇小说,恐怕大部分还是杂文了(此云杂文,又不同于鲁迅先生随笔下的短小精悍的东西)。

我很喜欢这册《杂文》的题名,简单而平正,不含典故或雕琢。他在序上说:"就文字的性质看,有评论,有小说,有随笔,每种分量既少,而且都不三不四得可以,评论不像评论,小说不像小说,随笔不像随笔,近来有人新造一个杂文的名辞,把不三不四的东西叫做杂文,我觉得我的文正配叫杂文,所以就定了这个书名。"的确作者的文字,有时似觉介于小说与散文之间,不过这又何足为病。像集中使我最感动的《怯弱者》(收在第一篇),就是能够以极质朴的笔调,刻划了智识分子的卑怯动摇,和"神经衰弱"的通病,经不起一点感情的打击;临到重要的变故,往往优柔寡断,束手无策,一面又不堪知性的驱策。这些人，既不痛快的作"恶"，又无法认真的为"善"，虽则不想践踏别人的半分，也断不肯为自己以外的人牺牲丝毫。一切事情似乎都很明白，但缺乏的是开步走的勇气和决心！因此到头来就只有忏悔，只有幻灭。一踏着人世的坎坷就要呼痛诉苦，却不知道人世更有十倍百倍的痛苦跟在他的左右呢，"怯弱者"的四阿弟对他奚落的话，真是一针见血："世间有你这样的人！还说是读书的！遇事既要躲避，又放不下，老是这样黏缠！"后面的三句，说穿了世间一切怯弱者的嘴脸。一个人能跌得倒，奔得起，多少还表示他有进取之心，惟有黏缠到这样的地步，才真的成为"畏首畏尾，身其余几"了。作者接着又写"怯弱者"的女人从前（当他母亲病危时）对他说的话：

"你这样夜不合眼，饭也不吃，自割自吊地烦恼，倒反使人难过，连我们也被你弄得心乱了。你看四弟呵，他服伺病人，延医买药，病人床前有人时，就偷空去睡，起来又做事，何尝像你的空忙乱！"

寥寥几句话，就是这位苍白怯弱，百无一用的书生之写真。无怪作者在《知识阶级的运命》的第六节末要这样说了：

"知识阶级有其阶级意识，确是一个阶级，而其战斗力的薄弱，实是可惊。他们上层的大概右倾，下层的大概左倾，右倾的不必说，左倾的也无实力。他们决不能与任何阶级反抗，只好献媚于别阶级，把秋波向左送或向右送，以苟延其残喘而已。他们要待其子或孙，堕入体力劳动者时才脱离这境界，但到那时，他们的阶级，也早已不存在了。"

这可说是上举的这类"怯弱者"的注脚，衡诸过去及现

344

代,确可概括了知识阶级的整体,不过到了现代,知识阶级的这套旧袍褂,早已支离破碎,不比从前,还可装装门面,夏先生也是圈内人,其有此感慨,我想决不是无聊的牢骚而是耳所闻,目所击实在太多了,故而措辞也许露骨一点,但实际的状况决不会离题过远。

二

这册集中,夏先生写得最出色的,还是几篇智识阶级病症之剖解,不过他的手术不是赤淋淋的,而是抉取人世色相之一角,以简练质朴之笔加以透照。如第三篇之《长闲》,主角亦用第三人"他"的称呼,就是一位懒洋洋的奥布罗夫型的"长闲者",——一位"雅士",每天背着倦怠和闲散躺躺藤椅,燃燃卷烟以遣此有涯之生。有时候,他也想活动一下,但因为懒和闲纠结在一起,终于"今天就这样过去罢,且等到晚上再说了"。而一从麻木中得到片刻的清醒时,却又会"在微醺中又猛触到景物变迁的迅速,和自己生活的颓唐来"。这些人的感觉倒是相当灵敏的,但灵敏一阵,接上来的正是脆弱——到了后来。眼前所有的只是一片广大的空虚。"他"的妻子说"他"的一段话,即是一般似忙而实闲的人绝好的写照:

"今夜还做文章吗?春天夜是熬不得的。为甚么日里不做些!日里不是睡觉,就是荡来荡去,换字画,换花盆,弄得忙煞,夜里每夜弄到一二点钟。"

夏先生所处的时代,正是智识分子最苦闷彷徨的时代,比较怯弱的,就懒下来过着这种隔绝尘世的生活。虽然"他"还有一点计划,想"从文字上去开拓自己的新天地""每日创作若干字,翻译若干字",但如其写作缺少了热烈的兴趣和欲望，还是成不了什么事功，因为"他"对于创作只是作长闲中的消遣，自然鼓不起奋发的精神了。不过像夏先生笔下的这样文人——可以过隐居的地主生活的，在现实中似乎绝少罢。

而要谈到这些，又不能不归结于中国的社会机构上面了。因为那种恬适懒散的情绪以及所谓肃疏的山林之气，只有在农业社会中才允许他们寄生，反之，在紧张急遽，日夕万变的社会条件之下，只有日见其泛落罢了。明乎此，也就明白中国为什么不能产生歌德，左拉，巴尔扎克般的伟大雄奇的作品，而纪述个人"低斟浅酌"的身边琐事之作——随笔一类的东西，为什么那样的发达？上举的夏先生几篇作品，多少的反映了没落的智识分子的生活，到了今天，还是一幅十分鲜明的写真。

然而同时，我们要知道"闲"并非是如何可诅咒可痛骂的词眼。我们不应该将闲和忙对立起来，却应该相互调和利用，将闲作为忙的准备。换言之，真正的适如其分的"闲"正是有利于"忙"的。一味的紧迫的"忙"而后有比例的"闲"来陪衬，这样的生活，怕也不是合理的社会应有的现象吧。反之，"闲"而至于毫无条件，毫无分寸的只作为生活的整体，那就变成"几乎无事的悲剧"，像《长闲》中的这位主角，值得我们的讽刺，唾弃了。可是在今天，的确是越忙的人越得不到闲，而闲的人却无需乎半分的忙，这现像，就构成了我们社会的病态；忙与闲的两个阶级之对立，无怪大家一看见"闲"字即要怒目横眉了。

不过在大部分的人没有得到"闲"之前，少数人的"闲"是极不公平的；而为了全体人们的"闲"之享受，还有赖于大

346

家的"忙"，甚至于应该牺牲小我的闲而追求大我的闲。闲能够造成懒惰和疲怠，忙却能够制造出闲！而在既获得闲以后，尤不应该放弃了忙。夏先生在《闻歌有感》的着末，有一段对现代女性所下的箴言：

"正在为妻为母和将为妻为母的女性啊！你们正'忙'着，或者快要'忙'了。你们在现在及较近的未来，要想不'忙'，是不可能的，你们既'忙'了，不要再因'忙'反屈辱了自己，要在这'忙'里发挥自己，实现自己，显出自己的优越，使国家社会及你们对手的男性，在这'忙'里认识你们的价值，承认你们的地位！"

这篇文字，是作者听了"十一岁的阿吉和六岁的阿满又在唱这俗谣了"以后，引起的感想，在这首俗谣里面，就是表现旧时代中一个女性的"十忙"——在"一来忙开出窗门亮汪汪"，至于"十来忙一双空手见阎王"为止，中国大部分女性勤劳悲苦的一生；和莫泊生的《一生》所写一样，"好好的一个女子，从嫁人，生子，一步一步地陷入到'死'的口里去"，而使作者"感到不可言说的女性的世界苦"，——苦的共通性，"其内容也许有若干的不同，但总逃不出那自然替伊们预先设好了平板的铸型一步"。这就是我前面说的，在不合理的社会中"忙"人的不幸命运。自生到老只是忙，忙，忙！一直忙到死，没有透半口气，而到死还不明白忙的为什么？作者所根据的这首俗谣，正是中国广大的女性群之凄凉宛转的呻吟。然而看一看即使是所谓闲的一群吧，就今日情状而论，又何尝符合着真正的"闲"之本义：像小松鼠似的跟着男人上舞厅，游戏院，或者今天惠顾珠宝店，明天光临交际场，再不然则在收音机畔听听说书，拉开台子斗斗麻雀,闲诚然是闲的,说不定还有多少人在美慕这样的生活,可是这仍不是闲的真谛。——接下去是闲的真真太无聊了,也许还要闹点"桃色纠纷"出来,于是报章喧腾百口争传,倒又"忙"起来了,这结果是小至烦恼呕气,生病吃药,大至"人言可畏",吞点安眠药片完结,"一双空手见阎王"。这更是无条件的"闲"所得的结果。因此我将重复的说,惟有忙和闲两相调剂,人生方才像人生。否则忙和闲如果界区不分,扯在一起,即倘不被忙所羁缚,便要被闲所征服了。我因此又想,只有从"忙"中追求所得的"闲",方是最健康平正,无愧于心吧。这是说要闲,先得以忙为代价,为前提。而逛戏院,上舞厅,并非果真的要不得,但得先具备它的代价——代价就是工作。在工作中"发挥自己,实现自己,显出自己的优越……"。这几句话确是夏先生针对女性所说,但挪移过来,同样可作一般忙人和闲人的参考。

夏先生在杂文中时常说起他是中年人了,中年人当然有中年人的感伤。他在《中年人的寂寞》里说"我已是一个中年的人。一到中年,就有许多不愉快的现象,眼睛昏花了,记忆减退了,头发开始秃脱而且变白了,意兴,体力甚么都不如年青的时候,常不禁会感觉到难以名言的寂寞的情味"。但我们记得,夏先生在有一时期,也跟旧势力作过斗争。好像是在杭州的师范学堂时他和陈望道及故刘大白诸先生等,都发挥过一点斗志。(关于这事,容或记忆有参差处),不过他们都近乎稳扎稳打的,凝健而谨慎,并且因对世味体验较深,所以表面上总呈着很淡漠的样子,但另一面却能够不盲从不投机。记得曹聚仁先生在《文思》(北新版)中,有一篇《平屋杂文》的读后感,有说到夏先生为人地方,因为曹先生还是他的学生。（但对夏先生的认识，却还在做他学生之后）文中说，"民国十五年冬天，北伐军攻克九江的消息，对于我们做小党员的是怎样一种兴奋剂，……友人吴亮，那时正在彷徨不决之中；他想加入国民党投考黄埔军官学校，又舍不得他那白发萧萧的老父。夏先生往暨南上课，照例在吴君处休息，吴君又和我商量了好几回，决定和夏先生谈谈，请夏先生指导一条出路。吴君告诉我，照夏先生的意思，若没有深切的认识，确定的信仰，还以不入党为是。还有很多的话，吴君不十分领会，据我推测：夏先生是说对于革命不能期望太大，热烈的期望，会得到极端的失望"。后来这位吴君还是向他所认为光明的去处去，并且由国民党转变为共产党，而终于身中枪弹而死。"他虽不走夏先生所指导的路，但夏先生的话对于他有间接的影响，他果然殉他自己的信仰而死"，这可以见到夏先生的人生观，读了这一节，再来看《杂文》中的某几篇就格外的得到了趣味。曹先生接着说，在革命的狂潮中，夏先生不叫别人和不使自己的盲从，投机，比之古人，可以说是东汉郭泰，申屠蟠一流人。国民革命的失败，虽原因甚多，给盲从投机分子误了大事，也是主因之一。"像我们那样闻攻占九江的消息，喜而不寐，笑夏先生的没有热情，现在想来却正是夏先生的不可及，我以这样的心眼来读夏先生的《平屋杂文》，也许有会心之处。"易于亢奋往往也易于幻灭，这是青年人的通病。中年人的见闻多，经验深，举步起来虽较为迟缓，却也有坚定的好处。一入了暮年，则精力思想都衰弛下来，一样有所"不及"。听说夏先生在沪战中颇有损失，但到今天依然布衣一袭，稳然自话，在天下汹汹的当口，能保持这种风操的，可说是很不容易，也最为适当的一种气度了。夏先生在《智识阶级的命运》（按：应为《知识阶级的运命》）里，说得这么的透彻，痛切，真是"洞若观火"，那末，想来自然有其潜厚的修养，不亟亟于自求表现了。

其次，人到中年，虽不能完全摒除哀乐，但怀旧忆往的情绪，终是不可避免的，夏先生的平屋，筑在白马湖上，我们单看这两个名称，也很令人意远了。因此《杂文》中有几处都有带及。如自序所说，"自从祖宅出卖以后，我就没有自己的屋住。白马湖几间小平屋的造成，在我要算是一生值得纪念的大事"。在《白马湖之冬》里，又写着那边寒夜的风声之猛烈："那里的风，差不多日日有的，呼呼作响，好像虎吼，屋宇虽系新建，构造却极粗率，风从门窗隙缝中来，分外尖刺。把门缝窗隙厚厚地用纸糊了，隙缝中却仍有透入，风刮的厉害的时候，天未夜就把大门关上，全家吃毕夜饭即睡入被窝里静听寒风的怒号，湖水的澎湃，靠山的小后轩，算是我的书斋，在全屋子是风最少的一间，我常把头上的一顶罗宋帽拉得低低地在洋灯下工作至深夜。松涛如吼，霜月当窗，饥鼠吱吱在承尘上奔窜，我于这种时候，深感到萧瑟的诗趣，常独自拨划著炉灰，不肯就睡。把自己拟诸山水画中的人物，作种种幽邈的遐想。"我向来欢喜抒景的文字，可以令人流连与踯躅，特别是那些不加雕饰，造句天然的，益兼朴素冲远之美。读下去，自有一股醇厚的滋味，像陈年的绍酒，不比烈性的洋酒，一开瓶，即觉得扑鼻的酗然之气。我虽然很想学步，但终于画虎类犬，这自然有年龄学力，生活诸方面的限制。在我主观的标准上，窃以为缘缘堂，未厌居和这位白马湖畔平屋的主人，都有这些质朴萧疏的特色，可惜几年来不曾见过几篇，因之也只能翻翻旧出的而已了。①

林真在《茅盾叶圣陶夏丏尊的三本小品文集》中说：

新近连读了三本小品文集：茅盾的《速写与随笔》，叶圣陶的《未厌居习作集》，和夏丏尊的《平屋杂文》。

小品文在这几年来，实在是发达到极致了。抒情的，说理的，讽刺的……写作的技巧已经十分成熟，题材也日益广泛，健实。虽然有许多反对杂文者颇加菲薄，以为它没有"文艺的价值"，而小品文却在他们的菲薄中间，还正在发皇滋长起来。以上的三本小品文，便是文艺园地中的丰美的收获。……

夏丏尊的散文，和叶圣陶的比较相近了，他没有后者的细致，却有着一种素朴凝练的味道，思想似乎有些近于颓废，实际上却是对于这社会的不平的消极表现。它们都很平凡，但每一句话都是非有深刻的人生阅历所写不出来的。②

何似在《夏丏尊先生和〈平屋杂文〉》评价说：

这诚然是一个杂文集，评论，小说，随笔，各种性质的文字都有。但是不管文字的性质怎样，而内容所写述的，除出一部分时事评论外，几乎全是作者自己身世的感念和对于生活的体验。……

不等你读完这个集子，你就会分明地感觉到，有一种"一贯的精神"流注在这里边。那就是作者情感的真挚，态

① 文载道：《读平屋杂文》，《作家（南京）》第 2 期，1944 年 8 月。

② 林真：《茅盾叶圣陶夏丏尊的三本小品文集》，《社会日报》，1936 年 5 月 21 日。

度的坦白，文字的朴素洗炼，和他所写述着的生活体验的亲切，使你衷心地感受了它。自然，这种"一贯的精神"是每个作者都应具备的；不过像写《平屋杂文》那种自我表现的文字，难得多少"观察"和"想像"的帮助，益发觉得这种精神的重要。①

本月 赠叶作舟《平屋杂文》一册。

本年秋 为开明书店新杂志《新少年》向茅盾约稿。

　　三五年秋，开明书店要办一种新的儿童杂志，它比《中学生》的程度浅，又比商务印书馆的《儿童世界》程度深，是给小学高年级和初中一二年级的学生以及这样文化程度的社会上的青少年看的，如学徒、童工、boy以及失学青年等。主编是叶圣陶和夏丏尊。夏丏尊找到我，要我写一部适合青少年读的连载小说，作为对他们的刊物的支持。我大笑道："我虽然写过一些儿童文学的评论，但是从来没有写过儿童文学，你找错人了。"夏丏尊却不让步，说："你提出了理论，何不亲自实践一番？"又说："最好写这样一个连载小说，通过故事能使小读者得到一些科学知识。"我说："你的要求太高了。"过了几天，他又写信来劝说，我的心就给他说活了。那时正提倡写大众化通俗化的作品，我在一九三五年初也为樊仲云主编的"新生命大众文库"写过一本通俗化的小册子，叫《上海》，用写故事的形式介绍了上海的过去、现在和将来。我想，何不再试一次，探索一下儿童文学这陌生

---

① 何似：《夏丏尊先生和〈平屋杂文〉》，《申报·读书俱乐部》，1936年10月1日。

的花圃？[①]

本年 应校长冯度之邀赴宁波效实中学演讲,题为《中学国文的教习问题》。

本年 任开明练习生国文教师。

当我上夏先生第一课的时候,是在叶圣陶先生退居苏州之后。那时候,担任我们的国文导师,有先生和徐调孚先生。

他对于文法,是颇有研究的,何况我们采用的教本,正是他自己和圣陶先生合著的《国文百八课》呢。他在讲解文法之间,往往将我们日常的话语为例;虽然是极平凡的一句话,但经他一讲,就说得津津有味了。

夏先生每次讲完文法之后,讲他过去的读书经验,他说:书不要多读,一忽儿看郭沫若的戏曲呀,一忽儿又看鲁迅的短篇小说,这样是永远得不到好的结果的。只要你认为某一本书,有一读的价值,并且能帮助你的写作,你就尽量的读它,反复的读它,这自然会发生效果。譬如说《红楼梦》一书吧,我在青年的时候,读过二十多遍,到现在还是百读不厌。我希望你们也去多多的读它。[②]

1936年(丙子,民国二十五年) 50岁

▲5月31日,"全国各界救国联合会"在上海召开成立大会。

---

① 茅盾:《一九三五年记事——回忆录[十八]》,《新文学史料》1983年第1期。
② 陶孝哉:《记夏丏尊》,《前线日报·磁铁》,1940年11月15日。

大会连续两日,会议讨论通过《抗日救国初步政治纲领》,主张全国各党各派立刻停止军事冲突,派遣正式代表进行谈判,以便制定共同抗敌纲领,建立一个统一的抗日政权。

▲6月,革命作家内部就如何建立文艺界的抗日民族统一战线问题,展开了"国防文学"与"民族革命战争的大众文学"两个口号的论争。

▲10月19日,鲁迅在上海逝世。10月22日,宋庆龄、蔡元培等上海各界人士近万人为鲁迅送殡,鲁迅葬礼成了一次抗日示威游行。

▲11月23日,国民政府下令逮捕救国会领导人沈钧儒、章乃器、邹韬奋、李公朴、王造时、沙千里、史良,史称"七君子事件"。

▲12月12日,张学良、杨虎城发动"西安事变"。

1月

1日　晨出席开明书店创立十周年纪念礼。礼毕,与同人摄影并聚餐。夜与庄子良、王伯祥、沈家海、索非、李诵邺、陈超仑、朱子如、宋云彬、丁晓先、黄幼雄在章锡琛寓所聚饮。八时许散。

同日　手书七绝立轴"击楫澄清志未伸,时艰依旧岁华新。闻鸡起舞莫长叹,忧患还须惜好春"。随刊附赠《中学生》杂志读者。

同日起　任中学生杂志社社长。

同日起　经夏丏尊帮助,黄源译作《人间》(高尔基著)在《中学生》连载。

> 1933年起我在上海任生活书店出版的《文学》月刊编辑,这杂志由郑振铎、傅东华出面主编,实际上是茅盾主持,1934年茅盾推荐我协助鲁迅编《译文》,《译文》出满一年,因

原定出版鲁迅主编的"译文丛书"的书店，变卦毁约，拒绝出版"译文丛书"，经我介绍，鲁迅将"译文丛书"交给吴朗西、巴金主持的文化生活出版社出版，原书店闻讯，迁怒于我，立即在北四川路新雅饭店以宴会名义，邀请鲁迅出席，当面要挟鲁迅，罢去我《译文》编辑职务，鲁迅愤而退席。后经调解未成，《译文》终于被迫停刊。从此鲁迅也不再为《文学》写稿。我也辞去《文学》编辑职务。我本欲再去日本游学。鲁迅要我坚持下来，谋求《译文》复刊。这时我放下了两个杂志的实际编辑工作空闲下来，为了生活，我打算翻译高尔基的长篇小说《在人间》，我去开明书店找夏先生和叶圣陶先生，讲了《译文》停刊的实况和我退出文学社的原因。他们两位与文学社也是老关系，听我讲后，动情不动色，我提出打算译高尔基的《在人间》，《中学生》是否能从 1936 年起开始连载，夏、叶两位，异口同声答应。[①]

5 日 午后出席董事会，章锡珊、章锡琛、朱达君、夏质均、范洗人、孙祖基到会，王伯祥做记录，四时半散。夜与王伯祥、孙祖基、范洗人、章锡珊、章锡琛、邱铭九(晴帆)在高长兴小饮，八时许散。

8 日 夜赴穆藕初寓所晚餐，与黄炎培同席。

10 日 《新少年》半月刊创刊。夏丏尊任新少年社社长，叶圣陶、丰子恺、顾均正、宋易为编辑。

同日起 茅盾小说《少年印刷工》在《新少年》连载。

在小说中我又遵照夏丏尊的要求，向小读者介绍了印刷技术的知识。这是一种新尝试，即在儿童文学中把文学和传授科学知识结合起来。然而我的尝试失败了，从而也

---

① 黄源:《纪念夏师丏尊》,《出版史料》第 1 期,上海:学林出版社,1987 年版。

影响到整篇小说的失败。在小说的前半部，我写得还比较顺利，故事的展开，人物的塑造，环境的烘托，都还"搭配"适宜。然而写到下半部，由于夏丏尊交代的"要求"紧紧钉在我的脑海中，以致犯了大忌，没有把主要笔墨放在人物的塑造上，而且割断了与前半部中出现的众多人物和情节的联系，专注于技术知识的介绍。这个毛病，我愈往下写愈感觉得明显，但那时是写一节刊登一节，等到彻底明白过来，已无法补救，犹如从山上往下奔跑，收不住脚了。这样一来，我的兴趣也就减了大半，只得草草收场，让赵元生急急忙忙跟着"老角"一走了事。这是我写儿童文学的一次不成功的尝试。①

11日 午间与范洗人、章锡琛、丁晓先、王伯祥以公司名义在聚丰园设宴为俞颂华赴粤、娄立斋赴桂饯行，马荫良②、胡仲持、张梓生、孙祖基作陪。八时许散。

16日 午间与范洗人、王伯祥、郑振铎、丁晓先、庄子良聚餐。夜与庄子良、王伯祥、丁晓先、范洗人、李诵邨、章锡珊、索非在马上侯小饮，十时三刻散。

17日 出席《国讯》社聚餐会。

31日 弘一法师致信。

> 一月半前，因往乡间讲经，居于黑暗室中，感受污浊之空气，遂发大热，神志昏迷，复起皮肤外症极重。此次大病，为生平所未经过。虽极痛苦，幸以佛法自慰，精神上尚能安

---

① 茅盾：《一九三五年记事——回忆录〔十八〕》，《新文学史料》1983年第1期。

② 马荫良(1905—1995)，字一民，江苏松江人。开明书店董事之一。1928年毕业于同济大学。1934年任申报馆代总经理。抗战胜利后任国立社会教育学院新闻系教授、系主任。

也。其中有数日病势凶险,已濒于危,有诸善友为之诵经忏悔,乃转危为安。近十日来,饮食如常,热已退尽。惟外症不能速愈,故至今仍卧床,不能履地,大约再经一二月乃能全愈也。前年承护法会施资请购日本古书(其书店,为名古屋中区门前町其中堂),获益甚大。今拟继续购请。乞再赐日金六百元,托内山书店交银行汇去,"购书单"一纸附奉上,亦乞托内山转寄为感。此次大病,居乡间寺内,承寺中种种优待。一切费用皆寺中出,其数甚巨,又能热心看病,诚可感也。乞另汇下四十元,交南普陀寺广洽法师转交弘一收。此四十元,以二十元赠与寺中(以他种名义),其余二十元自用。

本月 贾祖璋著《生物素描》由开明书店出版。夏丏尊为封面题签。

2月

1日 《文章的省略》刊《中学生》第 62 号"文章偶谈"栏目。

2日 舒新城日记载:"夜阅夏丏尊之《平屋杂文》,颇有所感。此书为彼集十年来之散文而成,技术与观察均园熟。我早拟将旧文集成一册,只惜不专心于此。今见彼如此,拟即为之。并拟多写写杂感与速写。"

5日 弘一法师致信。"此次印《表记》,诸承费神,精密周到,至用感谢。寄至厦门四百册,久已收到。其时代收者或因在泉州,忘写回信,乞谅之。扶病坐起,书此略复。"

6日 下午公司举行业务会议常务会。夜与索非、徐调孚、丁晓先、章锡琛、范洗人、王伯祥以公司名义在聚丰园宴请顾颉刚、周予同、郑振铎、沈从文、李健吾、巴金、王鲁彦等,遇唐鸣时、孙祖基、吕漠野。九时三刻散。

7 日　南社纪念会在福州路同兴楼举行第二次聚餐会。夏丏尊因事缺席。

9 日　下午出席董事会。

16 日　午后与叶圣陶游邑庙,在得意楼遇王伯祥。同过福州路总店小憩后偕往马上侯聚饮,席间遇沈世璟。

18 日　教育部依据前中小学课程标准讨论会结果,分别将初高中教学科目及各学期每周各科教学时数表修正后公布施行。其修正要项:一、注重养成学生自动研习能力,减少每周教学总时数;二、注重民族意识,于公民、国文、史地等科增添关于民族精神之教材;三、顾及学生个性,高中第二学年起学生可自行选修文理课程;四、各校视地方情形于高中最后学年酌设简易职业科目,使不升学者仍得就业之准备。①

8 日至 21 日　教育部续召集各专家与普通教育司司长及主管科会商修正中学课程标准,每日一科。其中夏丏尊、杨振声、伍叔傥、周邦道负责国文。

25 日　夜七时内山完造在四马路会宾楼宴请日本《改造》社社长山本实彦(自南京来沪),并介绍与各报记者、书店代表等见面。席间山本实彦陈述游华感想,夏丏尊致答词。九时半散。

27 日　教育部邀集上海各出版商接洽今后教科书出版改进事项。其中学部分,内容应(一)切合教育宗旨及修正课程标准;(二)注重培养民族精神与实用能力;(三)注重实际问题与实际生活;(四)支配均衡适当,无重复矛盾之弊;(五)提纲挈领,取材

---

①　《教部修正中小学课程标准及时数》,《南京日报·教育与体育》,1936 年 2 月 19 日。

切要,避免空泛之议论或材料;(六)叙述正确,文字清顺;(七)注重作业。编辑人须(一)具有所编该项课本之教学经验;(二)所编之教科书应为其专攻之课目。①

29 日　偕夫人与开明同人赴苏州访叶圣陶。

王伯祥日记载:"饭后径到车站,先后与洗人、晓先、丏尊夫妇、雪山父女、调孚、云彬诸伴遇,且无意中遇到致觉,因同乘返苏。车中甚挤,幸尚得坐。二时五十分抵平门站,圣陶已在彼相候。遂相将入城,先赁定中央饭店落坐,乃往游怡园。啜茶至四时,又往沧浪亭一转。薄暮,同赴圣陶所,聚谈良久,合席饮酒。雪村已由南京赶到,与叔琴亦同来参与。九时许散,走归旅店,复与丏尊、云彬饮,十二时半乃睡。"

本月　弘一法师致信。"前拟赠与草庵二十元,彼不肯受。今拟以物件等(价约近十元)赠奉。其余十余元,即由音自受用也。宿疾已渐愈。以后通讯,乞寄厦门南普陀寺养正院广洽法师转交弘一收,致为稳妥。虽偶云游他处,彼亦可转送也。"

3 月

1 日　游览苏州名胜,至夜返沪。

2 日　《我的畏友弘一和尚》刊《越风》第 9 期。

4 日　弘一法师致信。"宿病已由日本医学博士黄丙丁君诊治,十分稳妥,不久即可痊愈,希释怀念。其中堂信已直接寄去,江翼时居士所寄之书已收到。种种费神,至用感谢,不宣。往黄博士处诊治,乃由友人介绍,已去十余次,用电疗及注射等需费甚多。将来或唯收实费,或完全赠送,尚未知悉。俟后由友人探

---

① 《修改中小学教材》,《南京日报·教育与体育》,1936 年 3 月 5 日。

询清楚,再以奉闻。"

6 日 教育部续召集各科专家分组讨论中学课程标准,决定减少普通科目,增加特别应用教材。

7 日 夜与王伯祥、刘叔琴等在寓所小饮,饮后打王和(按:一种绍兴牌类游戏)。

8 日 上午出席业务会议,会后与范洗人、王伯祥、丁晓先、徐调孚、吴仲盐、李诵邺、朱孓如、刘叔琴在章锡琛寓所小饮。夜仍在章锡琛寓所聚饮,猜谜为乐。

11 日 公司举行业务会议常务会,议决组织、章制改革诸事。

14 日 下午出席董事会。夜与同人赴会宾楼丁晓先之子汤饼筵,九时许散。

同日 朱自清日记载:"读《平屋杂文》与《未厌居习作》。"

15 日 复信谢六逸(刊当日《立报·言林》),就读者丁星对于《续爱的教育》的问题作答。

16 日 弘一法师致信。"近获扶桑古书多册,至用欢忭。彼书中常云镰仓、南北朝、藤原乃至德川等时代(此外甚多)。于每时代中,又分为初期末期等。阅之,不解其所指何时。日本书中,如有说明种种时代年限之表,乞代购一册,惠施。又日本古书屡云泉州,是否即在大阪附近,今为何地,便中乞询内山居士,为感。"

19 日 散馆后与王伯祥、叶圣陶、徐调孚过商务印书馆购书,即赴福州路总店晤章锡琛、范洗人、丁晓先及卢冀野。夜与章锡琛、徐调孚、王伯祥、叶圣陶、茅盾、郑振铎、周予同、方光焘、傅东华、张天翼、金仲华在味雅聚餐。八时半散。

20 日 朱自清日记载收到夏丏尊信函。

22 日 下午二时老德记汽水厂股份有限公司假座八仙桥青

年会九楼召集第一届股东常会,报告廿四年度营业状况并讨论各项要案。

28日 弘一法师致信。"宿疾约再迟一月,可以痊愈。此次请黄博士治疗,彼本不欲收费,惟电火药物等实费,统计约近百金,若不稍为补助,似有未可。拟赠以厦门日本药房礼券五十元一纸,及拙书等。此款乞便中于护法会资支寄惠施,至用感谢。此次大病,(内外症并发)为生平所未经过,历时近半载,九死一生。虽肉体颇受痛苦,但于佛法颇能实地经验受大利益,亦昔所未有者也。"

下旬 朱自清致信。

丏尊兄:

　　上回承寄《平屋杂文》,感感!最喜欢的是怯弱者、猫、长闲等篇,命相家、灶君与财神、误用的并存和折中、知识阶级的运命、我的中学生时代、光复杂忆、紧张气分的回忆、中年人的寂寞、早老者的忏悔、致文学青年,也都很有意思。我说"有意思",有两个意思:一是有幽默,虽然幽默下藏着悲哀。二是文字亲切的同感。如少年时的回忆,中年时的惆怅。这惆怅在我看,也是一种愉快;其实这惆怅也是必然。——我的话未免有些阿Q相吧!说理的文字自然也是经验之谈,但嫌短些。

　　序里说起吉子,想不到这么小的年纪竟去了,追忆白马湖看她儿时的情景,令人难以为怀。兄只寥寥数语,实蕴深悲。这也是中年人的苦恼吧。

弟朱自清①

---

① 佩弦:《关于〈平屋杂文〉》,《申报·读书俱乐部》,1936年4月1日。

本月　李培林①来访。

　　提起夏丏尊先生，往往容易使我们联想到开明书店，开明书店是近年出版界中很努力，很活跃的一家。他们所出的各种书籍，都是纯正的读物。当记者和夏先生晤面时，第一句便对他说，记者不仅以他为一个作家或编辑家，同时也以看待一个事业家的眼光去访问他，因为开明书店近年来的发展，决不是幸致的，而他是开明的一个功臣，（关于编辑事宜及出版计划方面）也是毫无疑义的。所以记者向他叩问的第一件事，便是请他把开明书店几年来奋斗的情形，简要地叙述一番。然而夏先生很谦虚，他不承认开明书店有什么特殊的成绩，他说假定有一点足以夸耀的，就只是不肯出"坏书"而已。但我们试把近年来出版界混乱的现象观察一下，当感觉能如开明书店那样守住"不出坏书"的原则的，也就不容易了。

　　对于整个书业，夏先生持有一种很透彻的见解。他说，把全中国所有书局的资本归并起来，至多不过一千万元。然而目前的几家书局，几乎每家要具备编辑、发行、印刷等几部门的组织。至如为了出教科书而大事竞争等现象，尤其显得是资力同人力的浪费。如果把眼前的一千万元资本集合起来，专门运用在发行一方面，而把书籍的种类，加以分析，由各家书局或私人学术团体有机地分担出版编辑等事宜，那末这一千万元的运用，也就很有力量和效用了。夏

---

　　①　李培林（1916—2004），浙江宁波人。1930 年辍学进上海华商证券交易所润安字号当学徒。1933 年肄业于沪江大学新闻系，曾任中国实业银行职员。1935 年结识周信芳与朱石麟，尝试文艺写作。1941 年起以桑弧为名，编写有电影剧本《灵与肉》《洞房花烛夜》《人约黄昏后》《教师万岁》等。

先生的意见无疑是非常合理的，然而他也承认在目前的社会制度下，出版业决不能达到如此理想的境界。[①]

4 月

月初　与叶圣陶、茅盾、许杰、王任叔等文化界同人发起组织作家协会（后改称中国文艺家协会）。

我们要过集体的生活，这已是一句老话，但这句老话，在目前却有它的新意义。我们的文坛，一向是个纷乱的，混沌的局面。这种纷乱与混沌，不知减弱了多少影响，浪费了多少精力。但在这样严重的局面之下，实在不能再让我们继续这种可怕的损失。

我们时常"杞忧"我们的文坛如果长此散漫下去，没有集体的生活和精神，讨论和研究，那么前途怕是非常黯淡的，不但不能负起为时代先驱的任务，就是要防止文化上的压迫和摧残，保全苟延残喘的生命，也显然是不可能的。在美国，已经成立了包含安德生、德莱赛等百余作家的美国作家大会。西欧作家如赫胥黎、亨利希曼等，也都参加了巴黎的保卫文化大会，和反战的进步作家纪德、罗曼罗兰等携手。我们尤其需要团结和亲爱的合作，因为我们的环境比之他们可以说是要坏过百倍。

当然，现在是个苦难的非常的时代，我们所处的，尤其是一个窒闷的环境。国土的沦丧，主权的损失，经济的破产，一切生活的日趋贫困化，这些条件都使得我们的前途更形惨澹，更没有光彩，我们已经感到同样的威胁，受到同样

---

① 李培林：《夏丏尊先生访问记》，《长城》第 3 卷第 10 期，1936 年 4 月 1 日。

的痛苦。

犹豫不决是不能解决问题的。退避畏缩也是无出路的。

为了保卫文学和我们民族的生存,为了负起为时代先驱的任务,我们有积极的起来组织作家协会的必要。我们极恳切的希望赞成我们这主张的作家签名,一同来进行这个有意义的工作。

发起人

叶圣陶　茅盾　许杰　王任叔　沙汀　徐调孚　丽尼

徐懋庸　白薇　方光焘　荒煤　杨骚　戴平万　张梦麟

傅东华　何家槐　艾芜　宋云彬　李健吾　□□□　夏

丏尊　马国亮　李兰　赵家璧　钱歌川　沈起予　郑

振铎①

4日　午后出席业务会议常务会。散会后与章锡琛、王伯祥、丁晓先、徐调孚在马上侯聚饮,为范洗人、章锡珊出巡饯行。席间为同人讲述弘一法师出家因缘。十时许散。

8日　王伯祥日记载:"印所不送《补编》初校样来,汉儿因此停工两日。今日挈同儿及满子、士文往游兆丰公园,雷雨交加,予等甚为担心。"

13日　散馆后与章锡琛、王伯祥、徐调孚、马荫良、黄幼雄、娄立斋、吴觉农等在聚丰园聚餐,为胡仲持饯行。十时许散。

16日　午后陈乃乾来编译所谈《清名家词》编辑计划。夜与章锡琛、陈乃乾、王伯祥在梁苑小饮,十时许散。

---

① 《何家槐给鲁迅的两封信》,载上海师范大学中文系编《鲁迅研究资料》,1978年版,第90页。

17 日　朱自清日记载:"买荣宝斋诗笺谱、墨盒和铜尺,拓片的画轴两个,其一拟赠丏尊。两者共用洋十五元。"

21 日　公司举行编审会议。

22 日　弘一法师致信,言《越风》一册已收到。

27 日　赴松江女中演讲。

28 日　浙江文献展览会干事会拟定设计委员会名单,呈由浙江省教育厅发函敦聘。计有夏丏尊、张元济、蔡元培、张梓生、潘公展、章锡琛、何炳松、姚虞琴等 190 余人,其中上海分会 37 人。

30 日　夜与王伯祥、章锡琛、陈乃乾在同宝泰小饮,商议《清名家词》编印事,大体解决。八时三刻散。

下旬　叶圣陶为王伯祥所藏购书单(按:即前述 1 月 31 日弘一法师致夏丏尊函中所提"购书单")题"弘一上人买书贴",夏丏尊作跋"弘一上人书,伯祥凤宝爱之,顾所得止佛号及小联,无成幅者。今岁春初,上人自闽南贻书,托向日本购经籍,伯祥见此横单大喜,因嘱人别抄寄日本,而留此付装池焉。丙子闰月,夏丏尊记"。

本月　答应《人间》转用楼适夷(化名"封斗")译本,在《中学生》上续载。

> 后来《译文》复刊后,楼适夷同志竟在狱中译成了高尔基的《在人间》,他将译稿转托送交鲁迅先生,在 1936 年 4 月 3 日的《鲁迅日记》上记有"得楼炜春信附函夹笺及译稿一包"。当时鲁迅先生的处境,不愿多与出版界接触,所以感到处理为难。1936 年 4 月 11 日,我到鲁迅家里,鲁迅先生和我谈起这事,他在 13 日给楼炜春的信中说:"前天始与另一译者黄君会商,他以为适见译书不易,慨然愿停止翻

译，在《中学生》续登适夷译本，对于开明书店，则由他前往交涉，现在尚无回信。我看大约是可以的。"事情不出鲁迅先生所料，我去开明书店找夏、叶两先生，说明了原委。他们都知道适夷同志是左联成员，共产党员，把适夷作为后辈知友，我一讲完，两位又是异口同声答应。①

本月 储安平著《给弟弟们的信》由开明书店出版。

我本无意将这集子出版，这次因为还想再读一些书，为想多得到一点学费起见，所以放肆问世。我得感谢开明书店这样慷慨接受我这部稿子。我将这部稿子寄给夏丏尊先生完全是冒昧的，但是第五天上我就收到书店的复信，答应出版，这种办事的负责和迅速，实在证明我这七八年来对于开明书店的尊敬是正确的。②

5 月

1 日 《句子的安排》刊《中学生》第 65 号"文章偶谈"栏目。

"文章偶谈"间断了好几期了。读者诸君欢迎这一栏，很多写信来催问的。丏尊先生特地从百忙中赶写一篇，刊载在这一期中，报答读者诸君的热望。对于他所选的这一个题目，一般执笔的青年往往不很注意。但这个题目实在是非常重要的。阅读了这一篇，在写作的知识上和技术上当有不少的进益。③

2 日 夜宋云彬等来打王和。

---

① 黄源：《纪念夏师丏尊》，《出版史料》第 1 期，上海：学林出版社，1987 年版。
② 储安平：《给弟弟们的信·自序》，上海：开明书店，1936 年版。
③ 叶圣陶：《编辑后记》，《中学生》第 65 号，1936 年 5 月 1 日。

4 日 王伯祥日记载:"夜七时,乃乾来,予先约雪村、丏尊候之,编集《清名家词》已谈妥,明日当送约文及酬金半数去,即成交矣。前后谈话四小时,十一时乃各散。"

5 日 偕夫人与夏满子、胡墨林回白马湖小住。

11 日 王伯祥日记载:"丏尊白马湖来书,托购金陵本《华严经》,乃佛学书局已售缺,只有福州鼓山刻本,因售以来,挂号径寄之。想三日内当得到达也。"

15 日 王伯祥日记载:"圣陶由苏来,以接丏尊信,知墨林患扁桃腺肿,连夜乘轮往白马湖矣。"

19 日 与叶圣陶返沪。下午与章锡珊、王伯祥、徐调孚、叶圣陶赴章锡琛寓所商议《清名家词》预约事,决定明日由王伯祥、徐调孚往晤陈乃乾,商定目录。

22 日 下午公司举行业务会议常务会。"据洗人出巡报告,各分支店营业殊不振也。"

23 日 下午三时赴杭州。

24 日 上午九时赴省立图书馆出席浙江文献展览会设计委员会会议,与会者有何炳松、屈伯刚、方豪、周越然、莫叔未等 40 余人。"公推王孚川氏主席,行礼如仪后,主席报告教厅发起本展览会后,分聘本外埠设计委员及接洽经过。次教厅第三科科长张彭年氏报告,略述保存文物与民族文化隆替关系之密切。旋由省图书馆长陈训慈氏报告,系分述(一)本会酝酿之经过,(二)浙馆讨论筹办之经过,(三)本会组织大纲中,关于设计委员会与干事会之规定,(四)教厅已聘本省耆硕学者党政教界领袖及外埠浙籍闻人为设计委员,必要时厅方尚拟加聘,(五)设计会之分组与征品范围。末由主席宣读本会组织大纲,并将拟订之设计委员会章程十条,付讨论修正通过。次公推王孚川,钱均夫，邵裴子，孙寰才，余越园五人为常务委员。设计会暂定分书籍，书画，图片（包括舆图图像照片等），金石拓片，古物，民族文献等组。次复讨论征品分会办法十四条，交换关于征集展览品之方针与注意事项。并决定上海征品分会于下月成立，本省各区则择要组成征品分会，联络就地人士与行政领袖负责。对于保管之严密及私家藏珍之征集，各委自由发表意见，颇多讨论，摄影后散会，时已十二时半。"①午间在三义楼聚餐。

26 日 公司举行业务会议常务会，决定录取练习员及练习生共十人。

31 日 下午出席董事会，章锡琛、章锡珊、范洗人、孙祖基、章育文到会，王伯祥做记录。决定各分支店一律改甲种，长沙分店仍旧设立且需扩充门面。夜与孙祖基、王伯祥、范洗人、章锡琛在高长兴小饮，九时许散。

本月 加入禹贡学会。该会以集合同志，研究中国地理沿革史及民族演进史为目的。

本月 入选《上海工商人名录》。该书由中国征信所编辑出版。内容如下："夏丏尊：年五十一岁。浙江上虞人。日本留学生，系著名作家。曾任国立暨南大学中国文学系主任。现为开明书店董事兼编辑所主任、美成印刷所董事、立达学园校董。"

6 月

1 日 午后黄炎培来访，商定《蜀道》出版条约。

3 日 黄炎培日记载："午前，整理并修正《留告四川青年书》

---

① 《浙文献展览会举行首次设计会》，《进修半月刊》第 5 卷第 16 期，1936 年 6 月 1 日。

及《改造新四川管见》,备函交开明夏丏尊。"

6日 下午出席业务会议常务会,决定续聘二人,解雇一人,准辞职一人。夜与章锡琛等打王和。

7日 下午二时中国文艺家协会在四马路大西洋菜社举行成立大会,到会80余人。先由傅东华报告筹备经过,公推夏丏尊、茅盾、洪深、欧阳予倩、傅东华组成主席团,夏丏尊为主席,宣读会章草案。报告后,新闻记者陆诒、剧作者协会代表陈楚云、著作人协会代表金则人等相继演说。随即通过会章及宣言,确定本会以"联络友谊,商讨学术,争取生活保障,推进新文艺运动,致力中国民族解放"为宗旨。大会选出夏丏尊(53票)、茅盾(58票)、傅东华(54票)、洪深(44票)、叶圣陶(21票)、郑振铎(22票)、徐懋庸(27票)、王统照(38票)、沈起予(38票)等9人为理事,郑伯奇、何家槐、欧阳予倩、沙汀、白薇等5人为候补理事,组成理事会;另通过致鲁迅及高尔基慰问信、组织国防文学研究会、发刊机关杂志等多项议案。六时许散。①②

8日 夜与丁晓先、章锡琛、王伯祥以公司名义在聚丰园宴请周淦卿,张同光(自杭州来沪)、郑振铎、周予同、方光焘、戚叔含及周淦卿之友孙君作陪。九时许散。

上旬 应邀为史济行主编的《西北风》杂志撰稿。③

12日 中国文艺家协会致信高尔基。信由孔另境执笔,经夏丏尊、茅盾等审阅后发出。

13日 《立报》记者来访。

夏先生对记者的话说得不多,但谈吐语气很幽默,现在

---

① 《中国文艺作家协会昨成立》,《铁报》,1936年6月9日。
② 《中国文艺家协会成立》,《新东方》第1卷第5期,1936年6月22日。
③ 《编辑后记》,《西北风》第4期,1936年6月16日。

把我们的问答简单地写在这里：

"中国文艺作家协会成立以后，有什么工作？"

"会总算是成立了，具体的工作，现在似乎还没有，不过现在想出一本会刊，至于什么时候出，由那一家书局出，也还说不定。基本的会员，现在已经有一百多人了。"

记者想到最近外面说鲁迅，孟十还等（"作家"派），不参与中国文艺作家协会的谣言，就问夏先生，他说，他没有听过，最后他才说：

"鲁迅和文学社有意见，那倒是有的，但文艺作家协会和文学社是两件东西。"

"现在会里的事务，归谁负责呢？"记者问。

"现在由王统照负责。"

至于下次文艺协会开会的日期，据夏先生说，因为理事会里，有几位理事不在上海，所以现在不能开，大约下礼拜他们回上海来，便可以开了。并且有许多问题预备提出来讨论。①

同日　与王伯祥、章锡琛、宋云彬逛有正书局，购得书数本。

15 日　弘一法师致信。"承施资请《辞汇》，至感。拙书附寄上，乞收入。晚晴修理甚善，江居士经手修理至为妥也。前寄下洋五十元，曾两次托人送与黄博士，彼坚不受。后乃商酌，即以此资做《大藏经》等木箱数个，箱外镌刻黄博士施助字样云云。"

16 日　弘一法师致信。"昨日乃获披诵《辞汇》，悉功德人名。前寄写件不足，数日后再补写邮奉。"

17 日　致信《立报》社，"十三日那天我的谈话是这样的：一，

---

① 《文艺作家协会将出刊物一种 已有会员百人》，《立报》，1936 年 6 月 14 日。

鲁迅氏和文学社有意见的话,外间曾有此传说,是否确实,无从质证。二,会务当然由理事会负责。会址未定以前,会里的文件,暂托王统照君保管"。

同日 公司举行业务常会。

18 日 王伯祥日记载:"晓先如约交《初小自然课本》稿来,丏尊嫌其过时,颇致悔意。实则成约在先,初无问题也。于是气氛又呈骚动之象。"

25 日 《青年与"老人"》刊《光明》第 1 卷第 2 号"文艺家协会成立之日"专栏。同栏登载郑伯奇、陈子展、艾思奇等作家短文,各陈希望与感想。

在作家群中,我们的夏丏尊先生,可以说是年纪最大的一位。因此,时常有人把"老先生"的尊称,送给夏先生。……但是,夏先生对于人们称他"老先生",甚感难堪,因为欧西作家如罗曼兰,高尔基,虽然都是高龄的人物,但在一般人心目中,还是个勇敢的青年;而他年才半百,在别人眼里,已是所谓"老先生""人老珠黄不值钱",自然免不了迟暮之感。然而,在夏先生心里,还不承认他是"老人"。正因为罗曼兰,高尔基等年龄虽高而一般人尚承为他们是青年的缘故。可知夏先生人虽老,心尚未老呢![1]

26 日 午间与郑振铎、周予同、许志行、吴文祺、徐调孚、范洗人、丁晓先、王伯祥、章锡琛等在宋云彬寓所聚饮。

本月 赠日本友人增田涉《平屋杂文》一本。

本月 教育部颁行修正后的《初高级中学课程标准》。

---

[1] 白鸟:《夏丏尊人老心不老》,《世界晨报》,1937 年 6 月 21 日。

7 月

3 日 午后自杭州返沪。

8 日 与黄炎培、蒋维乔、沈恩孚、江恒源、穆藕初、王云五、项远村、廖世承等联名签发《上海教育界同人致南京蒋介石、冯焕章,太原阎百川,广州陈伯南,南宁李德邻、白健生诸先生电》,呼吁大敌当前,熟筹当前利害,即日开诚协商,决定对外方针,一致团结御侮。

10 日 《一个夏天的故事》刊《新少年》第 2 卷第 1 期。作者认为青年对于怎样过暑假所罗列的预备计划"大部分都不免是抽象的空言",最要紧的应该"在事上磨炼"。苏格拉底当兵时期的一则故事就是"在事上磨炼"的一个好例。

12 日 夜与朱自清(自扬州来沪)、王伯祥、章锡琛、方光焘、郑振铎、章克标、刘叔琴、许杰、刘薰宇等在南京饭店晤叙,同过小花园聚丰园聚餐,席间周予同(为蒋径三处理后事)至。饭后仍与众人回南京饭店,十一时三刻散。

13 日 夜邀章锡琛、王伯祥、朱自清、王文川来寓所晚餐,夏夫人下厨。十时许散席后赴南京。

15 日 返沪。王伯祥日记载:"丏尊自宁归,教部审查事,尚有眉目,力子将来沪,或有酬应耳。"

16 日 午后过福州路总店,与丁晓先赴惠中旅社访姜琦。夜与丁晓先、王伯祥、范洗人在大观楼聚饮,为姜琦赴闽饯行。八时许各归。

18 日 晨黄炎培到访开明书店,交齐《蜀道》稿件。

20 日 夜与吴仲盐、范洗人、章锡琛、章锡珊、徐调孚、宋云彬、顾均正、贾祖璋在王伯祥寓所举行第一期纠会(按:一种浙东民间互助性借贷形式。急需用钱者纠集亲朋好友数人,每人凑出一份钱,给付使用。此后按月每人出一份钱聚集,由参与者轮流获取,轮遍为止。纠会发起者为会首,也是首次得款者,参与者叫会脚,会脚可多可少。会脚得款顺序系通过掷骰子"摇会"确定),由王伯祥召集。饭后与章锡琛、吴仲盐、宋云彬打王和。

22 日 王伯祥日记载:"晓沧来,为翻版书侵害其利益,颇见愤恨。但翻版事根绝至难,出版家亦同样感受压迫也。丏尊劝其再考虑,勿先单独提起诉讼,竟致欲罢不能,反觉受累云。"

27 日 与章锡琛、范洗人以公司名义在新亚酒楼宴请林语堂。

31 日 夜与王伯祥、范洗人、李诵邺、丁晓先、叶圣陶等在同宝泰小饮,九时散。

本月 为纪念开明书店创业十周年,公司以较高的稿酬,"约当代作家各替开明特写一篇新作"。稿件由夏丏尊编辑成小说集刊《十年》,并题签,由开明书店出版。内收王鲁彦《银变》、老舍《且说屋里》、张天翼《一件小事》、靳以《雪朝》、王统照《站长》、巴金《星》、徐霞村《裁员》、吴组缃《某日》等 14 篇。

本月 为《新少年》杂志社辑印特刊《新少年读本》,向邹韬奋、朱自清、冰心等征集旧稿。自选《受教育与受教材》一文并作《作者题记》。

新近碰到两个青年,一个是在中学校里向有"文学家"的绰号的,前年因高中毕业会考不能通过,愤然到日本去留学。日本话已学得差不多了,因数学理化等科目尚须从头补习,不能去投考正式学校,非常苦闷。还有一个是初中才毕业的,他想找职业,没有找到,大骂学校骗人,深悔几年来学费的徒耗,颓唐不堪。我对这两位青年既同情又暗中叹惋,于是记起六年前在《中学生》杂志上所发表的这篇文字。两个青年和我都略有亲戚关系,这篇文字,他们想来都曾读到过的。如果我的文字有效用的话,对于他们早该有些影响了。我不得不自愧自己文字之无力。

本月 经夏丏尊推荐,朱自清、奚今吾校正,朱光潜著《文艺心理学》由开明书店出版。

8月

1日 为《申报》第21版"开明书店创业十周纪念特刊"题名。《十年》小说集序载本刊。作者说:

> 开明创立于一九二六,到今年十周年了,打算出一种书,一方面对读者界作有一点儿意义的贡献,另一方面也给自己作个纪念。这部小说集刊就是从这样打算之下产生的。给它题个名字,谁也会想到又现成又醒目的"十年"。于是它有了名字。
>
> 据一般批评家说,我国的新文学运动起来以后,小说方面的成就比较可观。开明自从创立的那一年起,就把刊行新体小说作为出版方针之一。到现在,大家都承认开明这一类的出版物中间,很有一些在现代文学史上占有地位的佳作。这是开明的荣誉。开明要永远保持它的荣誉,就约当代作家各替开明特写一篇新作,用来纪念开明,同时也给我国小说界留个鸟瞰的摄影。发育了将近二十年的新体小说成为什么样子了,虽然不能全般地看出,但是总可以从这里看出一大部分。在这一点上,这部书似乎有着不少的意义。

同日 《开明书店创业十周年箴》载同刊。箴言:

开明创设，于兹十年。书林托始，仅寄一廛。譬之为山，如石盈拳。譬之导水，如泉涓涓。遵时迈□，当仁着鞭。中道而驰，无陂无偏。以有今日，事非偶然。时艰方亟，风雨一船。黾勉同心，庶几寡怨。愿共矢诚，凛此冰渊。

同日 因开明书店创业十周年纪念日，同人赴南翔旅游。

王伯祥日记载："同仁咸集，相将登车，共六乘，联翩西行。七时五十分到南翔，遂入憩古猗园。徜徉永日，极游谈之乐。十一时午宴于梅花厅。十二时许，道始来会，因再酌。三时许，与丏尊、调孚、晓先、健安往葛园看并蒂莲。四时许返古猗园，五时进站，六时许仍分批乘长途汽车以返。"

2日 《日本二二六事件——死刑者家属的血泪语》刊《申报每周增刊》第1卷第30期。

3日 午后与叶圣陶、顾颉刚、郑德坤、王伯祥商谈禹贡学会丛书及北平研究院史学研究会书稿出版事。"据谈禹贡学会已由英庚款项下岁拨万五千金为设备建筑之费，基础大定，闻之甚慰。"

9日 弘一法师致信，言《佛教大辞汇》一册已收到。

16日 《关于职业问题答某青年书》刊《申报每周增刊》第1卷第32期。作者认为"普通的学校对学生所施的职业指导太理想太空虚"，就现社会说，职业和兴趣常是冲突的。"一般青年对于职业，眼光常局限于现状"，职业是会流动转变的，以某一业终老的人并不多见。青年投身到社会上去，"其情形好像一滴水珠被排入在瀑流之中"，前路不可预知。

17日 晨与章锡琛、王伯祥谈编辑计划。

18日 午间与陈望道、王伯祥、章锡琛、叶圣陶、孙鹰若、朱宇苍在宋云彬寓所聚餐，谈黄侃、章太炎书籍出版事，商定明日下午拟定合约。

19日　夜十一时访陈望道,十二时返。

20日　陈望道致信盛此君,谈为广西大学延聘教员事:"施(按:即施存统)曾对于我前发的信有复信,但那信是由丏尊转的,被丏尊看过,弄得不见了。据说里面是说如果我认为有意思,他可以来,但是有条件,那条件丏尊说不出来了。"

21日　夜与茅盾、郑振铎、傅东华、刘薰宇、方光焘、马宗融、谢六逸、王伯祥、章锡琛、叶圣陶、徐调孚、贾祖璋在聚丰园公宴耿济之、陈望道、胡愈之、金仲华、林本侨。九时三刻散。

23日　王伯祥日记载:"夜,郭沈澄、朱文昭、陈椒生、陈蓉娟、姚文辉、夏满子来吃面,盖今为夏历七夕,汉儿生日,故邀来一叙也。"

27日　弘一法师致信。"前质平来函,谓《歌集》不久即可出版,至用感慰。承寄五十册,乞分寄下记之二处:十册寄厦门转泉州大开元寺内慈儿院叶宗择、叶宗定二居士收,四十册寄厦门鼓浪屿日光岩弘一收。"

31日　公司举行业务常会,决定招考练习员、练习生数名。

本月　为《清凉歌集》作序。此书于10月由开明书店出版发行。

本月　将夏衍译作《母亲》(高尔基著)改名为《母》,由开明书店重印出版。

记得我译的高尔基的《母亲》(1929年大江版)被查禁,丏尊先生决定把书名《母亲》改《母》,把译著者的名字"沈端先"改为"孙瑞光"(按:原书印孙光瑞)由开明书店重印。照例,这只要按"大江版"重排付印就是了,可是丏尊先生还是请人先校对一遍,除校出了一些误植之外,又对译文中一些不够通顺的字句,作了仔细修改,最后再请调孚先生征求我的同意。我当时还是一个三十来岁的青年,前辈出版家的这种一丝不苟的认真精神,实在使我太感动了。①

本月 黄炎培著《蜀道》由开明书店出版。

本月 与叶圣陶合编的《国文百八课》第三册由开明书店出版。

9月

1 日 与叶圣陶联名在《申报·读书俱乐部》发表《关于〈国文百八课〉》。该文主要述说了编书的情形及该书的特色与长处短处。作者介绍说:"这是一部侧重文章形式的书,书中所选取的文章,虽也顾到内容的纯正和性质的变化,但对于文章的处置,全从形式上着眼。""本书问世以来,颇得好评,至于缺点,当然难免。我们自己发觉的缺点有一端,就是太严整、太系统化了些。"

2 日 上午与王伯祥、章锡琛、章锡珊、丁晓先、徐调孚、顾均正商议编辑事务。

同日 王伯祥日记载:"今日为夏历七月十七日,清儿生日,夜饭时以面代,并由清儿邀慰华、履善、满子、文辉、文昭、椒生、蓉娟等过饭焉。"

4 日 午后公司举行练习员生补习课程会议。傍晚与王伯祥、范洗人、章锡琛、章锡珊、丁晓先、徐调孚商公司进行事。

8 日 夜与王伯祥、章锡琛、章锡珊、范洗人、章育文、吴觉农、周予同、顾寿白、周昌寿、方光焘、郑尊法、胡愈之、吴仲盐、宋

---

① 夏衍:《难忘的开明书店》,《人民日报》,1985 年 10 月 31 日。

云彬、戚叔含、刘薰宇、张梓生等在新亚酒楼共贺范寿康续弦,并为其饯行。散席,郑振铎至。十时许归。

9 日 散馆后与王伯祥、章锡琛、范洗人赴惠中旅社访陈训慈,商《师石山房丛书》编印事,晤王鞠侯、胡仲持、丁辅之等。稍谈后与王伯祥、章锡琛、王鞠侯过大观楼小饮,八时许归。

10 日 访黄炎培,告知《蜀道》两千册已售罄,将再版。

11 日 夜七时浙江文献展览会上海征品分会假座西藏路宁波同乡会举行成立会,定 9 月 20 日至 10 月 15 日为展品征集期,宁波路福源钱庄为收件处。

13 日 上午出席业务会议。午间与范洗人、王伯祥、李诵邺、章锡瀛(涤生)在章锡琛寓所小饮为其庆生。午后三时与章锡琛、王伯祥赴宁波同乡会参观萧俊贤书画展,续同往冠生园品茗。八时许散。

15 日 王伯祥日记载:"桂荪调动,丏翁不谓然,而洗翁坚主之,数度商量,卒定局,丏翁竟为之累日不怡,形于辞色。"

16 日 散文《日本的障子》刊《宇宙风》第 25 期。文章主要介绍了日本纸窗做法的特别可爱之处,借以表达作者对于日本文化审美的淡雅情趣与特有情味的喜好。

同日 夜开明同人在一家春为南京、汉口分店新经理张梓生、章锡洲(雪舟)饯行,邀夏丏尊作陪。夏丏尊推辞未往。

19 日 下午公司举行业务常会。夜在宋云彬寓所举行纠会。

20 日 与巴金、王统照、包天笑、周瘦鹃、黎烈文等 21 位文艺界同人在《新认识》第 2 号发表《文艺界同人为团结御侮与言论自由宣言》。众人要求政府当局加紧全国的缉私运动,竭力援助东北义勇军,严命冀绥当局坚决保持华北各项主权,尽量资助华北国军物质上的缺乏,并开放人民的言论自由。主张全国文学界同人应不分新旧派别,为抗日救国而联合。

21日 王伯祥日记载:"梓生信来,诵郇归报,南京分店交替事已办妥矣。桂荪自谓梗洁,而临走必支三百元为正月粮,至可鄙笑。丐翁却为此生气,累日做脸,一若去桂荪为最近措置之至不当者然。"

23日 宋云彬日记载:"晚七时,阿庄偕夏满子及其母嫂等往威利影戏院观电影,九时未返,传言吴淞路海宁路口有一日兵被杀,日陆战队大队出动,交通隔绝,威利适当出事地点,阿庄等必被阻,为之惶惑不安。十一时半,阿庄等狼狈而来,言被阻于威利附近,进退维谷,幸为旭日堂(日人所设之料理店)主人邀入小坐,并多方向日兵疏通,且护送出戒严地带云。"

24日 下午四时半至五时,中央广播电台教育播音节目播出夏丏尊国语科讲演,题为《研究国文的基本工作》。作者认为文字是"记载事务,发挥情意的东西",其内容虽然各不相同,形式上确有相同之处。就整篇的文字说,有所谓章法、段落、结构等等的法则,就每一句说,有所谓句子的构成及彼此结合的方式,就每句中所用的词来说,也有各种的方法和习惯。在国文科里所应该学习的就是这些方面。

26日 下午四时半至五时,教育播音节目续播《研究国文的基本工作》。讲稿以《学习国文的着眼点》为题,刊10月1日《中学生》第68期;另刊11月1日《播音教育月刊》创刊号。

27日 公司举行本届练习生毕业典礼及新进练习生谒师典礼。

30日 王伯祥日记载:"洗人到梧厂,梓生亦来报告京店事。予最畏粘事,而丏尊神色又异往日,乃远引之,终不欲参闻也。"

月底 中国文艺家协会召集第三次理事会,夏丏尊、茅盾、傅东华、王统照、郑振铎、郑伯奇、白薇、沈起予、何家槐等与会。"重要议题为茅盾起草之一意见书,文长数千字,主要内容为表示文艺家协会对于目前严重时局的主张,及对于文学界论争之意见。当论至两个口号之处,有'如有人询问文协赞成那一口号,本会无以置答'之言(大意),但主张两个口号都可并存,最后强调'创作自由'一事。各点在会议席上略有一些讨论,惟诸人大都同意茅盾,原文修改后付予通过。"①

本月 经夏丏尊点校,单稼书译著《趣味的天空》由光明书局出版。

10 月

1 日 夜与杨卫玉、沈钧儒、李公朴、徐采丞、罗又玄、黄炎培、汪伯轩会谈。

2 日 鲁迅赠夏丏尊、叶圣陶、徐调孚、宋云彬、章锡琛《海上述林》上卷皮脊订本各一本。

10 日 应章锡琛之邀共进午餐,章锡珊、范洗人、徐调孚、王伯祥作陪。

王伯祥日记载:"近日丏尊又有倦勤意,经洗人剖告店况,非无可为,似已活动,或可不再提及乎。"

同日 《新少年读本》随附《新少年》第 2 卷第 7 期出版,内收夏丏尊《受教育与受教材》、邹韬奋《事非经过不知易》、陶行知《不如学阿尔》、黄炎培《我的人生观》等 21 篇。

上旬 打算把弘一法师的油画,出品于浙江文献展览会,即

---

① 《文化情报》,《通俗文化》第 4 卷第 7 号,1936 年 10 月 15 日。

向北平艺术专科学校问询，无果。

16日 散馆后与徐调孚、章锡琛、王伯祥、宋云彬、周予同、胡愈之、郭一岑、傅东华、王统照、胡仲持在郑振铎寓所聚餐，为耿济之就俄使馆任饯行。九时许散。

17日 与穆藕初、褚辅成、黄炎培、张雪澄等215位上海教育实业界同人为响应北平大学教授日前宣言（按：宣言原载12日《立报》，但内容均被隐去。《北平大学教授之重要宣言全文》载11月1日《国讯》第145期），联名致电政府，请"在决不丧权辱国原则之下坚毅折冲"。电文刊21日《国讯》第144期。

18日 下午出席第七届股东常会。舒新城日记载："去年营业只四十六万余元，与前年较减少八万余元。但股息仍结至八厘。夏丏尊会后约谈一小时。彼近日极感生活之无聊，想脱离开明，迁居乡间，盖一面感于人事之麻烦，一面又感书业无出路。"稍谈后至宁波同乡会看画展。夜与孙祖基、范洗人、卢冀野、王伯祥、郑振铎及友人张仁杓在高长兴品蟹。九时许散。

> 开明书店股份有限公司昨日下午二时，在本市梧州路总厂，开第七届股东常会，到股东郑振铎、卢冀野、胡仲持等一百四十余人。主席孙道始、董事会代表范洗人报告二十四年度营业状况及帐略，监察人代表章守宪报告查账情形。讨论议案计二件，决定分派盈余，决定继续招股，交下届董事会进行。选出第八届监察人，当选章守宪、何五良、吴觉农三人，候补夏质均、舒新城二人；董事邵仲辉、范洗人、章锡珊、夏丏尊、章锡琛、孙道始、马荫良、朱达君、杨廉九人，候补周予同、曾仲鸣、王伯祥、叶圣陶四人；并闻该公司应发

二十四年度股利将于十一月二日起开始照发。①

19 日　鲁迅逝世。夏丏尊闻讯后即与叶圣陶赶往鲁迅寓所吊唁，并在《中学生》和《新少年》上临时增加悼文。

同日　散馆后与叶圣陶、徐调孚、王伯祥、章锡琛、丁晓先、郑振铎同赴聚丰园聚餐会，座有方光焘、刘薰宇、吴文祺、郭一岑、胡愈之、胡仲持、耿济之、邹韬奋、金仲华、王统照、傅东华、周予同等，共两席，"谈资无非涉及周氏者"。九时半散。

同日　《苏州明报》第 8 版发布文坛消息："火星文艺社，为沪上戎君，以清，董晋，蕙芬等所举办，将聘巴金夏丏尊二先生为顾问。为联络苏地爱好文艺青年起见，特在苏设立分社，征求文艺同志，欢迎热诚加入。"

20 日　晨十时与章锡琛、徐调孚、王伯祥、傅彬然、宋云彬等赴胶州路万国殡仪馆吊唁鲁迅。

22 日　与宋庆龄、蔡元培、沈钧儒、王造时、章乃器、胡愈之、史良、李公朴、邹韬奋等送鲁迅遗体至万国公墓。

二十二日下午二时半开始出殡。七八千的群众从殡仪馆直送到墓地。扶枢者是十四个作家，黄源、姚克、孟十还、田军、欧阳山、聂绀弩、胡风、周文、吴朗西、巴金、靳以、黎烈文、张天翼、曹白。执绋者是他的友人郁达夫、郑振铎、王统照、夏丏尊、叶圣陶、许钦文、萧乾、沙汀等数十人。灵柩由扶枢者扛上了枢车，行列便由田军总指挥之下开始蠕动了。最前是一副"鲁迅先生殡仪"白布横额，由作家蒋牧良、欧阳山掌执。接着是乐队、挽联队、花圈队、挽歌队、司徒乔画的大幅遗像。后面就是像车、灵车，最后是五人一列的徒步送

---

① 《开明书店股东常会记》，《申报》，1936 年 10 月 19 日。

葬的群众一路上踏着沈著的步子,唱着悲壮的挽歌。①

同日 王伯祥日记载:"石卿下午来,允以《广东明细地图》稿让于开明,出价二百元,加制墨版费二十元。适丏尊、雪村、圣陶、调孚往送鲁迅殡葬,无由取决,明日当可定夺也。"

同日 弘一法师致信。"拙书附邮奉。又《寒笳集》四册,以供法喜。惠施诸书,悉收到。《其中堂目录》已寄来。拟以前款大多数请购戒律,余者请他种佛书,并购俗典近十元。"

28日 夜出席董事会,章锡琛、章锡珊、范洗人、朱达君、马荫良、章育文、孙祖基等到会,通过各例案。"未散席,云彬、煦先等闯然来,……煦先为努力社事竟与洗人破口相骂云。"

29日 散馆后与章锡琛、王伯祥、朱子如、范洗人、孙祖基在马上侯品蟹,遇唐坚吾、王叔旸等。九时许散。

30日 张扶万《在山草堂日记》载:"邵主席送开明书店夏丏尊印吕图考证印稿样式二纸,以半页十三行,每行廿六字者为宜。中国手工纸千部千一百二十元。请其酌定。"(按:此书为考古学者张扶万所著《吕刻唐长安故城图考证》,由时任陕西省政府主席邵力子助资刊行,后因故未在开明书店出版。参见罗宏才:《陕西考古会史》,西安:陕西师范大学出版社,2014年版。)

11月

1日 鲁迅家属及治丧委员会在八仙桥基督教青年会招待参加送殡各界代表及治丧处全体同人,夏丏尊、章乃器、李公朴、鹿地亘、沈钧儒等50余人出席,由蔡元培主席致辞,许广平向各界致谢,胡愈之报告治丧经过,胡风报告经费情形,当即讨论永

---

① 狄福:《鲁迅先生死了》,《中学生》第69号,1936年11月1日。

久纪念鲁迅之办法。议决治丧委员会即日结束,以后纪念事业,应组织广大的"鲁迅先生纪念委员会",推定蔡元培、宋庆龄、沈钧儒、内山完造、茅盾、许广平、周建人等 7 人为筹备委员,先就鲁迅坟地作初步布置,俾各界瞻仰。①

同日起　浙江文献展览会在杭州大学路省立图书馆举行,陈列有夏丏尊所藏清王煦《说文音义》六卷。

4 日　午后与徐调孚赴苏州访叶圣陶,商议赶编《初中国文教本》事。

6 日　王伯祥日记载:"丏尊、调孚归沪,据谈编《国文教本》事圣陶已同意,下星期丏尊即须住苏同商进行矣。果尔,则开明前途当可得一好处也。"

10 日　赴苏州,与叶圣陶合编《初中国文教本》。

上旬　与徐调孚、章锡琛具状上海特区第一法院,诉讼龙虎书店张鑫山及文化励进社茅声熙侵害著作权益。起诉理由略称:"第一自诉人夏丏尊,在民国十五年三月间,译成意大利人亚米契斯原著《爱的教育》一书,第二自诉人徐调孚,在民国十七年六月间,译成意大利人科罗狄原著《木偶奇遇记》一书,均依法与开明书店经理章锡琛订立契约,将原著作人权利一部分,移转于第三自诉人,由其出版发售,并呈请内政部注册在案,而被告乃用意改窜字句,将《爱的教育》改名为《爱的学校》、《木偶奇遇记》改名为《结婚的爱》,在市销售,以致自诉人均受损害,请治以应得之罪外,并附带民诉,应赔偿第一自诉人一万元,第二自诉人五百元,第三自诉人二千五百元。"②法院准状后,于 10 日午间由

---

①　《本市各界成立鲁迅纪念委员会》,《大公报(上海)》,1936 年 11 月 4 日。
②　《开明书店著作权被侵害 控龙虎书店案昨下午开审》,《时事新报》,1936 年 11 月 11 日。

推事潘振扬在刑五庭传审。因被告未出庭,且已向自诉人寻求和解,该案遂改期至 17 日再审。

16 日 王伯祥日记载:"振黄(按:即沈振黄)结婚有日,予纠丐、圣、琛、调、云、璋、冰、易、晓等合十人,共送礼券廿元去。"

19 日 下午与胡愈之、叶圣陶、金仲华商议《月报》发行及明年《中学生》改进事。

同日 夜夏龙文次子夏弘正出生,由吴天然接产。

20 日 夜与范洗人、章锡琛、章锡珊、徐调孚、叶圣陶、宋云彬在王伯祥寓所举行第三次纠会。九时许散。

24 日 张鑫山、茅声熙将翻版书库存及纸型等送交开明书店销毁,并赔偿损失,登报道歉。

本月 为徐蔚南旧作《寄云的信》增添标题"乍浦游简",由开明书店再版。

本月 生活书店出版《民国二十六年文艺日记》,内收夏丏尊《二月献辞》(按:10 月 1 日《申报》头版广告介绍,"特约国内名人撰拟十二月献辞各一篇,内容皆极名贵之至。兹将此十二位列举如下:(一)郭沫若,(二)夏丏尊,(三)傅东华,(四)郑振铎,(五)郑伯奇,(六)沙汀,(七)艾芜,(八)洪深,(九)沈起予,(十)王统照,(十一)茅盾,(十二)叶圣陶。"据笔者咨询该日记本持有者,所收录为叶圣陶、郭沫若、郑伯奇、沙汀、王统照、傅东华、郑振铎、茅盾、洪深、艾芜、夏衍、杨骚等 12 人文章,无夏丏尊记录)。

本月 中国文艺家协会召集第四次理事会,决定联络文化团体举办鲁迅追悼会、征求新会员、出版会报、致电慰劳绥远前线将士、派代表访问西班牙驻沪领事等多项工作。

本月 中学生、新少年、中流、青年界、妇女生活等 35 家杂志社联名发起"以一日供献绥军抗战"运动,呼吁全国读者节省下一天的部分款项,捐助给在绥远前线抗敌的将士,以"担负起这最低限度的救亡责任"。

12 月

1 日 《鲁迅翁杂忆》刊《文学》第 7 卷第 6 号。

2 日 王伯祥日记载:"雪山、丏尊先后传言,谓洗人嘱发通知,将于十三日举行本届第二次董事会。询之丏,云昨日洗人招往,与雪山制定预算案,即提董事会通过也。予云,如此当促雪村归来出席。彼即云,可不必,多一人开会,徒费时间,甚无谓也。予查此情形不胜大诧。此次制预算案,既尽反前例,不令主管人与闻,而业务会议常会亦不一提,径由三人决定,一若经理亦不须过问者。不知将来提出时,用何名义耳。"

9 日 下午公司举行业务常会,商议进货、推广两部调动事,并通过预算案。

11 日 与潘文安、倪文宙、杨卫玉、张雪澄、史国纲、姚惠泉等合著的《读大公报〈沈钧儒等六人案杂感〉后》刊《国讯》第 149 期,向政府请愿释放救国会"七君子",为抵御前敌增加一分人力。

12 日 散馆后与王伯祥、章锡琛、范洗人、章锡珊、叶圣陶、顾均正、徐调孚、宋易、索非在小花园聚丰园为李诵邨赴重庆经营酒业钱行。九时许散。

13 日 下午出席第八届第二次董事会。

14 日 散馆后与王伯祥、范洗人、叶圣陶、徐调孚、宋云彬、贾祖璋、顾均正、傅彬然、胡愈之在一家春聚餐,谈《月报》编辑事。九时许散。

20 日 午间邀章锡琛、王伯祥至寓所小饮,贺孙夏弘正满月。饭后纵观所藏马一浮字及朽道人画。午后三时同往吴淞路各日本店肆闲逛。

21日 公司举行业务常务会议。

28日 晨七时半至八时,中央广播电台播出夏丏尊国文科讲演,题为《艺术与现实》。

同日 胡仲持致信潘公展,申请翌年出版《月报》,"该志注重学术文艺,毫无政治主张,编辑人夏丏尊,发行人章锡琛"。

29日 晨七时半至八时,中央广播电台续播《艺术与现实》。

本月 编辑《十年》续集,由开明书店出版(按:书店另发行非卖精装特制本一种,封皮内侧印有全体同人签名)。内收夏丏尊《流弹》、萧军《四条腿的人》、蹇先艾《谜》、郑伯奇《烟》、艾芜《海岛上》、沙汀《逃难》、沈从文《主妇》、周文《爱》等12篇小说。

在《十年续集》中,有一篇题名《流弹》的小说,写的是他自己对于一个青年热恋狂的态度。那青年一天到晚去揿夏寓的电铃,坐在夏寓的客厅中絮谈。那青年所爱的,是一个夏先生兄弟家中一个女客,他已经去麻烦过好几回,给夏先生的弟妇当作一个无礼的疯汉逐出门外。如莎士比亚所说的,恋爱是一种热病,要关在黑房子里抽鞭子的。这类人,也像醉汉那样满口说我并没有醉,我清明得很,其实糊涂透顶,早闹了大大的笑话的。他向夏先生诉说,说他自己对于《近代恋爱观》的译者,早具深切的敬仰,而他目前的恋情,也只有夏先生能了解。夏先生自谦对于恋爱并无经验,而对于那青年的种种幻觉,只轻轻用理智的话去提醒他一点,他对那青年负责劝他的弟妇送那女客回家乡去,让他们自己去解决。他在弟妇的客厅上,叫那女客和这狂热的青年晤面。他对于这青年的同情并不热烈,然而是很切实的。

那篇小说很好,而他对于青年热恋的态度更好。能给彷徨的青年以温暖的同情,这可说是平凡的理智的社会观的产物,我们该赞成这一种态度。①

本年暮春　经姜丹书介绍,《越风》杂志主编黄萍荪来访,谈及向茅盾约稿事。

本年　为爪哇《直葛中华学校卅周年纪念册》题"化行南国"。

1937年(丁丑,民国二十六年)　51岁

▲5月,朱光潜主编的《文学杂志》创刊。

▲7月7日,"卢沟桥事变"爆发。这是日本帝国主义全面侵华战争的开始,也是中华民族全面抗战的起点。

▲9月22日,国民党中央通讯社发表《中国共产党为公布国共合作宣言》。次日,蒋介石发表谈话,承认共产党的合法地位。国共第二次合作建立,抗日民族统一战线形成。

▲11月12日,日军侵占上海,上海沦陷。

▲12月5日,南京被日军包围。13日,国民党政府机关由南京迁到武汉。同日,南京失守,日军制造了惨绝人寰的"南京大屠杀"。

▲本年,抗战文艺运动蓬勃发展,街头演剧队、宣传队大量涌现,街头剧、街头诗成了主要的宣传手段,其中最著名的是街头剧《放下你的鞭子》。

---

① 曹聚仁:《夏丏尊先生(中)》,《民国日报(赣南)·笔锋》,1943年9月8日。

1 月

1 日　与开明同人在齐辉堂聚餐合影,并贺章锡琛长子章士敏成婚。

同日　《二十五年我的爱读书》刊《宇宙风》第 32 期。文章推介三部:一为朱光潜著《文艺心理学》,"美学在学问的性质上是艰涩的。著者用轻快的文笔,利用中国固有的例证,使读者毫不费力地收得许多根本知识,可谓能深入浅出了"。二为内山完造著《一个日本人的中国观》,"著者居华多年,对于我国社会诸相,颇有深刻锐敏之观察"。三为瞿秋白著《海上述林》(上卷),"内容为关于文艺理论的翻译,多未经见之作。装帧之美,排印之精,为近年来出版物中所难得者。"

同日　《"自学"和"自己教育"》刊《中学生》第 71 号。作者认为学和受教育是"终身以之"的事情。离开了学校,没有教师的指点,没有种种相当的设备,虽然不方便,然而有一个"自己"在这里,就是极大的凭借。

同日起　《中学生》辟"文章修改"栏目,由夏丏尊、叶圣陶、章锡琛间期执笔,从来稿中选取材料加以修改,原文及修正后的文字并载,且说明修改的原因,带给读者甚于从国文教师处领回作文簿时、揣摩玩味的乐趣。

3 日　上午公司举行业务会议。

4 日　散馆后与范洗人、丁晓先、宋云彬、王伯祥、孙祖基夫妇、沈世璟、朱文叔、邱铭九等在聚丰园举行消寒会,九时许散。

8 日　散馆后与章锡琛、王伯祥赴聚丰园消寒会,座有朱文叔、金兆梓、孙祖基、喻守真、沈世璟、范洗人、丁晓先、吕漠野。九时许散,与王伯祥、章锡琛、丁晓先同乘返。

10 日 《新年献辞》刊《新少年》第 3 卷第 1 期。

15 日 《月报》^①创刊。夏丏尊任月报社社长,胡愈之、叶圣陶、孙怀仁、胡仲持、邵宗汉为编辑。

17 日 午后出席第八届第三次董事会。

19 日 夜与王伯祥、叶圣陶在章锡琛寓所小饮,谈至九时许归。

24 日 夜与王伯祥、章锡琛、吴仲盐等参加吴天然四十寿筵。十时许散。

26 日 散馆后与范洗人、庄子良(自广州返沪)、王伯祥、孙祖基、丁晓先等在鸿运楼举行消寒会。十时许散。

29 日 夜章锡琛在寓所宴请徐少楼、庄子良,夏丏尊、范洗人、吴仲盐、丁晓先、宋云彬、王伯祥、顾绮仲作陪。九时许散。

2 月

1 日 《文章的静境》刊《中学生》第 72 号"文章偶谈"栏目。

3 日 弘一法师致信,告知已移居南普陀寺暂住;《护生画集》因印刷太多,字迹已不甚清晰,拟再书瘦体字,重制锌版印行;附《韩偓评传》草稿,请转交高文显编辑。

5 日 下午公司举行业务常会。

7 日 午间与王伯祥、章锡琛、刘叔琴、吴仲盐、黄幼雄、章锡珊、章锡瀛、章锡洲在源茂里沈家海寓所聚餐。

---

① 《月报》为综合性文摘刊物,每期厚达 250 页,分政治、经济、社会、学术、文艺 5 大栏。在创刊号"卷首语"中,编者申明:"创办这么一个综合刊物:把国内外的一切意见、主张、创作、感想、新闻、报道、图画、歌曲、地图、统计表等等,都经过一番选择剪裁,搜集在一本册子里。"其在编辑上有一个原则,就是注重客观介绍,避免主观批评。

13 日 夜与丁晓先、王伯祥、严良才、邱铭九等在范洗人寓所举行消寒会。十时半散。

14 日 弘一法师致信，言请为《韩偓评传》撰序，书出版后惠寄若干；重制《护生画集》之法甚善；近来研习整理《南山律羯磨》，请在六十岁时出版流布；转托内山完造购《佛教大辞汇》续卷。

17 日 散馆后与范洗人、王伯祥、李宗武、严良才、邱铭九等在孙祖基寓所举行消寒会。十一时半散。

18 日 夜与王伯祥、宋云彬、顾均正、叶圣陶、徐调孚、范洗人、章锡珊、索非、宋易在章锡琛寓所聚饮，为丁晓先就教育部职饯行。九时许散。

20 日 下午三时在北四川路上海大戏院观看苏联影片《阿比西尼亚》。第三场开映后，突有预先入座之意大利水兵及侨民数十人，手持木棍及阿摩尼亚水、硝酸等向场中投打，并冲入机器房捣毁机器。同时院外水兵及侨民约百人，由军官率领冲入大门内，将玻璃窗、电灯、广告牌、售票间等全数破坏。夏丏尊于乱中遗失皮衣一件、围巾一条。戏院亏损近十万元。夜与王伯祥、宋云彬、顾均正等在小花园聚丰园再宴丁晓先，九时许散。

21 日 午间与叶圣陶、章锡琛、王伯祥过吴仲盐寓所小饮。

22 日 散馆后与叶圣陶、王伯祥、范洗人过高长兴酒馆小饮。八时三刻归。

下旬 返白马湖。

本月 致信丰子恺，言弘一法师欲重写《护生画集》文字，画亦拟修改重绘。

3月

3日 返沪，"为编所办出积件多种"。

9日 午后公司举行业务常会，议决练习员改外宿、推广部主任由经理兼任等提案。

15日 自南京返沪。王伯祥日记载："丏尊已由京归，询悉教科书审查状，殊可气。"

17日 夜章锡琛在寓所宴请胡愈之、胡仲持及月报社同人，夏丏尊、范洗人、徐调孚、章锡珊、王伯祥作陪。十时半散。

20日 作为开明书店代表与包乾元签订《玛丽格莱》出版契约。

同日 夜赴王伯祥寓所参加第五次纠会，由范洗人收会。八时许散。

21日 下午出席八届第四次董事会，范洗人、章锡珊、章锡琛、吴觉农、孙祖基到会，王伯祥做记录。议决盘并朴社，由经理接洽办理。夜与章锡琛、章锡珊、朱子如、叶圣陶、江红蕉、孙祖基、华林、范洗人在新半斋为王伯祥庆生。八时许散。

22日 国立编译馆人文组召集第八十二次审查会议，议决《初中国文教本》第一、二册编制内容尚合，唯少注意字句之通顺，应令照签示各节修正后，重送审查。

本月 经夏丏尊、周昌寿、周建人等指正，沐绍良译著《动物哲学》由商务印书馆出版。

本月 《二十五史补编》全六册出齐。

4月

1日 夜与范洗人、严良才、宋云彬、刘叔琴、邱铭九、章锡琛、孙祖基、王伯祥、金兆梓在大新街大鸿运举行第一次二元聚餐会。席间通过二元会会章，议定本晚列席者及谭廉①、沈世璟共 12 人为基本会员。

2 日　夜公司在聚丰园宴请周淦卿，夏丏尊、章锡琛、郑振铎、华林、胡愈之、方光焘、孙大雨、王伯祥作陪。八时许散。

3 日　夜郑振铎在寓所宴请周淦卿夫妇及孙大雨夫妇，邀夏丏尊等作陪。夏丏尊推辞未赴。

7 日　散馆后与王伯祥、章锡琛、章锡珊、朱子如、华林、孙祖基、叶绍铭在聚丰园为江红蕉庆生。九时许散席，众人同往大新公司看仙霓社昆剧。

8 日　丰子恺致信广洽法师。"缘十六日离杭到京开美术研究会，十八后返申，由申乘轮赴厦，而在京及申有几日逗留尚未预知也。若无阻碍，大约二十左右由沪登舟，则廿五前总可到厦也。弘一法师能暂不离厦，至深欣幸。乞转叩如有需办事物，请快函示知，（若度其函十六前不克送到杭州，则请函夏先生转，因仆赴厦前一日必晤夏先生也。）可在申办就带奉。"

10 日　夜与王鞠侯、章锡琛、叶圣陶、郑振铎、王伯祥在王宝和小饮。九时许散。

13 日　赠王伯祥珂罗版印弘一法师写本《金刚经》一册。

15 日　在《月报》第 1 卷第 4 期发表启事，声明本人就职于开明书店编译所，除兼月报社、中学生社、新少年社社长事务外，别无他任。

16 日　夜与刘叔琴、章锡琛、宋云彬、叶圣陶、王伯祥等在正

---

①　谭廉(1878—1948)，字廉逊，江苏武进人。历任尚公小学、绳正书院地理教师，商务印书馆教科书编辑，1934 年创立中华舆地学社。

兴馆举行二元会。席间刘薰宇、赵厚斋至。九时许散。

18日 下午出席董事会,范洗人、章锡琛、章锡珊到会,王伯祥做记录。决定变更会计年度、修改章程及着手接盘朴社两案。四时许散。

20日 夜公司在觉林宴请济南代办分庄经理王畹芗、刘震初,夏丏尊、章锡珊、章锡琛、索非、丰子恺、叶圣陶、王伯祥作陪。八时半散。

23日 夜与王伯祥、徐调孚、范洗人、叶圣陶、江红蕉在马上侯小饮,九时三刻散。

29日 下午赴一家春出席临时董事会,决定下月16日召集临时股东会,提请变更会计年度、修改章程、股利升股及投资温溪造纸厂等案。

5月

1日 《文章的动态》刊《中学生》第75号"文章偶谈"栏目。

同日 丰子恺致信广洽法师,附夏丏尊信。言因《开明音乐教本》须在暑假前修正送审,已无长期旅行之余暇,厦门之行拟暂缓。

3日 午间与章锡珊、王伯祥、史叔同在北四川路味雅小饮,谈出版事务。

16日 午后赴福州路总店出席临时股东会,通过变更会计年度、分派盈余等案。因未足法定人数,修改公司章程一案定于第二次临时股东会进行。夜与章锡琛、宋云彬、王伯祥、邱铭九、孙祖基在大雅楼举行二元会,刘薰宇、朱子如临时入会。十时许散。

18日 王伯祥日记载:"下午四时,中央捕房及嘉兴路捕房突派中西探捕多人，持法院搜查据，分向福店及梧厂搜取《民众周报》，将存书一万余册，悉数车去，预明送特区第一法院起诉，明晨九时在第九庭传讯，必须出庭听审云。愤极！然处境如此，如何抗争，只得听之。……丏、琛、予三人乃小饮于王宝和楼下。至十时三刻乃散归。"

同日 与王一亭、水渭臣、葛叔谦、罗步洲、张德斋等 52 人在《申报》刊登《为范高平①先生七十寿辰募款施济启事》。

19 日 公司举行临时编审会。

20 日 午间与王伯祥、范洗人、章锡珊、叶圣陶在章锡琛寓所便饭。饭后开业务会议常务会，通过变更组织及人事调动两案。散馆后与王伯祥、范洗人、章锡琛、吴仲盐等在宋云彬寓所举行纠会，由夏丏尊收会。八时许散。

23 日 下午三时出席董事会，通过第二次股东临时会召集期，及业务会议所提各案。散会后与王伯祥、朱子如、范洗人、孙祖基参观全国美展广东出品展览会与大观园模型，遇周予同夫妇。夜与王伯祥在新半斋小饮，八时许归。

25 日 国立编译馆人文组召集第八十七次审查会议，议决《初中国文教本》第一、二册修正本大致已可，再照签示各节严密修正后，准予作为初审核定本，先行发行，以资应用；一面仍须于发行之日，即将此项发行本再送复核。

26 日 与谢六逸、叶圣陶、胡愈之、欧阳予倩等 400 余上海文化界人士联名呈请国民政府恢复沈钧儒、邹韬奋、李公朴等人

---

① 范运枢(1868—1944)，字高平，号耘劬，浙江上虞人。范寿康之父，实业家。1907 年毕业于日本札幌农学校，1912 年任浙江省盐政局副局长，1914 年与范旭东等在塘沽创办久大精盐公司，1925 年任营口利源精盐公司协理，1928 年任上海天一味母厂董事长。抗战全面爆发后赴广西武宣经营农场。

自由身份,并请撤销对陶行知等人通缉令。呈文刊 27 日《东方日报》。

本月 经夏丏尊等帮助,贾祖璋、贾祖珊合编的《中国植物图鉴》由开明书店出版。

6 月

1 日 散馆后赴静安寺路西摩路口安凯第静社参加二元会。十时许散。

9 日 王伯祥日记载:"闻之丏尊,小墨回苏后忽染猩红热症,送博习医院疗治,甚念之。"

10 日 下午公司举行业务会议。

11 日 舒新城日记载:"午后三时胡愈之、徐百昕来访并以拟就援助邹韬奋之电稿见示。谓邹等七人案今日在苏州高等法[院]开审,由各方分途就各人职业之同行致电于蒋院长,请其略迹原情,从宽发落。彼等谓初拟请张菊生、王云五、沈知方、陆高谊、章锡琛、夏丏尊及伯鸿与我八人具名。先访云五,彼谓不如由书业公会具名,且将电稿有关邹以外之词句删去。因伯鸿为公会主席,故访我转达。"

12 日 夜在蜀腴川菜馆举行生日会。

王伯祥日记载:"丏生日本为旧历五月十二日,以将有福州之行,特提前今日举行之。到者甚多,喧甚。"

13 日 午后二时出席临时股东会,到会 200 余人。公推吴觉农为主席,复决前次会议假决议,并由监察人章育文报告第五次增资情形。四时许散。

15 日 夜与王伯祥、章锡珊、范洗人、徐调孚、宋云彬、傅彬然、贾祖璋、顾均正、许志行在章锡珊寓所聚餐,为华林赴甘肃平凉出任胡公冕秘书饯行。九时许散。

同日 与王伯祥、叶圣陶在《写作与阅读》第2卷第2期以《我们的态度》为题,联合声明:"有人把'经'看作符咒,我们觉得'其愚不可及'。有人想把'经'这种符咒来'治'青年,希望青年成为违反时代的人物,我们反对这种荒谬的见解和举动。我们编辑国文教本,也偶尔要从所谓'经'里选取一点材料,但是我们只是把它看作普通的文章罢了。文笔不坏,没有古奥难懂的词句,内容也还适宜于现代青年,这样,我们就把它选来了。这正和从其他书籍中选取材料的办法相同。"

16日 散馆后赴鸿运楼参加二元会,会友毕集。九时许散。

17日 傍晚与章锡琛、范洗人、徐调孚、王伯祥、顾均正、刘叔琴等在月报社商议编制问题及拟编《年鉴》等事。

18日 散馆后赴周予同蜀腴晚宴,座有范洗人、徐调孚、王伯祥、宋云彬、刘叔琴、方光焘、郑振铎、章锡琛等。十时许散,与章锡琛、宋云彬、方光焘打王和。

23日 王伯祥致信,言将于26日偕范洗人、章锡珊访白马湖。

26日 王伯祥日记载:"今日本约与洗人、雪山往白马湖会丏尊,以天雨中止,昨已去片回绝矣。午刻叔琴来言,白马湖来信,丏翁之大儿媳亦染猩红热入院求治。丏翁夫妇竟心悬两地,去住都难焉。"

28日 王伯祥日记载:"丏翁不来,白马湖亦为病人放不得心也。今日知采文、龙文已大好,想无碍,丏尊或于内日归来耳。"

30日 返沪,因劳累发热卧病在床。

本月 与胡愈之、罗又玄、陈子展、张天翼、王任叔、张志让、谢六逸等140余人发起成立宪政协进会,推动国家民主建设。

本月 与叶圣陶合编的《初中国文教本》第一、二册由开明书店出版。

本月 范寿康著《中国哲学史通论》由开明书店出版。夏丏尊为封面题签。

7 月

1 日 仍卧病,未能出席章育文生日会。

2 日 病愈返公司。

3 日 夜孙祖基、谭廉逊、章锡琛、金兆梓等在静社举行二元会。夏丏尊以身体不适推辞未往。

10 日 上午公司举行业务会议。

同日 《"怎样过暑假"》刊《新少年》第 4 卷第 1 期。

上旬 将半部《中诗外形律详说》清样寄与朱自清,请其审阅并作序。

11 日 上午十一时宪政协进会在上海假宁波路四川路口邓脱摩饭店举行成立大会,发起人 69 人与会。公推诸青来为大会主席,宣布开会宗旨。讨论并通过本会成立宣言及其章程,确定"本会以协助宪政进行,发扬民主精神,完成中华民国之自由平等为宗旨"。根据章程选举彭文应、金则人、顾执中、胡愈之、沈兹九等 31 人为理事,议决致电慰劳卢沟桥二十九军抗敌将士、致电中央政府请求出兵华北,议决本会参加其他救亡抗敌团体、电请释放沈钧儒等七人。六时许散。

16 日 夜与王伯祥赴一家春二元会,座有章锡琛、宋云彬、邱铭九、严良才、刘叔琴等。九时许散。

18 日 下午三时鲁迅先生纪念委员会假静安寺路华安大楼八楼举行成立会,出席者计有陈望道、鹿地亘、台静农、许钦文、许寿裳等中外作家40余人,讨论决定募集学术奖金、建筑铜像、出版文集等纪念办法。最后推定宋庆龄为纪念委员会主席,夏丏尊、沈尹默、内山完造、郁达夫、张邦华、增田涉、林语堂、魏建功等72人为委员,分别行动。

19日 夜公司在杭州饭庄宴请成都代办分庄经理冯月樵及南京分店营业顾问陈君,夏丏尊、章锡琛、章锡珊、索非、王伯祥作陪。九时许散。

24日 在《申报》头版发布《初中国文教本》广告,介绍本书八大优点,声明"本书经数年研究,多方商讨,始克编成,其苦心擘画,惨澹经营,远非草率从事者可比"。

25日 午后二时出席董事会,四时许散。夜七时赴八仙桥青年会食堂出席上海编辑人协会成立大会,与会者有周建人、胡朴安、汪馥泉、金仲华、黎烈文等百余人。主席谢六逸报告筹备经过,顾执中报告日水兵失踪案。续修改并通过会章,确定本会以"联络感情,实行互助;交换意见,商讨学术"为宗旨,票选胡愈之、沈兹九、樊仲云、茅盾、胡仲持、张志让、孙寒冰、洪深、陈子展、陶亢德、郑振铎等31人为理事,夏丏尊、周木斋、柳湜、邵宗汉、欧阳予倩、金则人等9人为候补理事。最后一致通过电请中央领导全国民众抗战、援助申新两报驻津记者王研石被捕等提案,交理事会切实办理。十一时许散。

同日 宪政协进会《宪政半月刊》创刊。夏丏尊、胡仲持、艾思奇、倪文宙等45人为特约撰述人。

27日 与王统照、郑振铎、傅东华、赵家璧等101位上海文艺界人士联合发表《文艺界为卢沟桥事件告全国同胞书》,声明拥护全国民众在政府统一指导下,从事抗战活动。

8 月

5 日　王伯祥日记载:"依时入馆工作,强自镇定,劝雪村、丏尊姑避倭焰,暂迁法租界,不纳。谓要走则只索回乡,决不在沪搬动,予既不能离沪,乃决定单搬矣。夜仲盐在家治酒,为薰宇饯行。邀予及丏、琛等作陪,畅饮至十时许始散。左右邻里之搬走者比比而是,薰宇乘车回去,遂谣传琛等乘夜迁出云。"

6 日　夜与王伯祥、范洗人、章锡琛、章锡珊、刘叔琴、宋云彬在聚丰园为刘薰宇全家返贵阳饯行,吴仲盐作陪。九时许散。

二十六年,七七事变起来了,我打算带了家眷回家乡来,偶然和他谈起,他非常高兴地说:"早就应当打这个主意!落叶归根,尽管在外面飘荡,为什么呢?"他赞成我的打算,我心里固然高兴。但是,对于他这个说法,当时,我却有点反感。我认为,这是他年过五十的人多少带点颓唐意味的想法。其实,我有什么根可归呢?我终于依照他所赞同的,我的主意回到老家来了。然而在生活上,无论物质的或精神的,比起回来以前,不是更飘荡,更没有着落吗?[①]

8 日　上海文化界救亡协会联合宪政协进会、中国文艺协会、剧作人协会假座小西门尚文小学欢迎沈钧儒等出狱并郭沫若回国,到千余人。主席潘公展致欢迎词,郭沫若、沈钧儒、章乃器、李公朴分别发表演说。

12 日　思虑再三,全家搬至法租界霞飞路霞飞坊(今淮海中路 927 弄)3 号。

13 日　"八一三事变"发生。据王伯祥日记载:

---

① 　刘薰宇:《怀至友丏尊!》,《中央日报(贵阳)·前路》,1946 年 5 月 28 日。

雪村夜仍宿梧州路，今晨始出。据云尚能平静。十时许，得愈之电话，知今日九时十分倭兵在横滨桥冲我保安队防地，已接触开火矣。有顷，马路上即见纷乱之象，电车即不北过靶子路及海宁路云。十二时归饭，仲盐亦自梧厂返，盖美成已作结束，无法开工也。饭后，复往福店，则琛、洗、珊已定有办法，自明日起放假一星期，提前发付八月上半薪，惟应得薪水在廿五元以上者一律发廿五元，除梧厂留守人员外，福店每部分各酌留一二人，余均在假，且得返里。盖银行已悬牌暂停，金融无法周转，不得不分别遣留耳。

14 日 上海文化界救亡协会为唤起全民抗战，共赴国难，决议创办《救亡日报》，"内容注重战事与救亡运动新闻，文字力求灵通正确"。短评由夏丏尊、邹韬奋、傅东华等负责，战地通讯由张天翼等负责，抗战消息由顾执中、金仲华等负责，时事分析由胡愈之、钱亦石、章乃器等负责，群众新闻由汪馥泉负责，自由论坛由萨空了、巴金负责，文艺由郑振铎、郭沫若、夏衍等负责。此外并在全国重要城市遍设特约电员，探报一切，关于救亡新闻报道，由阿英负责编辑，王尘无助编，周寒梅发行。

15 日 下午五时梧州路总厂遭轰击，厂旁经纬里内大批妇孺无法逃出。

16 日 王伯祥日记载："清晨五时，高射炮声大作，似在西南方，想倭机袭我虹桥飞行场或龙华司令部或南车站也。亟起，匆匆食已，雪山、云彬来，谓南站被炸。偕出，途遇芷芬，因同过贝谛坊三号访丏尊。谈未多时，即出。"

19 日 王伯祥日记载："在店午饭，饭后与琛、珊、洗、调、均、索集议当前公司应急办法，因决定分别遣留办法六项，备明日公布。予薪在一百五十元以上，照新办法应暂支半薪云。四时许归,过访丐翁,告慰备至,旋行。"

20日　弘一法师致信。"此次至青岛,预定住至中秋节为止(决不能早动身)。其时轮船未必有,倘火车尚可通者,则乘火车到杭州。(转济南,换坐京浦车。)惟北方三等车,较沪杭宁大异,不能安坐,故不得不乘二等车。预算车资及其他杂用,所需甚多,拟请于护法会资中寄下八十元。若有火车开行,于中秋节后必可动身也。"

24日　《救亡日报》创刊。郭沫若任社长,夏衍、樊仲云为总编辑,夏丏尊、巴金、王任叔等为编辑委员。

至25日　战火由欧嘉路延烧,梧州路编译所、管理处货房与美成印刷厂均遭焚毁,《月报》《中学生》等停刊。

开明总厂被毁,资产损失达全部资产的百分之八十以上。

开明的两位主要负责人章锡琛和夏丏尊,有个共同的特点,就是不关心时事。因为不关心,对时局就不能作出正确的分析和判断。丏尊不相信会出现长期抗战的局面。他不止一次地跟我说过:"中国从鸦片战争以来,没有认真跟帝国主义者打过一次仗,目前这个坏政府,更不会真正跟日本打起来。"锡琛呢,他虽然不是绝对不相信会打起来,但他把租界看作安全地带,以为梧州路是租界,即使打起来,也不会在租界中作战。他还有一种奇怪想法,认为国家到了最危险的关头,我这点小小事业算得什么。有一次我问他开明作了什么准备的时候,他就是这样回答我的。现在回想起来,如果章、夏两位警觉性高一点,看得远一点,事先作了相应的布置,开明的资产损失不会到百分之八十以上。①

26 日　王伯祥记载:"店事经丐、琛、洗、珊等集议,先由会计部轧一笔数,再召集董会依此讨议之,故今日不果开会也。"

28 日　王伯祥记载:"愈之、丏尊俱来福店,据愈之所言,战局殊难乐观,颇致忧虑。"

下旬　致信弘一法师,劝暂住青岛,并告知个人损失及困顿情形。

9 月

1 日　与章锡琛、章锡珊、范洗人等商议公司事务,拟定紧缩组织,调动人员。

2 日　上午出席第八届第八次董事会,"报告梧厂损失约计外,决议力行紧缩组织,撤销总务处,并设总务、会计、出纳、造货、存货、通运六部直属经理室。编译所只管编审及杂志,所属部课概行撤销。营业处仍辖总分支店"。午间与谭廉逊、孙祖基、邱铭九、王伯祥、章锡珊、朱子如、江红蕉、范洗人在味雅为章锡琛庆生。下午酌配各部人选,决定夏丏尊为编译所主任,章锡珊为营业处主任,王伯祥为总务部经理,朱子如为会计部经理,沈安民为出纳部经理,徐调孚为造货部经理,章锡瀛为存货部经理,索非为通运部经理。

3 日　致电王伯祥,请求出让两间房屋。

4 日　王伯祥日记载:"归后属诸儿腾房,俾明日丏翁来时可驻足。"

---

①　宋云彬:《开明旧事——我所知道的开明书店》,《文史资料选辑》第 31 辑,北京:中国文史出版社,1962 年版。

5 日　王伯祥日记载：

　　上午丏尊率子龙文搬物来，已装好床铺矣，饭后丏夫人来，谓龙不敢住亭子间，要搬至三号住，此间之物即顷搬去。予初无分租之意，为情面而腾让，今出而反而，确有不快，但何必认真，欢然送之。

6 日　公司办公处迁至衍福楼。

7 日　晨访王伯祥、夏质均后到公司。午刻归。

同日　弘一法师致信。"青岛平安如常，书店等久已闭门休业，须俟他日开门，再往商酌领取可也。朽人于中秋节后动身否，暂不决定。倘动身者，所缺路资，亦可向同居某师借贷，俟将来时局平定时再偿还，乞仁者勿以是为虑也。湛山寺居僧近百人，毫无恒产，每月食物至少须三百元。现在住持者不生忧虑，因依佛法自有灵感，不至绝粮也。"

9 日　王伯祥日记载："夜小饮，丏尊见过，谈梦痕款事。旋同过均正、调孚谈，索非来言，顷接雪村电话，当予等行未久，福店后面丁仲英医士家屋顶中一流弹，同时五洲药房门前堕一炸弹，当场死伤八人云。又言，文辉之儿传言，午后听到之巨声，乃商务印书馆屋顶着弹成一大洞也。今日出事之区，均距福店不远，丁家尤为迫近，仅隔一小街耳。正谈此时，文祺见访，续谈至八时半乃各散归。"

11 日　傍晚访王伯祥商谈，晤孙祖基、邱铭九。

同日　王伯祥日记载："昨日教部委员及资源委员、动员委员在沧州饭店召集出版业、新闻业各领袖茶会，雪村出席。据归告，此次政府对抗战决持久，上海所有工业须悉移内地，如愿牵动，政府当能贴费力助云。以是，开明总公司拟迁设长沙，惟一时难以入手耳。"

12日 午后与章锡琛、王伯祥、范洗人商议公司内迁事,意见分歧,无甚结果。夜与王伯祥、刘叔琴、朱子如在寓所小饮,七时许散。

同日 弘一法师致信。"青岛市面已渐恢复。曾向中华书局领款,彼云,未曾接上海开明之信及电话,现不能领取,云云。其他之某堂书店之款,已经领到。将来若乘火车南下,颇费周折,费昂而多劳,拟改为乘船,或直往厦门,或先到上海。北地冬春严寒,非衰老之躯所能堪也。若往上海,拟暂寓广东泰安栈。(新北门外,马路旁,面南,其地属法租界之边也,某银楼对门,与新北门旧址斜对门,在其西也。)即以电话通知仁者,当获晤谈也。"

14日 夜与王伯祥赴顾均正寓所晤黄素封,谈至八时半归。

16日 夜与刘叔琴在王伯祥寓所商谈。

19日 晨访王伯祥,晤章锡琛、章锡珊、刘叔琴、徐调孚、朱子如等。"昨日空战时,福店屋顶漏入机关枪弹一枚,穿过天花板,擦过文选木架,坠二楼地板上,幸其时已无人住此,否则不堪想矣。雪村来时携示之,共相讶叹而已。"午间与徐调孚赴傅东华觉林之宴。夜与章锡琛、章锡珊在寓所小饮。

同日 弘一法师致信。"两处之款,皆已领到。值此时局不宁,彼等能如此损己利人,情殊可感。数日后,即乘船返厦门。因有往香港之大轮船,或停厦门,故不能往上海矣。"(按:后轮船经停上海,与夏丏尊、蔡冠洛、费范九等小聚。)

21日 叶圣陶携家人雇船赴杭,准备转往内地,夏满子随行。

22日 夜与王伯祥、刘叔琴在寓所小饮。

27日 托王伯祥将一绒线衫带给江红蕉,请其月底赴杭时

405

转交夏满子。

同日 叶圣陶一家抵达杭州。

28 日 夜与王伯祥访顾均正,长谈多时。

30 日 王伯祥日记载:"夜归小饮,饮后丏尊来谈,移时乃去。"

10 月

3 日 夏满子、叶至善等抵白马湖。

5 日 夜与许志行、王伯祥商议书籍、纸张运送内地事。

7 日 下午三时内迁第一批货船开出,由许志行、何步云、范荣根押送。

12 日 夜赴民国路泰安栈与弘一法师会面。

在大场陷落的前几天,他果然到上海来了。从新北门某寓馆打电话到开明书店找我,我不在店,雪村先生代我先去看他。据说,他向章先生详问我的一切,逃难的情形,儿女的情形,事业和财产的情形,甚么都问到。章先生每项报告他,他听到一项就念一句佛。我赶去看他,已在夜间,他却没有详细问甚么。几年不见,彼此都觉得老了。他见我有愁苦的神情,笑对我说道:"世间一切,本来都是假的,不可认真,前回我不是替你写过一幅《金刚经》的四句偈了吗?'一切有为法,如梦幻泡影,如露亦如电,应作如是观。'——你现在正可觉悟这真理了。"

他说三天后有船开厦门,在上海可住二日。第二天又去看他,那旅馆是一面靠近民国路一面靠近外滩的,日本飞机正狂炸浦东和南市一带,在房间里坐着,每几分钟就要受震惊一次。我有些挡不住,他却镇静如常,只微动着嘴唇,

406

这一定又在念佛了。和几位朋友拉他同到觉林蔬食处午餐，以后要求他到附近照相馆留一摄影——就是这张相片。①

14 日 送别弘一法师，相约如若有缘，当重来江浙，仍住晚晴山房。

15 日 夜与章锡琛、顾均正、徐调孚、方光焘、朱子如在王伯祥寓所商谈。九时许散。

18 日 弘一法师致信，告知已于前晨安抵厦门；别赠《金刚经》一册，请常常读诵，以安身心。

20 日 与徐调孚、方光焘、王伯祥商公司事。

中旬 叶圣陶偕家人抵绍兴直乐泗（按：叶圣陶与家人约定在南昌会面，自己则与章锡琛、范洗人先行动身赴汉口筹建编辑部）。

21 日 午后与王伯祥、章锡珊、索非、徐调孚、顾均正同往外滩踱步。

王伯祥日记载："此间作战以来，此为第一次，初谓身临危地，必大萧索，庸讵知事实有大不然者，行人既多，货运亦忙，海关仍照常办事，沿浦码头驻足远眺之人更盛于往日。予等亦登码头遥瞩，倭舰悬旗飘拂，行所无事，上海真神秘之地哉！少选，由北京路、江西路、河南路而返店。"

同日 中国文艺社为激发民众抗敌情绪起见，改《文艺月刊》为《文艺月刊·战时特刊》，每月出版三期。王平陵、吴漱予、华林、石江、沙雁组成编委会，聘请夏丏尊、洪深、郭沫若、张道藩、章锡琛、梁实秋等为特约撰稿员。

---

① 夏丏尊：《怀晚晴老人》，《众生》第 2 卷第 5 期，1938 年 12 月 16 日。

24 日 上午十时访王伯祥。午间与王伯祥、章锡珊在寓所吃饭。

27 日 夜过王伯祥寓所,商谈良久。

29 日 晨到公司。午间与王伯祥小饮。

30 日 王伯祥传达章锡琛、叶圣陶所拟赴汉、留沪职员待遇办法及名单。

11 月

1 日 王伯祥日记载:"接志行汉来详函,琛、洗、圣芜湖来片,大约日内琛等即可抵汉矣。惟此间续运之件,以输路困难,一时无法装载;遍访太古、怡和、招商等局,亦无法承揽。是则大堪忧虑者耳。夜饮后,立斋、丏尊来谈,纵横上下,直刍狗此宇宙,时危理湮,宜有此耳。"

同日 弘一法师致信夏丏尊、蔡冠洛。"厦门近日情况,仁等当已知之。他方有谆劝余迁居避难者,皆已辞谢,决定居住厦门,为诸寺院护法,共其存亡。必俟厦门平静,乃能往他处也。"

6 日 午间与旧浙一师学生郭挹清在高长兴酒馆小饮,遇唐坚吾、王伯祥、刘季康等。夜与开明同人在一家春公饯赴汉口职员,计到 21 人。七时半散。

9 日 下午到公司稍坐,与王伯祥同返寓所。

11 日 叶圣陶在汉口致信。"今日接佩弦书,嘱将《哲学评论》中冯友兰《两仪与四象》一文之原稿托人抄出寄还,如已排成,则将清样寄与。因不知调孚是否在上海,只得请大驾到店中一查。如原稿已由调孚兄带来,最好,否则或检清样,或代抄出寄与。今日报载敌人在余姚附近登岸,似有攻杭之意,上虞绍兴,均将起恐慌。大驾自以留居上海为是。白马湖不知如何。

弟家属在直乐泗,路远难照顾,想他们必能善自处置也。"

12 日 王伯祥日记载:"饭后,子如来邀,谓雪山、调孚俱在丐尊所,约谈店事,因即行,过约索非、均正同赴之。知汉口来急电,催予等速行,大概彼方悬盼已久,甚愿调孚到彼相助耳。"

15 日 王伯祥日记载:"午间丐尊来店,传寇占邮局及强据海关巡轮与浚浦局挖泥船。又传我前敌将领之种种黩货状,直令人发指。午后雁冰来,述内地疆吏颟顸可笑状,闻之真愤膺欲裂。"

16 日 下午三时访舒新城,言日前遇贺菊瑞(舒新城前妻),代请将开明股票折算为现金,并要求《百科辞典》版权,作为将来子女教育资金。

18 日 叶圣陶家人动身前往汉口。

19 日 下午四时到公司稍坐,与王伯祥同返寓所。

20 日 叶圣陶在南昌致信。"弟到汉后,业将国文三四两册改毕,调换文篇,亦大致有着落。不日即可将该两册发排。杂志索文信件,发出已久,尚无来文。总希望能在明年一月中出一册,准期当然谈不到矣。"

21 日 叶圣陶在南昌致信。"今日始知自金华以东,客车久已不通,我家诸人必不能来,为之怅惘万分。若不改变初意,一起到了汉口,即无此时之挂牵,后悔何及。不知他们已出来而又折回欤,又不知是否仍回直乐泗欤。刻打急电问仲盐,不知何时始得回电也。"

22 日 晨到公司。午后与同人商谈店务调度。夜徐调孚与章锡珊登船赴温州。

27 日 夜为友人林君饯行,未出席孙祖基生日会。

28 日 王伯祥日记载:"午前丐尊见过,谈店事。"

30 日 王伯祥日记载:"夜饭后,丙尊来谈店务,似有殷忧。予谓苟有计画善处之,决不致有何危险,只恐漫焉乱动,好为投机,不肯按部就班则大为担心也。移时乃去。"

12 月

月初 第二批运往汉口的美成机械设备及开明各书籍、纸张在镇江白莲泾附近遭劫。

6 日 在公司午饭。

8 日 王伯祥日记载:

> 晨丙尊见过,谓昨访道始,与述店况,彼力主清理关门云云。予深知此意为丙所久蓄,无意为道始吐露,遂有此不可终日之杞忧。其实何至于是。予觉若此等人而使之当轴,可谓有负付托,彼等临危苟免,纯为一己卸责图利,全不思多数股东之事业与同人之生计,至堪浩叹。以是予颇发词致贬,且终日为之悒悒也。

9 日 王伯祥日记载:"丙尊来饭,曾电招内山之经理来商货船拨回事,不审究有效否。"

10 日 王伯祥日记载:"丙尊来饭,屡打电话与内山,竟无人接通,奇甚。"

上旬 叶圣陶家人抵九江。

11 日 王伯祥日记载:"镰田有信与丙尊,所托事似有相当把握,且知麦加里房屋确未焚去云。"

12 日 王伯祥日记载:"上午丙尊来谈,近午去。"

13 日 续与内山书店经理镰田寿谈货船事。

14 日 傍晚与章育文、邱铭九、王伯祥、刘叔琴、孙祖基在谭廉逊寓所聚饮。散席后过邱铭九寓所稍坐,即与王伯祥、刘叔琴同返。

16日 王伯祥日记载:"依时入店,接雪村来电,谓迁汉失策,路阻不能归,属丐尊设法裁遣职员。店况严重如此,一竟如丐意矣,可叹! 当即分函汉口、绍兴,一面详报此间状况,一面速雪山出来料理。"

17日 晨到公司,商议裁员事,"无一语,愁叹而已"。

中旬 叶圣陶偕家人迁往岳口镇。

23日 吴仲盐(自绍兴返沪)来寓所晚饭,"据谈宁、绍两城之冷落及萧山被炸之惨酷,至为不怡,惟马山各镇聚尚安谧耳。"

24日 与王伯祥商议泰利洋行与公司房租诉讼事。

王伯祥日记载:"泰利洋行为总店房租事,竟涉讼,法院送到审理传票,定明年一月四日开庭。因请丐尊来店磋商,讵料彼一切不负责任,竟谓可离沪云云,失态之至,不与深辨矣。约明日上午十时同访道始解决之。"

25日 晨九时半与王伯祥访孙祖基。"道始以昨夜圣诞夜狂欢之故,天明始睡,犹未起身。坐俟之,与介丞及新自江北逃来之继之长谈,谂知各地军队风纪之惰与寇兵杀戮之惨,不胜共愤。十一时许,道始乃起晤,与商泰利讼事,渠谓宜与周邦俊商量,候有确实回音再来与予等接洽,遂归午饭。"

26日 午后与王伯祥前往探视章锡珊(自汉口返沪,患丹毒)。夜与王伯祥、孙祖基、谭廉逊在吕宋路洪长兴羊肉馆吃涮羊肉。七时许返。

同日 叶圣陶在岳口致信开明同人,言偶遇民生轮船公司买办陆佩萱,已购得船票往重庆。

27日 清晨叶圣陶与家人乘坐民族轮起行。

31日 午后到公司,询问泰利诉讼事。夜与王伯祥、吴仲盐商谈店务,九时返。

同日 叶圣陶与家人抵达宜昌。

1938 年(戊寅,民国二十七年) 52 岁

▲1 月 11 日,中共中央长江局机关报《新华日报》在汉口创刊,10 月 25 日迁重庆继续出版。

▲3 月 1 日,美国记者埃德加·斯诺著的《西行漫记》中译本在上海出版。本月 27 日,王平陵、田汉、邵力子、徐懋庸、楼适夷等 97 人在武汉发起成立中华全国文艺界抗敌协会。

▲4 月 10 日,鲁迅艺术学院在延安成立。

▲6 月 15 日,鲁迅先生纪念委员会编纂的 20 巨册《鲁迅全集》由复社正式出版发行。

▲10 月 27 日,武汉三镇失陷,武汉会战结束。

1 月

1 日 晨十时许访吴仲盐未遇,即过王伯祥寓所闲谈。因夏龙文返白马湖省视未归,大为愁叹。十一时半归。

3 日 晨到公司,致信叶圣陶,托王伯祥附寄。

4 日 下午与章锡琛(自汉口转香港返沪)、章育文等畅谈别后三月情形。

5 日 晨访孙祖基,晤王伯祥、章锡琛,知泰利诉讼事法庭展期十四天试行在外和解,由周邦俊从中调停。午间与章锡琛、吴仲盐在王伯祥寓所小饮,谈论梧州路一带境况。"据仲盐目击,梧厂已全毁,美成机件原封掩瓦下,当可发掘取偿,至少有半值

可得。经纬里屋自一号至九号幸存,雪村、仲盐两家什物无恙,书籍完好,即箱簏亦仅打开翻动,损失至为有限;当场竟取出皮衣数袭也。"

6日 午间与吴仲盐到公司,约王伯祥、章锡琛赴高长兴酒馆小饮。

同日 叶圣陶与家人在宜昌转乘民主轮续行。

8日 晨夏龙文返沪。

9日 午后在衍福楼出席董事会,章锡琛、章锡珊、章育文、孙祖基、朱达君到会,王伯祥做记录。经章锡琛报告公司状况及赴汉返沪经过大略后,商讨职员调度及薪金变动等项。议决实施紧缩,原薪在百元以上者概支四成,五十元以上者支五成,四十元以上者支六成,不及三十元者概支二十元,膳宿均自理。并定2月15日召集临时股东会,核算损失细目,办理善后。

同日 下午叶圣陶与家人抵重庆。

10日 王伯祥日记载:

> 计留职停薪即日交代回籍者四人:吴国香、胡瑞卿、王怀之、朱健安;练习生三人:王德馨、朱润德、杨汉生;先已回籍暂勿来店者四人:章涤生、倪文铨、张锡恩、赵廷玉。现在留职人员,重行分派职务如次:一,主持总公司事务,章雪村、范洗人、章雪山;二,总店兼门市货物,索非、胡智炎、孟通如、张纯嘉、章士敫、顾均一、吕元章;三,会计,朱子如、薛庆三、顾惠民;四,出纳,沈安民;五,庶务,王阳生;六,收银兼收发,章士佼;七,编辑,夏丏尊、章雪村、王伯祥、徐调孚、顾均正。

11日 下午到公司商议字典编辑事项,推请王伯祥草拟意见书。

同日 叶圣陶在重庆致信开明同人（渝沪第 1 号），详述旅途情形。

12 日 夜与章锡琛、王统照、王伯祥、陈乃乾、周由廑、周越然在高长兴酒馆小饮，分席叙旧。八时许散。

13 日 下午到公司。王伯祥交与意见书。

14 日 午后到公司，商议字典编例，无甚结果。

16 日 晨九时访王伯祥，晤卢芷芬（昨日自南通返沪），畅谈别后情形，至午刻返寓。午后与周予同、章锡琛访胡愈之。

17 日起 公司暂不提供膳食。

21 日 晨到公司。午间与王伯祥、章锡琛在高长兴酒馆饮酒吃面。

22 日 夜赴朱子如聚丰园喜筵，与徐调孚、王伯祥、章锡珊、王阳生、章士佼、薛庆三、谭廉逊、章锡琛同席。九时许散。

25 日 叶圣陶致信（渝沪第 3 号），言拟在重庆觅一教员之职；开明驻渝办事处房子已租定；生活起居如常；满子遥祝双亲安康，兄嫂诸侄健旺。

27 日 午间与王伯祥、周为群在老民乐园小饮，付账二元三角余。夜与王伯祥、章锡琛、周建人长谈。

30 日 王伯祥日记载："丐尊、予同来，谈至薄暮去，于叔琴教课事有谈及，恐无所成矣。"

2 月

1 日 午间偕夫人与朱子如夫妇、薛庆三、徐调孚、章锡琛在王伯祥寓所聚饮。

2 日 午间与章锡琛、章锡珊、索非、顾均正、徐调孚、王伯祥赴沈大成聚餐。

同日 王伯祥日记载:"今日起,门市暂设在后进之楼下,以俟间壁门面之装修。三楼正在部署,大约明后天即可将办事处所迁入也。"

5日 傍晚与章锡琛、朱子如、章育文、谭廉逊、邱铭九、孙祖基等在一支香故址新开之大鸿运酒楼为章锡珊庆生,并为刘叔琴补祝。畅谈至九时许散。

10日 午后到公司。散馆后与章锡琛、金兆梓、王统照、徐调孚、刘叔琴、方光焘、王梦岩、王伯祥等在茅长顺聚饮。八时许散。

11日 夜六时在四马路味雅出席董事会,报告帐略后,决诸事与孙祖基商议后再定。

13日 午间与王伯祥、章锡琛小饮。午后同访孙祖基,商定股东会只提损失报告,不主减资及其他案由。

14日 王伯祥日记载:"下午丏尊来店言,银行界息,徐州已失守,且有讲和之说。据云,先停战三年,从事于合作之进行,华北寇得随时干涉行政,上海则划闸北为公共租界,以虹口区专作寇租界,甚谓一般投机者已在闸北开始买收地产矣。午后与丏、村看帖,备选集仿本。东华来谈,移时乃去。"

15日 下午二时在一家春出席临时股东会,过程顺利。别选股东数人组织业务设计委员会一案,商决提交董事会筹办。四时散。

17日 得傅彬然来信,知其与贾祖璋现住萧山临浦。

19日 晨到公司写作。午间与王伯祥、章锡琛、徐调孚、顾均正在燕华楼聚餐,摊费四角五分。

21日 午间与章锡琛、章锡珊、索非、王伯祥、徐调孚、顾均正在南园聚餐,摊费三角四分。

23 日　午间与王伯祥、徐调孚、顾均正、章锡琛、章锡珊、索非、章士敩在沈大成聚餐,摊费三角余。午后出席董事会,章锡琛、章锡珊、孙祖基、章育文、何五良到会,王伯祥做记录。会议通过《业务设计委员会简则》六条,拟黄素封、胡愈之、朱仲华、周予同、陈望道为委员,即日致聘。27 日召集首次常会。

24 日　夜与王伯祥、章锡琛、章锡珊、刘叔琴、章育文、谭廉逊在聚丰园为朱子如庆生。八时许散。

同日　弘一法师致信,言近到泉州讲经,请惠寄《清凉歌集》五十册,分赠诸友。

26 日　午间与王伯祥、章锡琛、黄幼雄、索非、徐调孚、顾均正、章士敩在会宾楼聚餐,摊费三角五分。

27 日　晨十时访王伯祥,借中华书局版《唐诗》《词谱》合册。午后一时出席业务设计委员会会议,黄素封、陈望道、周予同、章育文、章锡珊、章锡琛到会,王伯祥做记录,"往复商讨,徒资空论"。散会后与陈望道、周予同、章锡琛、王伯祥过茅长顺小饮,席间畅所欲言,一抒胸臆。九时许归。

3 月

1 日　午间与王伯祥、章锡琛、章士敩、徐调孚、顾均正在南来顺教门馆聚餐,摊费四角五分。

2 日　散馆后与陈乃乾、谢国桢、姚石子、郑振铎、章锡琛、王伯祥赴茅长顺聚饮。八时许散。

3 日　傍晚与王伯祥、章锡琛、陈乃乾过八仙桥青年会访谢国桢,晤姚石子、郑振铎及范成法师。稍谈后范成法师辞去。众人赴陶乐春聚饮,八时半散,约明晚七时在功德林再会。

4 日　推辞未赴。

6 日　午后谢国桢与章锡琛来访。

7 日　散馆后与章锡琛、王伯祥、徐调孚赴南来顺晚餐。饭后临时起兴,与众人过二马路时代剧场看喜彩莲、王宝兰演评剧。十一时归。

8 日　叶圣陶致信开明同人(渝沪第 6 号),言有友人邀往北碚复旦教课,未有定论;满子一切安好;"选名文细加评骘,可否恳丐翁先选文章,再商评说,或提出若干要点而据以选文。此事原已谈过多次,但迄无具体结论。最好文白各选一册,而先来白话。倘丐翁以为不妨文白混合,如理由充分,弟亦赞同。只要商定凡例,选定文章,弟做起来是可以计日而成的"。

同日　叶圣陶致信夏丐尊(渝沪第 6 号),言探得陆伦章已抵武昌;"弟在巴蜀教国文,用东华所编之书,觉所选文章多不配十余龄学生之胃口,而所谓'习作'者,讲得吃力而学生大半茫然。我们所编书大体与之相类,其不切实用自可想见。闭门所造之车难合外间之辙,今益信矣。至少初中国文教学还得另起炉灶,重辟途径也"。

9 日　冒雪到公司。傍晚与王伯祥、章锡琛、顾均正、朱子如、章士敫乘汽车归,摊费二角。

10 日　午间与徐调孚、黄幼雄、章锡琛、顾均正、章士敫在天天楼为王伯祥庆生。

王伯祥日记载:"同仁朋好原有生日会,以丐尊畏事故,及予而停,不复召集。而丐尊似有缺于予,坚欲于午间便饭时觞予。"

同日　致信丰子恺。

子恺:

　　去秋屡承寄画相慰,及后闻石湾恶消息,辄为怅惘,无可为君慰者。唯取"几人相忆在江楼"横幅张之寓壁,日夕观览,聊寄遐想,默祷平安而已。仆丧魄落胆者数月,近已略转平静。一切都无从说起,凡事以"度死日"之态度处之。弘一师过沪时曾留一影。检寄一纸,藉资供养(师最近通讯处:泉州承天寺)。斯影摄于大场陷落前后,当时上海四郊空爆最亟,师面上犹留笑影,然须发已较前白矣。不一,祝安吉。

丏尊　三月十日

11 日　致信叶圣陶。散馆后与严良才、章锡琛、王伯祥赴马上侯小饮,谈恢复二元会事。拟谭廉逊、沈世璟、金兆梓、唐坚吾及列席四人为会员,以后每月集饮一次,由王伯祥召集。

12 日　午前访王伯祥。

13 日　叶圣陶致信开明同人(渝沪第 8 号),言已答应到复旦授课;"《文章讲话》凡十篇,所论及之方面殆未必齐全,以后再有所成,可出续册。《文章读本》拟于暑假中为之,丏翁意见请于通函时示知。选文彼此共商,解说各分任若干篇,如是则集事较易。"

14 日　下午出席董事会及设计委员会会议,章锡珊、章锡琛、周予同、朱达君、孙祖基、郑振铎、黄素封、陈望道、章育文到会,王伯祥做记录。董事会通过裁撤北平分店,添设天津、重庆、桂林三办事处,直属总公司;添聘郑振铎为设计委员。设计委员会会议讨论恢复函授学校,因计划繁杂,暂无结果。

15 日　夜六时章锡琛、王伯祥、谭廉逊、严良才、金兆梓、唐坚吾在老半斋举行二元会复兴会。夏丏尊因身体不适未与。

16 日　王伯祥日记载:"下午为丏尊校《阅读与写作》排样。"

21 日　王伯祥日记载:"丏尊近作《文章讲话》,今为之读定《意念的表出》一篇。"

22 日　叶圣陶致信(渝沪第 10 号),言下半年如仍在复旦,拟开"中学国文教学研究"一课,讲两个学期。

27 日　叶圣陶致信开明同人(渝沪第 11 号),言丰子恺即抵汉口;麦加里并未毁去,或可留下一些物件,传为纪念。

28 日　午间与开明同人在老半斋为徐调孚庆生,摊费九角。

30 日　致信叶圣陶,报白马湖平安。

4 月

1 日起　公司恢复提供膳食。

同日　夜与徐调孚、王伯祥、孙祖基、陈乃乾、郑振铎在冠生园小饮。八时半散。

4 日　午后出席业务设计委员会第三次常会,胡愈之、郑振铎、周予同、陈望道、章育文、章锡琛、章锡珊到会,王伯祥做记录。前恢复函授学校提案撤销。

8 日　叶圣陶致信(渝沪第 12 号),言复旦教学设施简陋,学生人数甚少;请代向周为群、陶载良催寄叶至善、叶至美在沪中学成绩单,作为在四川毕业会考凭证。

10 日　为庆祝台儿庄大捷,午间邀王伯祥、章锡琛来寓所小饮。午后与王伯祥过秀州书社淘旧书画,无所得。

上旬　弘一法师致信,言近在惠安弘法,请寄《华严集联》十册,分赠诸友。

12 日　王伯祥日记载:"依时到店,开始标点所选《左传》,并为丏尊校对《文章讲话》排样。"

15 日　夜六时与章锡琛、严良才、沈世璟、谭廉逊、刘季康、王伯祥等十人在聚丰园举行二元会,并为唐坚吾赴岭南饯行。摊费二元六角。九时许散。

17 日 叶圣陶致信开明同人（渝沪第 13 号），言愿与夏丏尊勉力同作《国文百八课》。

18 日 王伯祥日记载："下午，雪山忽欲召厚斋来，属往杭州一视。经众商量，尚以从缓为宜。故五时许，予及雪村、丏尊拉厚斋往饮于永兴昌。八时散归。计费二元五角。"

19 日 下午到公司，与同人分享白马湖新茶。

23 日 下午出席董事会及业务设计委员会会议，会后与章锡琛、徐调孚、郑振铎、周予同、孙祖基、陈乃乾、王伯祥、叶华表小饮于同宝泰。八时许归。

24 日 午后与刘叔琴、沈世璟、王伯祥商谈。

25 日 散馆后与王伯祥、章锡琛小饮于王人和隔壁小酒馆，七时许归。

27 日 散馆后与王伯祥、章锡琛、谢来小饮于永兴昌，遇严良才。七时许归。

29 日 散馆后与王伯祥、章锡琛小饮于永兴昌。

本月 与叶圣陶合著的《文章讲话》作为"开明青年丛书"之一，由开明书店出版。其中《所谓文气》《意念的表出》《感慨及其发抒的法式》为夏丏尊在暑期所作，因抗战全面爆发，未曾发表。

自从去年夏天从南中国回来，又得时常和丏尊先生会面谈天。丏尊先生非常关心中等学生的语文教育，我们谈的自然仍旧多是这方面的事，但他这时的神情已和往时大不相同，往往有一种难言的抑郁流露在语里言间。这抑郁的根源，我是明白的，并不在语文教育的本身，但我只能劝他致力语文教育的工作来排解。结果他就整理旧稿编成了这一部书。

他在这书里面很用过一些心。在几个问题上，如《文章

420

的静境》《文章的动态》《句子的安排》《句读和段落》），都有他独特的见解，在其余的几个问题上，也都说得非常深入而浅出。虽然只有短短的十篇，说到的问题并不多，也不愧为语文教育上一种郑重其事的工作，我相信对于中等语文教育上一定有相当的贡献。①

5月

4日 散馆后与王伯祥探视病中的章锡琛。

5日 午间与王伯祥、谭廉逊小饮于对门同宝泰。

7日 与公司签订《文章讲话》《阅读与写作》两书版税契约，定报酬率分别为百分之十、百分之十五。

同日 陈俊生来编译所谈印装地图事。散馆后与王伯祥、章锡琛赴永兴昌小饮，并邀朱慰元来谈江北旅途见闻。

8日 晨送白马湖茶叶与王伯祥。

同日 叶圣陶致信开明同人（渝沪第16号），言夏丏尊转忧为喜，甚为欣慰，缓日当作诗寄呈；《国文百八课》题目来时，当抽暇徐徐为之；小说《流弹》的女主人公昨天来信给满子，自述几年来的经历；下星期要往北碚，整个星期不得空，大约要十天以后再写信了。

9日 致信叶圣陶。散馆后与郑振铎、周予同、陈乃乾、章锡琛、王伯祥小饮于同宝泰，席间与章锡琛起争执。

同日 王伯祥日记载："战事无变化，寇方谣传已于六日渡江占领绍兴，正向余姚、鄞县推进中，而沪、甬班轮适又奉令停

---

① 陈望道：《文章讲话·序》，夏丏尊、叶绍钧合著《文章讲话》，上海：开明书店，1938年版。

航,于是此间遂大震,丏尤信之。其实传者自传,安堵如故,亦惟见心劳日拙而已。"

16 日 下午为人写对联。书"端居媚幽独,结习媿平生"一联赠王伯祥,款"伯翁属丏翁书,集定庵句应之"。

同期 书湖南一师任教期间所作《贺新郎》词赠徐调孚,款"己未(按:应为庚申)中秋后一夕长沙逆旅旧作,调孚兄属录,戊寅夏日丏翁"。

18 日 叶圣陶致信(渝沪第 17 号),言对《文章讲话》中《感慨及其发抒的法式》一文表示赞同,并附近照两张,诗二律。

闻丏翁回愁为喜奉赠二律

颇闻春讯令翁喜,翁喜能回朋辈春。

三驷安排操胜算,五年计划启维新。

残墟胥现庄严相,弱子犹呈锻炼身。

念此牢愁哪复有?轩眉意欲举千钧。

自今想象十年后,我亦清霜上鬖须。

既靖烟尘生可恋,欲亲园圃计非迂。

定居奚必青石弄,迁地何妨白马湖。

乐与素心数晨夕,共看秋月酌春酤。

21 日 下午出席董事会及设计委员会会议。

26 日 王伯祥日记载:

接圣陶十九日航信,寄照片二纸与丏尊,一为满子半身,一为圣陶夫妇及其老太太与满子之全身。老太太矍铄逾昔,精神弥满,大可慰。满子肥白真如满月矣。圣陶亦无风尘色,眉宇间反呈英爽气。惟墨林则大为苍老耳。附来近作四首,想见安闲,可慰也。

29日　王伯祥日记载："丏尊于饭后来,谓其孙(按:当为夏龙文长子)痧子后转肺炎,殊急,催天然往帮忙。甚为耽心。"

同日　弘一法师致信。"今年在闽南各地弘法至忙。于厦门变乱前四天,已至漳州弘法。今居东乡瑞竹岩静养。通讯,乞寄漳州南门南山寺转交。子恺想仍在长沙,便中乞代致意。"

30日　王伯祥日记载："丏尊上午未到,饭后来,知其孙病势未减,甚危。"

31日　王伯祥日记载："丏尊未到馆,想见其孙甚危,然不敢往看也。"

同日　叶圣陶致信开明同人(渝沪第18号),言已辞去复旦教务;劝夏丏尊多作诗词,聊以消愁。

本月　与叶圣陶合著的《阅读与写作》作为"开明青年丛书"之一,由开明书店出版。内收年前在教育播音电台播放的国文科演讲稿及其他相关文章10篇(按:1937年1月穆氏文社曾印行夏丏尊、叶圣陶合著的同名书作为社员参考用书,未公开出版。内收《写作什么》《怎样写作》《阅读什么》《怎样阅读》《学习国文的着眼点》等5篇)。

本月　朱光潜著《给青年的十二封信》由开明书店发行第十五版,夏丏尊为封面题签。

6月

1日　午间到公司,饭后即外出为孙求药。

2日　孙病殁。

3日　晨到公司。午间与王伯祥、章锡琛在永兴昌小饮,聊以自慰。席间郑振铎、翁率平、陈乃乾先后来,谈元杂剧购致事。

9日　夜访王伯祥,晤卢芷芬,长谈移时。

11日 生日。夜与章锡琛、章锡珊、徐调孚、许志行、朱子如、刘叔琴、方光焘在永兴昌聚饮庆生。

15日 傍晚与章锡琛、王伯祥、沈世璟、严良才在杏花楼小食部聚饮。八时半散。

16日 午后三时出席董事会,章锡琛、章锡珊、孙祖基到会,王伯祥做记录。决议在昆明增设驻滇办事处,派谢来、卢芷芬前往筹备。四时出席设计委员会会议,列席董事外,到陈望道、郑振铎。决议切实调查本埠中学,由各委员分头接洽,推销教本。夜与孙祖基、王伯祥、章锡琛、郑振铎、徐调孚在同宝泰小饮,八时许归。

18日 致信叶圣陶。

19日 王伯祥日记载:"饭后偶翻《诗式》,见五言律仄韵陈子昂、灵一各一首,七言律仄韵高适一首。丏尊近撰《文话》,于律诗不承认有仄韵而绝句则仍认之。遂录出此三首,将以质诸丏尊。"

20日 散馆后在同宝泰宴请卢芷芬、周振甫,并邀王伯祥作陪。八时许散,与王伯祥同返寓所。卢芷芬则登船赴昆明。

22日 王伯祥日记载:"士敫归报,被扣之第二货船已拨还,船主索酬五百金。但可搬之件已搬取一空,余件笨重,俱美华物;虽未澈查,而开明之稿件、纸张、档卷可预决其无存也。"

24日 夜六时与王伯祥、章锡琛、章锡珊、索非、徐调孚、孙祖基、郑振铎在功德林聚餐,商议向各中学进说采用开明版教本事。九时许散。

27日 致信叶圣陶。

28日 叶圣陶致信(渝沪第20号),言范洗人已往昆明与卢芷芬会面;此刻满子到宋云彬夫人寓所去了,未能叫她附上一禀。

29 日　散馆后与章锡琛、方光焘、周予同、王伯祥、赵厚斋在永兴昌聚饮。王伯祥日记载:"席间,丏尊大评叔琴,曙先与语,予拱默听之而已。"八时许散。

30 日　王伯祥日记载:"芷芬行时,举振甫自代,调孚楼以为言,昨日已得丏尊同意。但不审何日能来耳。"

7 月

2 日　陈望道与开明书店签订《拉丁化汉字拼音表》版税契约,夏丏尊为保证人。

同日　叶圣陶致信(渝沪第 21 号),言《国文百八课》五、六册及《初中国文教本》即可着手;满子往观戏剧学校演《奥赛罗》,回禀须待下次付邮。

4 日　散馆后与方光焘、周予同、刘叔琴、章锡琛、王伯祥共饮于永兴昌。臧否人物,谈笑风云。八时许散。

7 日　散馆后与王伯祥、章锡琛在同宝泰小饮,至六时三刻同赴小有天,与郑振铎、周予同、方光焘、李健吾、王统照、吴文祺等公宴巴金、靳以。九时半散。

9 日　弘一法师致信。"现居乡间高山之上,虽值变乱亦无妨也,乞勿念。将来汽车通时,拟往泉州或惠安,届时再奉闻也。"

11 日　散馆后与章锡琛、王伯祥、郑振铎、陈乃乾、郭绍虞(自苏州来沪)、谭廉逊在三马路华阳楼聚饮。八时许散。

13 日　王伯祥日记载:"依时到馆,办理杂物。并为保兵险事写信与李孤帆及项远村,承丏尊意,予谓未必有效也。"

15 日　王伯祥日记载:"雪村大醉,缘丏尊与内山完造接谈,将允其委托,拉友代作翻译工作也。到家后大发作,予无法抽身,慰劝至十二时许,乃登楼就卧。"

22日 叶圣陶致信(渝沪第22号),请示《国文百八课》五、六册文话题目。

26日 散馆后与王伯祥、章锡琛过南京饭店访江红蕉未遇,留言后赴茅长顺小饮。王统照、江红蕉先后至,谈别后事。九时许散。

29日 散馆后与章锡琛、王伯祥小饮于会宾楼。七时许归。

8月

3日 散馆后与章锡琛、王伯祥、方光焘过永兴昌小饮,后至马浪路京城茶室品茶吃点。九时许归。

7日 叶圣陶致信(渝沪第23号),谈及夏丏尊孙患病事,祈愿以后阖府安康,勿复与医药为缘;将执笔《国文百八课》文话目录圈点处,暑假内可完成第五册八题。

9日 王伯祥日记载:

> 八时许,与雪村冒雨出,乘电车到老北门,拟越过爱多亚路赴馆。乃河南路口忽张布铁丝网,禁止通行。转而西,凡里弄之北通公共租界者俱已阻塞。山东路、福建路、湖北路等更无论矣。直至浙江路东新桥口仅通单车,行人车辆之挤,不问可知,而寇籍巡捕督同印、华诸捕正大检索,探囊揭器,无所不至。见之令人愤火欲燃,因偕雪村折回乘廿二路公共汽车归。过丏尊、叔琴告之,稍坐便返寓。

15日 致信叶圣陶。

16日 散馆后与王伯祥、章锡琛、江红蕉小饮于永兴昌,八时半散归。

18 日　夜与章锡琛、王伯祥、何炳松在傅东华寓所聚饮，畅谈别后经历。"听唐生智退出南京之荒谬举动，及刘建绪在浙之胡为债事，不禁发指。"十时半散。

20 日　散馆后与王统照、章锡琛、王伯祥小饮于高长兴。八时半散。

同日　王伯祥日记载："兵险赔付事已办妥，由中央信托局保险部赔二万一千元。开明得一万，美华得一万一千，救出机件仍归美华云。"

同日　《中国飞机》刊《学生时代》第 1 卷第 5 期。作者希望有这么一天，中国飞机多得像海鸥，到处成群地飞翔。

22 日　散馆后与严良才、王伯祥、章锡琛小饮于永兴昌，八时半散归。

23 日　介绍袁希濂为王伯祥书房"书巢"题额。王伯祥以夏丏尊名义作跋："伯祥曩居鸿庵，小有图史之乐。壬申之春，毁于倭燹。再营曲斋，亦见厄邻右，频致播迁。丁丑难作，避地沪南，室隘人稠，簏书无繇启滕。戊寅春，始辟一狭房，藉陈故籍。至是盖已三度勾之矣。自以室之小也，爰命之曰'书巢'，殆亦鹪寄之意欤。戊寅秋日丏尊识。"

27 日　叶圣陶致信开明同人（渝沪第 24 号），言被击落之"桂林号"（按：8 月 24 日被日军机击毁）中有诸位信件；痢疾流行，夏满子、胡墨林均腹痛发热；陈通伯来访，邀往乐山武汉大学教基本国文。

29 日　散馆后与谭廉逊、严良才、范洗人（自香港返沪）、王伯祥、章锡琛、章锡珊（自香港返沪）同饮于河南路状元楼。八时许归。

30 日　散馆后与范洗人、王伯祥、章锡琛过永兴昌小饮，遇严良才,即邀同席。八时许归。

同日 弘一法师致信。"近得子恺函,悉仁者殇孙,境缘恶逆,深为叹息。若依佛法言,于一切境,皆应视如幻梦。乞仁者常阅佛书,并诵经念佛,自能身心安宁,无诸烦恼,则恶因缘反成好因缘也。朽人近来在漳州城区弘扬佛法,十分顺利。当此国难之时,人多发心归信佛法也。陈无我居士,寓上海慕尔鸣路一百十一弄六号。仁者若能常常访谈,自必胸怀开脱,获极大之利益也。"

31 日 散馆后与范洗人、王伯祥、章锡琛、章锡珊、郑蔚文(时任世界书局杭州分店经理)在老半斋小饮,席间与章锡琛颇有争执。八时许归。

9 月

2 日 散馆后与范洗人、王伯祥、章锡琛小饮于永兴昌。八时许归。

同日 致信叶圣陶,并托人带去夏满子所需衣物。

4 日 邀范洗人、章锡珊来寓所午饭,谈内地公司进行事。

8 日 散馆后与范洗人、王伯祥、孙祖基、章锡琛、章锡珊同饮于三马路华阳楼。八时许归。

10 日 夜与范洗人、刘叔琴、章锡琛等为林本侨饯行。

13 日 散馆后与范洗人、王伯祥、章锡琛、严良才同饮于华阳楼。七时散。

14 日 散馆后与范洗人、王伯祥、章锡琛同饮于永兴昌,遇严良才、贺翊新。八时散。

15 日 夜与谭廉逊、金兆梓、沈世璟、严良才、章锡琛、范洗人、王伯祥、方光焘在华阳楼举行二元会,摊费一元四角。八时散。

16 日　散馆后与范洗人、王伯祥小饮于永兴昌,遇严良才。七时半散。

17 日　散馆后与唐坚吾、范洗人、章锡琛、王伯祥同饮于马上侯,遇朱慰元、贺翊新。八时许归。

18 日　许志行、范洗人来寓所晚饭。

同日　叶圣陶致信开明同人(渝沪第 25 号),言前月叶至善患伤寒,经延医诊疗,现已脱险;已口头答应陈通伯,到武汉大学教课;龙文抱恙,满子尤为想念,请下次来信示及。

19 日　散馆后与章锡琛、范洗人、王伯祥赴永兴昌小饮,因满座,改往王仁和南首之老源元。七时三刻归。

20 日　夜偕夫人与徐调孚夫妇、顾均正夫妇、索非夫妇、范洗人、薛庆三、朱子如、王阳生、许志行、王伯祥等在章锡琛寓所为其庆生。

21 日　经亨颐病逝。

22 日　下午与范洗人赴上海殡仪馆吊唁经亨颐。散馆后与范洗人、王伯祥、章锡琛同饮于永兴昌,八时许散。

23 日　散馆后与章锡琛、王伯祥、范洗人在吉祥街西章东明小饮。

24 日　叶圣陶致信(渝沪第 26 号),言龙文病愈,甚为欣慰;武汉大学方面已寄来聘书,即日便要动身;《国文百八课》第五册文话将在叶至善痊可后执笔。

25 日　傍晚范洗人等来打牌。

26 日　散馆后与章锡琛、王伯祥、范洗人小饮于永兴昌,遇严良才,邀同席。八时许归。

27 日　散馆后与章锡琛、王伯祥、范洗人小饮于永兴昌,八时许归。

28 日 散馆后与章锡琛、王伯祥、范洗人同饮于章东明,八时许归。

29 日 王伯祥日记载:"散馆后径与雪村归饭,丏、洗有友水渭臣访之,想当别出谋饮也。"

30 日 散馆后与章锡琛、王伯祥、范洗人等小饮于永兴昌,八时半归。

本月 与叶圣陶合编的《国文百八课》第四册由开明书店出版。

10 月

1 日 弘一法师致信。"诸荷关念,感谢无尽。附奉致石禅居士一纸,乞转交。又不久由陈无我居士送上《旅行者言》二册,一乞仁者自阅,一乞转赠石禅。此书虽浅近,殊足警策身心,朽人曾阅此书,亦获甚大之利益。乞勿以此浅近而忽之也。前留沪摄影,便中乞寄下数叶。"

4 日 散馆后与章锡琛、王伯祥、范洗人小饮于同华楼。

5 日 下午五时与孙祖基、章锡琛、王伯祥赴江西路骏大华行访孙祖基之友、经理訾雨亭。遍览附近古董市场,淘购旧书画。六时三刻同乘车至共舞台隔壁羊城酒家聚饮,范洗人已先期在候。"肴甚佳而取价廉,道始熟客之故也"。九时许散归。

6 日 与章锡琛、陈望道、施蛰存在同华楼午饭。

8 日 弘一法师致信。"闽南时局倘无变化,朽人拟再迟月余返泉州小住,再往惠安。车路已毁损,由漳至泉州三百里,须乘肩舆,需费甚多。拟请仁者汇资二十元,乞交上海农民银行汇漳最妥,因朽人与漳州分行行长相识也。"

同日 叶圣陶致信开明同人(渝沪第 27 号),谈及重庆空袭情形,请勿挂怀;叶至善伤寒渐愈,但病体仍欠佳,为看护计,决定全家迁往乐山;傅彬然已抵桂林,与丰子恺同住。

10 日 夜与章锡琛、王伯祥、骆绍先、范洗人乘电车赴马浪路谭廉逊之约,座有金兆梓、周予同、孙祖基。宾主尽欢,十时许散。

12 日 曹孝萱、戴伸甫自内地到访开明书店,"为言此次流亡经过,于南京陷落时寇军虐杀之惨及目前武、汉保卫之坚,俱有详细之陈述"。散馆后与王伯祥、范洗人、章锡琛小饮于永兴昌。八时归。

13 日 送顾均正赙仪四元(顾均正母亲去世)。夜与王伯祥、范洗人、章锡琛、朱子如在同华楼小饮,七时半散。

14 日 夜与王伯祥、范洗人、章锡琛、朱子如、陈乃乾在公司小饮。

同日 王伯祥日记载:"昨日店中送邮局发寄昆明邮包四百五十九件,突为寇方检查者扣留。今日往询挂号间,已寄出三百七十五包,共八十四包则仍扣押中,大约无收回之望矣。此中只《国文百八课》,亦遭嫉视,可见寇之毒害固无孔不入焉。"

同日 丰子恺致信,请汇款供养弘一法师。

15 日 散馆后与谭廉逊、金兆梓、严良才、范洗人、王伯祥、章锡琛、唐坚吾在二马路同华楼举行酒会,摊费一元二角。八时许散。

16 日 野马文艺研究会《文艺新潮》创刊,夏丏尊、巴金、沈从文、戴望舒、许钦文等 50 人为特约撰稿人。

18 日 叶圣陶致信开明同人(渝沪第 28 号),告知将于日内动身迁徙。

20 日 散馆后与范洗人、王伯祥、章锡琛小饮于永兴昌,遇严良才。八时散归。

中旬 弘一法师致信。"前上信片,想已收到。兹拟向佛学书局购请佛书,附一函乞托人送去,并乞护法会惠施十五元,一并送去,至用感谢。朽人在漳,诸事安适,一时尚未能返泉州也。"

21 日 散馆后与范洗人、王伯祥、章锡琛赴永兴昌品蟹,遇严良才。

22 日 王伯祥日记载:

下午四时半,翼之自寓来店,约于散馆后小饮。正谈浓之际,浦东方面爆炸声忽起,断续有如高射炮,清脆有如小钢炮,不知所以,凭窗东望,见黑色物如长瓶,一一升起,在空中发亮炸开,不类有目的之射击。而路上秩序依然,有人谓广州失陷已证实,寇伪方面或藉此示威或庆祝耳。予等姑置此,仍偕出,丏尊先有他约去。

同日 叶圣陶与家人登船起行。

24 日 夜与范洗人、王伯祥、章锡琛、王绳祖(翼之)小饮于华阳楼。

25 日 散馆后与范洗人、王伯祥、章锡琛同饮于马上侯。

26 日 下午三时出席董事会,朱达君、章育文、范洗人、章锡琛到会,王伯祥做记录。据会计部报告,本年度收付情形尚好,留沪人员生计稍有起色。夜仍与章锡琛、王伯祥、范洗人在马上侯小饮,订酒五十斤,计十元六角,四人分派。

27 日 散馆后与王伯祥、章锡琛、王绳祖同饮于永兴昌,遇严良才。

28 日 夜与王伯祥、章锡琛、范洗人、方光焘在公司饮酒吃面,辩论文法。九时许散。

29日 夜与吴勘初、王绳祖、王伯祥、章锡琛、范洗人在公司饮酒吃面。

同日 夜八时叶圣陶与家人抵达乐山。

31日 夜与谭廉逊、金兆梓、方光焘、唐坚吾、严良才、范洗人、王伯祥、章锡琛在公司举行重阳会,"由良才托人买到蟹一篓,借到菊花六盆,陈诸轩中,入暮同饮其侧"。八时半归。

11月

1日 弘一法师致信。"承施资已收到,至用感谢。倘时局无变化,不久即可动身。通讯处俟后达。"

同日 夜与王伯祥、章锡琛、范洗人在公司小饮。

同日 王伯祥日记载:"雪山由绍返店,据云途中出来尚速,三日即达,归去竟历十二日也。宁、绍一带,市面反见繁荣,惟征发壮丁不无惊惶耳。"

3日 夜与王伯祥、章锡琛、范洗人在公司小饮,八时许归。

4日 夜与王伯祥、章锡琛、范洗人、谭廉逊同饮于四马路泰丰楼。七时三刻散。

同日 叶圣陶致信开明同人(蜀沪第1号),详陈迁居乐山情形;因通信不便,《国文百八课》暂请夏丏尊独任。

5日 夜与徐调孚、范洗人、王伯祥赴东方剧场看昆剧。王伯祥日记载:"至则坐已垂满,仅得三位,一位则排坐于甬道矣。见柏丞、柏寒亦在,以人杂坐远,未之招呼也。剧目:一为姚传湄、周传瑛、华传萍之《招商串戏》,出《幽闺记》。二为郑传鉴、赵传珺之《弹词》,出《长生殿》。三为张传芳、沈传锟之《刺虎》,出《铁冠图》。四为王传淞、朱传茗之《活捉》,出《水浒记》。俱唱演谨严,甚惬也。"散场后同过大世界附近羊城酒家小饮。九时许归。

7日 夜与范洗人、王伯祥、章锡琛小饮于永兴昌,八时许散归。

8日 散馆后与范洗人、王伯祥、章锡琛、谭廉逊在同华楼小饮,八时许归。

10日 散馆后与王伯祥、章锡琛、方光焘小饮于画锦里四美泰,八时半归。

14日 黄炎培日记载:"讯惠兼及二女,商讯艮仲,笺开明夏丏尊、章锡琛,均请李守愚带港。"

15日 夜与谭廉逊、金兆梓、刘季康、唐坚吾、严良才、沈世璟、章锡琛、王伯祥在四美泰举行二元会。王伯祥日记载:"酒保甚灵活可爱,而丏尊偏与之寻事,大发脾气,举坐为之不欢。"

同日 丰子恺日记载:"读叶、夏合著《文章讲话》,觉得有几章给我的学生读,还嫌太深。"

20日 郑振铎来访。

24日 散馆后与王伯祥、章锡琛、章锡珊、方光焘、周予同、唐坚吾在泰丰楼小饮。九时许散。

25日 夜与王伯祥、章锡琛在永兴昌品蟹吃面。

26日 散馆后与陆高谊、王伯祥、章锡琛、周予同、郑振铎在永兴昌小饮。八时许归。

同日 王伯祥日记载:"上海伪市长傅逆宗耀昨在伪市府门内被伪警枪击,当场仆地,未中弹,寇宪兵一名立死。傅之保镖还击放枪之人,亦立死于丛弹。傅逆虽一时幸逃于死,然足以褫其魄矣。前日甫闻丏尊言,谓傅近购一汽车,值三万元,有严密防弹装置,且曾向此汽车丛注弹丸以试其坚,宜可放胆逆施矣。

乃人心未死，法理自存，谁复料五步之内即有人欲得而甘心耶。吾知其必不能久稽显戮也。"

29 日 叶圣陶致信（蜀沪第 2 号）。"从村公信中知翁近来心情尚闲适，殊欢慰。龙文兄列丁籍，依理不当避，而于情自是苦事，避之为佳。弟在此间，亦常见一列壮丁，背后则老妇壮妇趋从掩泣。世非工部乐天之世，何所见乃如他们之诗也！多出课外读物诚是最妥善办法。今出杂志，编辑发行俱困难。且杂志亦多矣，何必在多种之中添一种乎。嘱为拉稿，恐无希望。武大中教员名册印成薄薄一本，可见其多。然安心著述者恐难一二睹也。夏师母远念满子，想必怅甚。近时时又小麻将否？满子助理操作颇为努力，时为笑谈，家中生气为之增益不少。"

12 月

5 日 夜赴泰丰楼晚宴，神州国光社唐书麟、曹仲安做东，客有章锡琛、章锡珊、索非、徐调孚、王伯祥，唐坚吾作陪。九时许散。

7 日 夜与王伯祥、赵厚斋、章锡琛小饮于永兴昌，"厚斋将介丐、村向立达商划房屋一路，备设摊售文具、书籍、糖果等谋生"。八时许归。

10 日 夜与孙祖基、章锡琛、王伯祥、汪继之小饮于马上侯。八时许散。

12 日 丰子恺致信。

赐书早拜收，人事粟六，久未问候，罪甚。弘一法师前来函，略云福建宏法事忙，且年高怕行动，故不能来桂。前曾将原函抄奉，不知收到否？尊眷在沪安好，甚慰。敝眷居两江（离桂林七十里）山乡已两月，托庇粗安。内子十年不育,近产一男,幸大小平安。流亡之群已增大为十一人。来示以散春人多安否为念,雅爱之诚,令人感激。流离之初,亦曾引为苦事;连日叫苦,而苦终不去,反因忧能伤人而元气颓丧。于是心机一变,逆来顺受,尽人力以听天命。不作其他远虑,一年来尚能自得其乐,而身体因此转健也。两江师范开课已两月,一切从新做起,形似春晖、立达,精神则非昔比。盖时地不同,不可同年而语也。彬然兄在此共事,我等尸位而已,于教育愧未能有所贡献耳。子渊先生逝世,五千里外未能致奠,心甚慊然。唯默祝其能往生乐土。南方动乱又起,此间能安居否,全无把握。浙大在宜山,马一浮先生来书,云郑晓沧有相邀之意,然桂师未便遽去,宜山地点并不胜于桂林,一时无意他迁也。附告,敬请崇安。

15 日 夜与唐坚吾、金兆梓、章锡琛、王伯祥、方光焘、严良才、谭廉逊、张世禄、王鞠侯在马上侯举行二元会。

王伯祥日记载:"谈次,偶及各人生肖,在坐者适有一龙(坚吾),二牛(雪村、子敦),三狗(丐尊、曙先、良才),四虎(廉逊、福崇、鞠侯及予),因轮流举觞,不觉多饮。"

16 日 《怀晚晴老人》刊《众生》半月刊第 2 卷第 5 号;另刊 1941 年 2 月《觉音》第 20—21 期;1943 年 3 月《半月文萃》第 1 卷第 9—10 期(按:因弘一法师于 1942 年 10 月 13 日圆寂,文再刊有所改动)。

18 日 午间与章锡琛、章锡珊、王伯祥在拉都坊章育文寓所聚餐。

20 日 散馆后与王伯祥、章锡琛、徐调孚、方光焘在永兴昌小饮。七时三刻归。

同日 弘一法师致信,言近已返泉州,拟在承天寺过冬。

24 日 夜与谭廉逊、王伯祥、章锡琛、方光焘、傅东华、张世禄在金兆梓寓所聚餐。十一时散归。

27 日 夜与邵曾祺、郑振铎、王伯祥、严景耀、章锡琛、徐调孚在同宝泰聚饮。八时许散归。

29 日 楼适夷自香港返沪,来访。夜与楼适夷、王伯祥、章锡琛同饮于永兴昌,八时许散归。

30 日 散馆后与范洗人、王伯祥、章锡琛、楼适夷、郑振铎小饮于永兴昌。八时许归。

31 日 王伯祥日记载:

> 下午商定新年放假及调整薪给等事,出布告四通。自明年一月起,薪水可以提高两折,而膳食则须自理。放假:门市、货房放三天,余下半天移用于春节;其他部份只放一天,余下三天全移春节云。夜,公司备酒两席,总部人员团聚吃年夜饭。本为元旦聚餐,特移前行之耳。抗战后此典久缺,今得复行,诚不胜今昔之感。

本月 与巴金、茅盾、章锡琛、陈抱一、丰子恺为钱君匋重订《装帧画例》。

本年冬 致信刘薰宇,约请完成前在《中学生》连载的《马先生谈算学》,开明将勉力出版。

1939 年(己卯,民国二十八年) 53 岁

▲1 月 21 日至 30 日,国民党五届五中全会在重庆召开,通过《防制异党活动办法》,决定了"溶共、防共、限共、反共"的

方针。

▲2 月 16 日,《文艺战线》月刊在延安创刊,主编周扬。

▲8 月,国民党政府修订《战时图书杂志原稿审查办法》,进一步钳制言论自由。

▲9 月 1 日,德国入侵波兰。3 日,英、法对德宣战。第二次世界大战正式爆发。

1 月

1 日　午后与范洗人赴王伯祥寓所,约同章锡琛、徐调孚为王汉华与卢芷芬做媒。

2 日　胡朴安日记载:"望道来言,与夏丏尊、章雪村、赵景深、魏金枝、张世禄等发起一语文学会,准四日下午六时在青年会九楼二十一号聚谈。余谓语文无问新旧,皆是应用美术,分别不清过去与现在之文体与语体,关于美术者尚多,关于应用可谓绝少。故此事颇为现在之需要。"

3 日　叶圣陶致信开明同人(蜀沪第 3 号),言朱光潜亦来武汉大学任教。

4 日　夜六时与陈望道、章锡琛、胡朴安、魏金枝、张世禄在八仙桥青年会叙餐,讨论语文学会事,定名为中国语文教育学会,以"研究中国语文,改良语文教育"为宗旨。十时散。

8 日　王伯祥日记载:"十时许,丏尊过谈,少顷便去。"

10 日　弘一法师致信,言将于 20 日起在承天寺闭关用功。与陈无我、李圆净所谈及重绘《护生画集》之通讯请代为转达。

21 日　夜与章锡琛、徐调孚、王伯祥赴傅东华、郑振铎之约,客有何炳松、周予同、张世禄、方光焘、王统照。酒后牌九为戏。

同日　叶圣陶致信开明同人(蜀沪第 4 号),言对大学失望之情。

24 日 中国语文教育学会在金城别墅清华同学会举行成立会,选举胡朴安为理事长,陈望道为总干事,胡朴安、陈望道、傅东华、郑振铎、陈鹤琴为常务理事。夏丏尊因事缺席。

29 日 王伯祥日记载:"入夜,洗人自丏尊所来,因与共酌。"

30 日 散馆后与范洗人、王伯祥同饮于永兴昌,八时许归。

31 日 叶圣陶致信(蜀沪第 5 号),言近来满子识见大为长进;善满婚礼当从简。

2 月

4 日 弘一法师致信。"闻浙中交通多阻,明年恐不能来山房也。前浙一师学生石有纪居士,近任安溪县长,曾来谈一次。彼谓若往山房,须由江山绕道。老体颓唐,不胜此长途汽车之劳也。"

6 日 王伯祥日记载:"下午连接上月廿九日晓先两信,告芷芬伤状甚悉,惟设备简陋,养伤甚不适耳。因推论西南现状,痛评村、洗、丏、山之失,言虽过切而殊中肯綮,惜受尽言之难耳。"

9 日 午后四时到公司。散馆后与谭廉逊、唐坚吾、范洗人、王伯祥小饮于马上侯,八时许归。

15 日 下午与章锡琛(自绍兴返沪)谈别后情形。"绍兴被寇机炸十余处,死数百人,而此间绝无闻知,似此封锁新闻亦甚无谓矣。又谈内地办兵役事至为弊薮,贪吏土豪遂得上下其手以鱼肉乡民,甚可愤叹。"散馆后与章锡琛、王伯祥同饮于永兴昌,遇朱慰元、贺翊新,闻知第五中华职业补习学校将开设说书专修班,由朱慰元主持。八时许归。

18 日 叶圣陶致信开明同人(蜀沪第 6 号),告顾颉刚父亲去世。

19日 偕夫人访王伯祥,晤江红蕉夫妇、王潜华夫妇等。

同日 弘一法师致信,言今年为六十之年,拟多写字以结缘;近来身体较前强健,齿力、目力、足力皆佳,惟精神颇呈老态。

20日 午后范洗人、章锡琛、王伯祥来打牌闲谈。夜六时同赴王伯祥寓所小饮,听范洗人谈伪外交部长陈箓被刺杀一事。饮后与范洗人、刘叔琴在章锡琛寓所打牌。

22日 午间孙祖基、王伯祥来访,并邀章锡琛、吴觉农来寓所聚餐。饭后与王伯祥往秀州书社看书,因年假未开,即踱步福煦路、古拔路、亨利路、亚尔培路返寓。

23日 丰子恺日记载:

> 夏丏尊先生来信,言弘一法师已闭关,信由彼转。又言李荣祥居士有出尘之思,前日忽失踪。又言彼一月起已辞开明职,并函圣陶早为其女满子完姻,以了大事,行将赋归去来。友人寄来《众生月刊》数册。翻阅之,见中有夏先生作《怀晚晴老人》一文,述抗战后老人言行之镇静。满子虽未完姻,已随夫入川,受舅姑保护,无异嫁了。今复以此为念,足见夏先生处世审慎,步骤稳健,故若是其多虑也。吾有子女七人,均未成立。但以一双空手,糊口四方。在夏先生视之,直铤而走险者也。设使夏先生与吾易地,则夏先生必积忧成疾,而吾将羽化登仙矣。

27日 王伯祥致信叶圣陶,附夏丏尊笺。散馆后与范洗人、王伯祥、章锡琛、谭廉逊小饮于永兴昌。七时三刻归。

本月 绍兴县抗日自卫委员会改《前线》周刊为旬刊,夏丏尊、孙福熙、郁达夫、章乃焕等51人为特约撰稿人。

3 月

2 日　夜与章锡琛、范洗人、王伯祥、索非、徐调孚以公司名义在聚丰园宴请巴金、林憾庐、陶亢德,王统照陪席。八时散。

3 日　散馆后与范洗人、章锡琛、王伯祥小饮于永兴昌,遇刘廷枚。七时许归。

4 日　下午四时乘坐新北京轮返白马湖。

5 日　丰子恺日记载:"途中于邮局得二信。……其二上海夏先生寄来,内附弘一法师信,言已在漳州闭关,有信由夏先生转,因与寺僧约,只收夏先生信,他信一概退回也。又附李圆净与夏先生信,云即日出家修行,弘一法师提议重写《护生画集》,彼未能担任刊印之事,并将弘一法师提议重写《护生画集》之书寄夏先生,夏先生复以转与我。"

11 日　叶圣陶致信(蜀沪第 7 号),言马一浮将来乐山创设复性书院;丰子恺将往宜山浙江大学就职。

19 日　下午二时老德记汽水厂股份有限公司假座八仙桥青年会九楼召集股东临时会议,商议战后积留事务。议决即行解散办理清算,选任章育文、夏质均、刘升如为清算人,分别进行。

同日　弘一法师致信,言下月尚须在泉州讲经,往永春之期未定。

同期　应夏丏尊之请,弘一法师为开明书店福州路办公处题额"复轩",款"二十八年岁次大辰春仲,晚晴老人题,时年六十"。

22 日　王伯祥日记载:"幼雄来,其女元珍将与陈姓结婚,定廿六日在中社行礼。予与洗、村、调、丏、山、子、庆、曙、琴合送二十元代仪。"

26日 夏夫人偕王伯祥夫人、章锡琛夫人等赴威海卫路中社出席黄幼雄之女婚礼。

28日 王伯祥五十生日。夏夫人受邀往贺。

本月 "为适应当前环境,加紧文化进攻,唤起民众,以求实现全民动员起见",上虞县抗日自卫委员会机关刊物《战鼓》改五日刊为周刊。吕国源、王沧进、叶作舟、戚肖波等 7 人组成编委会,聘请夏丏尊、胡愈之、范寿康、王文川、俞元亮等 30 人为特约撰述人。

4 月

5日 午间返沪,镇海口即被日军封锁。夜与王伯祥、范洗人、章锡琛小饮于永兴昌,八时许散。

同日 叶圣陶致信开明同人(蜀沪第 8 号),言马一浮教以六艺,讲明经术,意在养成"儒家",恐难易天下。

7日 王伯祥日记载:

翻查明史阁部《答清多尔衮书》出处,凡《御批通鉴纲目三编》《御批通鉴辑览》、陈鹤《明纪》、夏燮《明通鉴》、徐鼒《小腆纪年》《小腆纪传》、王灏刻《畿辅丛书》本《史中正公集》皆检得,其中"甚至如玄宗幸蜀,太子即位于灵武,议者疵之,亦未尝不许以行权,幸其光复旧物也"一语皆作"议者疵之",无作"庇之"者。丏尊此次返里,适春晖中学教员有党同伐异之争,有某君选此文,钞作"庇之",遂为对手所撼,喧为口实。某君固丏尊浙一师旧生,因乞援。丏尊出木刻梁绍壬《两般秋雨庵随笔》作证,赫然"庇"字也。乃大矜获,力言于学校当局,"疵"实应"庇",不但梁本可证,且傅会文调,并上文"未尝云云"连带解释之。遂使对手气结,逡巡却去。(按:春晖中学教务主任冯铁生与教员杨亦清因文选错字问题发生争执,杨亦清鼓动学生公然辱骂,致使冯铁生辞职离校,经各方调解无果。参见 4 月 13 日《上虞报》第 828 期《冯铁生启事》。)前晚永兴昌会饮时津津道之,似甚得意,其实英雄欺人,弥盖一时,而对手震其名,乃敛手不敢抗耳。《梁笔》木刻,手头所阙,而坊间翻印劣本亦俱作"疵",岂亦俗手故示微异而转改从他本耶。因发覆如此。

8 日 午间与范洗人、吴仲盐、章锡琛、王伯祥、陈望道小饮于永兴昌。一时三刻散。

13 日 散馆后与王伯祥、范洗人、章锡琛小饮于三泰成,七时散。

16 日 弘一法师致信。"前日已移居永春,距泉州百数十里,为闽南最安稳之地。(山奥幽僻,古称桃源。)明日即往乡间居住。"

18 日 午间与章锡琛、范洗人、吴仲盐、索非、王伯祥以公司名义在聚丰园宴请香港代理人徐少眉,陆高谊、刘季康、黄仲康作陪,陶亢德、徐建堂为不速之客。一时三刻散。

24 日 散馆后与范洗人、章锡琛、王伯祥在永兴昌小饮,七时归。

27 日 叶圣陶致信(蜀沪第 9 号),言日来寓中正做木工,为善、满准备结婚新房;丰子恺已到宜山,而浙大将迁云南建水,一行十余人,进退维谷。

本月 朱光潜著《谈美——给青年的第十三封信》由开明书店发行第七版,夏丏尊为封面题签。

5 月

1 日 上午访王伯祥闲谈。

3 日 夜与范洗人、王伯祥小饮于永兴昌。饮后同返寓所品尝白马湖新茶,并共赏马一浮、费晓楼字画。八时半散。

同日 夏满子婚期定为下月 4 日。

4 日 午间与范洗人、章锡琛、吴仲盐、刘叔琴、索非、王伯祥在华阳楼宴请刘甫琴。

5 日 《中学生》杂志改称《中学生战时半月刊》,在桂林复刊,同时在重庆、昆明两地印行。叶圣陶任社长,王鲁彦、宋云彬、胡愈之、唐锡光、张梓生、傅彬然、贾祖璋、丰子恺为编辑委员。

6 日 散馆后与章锡琛、方光焘、周予同、王伯祥、陈望道、郑振铎在云南路大发食品公司品茶。薄暮各归。

7 日 宋云彬日记载有信致夏丏尊。

9 日 叶圣陶致信(蜀沪第 10 号),言婚期已定,木匠已完工,届日拟请客五六桌,不再行其他仪式;奚今吾曾来访,询及老师近况。

同日 叶圣陶致信章锡琛(蜀沪第 10 号)。"结婚之日,丏翁既将置酒,弟决做半个东道主。上海与嘉定之时差大约为一小时。公等于一点过后执杯,弟当在此间以十二点过后遥遥举杯,敬答盛意。夏师母弗获见其爱女为新娘,当有感触,希望章师母、王师母及诸位师母好言慰之。"

同日 叶圣陶致信王伯祥(蜀沪第 10 号)。"丏翁言其(按:指马一浮)六艺之教为礼、乐、射、御、书、数,而其所教非此六艺也,盖诗、书、礼、乐、易、春秋也。最难通者,谓此六艺可以统摄一切学艺,如文学、艺术统摄于诗、乐,自然科学统摄于易,法制、政治统摄于礼。其实此亦自大之病,仍是一切东西皆备于我,我皆早已有之之观念。试问一切学艺被六艺统摄了,于进德修业、利用厚生又何裨益,恐马先生亦无以对也。"

11 日　夜王伯祥过访,观赏书画。

12 日　散馆后与章锡琛、王伯祥、范洗人小饮于三泰成。七时半归。

13 日　夏满子婚期改为下月 3 日(恐 4 日中午有空袭警报)。

17 日　王伯祥日记载:"丐尊来,询饮兴,以洗有他约而罢。"

18 日　散馆后与章锡琛、范洗人、王伯祥、谭廉逊、陈俊生在民乐园聚饮,谈《开明本国地图》编印事。商定放样费用由开明贴一半,余下半数及修改诸费由谭廉逊、陈俊生负责。七时许归。

21 日　范洗人等来寓所打牌。

24 日　王伯祥日记载:

> 凌晨,雪村登楼告予,仲持及其弟与复社之友某君昨晚均为法捕房逮去,大氐缘发行《续西行漫记》之故。日前本已钞过装钉作,兹乃指名拘人耳。事为媚寇而作,挽回至难,颇为扼腕已。有顷,丐尊至,谓今晨八时已移解公共租界捕房,惟闻仲持有凤疾,托人营救,或可保释,余人则无法可设也。饭后得信,仲持果以医院处方及证书等送验,交保释还矣。

同日　午后三时到公司。致信叶圣陶,言下月 4 日将在上海宴请两家亲友;嘱叶至善撰写《峨嵋游记》;附一信勉励满子。

同日　叶圣陶为夏丐尊索得马一浮手书《凌云寺》一律。

30 日　午间与章锡琛、范洗人、吴仲盐、傅耕莘、王伯祥在同华楼聚餐。

31 日　散馆后与傅耕莘、章锡琛小饮。

6 月

1 日　弘一法师致信。"《护生画集》拟先依旧本影印,仅题字重写,已由佛学书局承印。子恺居士所述之意,拟俟时事安靖再进行可耳。拙书若干纸,稍缓,俟友人入城时寄奉。朽人于前月余,寄居永春山中。"

2 日　作四绝,备题《文心》扉页。

> 夏叶从来文字侣,三年傀屋隔楼居。
>
> 两家儿女称桃李,为系红丝顾与徐。
>
>
> 文心合写费研磋,敢以雕龙拟彦和。
>
> 属稿未成先戏许,愿以墨渖溉丝萝。
>
>
> 添妆本乏珠千斛,贻子何须金满簏。
>
> 却藉一编谋嫁娶,两翁毕竟是书生。
>
>
> 此是艰贞报国时,漫矜比翼与齐眉。
>
> 青庐窗外峨嵋在,雄峻能渝儿女私。

3 日　午间与章锡琛、吴仲盐、方光焘在一品香打牌。

同日　叶圣陶在内地为叶至善、夏满子举办婚宴。

叶圣陶日记载:

> 上午与二官出买花,得苍兰八支,值七角。午刻,叫菜四元,全家与徐伯麟、刘师尚、黄幼卿等同食。饭后,郑若

川、吴安贞来,助满子理妆。三时半,全家至土桥街大世界照相馆,小墨满子合摄一影,全家合摄一影,遂至红十字会。徐伯麟等及方欣安、高晋生、吴子馨诸位皆助我们招待宾客。六时之后,客尽集,遂开宴,凡六席。

4日 在聚丰园设宴,到客周允言、计硕民、沈世璟、孙祖基、郑振铎、赵厚斋、严良才、章育文、邱铭九等百余人。席间大醉,将《文心》分赠诸友。

6日 叶圣陶致信(蜀沪第11号)。

善、满婚期此间颇热闹。地点曰红十字会,会所筑于城上,凭阑则岷江浩浩,凌云、乌尤如列翠屏。客凡六席,弟之同事二席,学生一席,小墨之同学一席,二官之同学一席,此外一席,袁昌英、苏雪林几位女太太。刘南陔、朱孟实、方欣安、贺昌群、李儒勉、陈通伯几位先生皆闹酒,新郎、新娘向不吃酒,居然各吃五六杯。并且闹到我们老夫妇头上,墨林亦饮二三十杯,弟则四十杯以上。醺然矣。晚间,小墨之同学来闹新房,唱歌,说笑,直到十一时始散。大家疲倦矣。……昨日祖璋、彬然来信,意欲请翁作文寄桂,以在老师面前,上书不能不恭敬郑重,遂致执笔迟迟,迄未上达。《中学生》似宜继续其传统,仍多谈一些文章方面的话,翁不妨随时寄一些与之。……浙大将迁黔,子恺只得携老幼随校同行。

7日 致信叶圣陶,详述在沪宴客情形,并附四绝。

9日 弘一法师致信,托代购《四分律行事钞资持记》一部。

15日 叶圣陶致信开明同人(蜀沪第12号),附婚礼合影。

19日 叶圣陶致信(蜀沪第13号),言马一浮与贺昌群办学理念分歧,并附叶至善《峨嵋游记》及和诗四律。

至善满子结婚于乐山,得丏翁寄诗四绝,依韵和之

艰屯翁叹淹孤岛,漂泊我怜尚蜀居。

善满姻缘殊一喜,遥酬杯杓肯徐徐。

合并何年重切磋,中原佳气见时和。

两翁窥镜朱颜在,未欲岩阿披薜萝。

儿贤女好家之富,不数豪华金满籯。

忠厚宅心翁与我,倘酬此愿慰平生。

为道今春四月时,未婚小耦上峨嵋。

荡胸云气没腰雪,避地犹承造物私。

20 日　午后出席董事会,范洗人、章锡琛、孙祖基、朱达君、章育文到会,王伯祥做记录。"通过廿六年、廿七年帐略,战事损失廿二万余,截至廿七年底,以盈余弥补,只亏六万余矣。以今年已过四月情形看之,此六万余或已弥乎。故统察全局,但求现状不再变坏,前途政有希望也。"夜与王伯祥、章锡琛、范洗人、吴仲盐、孙祖基在聚丰园小饮。九时许散。

28 日　散馆后与王伯祥、范洗人、章锡琛、吴仲盐小饮于三泰成。八时许归。

同日　弘一法师致信。"《问答》一册已收到。承询所需,至用感谢。朽人近居普济寺中,所有用款,皆由寺中支付。寺中住持,兼任南洋寺务,故常寄款资来,以助寺用。《画集》缘资五百元,亦其所募集也。"

29 日　叶圣陶日记载:"午后,从满子意,将前此所作和丏翁四绝书于宣纸。她将以与丏翁诗合裱一轴,张于壁间。"

30 日　出席立达学园学生毕业典礼并合影。

月底　应校董事长沈亦云、校长曾季肃之邀，允下学期往私立南屏女子中学（以下简称南屏女中）任教。

> 南屏的学生渐多，班次增加。季肃来与我商，如何添请国文教师？我们先从中学生读物的作者中注意，几篇好的文章可惜有点投少年之机，不敢取。我忽然想起一个人，译《爱的教育》那位夏丏尊先生，却不与相识，知他与开明书局、杭师、白马湖中学都有过关系。杭师与白马湖中学都是有名学校，而我在新中国建设学会教育组看教科书时，甚欣赏开明书局几种出品。我提起夏先生，季肃甚赞成。有一世交孙君与相识，请其前往先容，倘夏先生肯就，由季肃亲往延请。孙君告我："此人看相阑珊而有脾气，不识我个人，而知我家世，可能不答应，勿失望。"孙君去后第一个星期日，季肃正在吾家，夏先生来了，坐下就说："我是什么事亦不想做了，知己之感，无条件答应。"不但出我意料之外，我亦不胜知己之感。①

本月　经夏丏尊帮助，林祝敔编著的《苏联文学的进程》由开明书店出版。

7 月

6 日　叶圣陶致信开明同人（蜀沪第 14 号），推敲《和丏翁四绝》用词，并邀夏丏尊为《中学生》续作"文章偶谈"栏目一类文字。

14 日　散馆后与范洗人、谭廉逊、章锡琛、王伯祥小饮于永

---

①　沈亦云：《南屏十年》，《传记文学》第 11 卷第 4 期，1967 年 10 月。

兴昌。七时许归。

15 日　叶圣陶致信(蜀沪第 15 号)。

> 南屏招邀,翁已允之,最是可慰。闲居易多愁思,有事牵萦,心有所注,销愁良术也。惟入校教课,必不可过存奢望,一学期计算成绩,每不如预期之佳。而无适当之文篇为教材,亦复颇易引起不快。我们固标榜国文教学注重在形式方面,但实际上形式与内容不可分离。历来文篇之内容,皆我们今日思想意念之来源,我们自问思想意念未必全然要得,总希望下一代人能超过我们几步,若悬此标准以求文篇,则殊难其选矣。

16 日　访王伯祥,索观叶圣陶所作《书巢记》。

27 日　午后到公司。散馆后与范洗人、谭廉逊、章锡琛、王伯祥小饮于同华楼,摊费一元五角。七时归。

28 日　散馆后与范洗人、王伯祥在同华楼为吴仲盐返绍省母饯行,饭后与吴仲盐往大罗天看蹦蹦戏。

30 日　王伯祥日记载:"竟日未出,洗人来谈,旋去,过丏尊。"

31 日　散馆后与范洗人、王伯祥、刘叔琴、章锡琛、吴仲盐小饮于永兴昌。

8 月

4 日　弘一法师致信。"信笺稿写奉。刻木板时,乞勿移动其地位(印章亦勿移动)。因字形配合,及笔气连贯处,皆未能变易也。《护生画集》流布,承代谋画,甚感。朽人居深山中,诸事如常。永春及泉漳等处居民,多朝散暮归,唯营夜市,以避机弹,至可愍也。"

同日　叶圣陶日记载:"灯下续讲《孟子》,而航空信至,……又一信为开明诸友所寄,丏、伯、村、洗、调均执笔。……诸人皆言生活昂贵之情形,薪水阶级如此,真将束紧裤带矣。"

6日　叶圣陶致信(蜀沪第16号),言将搬至城外山间居住,与贺昌群毗邻;即往成都参加教师暑期讲习会;祝夏夫人长保健康,弥多愉悦。

9日　晨过王伯祥寓所探视王同华,电约杜克明医师来诊治,即赴公司。午间与陈望道、王伯祥、范洗人、章锡琛小饮于永兴昌。

同日　王伯祥日记载:"今日起,租界戒备加严。公共租界与法租界间,交通殆均遮断,只留外滩、东新桥、虞洽卿路、同孚路等数处缺口,可通车辆及行人,然搜检甚至,并有女检查参与其间也。"

16日　叶圣陶致信开明同人(蜀沪第17号),言昨日访冯月樵,偶遇章锡洲;后日开始讲演,一周后返乐山;读报悉上海物价昂贵,深为悬念。

19日　日军轰炸乐山,叶圣陶家人逃至城外贺昌群居所。

20日　午间与王伯祥、范洗人、方光焘、杨克斋在章锡琛寓所吃面,为其夫人庆生。夜与范洗人、戚叔含、刘叔琴、方光焘等集饮于聚丰园。八时散归。

同日　叶圣陶日记载:

　　入永嘉门,人言车不能再进,遂下车。忽吴安贞来,高声言余家人口均安,已在昌群所,彼正出城往视。余乃大慰,人口均安,身外物尽毁亦无足惜矣。安贞又言昨日轰炸时,彼正在我家,共同逃出。遂别同行诸友,与安贞乘人力车到昌群所,三官、墨林皆在小山上高呼,此景如在梦寐。

上山,见母亲及满子均在蓝君房中,蓝君以自己之卧房让与我家,盛情可感。坐定,听诸人言昨日逃出情形,真所谓间不容发,如早走或迟走几分钟,殆矣。

同日　叶圣陶致信开明同人(蜀沪第18号),通报平安。

22日　散馆后约江红蕉、王伯祥、范洗人在永兴昌聚饮。七时许散归。

24日　叶圣陶致信开明同人(蜀沪第19号)。

31日　午间与章锡琛、范洗人、王伯祥同饮于永兴昌,为章锡琛返绍饯行。

9月

月初　任南屏女中高中国文教师。

就在那时候,我和他同在一个女子中学里教书,而且担任了同样的课程。一有空闲,他便娓娓地讲述他对于中学国文教学的意见。用具体的方法来说明文章的结构和技巧,用归纳的方法来整理出几条写文章的法则。这一点,他颇愿以为毕生努力工作的目标。的确,几年来,讲解国文由抽象的玄理渐渐被引导入实际研究的路,这不能不说是他所倡导的成绩。同时,他又谈起许多计划和理想,但在动荡的时代里,这些计划原是无法实现的,于是跟着谈计划而来的,便是更多的忧虑与愤慨。[①]

1日　王伯祥日记载:"达先归来,携到圣陶乐山上月二十所发信,知全家避城外昌群家,突火而出,幸免于难,屋庐衣服书籍悉付一炬矣。为之慰愤交并。即送丏尊阅看。"

---

①　贾:《念夏丏尊先生》,《新学生》创刊号,1946年5月15日。

4日 午后到公司。散馆后与王统照、范洗人、王伯祥同饮于永兴昌。

6日 下午与方光焘、戚叔含到公司,约同人散馆后聚饮。

8日 散馆后与谭廉逊、陈俊生、范洗人、王伯祥在大世界隔壁羊城酒家为严良才庆生,摊费二元。八时归。

11日 经特区第一法院裁定,老德记汽水厂股份有限公司宣告破产。

12日 散馆后与范洗人、索非、王伯祥在同华楼宴请世界书局汕头分店经理沈用侯,黄仲康作陪。八时许归。

16日 叶圣陶致信(蜀沪第20号),告知满子病情。

20日 午间与范洗人、王伯祥在永兴昌小饮。

21日 王伯祥日记载:"饮后为诸儿授课,而夏师母适至,丏尊属以代为预约之《三朝北盟会编》送来,至感。"

22日 夜与谭廉逊、范洗人、王伯祥及友人胡君在同华楼小饮,摊费一元五角。八时归。

23日 夜与王伯祥在寓所小饮。

26日 夏满子在仁济医院手术。叶圣陶日记载:"满子子宫内生一瘤,左侧输卵管中亦生一瘤,今并左侧卵巢而去之。创口直开,长四寸许,手术经过情形良好,两三天内若无意外,即可逐渐恢复健康云。"

29日 弘一法师致信。"书件附挂号邮奉。以后暇时,拟多写结缘之书幅,俟时局平靖即可邮寄也。承询所需,甚感,现无所需。居深山高峰麓,有如世外桃源,永春亦别名桃源也。"

10 月

1日 叶圣陶致信(蜀沪第22号),详述满子手术经过。

2日 散馆后与范洗人、王伯祥小饮于永兴昌,朱慰元来,邀同席。八时归。

3日 王伯祥日记载:"今晨以硬币百元托丏尊代兑,午后龙文来,竟换得法币二百二十二元。"

4日 夜与严良才、范洗人、王伯祥同饮于茅长顺。八时归。

6日 叶圣陶日记载:"作沪蜀廿三号信,并致丏翁一书,告满子已安然出院。得上海来信,丏、伯、洗、调均执笔。丏翁言余能转境而不为境所移,深致佩意。"

8日 叶圣陶致信开明同人(蜀沪第 24 号),附满子临诊日记。

11日 王伯祥日记载:"芝九送南方(按:即私立南方中学,前身为敬业中学)作文竞赛卷三组来,属予及丏尊、调孚各为复选若干,评定甲乙。丏尊当然不高兴,予与调分任之。约本周内缴还。"

13日 弘一法师致信,言居寺距永春三十余里,与法界寺相似,无刀兵之厄,请勿念。

18日 午间与王伯祥、范洗人往永兴昌小饮,路遇方仲达。

21日 夜与范洗人、王伯祥、方光焘、严良才在永兴昌品蟹。七时三刻归。

25日 致信叶至善、夏满子。

至善、满子:

你们的信收到了,我们都已安心,望勿再牵挂我们。白马湖那里,今天将你们的来信并阿满日记寄去,叫秋云放心。阿满病后应好好调养,切勿大意。照相固然希望寄来,迟些不妨,切勿冒险上街。上海物价虽贵,大家还是照旧活着,香烟照样抽,老酒照样喝,用不着替我们担忧。沪寓大小平安，白马湖方面据秋云来信，也好，不过小孩们常发疟病而已。此复，祝好。

丏尊　十月廿五日

28日　午间与范洗人、王伯祥小饮于永兴昌。

29日　上午访王伯祥，告知刘叔琴病故消息。

王伯祥日记载：

> 有顷，丏尊来，谓顷得宝隆医院报，叔琴已于今晨逝世矣。叔琴患肠瘤，卧疾已两月，上星期一送院待割治，竟以体弱不胜，未及疗而逝，伤哉！十一时，绍先、丏尊去，独坐默念，感喟弥至。三时，丏尊家刘妈来，出白布盈丈，谓叔琴三女属为撰联挽其父，并代写。予素不能书，而情不能已，乃为拟一联云："百丈灵椿遽凋，疾首恨无回天术；一门风雅何侘，伤心惟有抢地号。"盖悲叔琴有伯道之遇，而无文姬之可委也。

同日　叶圣陶日记载："接上海信。丏翁知满子安全出院，大慰。"

30日　午后赴大西路白宫殡仪馆吊唁刘叔琴。仪毕，在静安寺西荣康茶室与同人商议善后事。

同日　弘一法师致信。"邵居士父子，各赠写件二纸，共四纸。父名慧是，仍旧。子之法名，曰胜章。前交来四十金，乞送至佛学书局，仍以邵居士之名，附印《地藏菩萨九华垂迹图》。将来出版时，仍交与邵居士。大约得书四册，邮寄不便，乞暂存上海，俟有便人带与邵居士可也。"

11月

1日　午间与范洗人、王伯祥小饮于永兴昌。

455

2 日　夜赴《文学集林》社晚宴,席设傅东华寓所,座有郑振铎、周予同、李健吾、巴金、王统照、范洗人、徐调孚、王伯祥等。九时许散。

9 日　午间与王伯祥、徐调孚、索非在同华楼为卢芷芬自海防返沪接风。

12 日　晨访王伯祥,晤计硕民、严大椿、吴致觉。

13 日　王伯祥日记载:"十一时,洗人、调孚先后至,调云,昨日晤芷芬,已将予意转达,决先择日订婚。近午,偕过丏尊,予与洗人合出五元,属老陈购鸭、蟹,即假丏所饮芷芬、调孚也。饭后,洗等打牌,予乃归。"

同日　傍晚赴八仙桥胡智炎寓所参加其子汤饼会,与王伯祥、范洗人、徐调孚、章达先等同席。九时许归。

14 日　黄炎培致信夏丏尊、章锡琛。

15 日　散馆后与谭廉逊、陈俊生、骆绍先、陶亢德、严良才、沈世璟、范洗人、朱慰元、王伯祥在带钩桥鸿云楼聚会,摊费二元三角。九时许归。

16 日　叶圣陶日记载:"得上海第二十号信,知刘叔琴以肠病逝世,身后萧条,由丏翁倡导,募得二千金遗其家属云。"

17 日　夜与范洗人、王伯祥、徐调孚、顾均正、索非赴周予同会宾楼晚宴,另到郑振铎、方光焘、傅东华、谭廉逊。九时半散归。

24 日　夜偕夫人与章锡琛(自宁波返沪)夫妇、徐调孚夫妇、范洗人等参加卢芷芬、王汉华在聚丰园举行的订婚仪式,亲友共四席。八时许散归。

29 日　夜与王伯祥、范洗人、章锡琛同饮于永兴昌。

本月　为章士佼(章锡珊次子)译著《十五小英雄》作序。序

456

言曰:"原书为法国布诺名著,译者却是依据日本森田思轩的译本重译的。森田氏的译本,是日本最有名的翻译文学之一。日本的少年文学也是受了外来作品的刺激而萌芽发达起来,森田的本书译本,据说就是最初的一个刺激。"此书于12月由激流书店出版。

12 月

3 日　上午十时与开明同人及家属在觉林公祭章锡琛父亲章乾生,由周振甫撰写祭文,王伯祥宣读。祭毕摄影,并聚餐。

4 日　夜与王伯祥、章锡琛、范洗人赴环龙路中国实业银行俱乐部为孙祖基庆生,与孙君毅、汪继之、陈凤鸣等同席。九时许散归。

7 日　致信夏满子。

阿满:

　　　　附来一纸收到。已与杜克明先生谈过,据说未便漫然开方给药,因渠未知你患的是什么病,为何开刀故也。乐山给你开刀的医生,当明白你的病症和一切经过,最好请他开方,如乐山买不出药,则寄方到上海来买可也。据杜医生说,你的病患,大概是子宫尚未收缩复元之故,但子宫为何不收缩,原因不明,所以无法代拟药方。他的话说得很对,还是就近去请教给你开刀的医生吧。在你这封信来到以前,我们总以为你已可复元了,不料还有余波,真讨厌。病既未曾全好,只望好好调养,随时写信来,免得我们记挂。四叔家国文,结婚前就患胃病(胃溃疡),一年以来医药费花了好几千元了,仍旧不愈。据说也要开刀,"剖肚子",平常只是耳朵里听听的,现在居然接连地在自家人身上碰到,可叹可叹。沪寓安好，勿念。祝好。

父　十二月七日

15 日　夜与谭廉逊、陈俊生、骆绍先、王伯祥、范洗人、章锡琛、陶亢德、朱慰元、严良才在二马路老正兴馆举行酒会。七时三刻散。

20 日　夜与陈俊生、严良才、陶亢德、章锡琛、刘季康、范洗人、王伯祥等在谭廉逊寓所聚饮。九时许散。

22 日　午前到公司，邀王伯祥、章锡琛小饮于永兴昌，为范洗人返甬钱行。

31 日　王伯祥日记载："夜六时，全体同人在聚丰园聚餐，丏尊虽到，意兴颇劣，仍不慊于此举之多事与浪费。此老近日言动殊乖常度，殆有心疾矣。八时许席散。"

本年春　将已刊出的《马先生谈算学》稿件寄与刘薰宇。

本年初夏　出席中国语文教育学会会议，与于在春相识。

本年　始与李芳远通信，寄赠《清凉歌集》《中文名歌五十曲》各一册。

1940 年（庚辰，民国二十九年）　54 岁

▲1 月，陕甘宁边区文协代表大会开幕。

▲2 月，陕甘宁边区文化协会主办的《中国文化》月刊在延安创刊。创刊号发表毛泽东《新民主主义论》（当时题为《新民主主义的政治与新民主主义的文化》）。

▲4 月，陈铨、林同济、雷海宗等人在昆明创办《战国策》半月

刊,1941年12月3日又在《大公报》上辟《战国》副刊,"战国策派"形成。

▲8月,日本提出建立"大东亚共荣圈"的侵略计划,妄图以日本为中心,把东南亚和南太平洋的广大地区变成日本的殖民地,建立日本在亚太地区的霸权。

1月

1日 南屏女中举行校庆大会,下午一时半全校师生合影留念。

3日 弘一法师致信。"数月前,曾将退回信件之签条数十纸,交与邮局代办所,代为张贴退回信件,但仁者之信件则在例外。故以前惠书,悉皆收到。此次则为代办所执事者误贴,故未收到,至用歉然。《画集》事,具写致李居士书中,乞披览。"

4日 晨偕夫人、章锡琛夫人、刘叔琴夫人、王伯祥夫人乘车赴康脑脱路世界殡仪馆吊唁徐调孚父亲徐教定。

6日 夜与王伯祥、方光焘、章锡琛在永兴昌小饮,遇严良才。八时散归。

15日 夜与谭廉逊、陈俊生、骆绍先、严良才、王伯祥、章锡琛在同华楼举行酒会。八时散归。

23日 散馆后与王伯祥、方光焘、章锡琛小饮于同华楼。七时许归。

26日 王伯祥日记载:"望道、丏尊来馆,约饮未应。"

2月

4日 上午访王伯祥,晤章锡琛、吴致觉及其女。

6日　朱自清日记载:"访章锡珊,拿来刘大白的《中诗外形律评论》稿本,并寄给夏。"

8日　弘一法师致信,言《四分律行事钞资持记》已收到。附赠手书"身披忍辱甲,手提智慧剑"对联一纸,款"华严经句,庚辰元旦试笔,丏尊居士渊察,一音,时年六十又一"。

19日　下午赴静安寺吊唁徐调孚父亲,晤周予同、郑振铎、吴文祺、方光焘、章锡琛夫妇、王伯祥夫妇等。

24日　夜在舒新城寓所晚餐,受其前妻贺菊瑞之托,请其支付子女生活费用。

28日　夜与范洗人(自宁波返沪)、王伯祥、章锡琛小饮于同华楼,谈别后经历。

29日　王伯祥日记载:"致道始,为弘一募资刻《护生画续集》,受丏尊敦属也。"

本月　应邀为汪馥泉编辑的《学术》第 2 辑《中国文法革新讨论集》撰写《文法偶识》。①

3 月

1日　叶圣陶日记载:"接上海第廿三号信,仅伯祥、雪村、调孚三人执笔。言上海物价大昂,阴历过年均略不点缀。又言丏翁之长子吐血旧疾复发,颇为危殆。"

5日　吴天然在广慈医院病逝。

10日　范洗人来寓所午饭。

26日　叶圣陶日记载:

　　得上海第廿五号信,伯、丏、村、调皆执笔,均详尽。丏

---

① 此文未见报刊登载,待考。

翁言沪居生活昂贵,有回乡或迁居苏杭等沦陷区之意。余意即果离沪,生活亦未必便宜也。村公、调兄述上海一般社会及文化界近况,读之如亲睹。丏翁附来去年年底所摄小影一帧,略见老苍,与前无大异,背面书明"是年五十四岁"。

4 月

2 日 夜与范洗人、王伯祥、章锡琛、方光焘及刘新锐(刘薰宇之兄)小饮于同华楼。"半酣,洗人为子如房屋事向丏尊致不平,颇见争执。"

同日 弘一法师致信。"《画集》题句,前曾托丰居士转请浙大同学分撰。俟稿寄到,朽人即可书写也(朽人精神衰颓,不能构思,故请他人撰句)。"

7 日 王伯祥日记载:"洗人来,有顷过丏尊去。"

10 日 下午四时出席董事会,章育文、孙祖基、朱达君、范洗人、章锡琛到会,王伯祥做记录。"报告帐略,八一三损失居然可以恢复矣。丏提议垫借股息三厘,决俟各处帐单到齐再议。同人薪水问题亦有讨论,当可酌加也。"夜与各董监在泰丰楼聚饮。九时许散归。

14 日 向王伯祥借得《文心雕龙注》一套。

17 日 王伯祥日记载:"接圣陶五日发蜀沪卅四号信,复予廿五号信,并附寄最近照片,因即分致丏尊及红蕉。"

19 日 叶圣陶日记载:"得上海信,丏、洗、伯、调俱执笔。洗翁已自上虞回沪,述其旅程中琐事,濒于险而皆获免,颇有致。丏翁则深以生活困窘为忧。"

20 日 夜与范洗人、王伯祥、章锡琛聚饮于谭廉逊寓所,九时归。

21日　王伯祥日记载：

丏尊赠予孙智敏父遗著《说文解字汇纂》例目一册，后附引用书目。谓"稿成六百卷，五十年前付鸿宝斋石印，书未出而其父逝世，稿本即为主事者沈祖燕秘匿，展转不明，遂无着落。嗣后丁福保辑印《诂林》，初布样本之引用书目曾列《汇纂》六百卷，注明稿藏沈所，未刊。及后成书，又复删去此书，不著所以。是丁确见此书，颇有掩袭之嫌"。予本喜目录，得此殊快，况保此文献，实为它日一重公案之资料乎。

25日　弘一法师致信。"附奉上致丰居士一笺，及佛字二纸，乞于便中附寄去。又致李居士一笺，乞阅毕，便中转交，迟迟无妨也。近问邮局，沪闽之间仍不能寄大包印刷品。前承寄《行事钞资持记》，于元旦晨收到，实为庆幸事也。"

26日　夜与蔡慕晖、周予同、汪馥泉、方光焘、范洗人、章锡琛、王伯祥、徐调孚在泰丰楼为陈望道赴云南饯行。九时许散。

27日　夜方光焘、周予同再为陈望道饯行，夏丏尊、章锡琛、王伯祥作陪。八时许散归。

5 月

5日　晨过王伯祥寓所，翻阅书籍，并借《古列女传》一册及《亭林集》四册。

7日　夜与王伯祥、范洗人、章锡琛、章育文在同华楼为吴仲盐接风洗尘，摊费三元。九时归。

8日　王伯祥日记载："为丏尊查'日食不葬'出处，于《读礼通考》中检得之，出《礼记·曾子问》。"

9日　夜与王伯祥、范洗人、章锡琛、吴仲盐、章育文小饮于同华楼。九时许散。

18 日　叶圣陶致信开明同人（蜀沪第 37 号）。

25 日　叶圣陶日记载："得上海第卅号信，丐、伯、洗、村、调均执笔，皆甚详，读之颇慰。"

28 日　夜章育文在同华楼宴请吴仲盐，夏丐尊、范洗人、章锡琛、王伯祥作陪。八时许散。

6 月

8 日　午间与范洗人、王伯祥、章锡琛小饮于永兴昌。

王伯祥日记载："丐老悖益甚，语言无味，时时盛气轹人，予不能耐，颇与钉嘴。"

27 日　散馆后与范洗人、王伯祥、章锡琛、徐调孚、索非赴知味观为巴金钱行，李尧林（巴金三哥）、郑振铎作陪。七时许归。

7 月

3 日　夜与方光焘、章锡琛、王伯祥长谈。方光焘将往福建永安研究所任职。

13 日　叶圣陶日记载："得上海来信，知丐翁长子近又发病，气喘脚肿，每日发烧，老肺病到此地步，恐非佳兆。丐翁自吉子逝世，家境连年不顺利，老岁遇之，益难堪矣。"

14 日　长子夏采文病殁。全家在延平路西松阳殡舍料理后事。下午王伯祥、徐调孚等前来慰问。

19 日　致信夏满子。

阿满：

　　文已于本月十四日（旧历六月十日）上午七时三刻去世。当日成殓。秋云辛苦冒暑赶来，因有飓风，轮船停开，在宁波多担阁了二夜，赶到上海，已是文成殓之次日。亲友都倍增难堪。秋云自己之酸心，不必说了。她因路上劳苦，到沪后即病，发热两天，现已能进粥。可是浙东又忽吃紧，镇海被封锁，今日且有不稳消息，她不放心小孩及老母，为之寝食不甘。我只能好言相慰，但望其能自己譬解而已。自文病以来，差不多已经半年，最近一个月中，全家愁苦尤甚。至今总算告了一个段落。此次丧费共用去五百余元，连医药费已将千元。五七尚要做佛事一场，此外想不再点缀矣。母亲作了好几个月的看护，人已瘦了许多，这次秋云赶到，又增加伤感不少。我虽烦恼，尚能自持，你可放心。文逝世时，我曾在床边为他念佛，近日亦每晨念经，藉作回向。你得此报道，当然难过，但切不可粘着不散，去的已经去了，活着的还是非活着不可。只管难过，毫无用处。至嘱至嘱。祝好。

　　　　　　　　丙　七月十九日下午

　　文逝世时尚安宁，天明后母亲去看他，他尚举手叫母亲扶他坐起。洗面后，吸香烟一支。喝茶，自言吃力，仍叫母亲扶他睡下，再吸香烟一支，吸剩的烟蒂，还能自己掷入痰盂中。不过手已震得很厉害了。母亲坐在旁边看他，忽然觉得呼吸有些异样，叫我去看，我去时已在抽大气了。不一刻就断气。

25日　黄炎培致信。

本月　与叶圣陶合编的《初中国文教本》第三册由开明书店出版。

8 月

16 日　在静安寺为长子设灵。章锡琛、范洗人、张沛霖、顾均正、徐调孚、朱子如、金韵锵、郑振铎、周予同、方光焘、吴文祺、顾惠民、王伯祥夫妇等来吊唁。

22 日　致信夏满子、叶至善。

> 阿满、至善：
>
> 　　阿文明日六七了。我每日在替他念经，母亲也在念佛（头七《弥陀》，二七《观音普门品》，三七《金刚》，四七《药师》，五七《地藏》，六七《遗教》，七七《普贤行愿》）。五七曾在静安寺做佛事一次，总算带开吊。客人倒也有六桌，计费二百元。送来份子已够开销。江红蕉先生也来亲吊。重庆每日被炸，但愿你们那里平安。上海生活昂贵如故，据各处来的人说，还算上海物价最廉。秋云亦说白马湖比上海物价贵。如此看来，暂时只好住在上海了。但不知住到何日始了。此复，祝好。
>
> 　　　　　　　　　　　　　　　　　丙　廿二日晨

同日　叶圣陶致信开明同人（蜀沪第 41 号）。

23 日　王伯祥致信孙祖基，为夏丏尊催舍《续护生画集》印资。

27 日　南屏女中学生赠合制长衫一件，为教师节献礼。

28 日　叶圣陶日记载："收到上海寄来书一包，皆余与丏翁所作关于国文之作。有雪村校注之《助字辨略》一册，甚便应用。"

31 日　下午四时出席董事会，朱达君、孙祖基、何五良、章育文、范洗人、章锡琛到会，王伯祥做记录。"在沪董监除马荫良外齐集矣,数年来无此巧遇也。通过三年并结(廿六、廿七、廿八三年度帐一并结算,尽年终办理完结)及借支股息四厘。"夜与王伯祥、章锡琛、章育文在王宝和小饮。七时许归。

9 月

12 日 夜与章锡琛、范洗人、徐调孚、王伯祥以公司名义在聚丰园宴请钱穆、赵万里、吕思勉、施蛰存、郑振铎、周予同。九时散归。

同日 叶圣陶日记载:"傍晚得丏翁信。丏翁于其长子逝世后,每七诵经一种;方读过冯友兰之新著三种,以《新理学》为最好,其他两种皆有说教味;而今日向人说教,实为多事。从字里行间察其意兴,似尚不坏。"

14 日 致信叶至善、夏满子。

至善、满子:

八月廿二发附函,及廿八发函,均收到。你们已都以生活艰难为忧,足见时势真艰难了。我有一句老话告诉你们,叫做"知难不难"。知写字之难者,是会写字的人,知弹琴之难者,是会弹琴的人,知吃饭难者,是能吃饭的人。少爷小姐不能稼穑,也就不知稼穑之艰难了。你们知"难",是好的,但望能再多知道些。至善想贩卖奎宁,这恐防不甚可靠。前次的赚钱,是因为有武大校医要受,否则就不能成交。你们不开药铺,奎宁又不能沿门叫卖,货色怎么销售呢? 生意上也有种种的"难",要真会做生意的才能知道。外行人因为不知道,结果必致吃亏。这话你们以为如何? 沪寓安好,一切详秋云复信中。合家照相,准照一张寄给你们,下次信内可附入。此复,祝好。

　　　　　　　　　　　丏　九月十四日

　　阿满有救国公债二百元(四叔送礼)今年上海(中中交)
银行不理付息(共八元),川中银行发付否? 如在川可付息,
下次信中当将息票附寄。

　　同日　夜与谭廉逊、陈俊生、范洗人、骆绍先、章锡琛、□清
臣、方光焘、王伯祥在寓所举行酒会,摊费三元。

　　20 日　裘柱常编辑的《大陆》月刊创刊。夏丏尊为封面
题签。

　　本月　与持松法师、兴慈法师、黄庆澜、丁福保、沈彬翰等发
起,为弘一法师所写经典募资影印流通,"所影印之经典,仍由赞
助人携回赠送,广结善缘,即以此为弘师寿"。

　　本月　与叶圣陶合编的《初中国文教本》第四册由开明书店
出版。

10 月

　　10 日　午间与章锡琛、王伯祥、范洗人、徐调孚赴孙祖基寓
所小饮。饭后纵谈,并观明顾宪成领解闱卷及明季以来诸题跋。

　　同日　为《续护生画集》作序。此书于 11 月由开明书店出
版发行。

　　12 日　弘一法师致信。"兹寄上致子恺居士一笺及写件一
纸,乞便中转寄。又与李圆净居士一笺,乞便中托陈无我居士转
交,迟迟无妨也。"

　　16 日　《弘一法师之出家》刊《佛学半月刊》第 9 卷第 20 号。
此文为应佛学书局之嘱,纪念弘一法师六十岁诞辰所作。

　　25 日　午后到公司。散馆后与范洗人、王伯祥、章锡琛共饮
于永兴昌,摊费二元四角。饮后返公司谈调整薪给各事,九时

许归。

同日 致信夏满子。

阿满：

你所要之衣料，十日前托士信（按：即章士信，章锡琛之
侄，旧立达学园学生）带港，依照来信托华先生转交杨先生
带川。昨接士信自港来函，谓航空公司不肯收受，正寻找华
君本人云。不知此次又会中途遗失否？衣料只三件：绨二
件，布一件。绨为四妈所赠。

我新近曾生过一次小病，发热四日，已好。病为上海流
行之热症，一名"上海热"。不延医吃药，睡了几日就复
元了。

照相尚未照好，本星期中一定去照。沪甬路仍不通，秋
云在沪甚心焦。后海有私路可通，但我们不放心让她走此
险路。只好暂住在上海再说。

家中都好，勿念。

丏尊 廿五日

28日 夜与范洗人、王伯祥、章锡琛、方光焘在傅耕莘寓所
聚饮。

30日 弘一法师致信。"朽人世寿周甲已过。拟自下月中
旬始，至农历明年辛巳除夕止，掩室静修。须俟壬午元旦，乃可
与仁等通信也。"

本月 《平屋随笔》由三通书局出版，内收《命相家》、《谈
吃》、《闻歌有感》、《对了米莱的〈晚钟〉》、《误用的并存和折中》、
《知识阶级的运命》、《一个追忆》、《我之于书》、《试炼》、《〈鸟与文
学〉序》、《义侠行为》（节选自《爱的教育》）、《弟弟的先生》（节选
自《爱的教育》）、《作文的基本态度》等18篇。

本月 入选《中国文化界人物总鉴》。该书由中华法令编印馆发行。

本月 刘薰宇著《马先生谈算学》由开明书店出版。

11月

2日 致信夏满子。

阿满：

　　照相寄给你，照得不好，我尤像一浮尸。秋云仍被阻在沪，居顾震昌舅父处，她给你的信，还是□□□信的。阿龙失业至今，无事可做。章宅秋帆娣妹仍读书。我家已不用娘姨了，因刘妈讨了媳妇，要去管家。米粮太贵，所以刘妈走后一直未雇人。现在已两个月了。沪寓开销只少要每月三百元。房租要七十元（□□□间，一小间），下月又加房租，须八十元。米倒省，六七斗已够。菜蔬总非两元不可。母亲与玉严□□□，阿龙当男厨房，尚能对付过去。四叔仍在做生意，据说不甚得利。今日做生意的亏本者多，情形不比去年。你说想做生意，还是不做为妙。最近绍兴一带有战事，现闻已安定，白马湖虽有信来，都是一月前的事，现在不知怎样了。前带香港之衣料（三件），不知有否带到乐山，甚念。最怕又像前次一样，中途不见，损失□□□。祝好。

　　　　　　　　　　　　　　　　　　丏尊　十一月二日

5日 新加坡《南洋商报》第13版发布文坛消息："山打根中华中学国文科主任郑子瑜氏，前于七七事变前后，尝撰著《陈嘉庚传》，在上海《逸经·宇宙风·西风》非常时期联合旬刊第四期发表，近者郑君以陈先生热心兴学，爱护祖国，其生平事迹，足为青年学子表率，爰将该文整理改作，邮寄上海开明书局编译所所长夏丏尊氏,请其采入中学国文教科书本,经得复函,谓于将来辑集教员参考书及中学国文补充教材时采入云。"

15 日　夜与范洗人、王伯祥、章锡琛、谭廉逊、陈俊生、骆绍先、孙祖基、孙君毅等在大利举行酒会,摊费五元。八时许归。

同日　致信丰子恺。

子恺:

　　十月二十六日发航空函,收到已一星期,牵于校课,今日始写复信,劳盼望矣。关于绘画拙见,蕴藏已久,前函乘兴漫谈,蒙采纳,甚快。委购画帖,便当至坊间一走,购得即寄,乞稍待。鄙意:中国人物画有两种,一是以人物为主的(如仕女,如钟进士,佛像等),一是以人物为副的(如山水画中之人物),前者须有画题,少见有漫然作一人物者,后者只是点缀。其实二者之外尚可有第三种方式,就是背景与人物并重。此种人物,比第一种可潦草些(不必过于讲究面貌与衣褶),比第二种须工整些(眼睛不能只是一点)。第一种人物画,工夫不易,出路亦少(除仕女外,佛像三星而已)。第二种是山水画。为君计,似以从第三种入手为宜。第三种人物画,是有背景之人物,人物与背景工力相等,背景情形颇复杂,山水、竹石、房屋、树木,因了画题一切都有。大致以自然风景为最主要。由此出发,则背景与人物双方并重,将来发展为山水,为人物,都极便当。君于漫画已有素养,作风稍变(改成国画风),即可成像样之作品。暂时试以此种画为目标如何? 闻画家言,"枯木竹石"为山水画之初步,亦最难工,人物背景,似宜以"枯木竹石"为学习入手也。将来代选画帖,拟顾到此点。由漫画初改国画,纯粹人物与纯粹山水,一时恐难成就(大幅更甚),如作人物背景并重之画，虽大幅当亦不难。且出路亦大，可悬诸富人之厅堂，不比漫画之仅能作小幅，十九以锌版印在书报中也。画佛千幅，志愿殊胜。募缘启事，当代为宣传。仆愿得一地藏像。今夏读《地藏本愿经》，有感于此菩萨之慈悲，愿设像供养（尺许小幅），迟早不妨。《续护生画集》已付印，月底可出书。沪地尚可安居，惟物价仍高昂不已。米每石七十余元，青菜一角五至二角，肉二元余。舍下五人每月开销须三百元以上。娘姨已不用。薪水本来无几，凑以版税，不足则借贷支撑。浙东不通如故，欲归不得，在上海恐活不下去，只好不去想他，得过且过再说矣。烟酒瓶花，结习未除，三者每日约耗一元（一人）。酒每餐饮一玻璃杯，烟已吸至平常不吸之劣牌子，花瓶无一存者，以瓦茶壶插花供案头，菊花已过，水仙新起，此信即在水仙花下写者。率复祝好。

丙尊　十一月十五日夜半

16日　王伯祥赠《左传读本》一册。下午四时出席战后第十三次董事会，章锡琛、范洗人、朱达君、孙祖基到会，王伯祥做记录。"讨论决定者：一，三年并结草帐通过，即据以呈报。二，重心内迁，俟必要时再讨论。三，薪给调整，自明年一月起，照加三成，月贴仍旧。四，年终奖金，拟两个月薪水数，俟届时酌定。"夜在大利聚餐，列席董监外，到徐调孚、朱子如、章士敫、王清华、何五良、孙宗瀛（孙祖基之女）等。八时许散。

22日　夜与范洗人、章锡琛、王伯祥、徐调孚、索非、顾均正、章士义、郑振铎、方光焘、周予同在聚丰园聚饮。八时许散归。

12月

6日　夜与周予同、郑振铎、王鞠侯、屠思聪、方光焘、王伯祥、范洗人、徐调孚、章锡琛等在复轩为胡仲持赴香港（晤胡愈之）饯行，摊费五元。八时许散归。

14 日　叶圣陶日记载："得彬然、云彬信。言愈之往南洋发展新闻事业，文化供应社主任一职，欲拉余任之。余即复之，言离川之桂，事实上不可能；他们亦有意拉丐翁，如拉得动，最为适当也。"

18 日　叶圣陶日记载："得上海第三十七号信。丐翁近颇看佛书，似欲于此求得心之安定者。"

22 日　晨九时与章锡琛、范洗人访王伯祥，商谈公司人事问题。午间在王伯祥寓所聚饮。

31 日　夜与全体在沪开明同人在聚丰园聚餐，另到孙祖基、章育文、王同华。八时许散归。

本月　侨务委员会顾问梁彦明为《觉音》杂志"弘一法师六十纪念专刊"篆书祝词："好个夏丐尊，导公做和尚。佛法扬宗风，大乘超至上。花甲一周轮，祝师寿无量。"

本年　与沈亦云合作教授南屏女中高三国文、国学入门课程。

1941 年(辛巳，民国三十年)　55 岁

▲1 月，上海米价自月初起日高，市面涨风特炽，米价成为市民关注的焦点。是月，"皖南事变"发生。

▲2 月中旬，上海天气奇寒甚于隆冬，千余饥民冻毙街头。

▲3 月初，米煤及日用品价格飞涨，民不聊生，各业工潮迭起。

▲5 月 16 日,《解放日报》在延安创刊。9 月 16 日开始辟《文艺》副刊。

▲12 月 8 日,日本发动"太平洋战争"。9 日,中国国民政府对日、德、意宣战。是日,侵沪日军占领了上海公共租界,上海的"孤岛"局面结束,上海完全处于日军的控制之中。

1 月

11 日 夜与方光焘、章锡琛、范洗人小饮。

17 日 夜王伯祥、戚叔含、周淦卿、方光焘、章锡琛等来寓所聚餐,饭后打牌。

18 日 夜与方光焘、裘梦痕、赵厚斋、骆绍先、黄涵秋等在章锡琛寓所聚饮。七时散。

同日 叶圣陶致信开明同人(蜀沪第 47 号),告将迁成都。

24 日 致信叶至善、夏满子。

小墨、阿满:

　　小墨一月十四日的信,阿满前次附来的信都收到了。家暂时不搬,也好。我觉得乐山比成都要安全些。小墨就职问题,只好胡乱决定,不必过于打算周到。现在当已决定了。我觉得将来的事,不能用现在的眼光来判断,甚么全靠自己的努力和机缘。本身的不堕落,求进取,是成功的基本条件,此外用不着太认真。未来有甚么变化,甚么机会,是目前不能豫言的。上海生活有涨无退。本年过年不办年夜饭,十六日为我们老夫妇结婚纪念(卅八年)倒费了数十元吃过一顿,就算年夜饭了。阿满生日往年都吃面的,今年居然忘记,没有吃。母亲明年六十岁,生日是旧历六月十二。你们送什么礼,可豫为打算。由香港转的包裹,似乎尚未收到，以后怕带东西了。故乡交通仍断，信来要一二个月。闻物价比上海还贵，米也要百元光景。秋云久居在此，要回去非冒险走海路不可，只好再看情形。昨日整理东西，发现"善满居"横额一幅（弘一师书，曾有同样二纸，一纸在苏州）。俟你们迁居与否决定了，再揭下来寄给你们（已裱好，故寄时须揭下）。沪寓大小均安好，生活虽昂，但并不过于节省刻苦，每月开销要三百元以上。如是生涯，能再过多少时日，实是问题。上海今年不冷，往常我喜装火钵，今木炭贵至每篓十余元，已废弃此习惯。因天气温和也不觉难过。昨和母亲在四叔处吃年夜饭，他们一切照旧。章家爹近来在外国人的工厂办事，颇得意。秋帆生过白喉已愈，育武之孤女倒因此夭折（四岁），白喉血清要五六十元卖一针，他家此次费了二三百元。今日是年廿七，此信到你们手里，当在元宵。祝好。

丏　一月廿四日

28日　上午与章锡琛、王伯祥长谈，晤朱健安。

31日　下午叶圣陶全家抵达成都。

2 月

2日　午间与范洗人、屠思聪在王伯祥寓所小饮，饮后长谈。

3日　午间与王伯祥、方光焘、范洗人小饮于同华楼。下午四时郑振铎、陈乃乾来公司，商《师石山房读书志》印行事。

4日　朱自清日记载："上午到开明访圣陶，但他家已搬到新西门外王家岗，于是又赶到那里。看了他的住房，并与夏满子以外的许多人相见。"

9日　叶圣陶致信开明同人（蜀沪第48号），详述搬迁情形。

18 日　叶圣陶日记载:"丏翁来信较平时为详,云近除任学校功课以外,且有走从之学生数人。"

20 日　叶圣陶致信开明同人(蜀沪第 49 号)。

21 日　致信夏满子。

阿满:

　　年内得本埠转寄一信,曾作复寄乐山,不料你们已迁成都了。我今年仍教书,薪水加二成,得一百廿元,另外又收了三个学生(每周上门来二次)得卅元。每个月共百五十元,这数目虽小,在战后要算破纪录了。上海生活费用越高,大家在束紧了裤带过日子。故乡米价据阿弘来信已涨至百四十元一石,真足惊恐,饿死者不知将有多少人。阿龙在市场上学做"抢帽子"生意,经验未足,无大把握。据说零用可以出产的。我也管不得许多,只好让他去瞎碰。秋云仍被阻在此,有机会时想冒险飘海回去,也只好再看情形。母亲今年六十岁了,天气好时,当出去拍一张照相(生日是六月十二),将来一定给你一张。她操作如常,尚能自解。四川米价,传说不一,究竟合市斗每石要多少?上海洋米价八十五六元,本国米百余元。川中闻要二百多元,确否?前回由香港转之包裹,想尚未收到,如果真失去了,又是一件懊恼的事。小墨想已就职,但愿人地相合,工作有兴趣。便时叫他把就职后的情况写来告诉我们。沪寓大小均安好,勿念。祝好。

　　　　　　　　　　　　丏尊　二月廿一日夜

本月　预留三份遗嘱,付与金秋云和夏弘宁、夏龙文、夏满子。

　写付长媳金秋云长孙弘宁:

余先世小康，后虽中落，所承遗产有屋一间，商股数百元，时值可二千元许。及长男采文、次男龙文、长女吉子、次女满子次第成长，余追念先德以笔耕及薪修所得，陆续为各储二千元，至成年婚嫁时分别付与。生计能自立者任其自力，不能自立者互相扶助。家人父子之间有无相通，宛如友朋，行之多年，无闲言焉。今者吉子、采文先后亡故，余亦渐就衰老，更经丧乱，资财事业，耗损行尽。念来日生涯当益艰苦，儿辈容有纠纷，乃依俗例为立记，以征将来。余现有孙男女四人，各补给教育费千元。白马湖平屋永为吉子庄舍，由居住者任祭扫修葺等之事。余今尚以教读自活，所持养老之资无几，他日或有余或竟不足，置之勿论可耳。世相如梦，人生实难，古人有云：我躬不阅，遑恤我后。愿儿辈善自为之而已。

中华民国三十年二月

夏丏尊 时年五十有六

3 月

6 日　叶圣陶日记载："得上海来信，丏、洗、村、伯、调皆执笔。余人兴致皆尚好，唯丏翁总不免有衰飒语。此非劝慰所能为力也。"

9 日　午间在寓所设宴庆夫人六十生辰，杨克斋、范洗人、骆绍先、裘梦痕、方光焘、周淦卿、许志行、徐调孚、□清臣、朱子如夫妇、章锡琛夫妇及王伯祥夫妇前来道贺。

17 日　致信夏满子、叶至善。

阿满、小墨：

　　你们来信都收到。成都前日遭空袭，办事处无电报来，想城内安然无恙也。满来信要我代查开明账目,今嘱开明抄上。除战后版税划到叶先生折上外,旧账"善满居"户下存贰千四百余元。如要支些用用,最好由成都办事处划支。已托范先生关照章雪舟兄,请其照付。成都支百十元,上海付百元,十元算是贴水。成都物价如此之昂,生活当然困苦,小墨既有职,当可补助一臂。凡事只好得过且过,但愿大家身体好。上海开销亦大,我教书所得,不到用途之一半。所幸五月一日有版税可发,可以救济暂时。寓中大小均好,勿念。祝好。

丏 三月十七日下午

同日 散馆后与张德斋、范洗人、王伯祥小饮于富春楼。八时散。

19 日 叶圣陶日记载:"得上海信,丏、村、伯、调皆有长书。"

20 日 致信叶至善,附于 17 日函后。

这次附去所剩的最后一包奎宁粉,现在除了第二次替你买的书跟不能寄的揿钮以外,已没东西存着了。至美的□张待去添印,以后还要些什么,请来信通知。以前,你们要买的,我们寄出的跟你们收到的东西都没有记录,我们真不知道你们是否已全数收到我们寄出的东西,以后我以为不妨将你们要买的跟我们寄出的东西,开列清单编号留底,我们办齐一张单子的东西,就单告诉你们一个号码,你们收到了第几号单子的东西时,也请告诉我们几号单子的东西已经收到,这样比较易查考点,你以为好不好? 香港存着的一包书至今未送出,也无法送出。你们可否请林机师托托华机师,到"香港皇后大道中八十八号时代书店章涤生先生"那里去一取呢? 这里存着的一点书已搁了很久,也得跟你们设法了,但在现在的情形下,真很少路可通呢。纸又满了,只得打住,即颂 俪福!

三十年三月二十日下午

满子至美处不另

24 日 午间到公司,与范洗人、王伯祥小饮于金隆街永茂昌,遇朱慰元,摊费二元三角。

同日起 公司不再提供膳食。

27 日 下午四时出席战后第十四次董事会,范洗人、章锡琛、朱达君、章育文、何五良、孙祖基到会,王伯祥做记录。议决在桂林设立驻外总办事处;重行调整薪给;仍支股息三厘,并补发前三年各三厘。夜与各董监在正兴馆聚饮。七时许散。

30 日 应黄素封、陈育崧之邀,午间赴人和药厂聚餐,座有蒋维乔、秉志、吕思勉等,商谈为新加坡南洋书局编辑《南侨小学教科书》事,被聘为国语算术科编审委员。饭后合影留念。

下旬 广洽法师代表南洋佛教团体参加印光法师荼毗典礼毕来访,谈及弘一法师与丰子恺等近讯。夏丏尊赠其丰子恺所绘《谁言争战地 春色渺难寻 小草生沙袋 慈祥天地心》,题"不见子恺四年于兹,时承寄画相慰。三十年春日,广洽法师南返过沪见访,因出子恺画共观,即以斯幅赠之。子恺此画作于二十七年春日,盖记战乱之实况者,迄今已三年矣。丏尊志"。

4 月

6 日 午后访王伯祥长谈,晤周允言、计硕民。

10 日 王伯祥日记载:

整理薪给事,用通启发表。自四月一日起,凡薪水在五十元以上不满百元者,加生活津贴五成;百元以上不满百五十元者,四成;百五十元以上不满二百元者,三成半;二百元以上者三成。栈司概加二十元。原支月贴仍旧。又布告重定办事时间。自十四日起,门市及庶务、货物人员,每日上午八时至下午六时,星期日下午一时至六时。其他人员,每日上午八时至十二时,下午另时三十分至四时三十分。

5月

1日 午后赴聚丰园出席王清华与章士敫婚礼。

王伯祥日记载:"午后亲友陆续至,至六时,就席。初拟即席宣示婚礼,而道始坚主必有仪式,乃临时设案,由索非赞礼,洗人证婚,调孚夫妇及予与雪村莅席行礼。礼成就坐,凡十六桌,地窄几无以容,殊歉。酬酢至九时许始各归。"

5日 叶圣陶致信开明同人(蜀沪第51号)。

12日 王伯祥日记载:"四时开十五次董事会,到丏尊、洗人、雪村、道始、守宪、五良,通过总办事处组织及办事规程。丏尊书面辞编所职,经众挽留,即转篷,且允接受前存半薪矣。(前托圣陶函劝,复书乃以有洁癖为言,今忽出此,甚奇,岂前所认为不洁者今竟一变而为净财乎!)嗣经提议发还同人战时折扣薪水,议决查明照发。"

同日 夜与各董监及徐调孚、朱子如、索非、顾均正、许志行、王伯祥、骆绍先、方光焘在会宾楼为范洗人等赴香港人员饯行。八时许散。

14日 写书幅"说身无常,不说厌离于身;说身有苦,不说乐于涅槃;说身无我,而说教导众生;说身空寂,不说毕竟寂灭"赠唐弢,款识《维摩诘所说经》句,录请端毅先生正之。三十年春日,夏丏尊"。并附一短笺:"仆素不工书,谬承寄笺相强,惶悚实深，藏拙不得，乃腼然献丑，以应尊命，乞笑而存之可耳。"

同日　叶圣陶日记载："得丏翁书，谓近来穷愁抑郁，几不可耐，庾子山所谓'人间何世'，深味之矣。颇欲去信慰之，然无可为言也。"

15日　夜与谭廉逊、骆绍先、方光焘、章锡琛、王伯祥在同华楼举行酒会，摊费六元。七时散归。

王伯祥日记载："丏尊今晨看雪村，表示接受存薪，并进一步要求照洗、珊例补足余数。公司当无不可，丏遂欣然，故今日之会自动加入，且今后或将续到也。"

22日　叶圣陶致信开明同人（蜀沪第52号）。

23日　午间与章锡琛、王伯祥小饮于永兴昌，摊费二元八角。

6月

1日　邀王伯祥来寓所午饭。

4日　致信夏满子。

阿满：

　　母亲的照片，因修过，似乎太年青了些。但大致差不多。你们送了一笔大礼，应该吃寿酒，至少也应该吃一顿寿面。就托你做主人，在成都代办吧。六月十二那天，多买些菜全家吃一次面，用多少钱，写信来向我要就是（或者向成都办事处取，付我账，由上海划还亦可）。大家都苦闷，借此题目作作乐，也好。阿龙每日跑市场"抢帽子"（做金子一条，或棉纱五包），当日了结，蚀与赚都有，数目不大，约几十元上落。统扯起来，还算不错，他每月（二月份起）贴补家用120元，连自己开销，约须200元一月，跑了三个月市场，尚能过得去。如果能够这样下去，未始不好。玉严下月又要生产了，这几天已用娘姨帮忙，因此开销又要大些。沪寓已须每月用 400 元以上了。白马湖方面消息不通，秋云焦急得要命，想赶回去，听说海道又危险，只好听天由命而已。家中大小都安健，防疫针不打，因百物昂贵（出外小吃须五元才可）。吃饭都在家里，饮食上自能小心也。手帕前次不寄，因航信只能重十公分（以前是二十公分），此次能否附入，也要再看。小墨服务情形如何，很记念。我们一辈都年纪大了，年青的要能站得住才好。夏天已到，当心身体，在这时势，生病更要不得。祝你们好。

　　　　　　丐　六月四日夜半

　　手帕封入又取出，不但超过重量，且恐被查出连信不到。又及。

同日　叶圣陶日记载："得上海信，伯、村、调三人执笔，共言丐翁近已愿受开明之薪，且欲为编辑工作，意兴似有转变，皆为欢快。"

7 日　叶圣陶致信开明同人（蜀沪第 53 号）。

8 日　五十五岁生日。王伯祥、章锡琛、周淦卿、戚叔含、方光焘、杨克斋来寓所道贺。

14 日　夜与谭廉逊、王伯祥、骆绍先、方光焘、杨克斋在章锡琛寓所举行酒会，摊费五元。

18 日　致信夏满子。

阿满：

　　前复一信，想已收到。昨得附来信，知包裹已到达，快慰。白马湖方面据故乡逃难来沪者言，尚安。×兵到时曾在大同医院住过，至百官后，就可出入。上虞各乡镇正为游击队所扰,而白马湖没有,因离百官近,人家又少,觅给养不易也。×兵进来,如入无人之境,亦无枪炮声(宁波绍兴失时亦然),百官为要道,当然被占据了,但战场却未曾做过,可叹可叹。外婆与小孩们闻不逃(其实也不及逃),仍在平屋。以上所说,是半个月前的事,来人如此讲,弘宁也有字条带到,情形亦同。正式函电不通,传闻倒日日可以听到。近来消息不一,秋云因不放心,已冒险回去,今夜动身,有熟人伴往飘海,豫计二三天后可达崧下。飘海本来危险,近来进出只此一路(来去的人不少),也寻常了。她上岸后将逐步探听情形,如不能返平屋,就在崧下小住,必不得已,就带孩子们来沪。且再等消息吧。小墨工厂情形如不好,还是别想方法,资本太小,究竟难办。千元不入股,也好,每月可得利息廿元,似乎太重,不知可靠否?四川利息向来比上海重,近来汇水甚大,据说上海750元可抵四川一千元,如果放账可靠,倒也是一笔生意(将上海之款汇存四川)。上海银行都减息,活期至多四厘而已。母亲生日吃面,前信已有办法告诉你过,想已见到。如便,最好邀朱佩弦先生来吃,他是白马湖的老邻舍,大家话话旧事,是有意义的。阿龙前几个月有开销,本月不大好,不过也不曾亏。内地盗坟之风大盛,女坟被盗者更多,秋凡之母(你姑母)的坟,也被盗了。她殓时并无金饰,真是冤枉。匆匆。祝好。

钊　六月十八日夜

19日　叶圣陶日记载:"案上有丏翁一书,其意似少解,谓将做些笔墨工作,与余将《国文百八课》五、六两册编成。"

30日　弘一法师致信夏丏尊、李圆净,请与范古农、沈彬翰(上海佛学书局经理)、陈无我、朱稣典等共商《护生画集》续篇编印方法。

本月　上虞沦陷。春晖中学停办。

7 月

6 日　叶圣陶日记载:"今日是阴历六月十二日,夏师母六十岁生日,满子受丐翁命,添菜吃面。"

15 日　王伯祥日记载:"散馆后与廉逊偕赴克斋所,参与酒会,至则牌局尚未完,候久乃得食,已失酒会原旨;变质决无趣味,果终局为之不欢。到廉逊、丏尊、克斋父子、雪村、曙先及予,又别一赌友严姓。为食后续赌计,唯恐饮啖不速已,而席间丏、曙复大骂暨南及振铎,实难入耳。以是,草草求罢,即与廉逊引归。"

中下旬　夏龙文女儿夏弘福出生。

26 日　致信叶至善、夏满子。

小墨、满子:

　你们寄来的信早已看到。秋云率儿女三人来沪,已三星期,同来的还有内侄女荣庄。白马湖但留外婆看守。她们动身以前,白马湖未见×兵,只是谣言时起,很不安心,又因下半年无书可读,所以冒险出来。家中突添五人,晚上睡地板,且别说他,米的消费大增,实不得了。孩子们在乡间惯了,言语不懂,学业成绩也与上海不相衔接,入学颇是一件难事。阿弘十六岁了,人比我还长,在春晖据说是三年级,可是程度实差,算学英文两门都不及上海学生。反正再读下去,也无把握,由四叔介绍入钱庄学业,已于今日进店去了。荣庄亦入某药房为包装女工,每日可得工资一元余。中饭在药房吃,贴五角一日,早晚仍由我供食,夜间仍在地板上睡。现正在替弘奕弘琰想入学的法子。玉严生一女,产前即入医院,明日拟出院。这一月来,我的负担奇重,生活也大不舒服。母亲生日曾吃过一顿面,你们费去了多少?上海略请几个前江客人(如晓霞等)费了四十元。本月是闰六月,母亲说是难得的,仍要吃一次面。苦中作乐而已。小墨服务不因无望而即他去,态度可嘉。近来工作有改进否?前途如真无希望,亦只好改变方向。但不知已有可取之方向否?便中来信提及。祝好。

　　　　　　　　　　　　　丏　七月廿六日

27 日　日军轰炸成都。

30 日　致信广洽法师。

广洽法师座右:

　　惠书并音公画像照片早收到,题跋准当写寄。近因故乡沦陷,家人皆避难来沪,挤居一室,甚为不宁,乞稍待为幸。音公近在泉州结夏安居,旬日前由性常师转来一函,耿耿于护生画三四五六四集之筹备,谓体力日衰,亟思豫为办妥,以完夙愿,嘱登报征绘画题材,俾得速成。鄙人正与李圆净居士等计议此事,征求题材之启事,准于八月一日出版之《佛学半月刊》上先行登出,乞留意斯事,恐不能仅恃来稿。吾师如有高见,亦乞不吝赐教也。此复,即颂 道安。

　　　　　　　　　　　　夏丏尊　七月卅日

　　全体篇幅甚多,第三集须七十幅,第四集八十幅,第五集九十幅,第六集一百幅。

8 月

15 日　王伯祥日记载:“是夕本有酒会,以畏见丏、曙之使酒骂坐,托故辞去。”

17 日　叶圣陶日记载:"城中人来,带来昌群自马边来信,及上海丏、村、伯、调四人之信。"

同日　叶圣陶致信开明同人(蜀沪第 57 号),因日本与英美冲突升级,建议开明全部内移。

19 日　弘一法师致信,言"护生画材"征集期限宜再展缓两月;《护生画集》续编事甚为重要,乞尽力辅助。

中旬　夏满子腹部不适。

本月　春晖中学暂迁至虞南泰岳寺。徐如愿任校长。

9 月

17 日　叶圣陶日记载:"医生诊断,谓其子宫外确有瘤,且似有两个,而又有妊娠现象,非剖腹割治不可。"

18 日　叶圣陶致信(蜀沪第 59 号),告满子病状,并约手术后三四日发电报告知情形。

22 日　夏满子在董秉奇医生处手术。叶圣陶日记载:"董医之手段甚敏捷,一点钟即毕事。据言腹中并非瘤,按着之块系子宫及其中之胎儿。上次割治断一韧带,未接好,致子宫移位,若不治,将来胎儿长大时颇危险。今为接好,即无事矣。"

10 月

1 日　叶至善发来电报,告满子已病愈。

3 日　午间与王伯祥、章锡琛小饮于永兴昌。

4 日　午间与同人在公司庆祝中秋兼长沙大捷,摊费三元五角。

16 日　叶圣陶致信开明同人(蜀沪第 61 号)。

同日　叶圣陶日记载:"上海来五十四号信,丏翁接余前信并电,虽不至惊惶,仍觉系念不安。"

19 日　叶圣陶致信开明同人(蜀沪第 62 号),告近状,言消瘦殊甚,形貌憔悴。

中旬　刘龙光主编的《人生》月刊举办中学组征文,题为《梦见孔子》,聘请夏丏尊、严谔声为评委。12 月 5 日截止。①

24 日　叶圣陶日记载:"得上海信,伯翁、丏翁二人执笔,皆谈琐事。"

25 日　致信夏满子。

阿满:

　　十五日来信昨日收到,知你已复元,全家快慰。

　　照片已交阿龙去晒,成后即寄。

　　上海这十日来,物价暴腾。黄金已至一千九百元一两,每日要涨一百数十元。因之米煤等日用品均被带起,过日子将更困难了。家中大小均安,佣人不雇。秋云工作得最辛苦。白马湖方面只留外婆一人,消息不常有。闻上虞境内近日很不安静,颇记挂她。小墨改业以后,工作情形如何,便中叫他写封信来。前汇五百元(上海钞),连第一次五百元,想都收到了。祝好。

　　　　　　　　　　　　　　　　　　　丏尊　十月廿五日

圣翁均此致候

30 日　委托王伯祥复选南屏女中作文竞赛文卷。

---

① 广告载《人生》第 3 期封底。

11 月

2 日　晨十时王伯祥送还评级后的作文卷。

同日　《谈小品文》刊《中央日报（永安）·星期综合版》第 65 期。文中论述了五条阅读小品文对写作的增益。

8 日　致信叶至善、夏满子。

小墨、满子：

　　小墨来信昨日收到。满已大体复元，甚慰。

　　此间物价狂涨，金价曾高至 2300 元一两。满子有一双订婚镯子存在我处，我已替她换了钱了。计重九成金八钱余，合纯金七钱光景，卖了一千五百四十六元。恰好，有一家药厂在招股（人和药厂，经理为黄素封，章志青任技师，资本四十万元），我替她投入了一千元（用善满居名义），其零数 546 元交开明汇蓉（下周汇出），可备不时之需。据我记得，当年订婚时，此镯子连同戒指一只，只化了百元光景，现在有股票千元，还有现款 546 元可用，太值得了。悔不当时多买些金子。人和药厂开办不久，生意才做起，据说原料很赚钱，前途颇有希望。这千元股票就作你们结亲的记念罢。

　　生活压迫日重，母亲近来时有小病，入夏以后伤风多次，最近半月中又患风湿痛，脚上觉酸，至晚浮肿。病名"留麻揭斯"，是老年常见的。现经志青诊治，觉稍好。大致无甚重要，不必挂念。

　　圣翁身体不好，甚以为念。最好能加些营养，少劳苦些。祝好。

丙尊　十一月八日

15 日　夜与骆绍先、陈俊生、方光焘、□云先、戚叔含、王伯祥、章锡琛、周淦卿在公司举行酒会,摊费八元余。八时许散,与王伯祥、方光焘、戚叔含往八仙桥蹓步。

16日　王伯祥日记载:"九时,过丏尊,晤叔含,出梦九所赠青田牛角冻石一方属为一璆。旋与丏、含同至亚尔培路古林一观书画、印谱、骨董、菊花等,移时乃归。"

19日　叶圣陶日记载:"得顾诗灵、李儒勉、马文珍,及上海丏、伯、村、调诸公之信。"

27日　叶圣陶日记载:"又得伯祥、丏翁书及叔湘书。"

28日　夜赴南洋书局经理林中杏聚丰园晚宴,座有蒋维乔、李仲民、黄素封、秉志、杨宽正等。

30日　叶圣陶致信开明同人(蜀沪第63号)。

12 月

1日　叶圣陶致信开明同人(蜀沪第64号),委托开明出版四川教育科学馆《四川文物小丛书》。

4日　应江红蕉夫妇招请,夜偕夫人在甘世东路北口大同福菜馆吃寿面,遇王伯祥夫妇。

8日　日军入侵上海租界。据王伯祥日记载:

至九时,日军即开入苏州河南,分别占领英、美商公私产业,一时形势甚紧,但对华人甚客气,声言力维秩序,(不违反日军意旨均得一体保护云。)确保治安。余等照常办事,恐各处同人悬念,拟电总处及香港告安,迄未能发出,惟有闷待而已。……午后闻同业皆拟缩短办事时间,开明亦定于即时起每日上午迟开半小时,下午早收半小时。

10日　午间与王伯祥、章锡琛小饮于谦豫,摊费五元。

11日　下午出席董事会,章锡琛、朱达君、孙祖基、章育文、何五良到会,王伯祥做记录。对分析局势无甚结果,暂定会计人员转移至章育文寓所办公。

14 日 午间与王伯祥、章锡琛略谈。

24 日 弘一法师致信。"战事纷起,沪上尚平安否?为念。画材数则附奉上,以备采择。以后倘有他处赠与朽人资财者,乞代辞谢,因现不需用也。"

26 日 开明、中华、商务、良友、世界、生活、光明、大东等8所书局遭日方查封,各存书、出版印刷设施均被收走。

1942 年(壬午,民国三十一年) 56 岁

▲1 月 1 日,中、美、英、苏四国领衔,二十六个国家签名之《联合国家共同宣言》发表,世界反法西斯同盟正式形成。

▲1 月 20 日,日军侵入租界后,实行驱赶华人的政策,六十万上海市民被迫返乡。

▲4 月 3 日,中共中央宣传部发出关于讨论毛泽东整顿三风报告的决定,成为延安整风运动开始的标志。

▲5 月 2 日至 23 日,延安文艺座谈会召开。毛泽东作《在延安文艺座谈会上的讲话》。1943 年 10 月 19 日《讲话》全文在《解放日报》发表。

▲本年,奥斯特洛夫斯基的自传体小说《钢铁是怎样炼成的》中译本由上海新知书店出版发行,译者是中共地下党员梅益。

1 月

25 日 开明等书局恢复营业。

2 月

1 日 叶圣陶日记载:"得洗翁自桂林来信,言尚未得上海村、伯诸人手书,但从他方得知开明确被敌人封闭。翁希望能有二三中坚人物来内地,为开明谋复兴,与余所思正同。"

4 日 叶圣陶致信王伯祥(蜀沪第 65 号),询问上海亲友情况。

15 日 王伯祥日记载:"饭后红蕉过谈,丏尊来。"

16 日 午后访王伯祥。

19 日 上午到公司。午间与方光焘、戚叔含、陈麟瑞、章锡琛小饮于永兴昌,谈编纂英文字典事。午后同赴陈麟瑞寓所打牌。

20 日 王伯祥日记载:"雪村告余,编英文字典事已与曙先等谈出头绪矣。"

21 日 王伯祥日记载:"到店门,门口横陈一尸,首东足西,状甚可怖。盖昨夜过一病丏,晓来倒毙者。虽经通知捕房及善堂请求收殓,初无影响,直至下午三时始收去,亦见近日市政之一斑矣。午前丏尊来店,适见此尸,大呼'元宝'不置。岂深恶之而转讨吉利之词乎。"

27 日 夜与王伯祥、章锡琛长谈。① 九时各归。

同日 叶圣陶日记载："得上海信，为第六十一号。知未达之书有三四通，而余所寄信，亦有两通遗失。或者迟些日子均可送达也。开明诸友均安，丏尊仍教书，红蕉家已与伯祥同居，我妹于下月间又将做产。开明将收去门市，专营批发。店被封几个月，今已开业。店中尚有二十余人，无他事可为，丏翁谓拟合做字典。此事若能完成，亦有意思也。"

28 日 夜与章锡琛访王伯祥，九时半归。

3 月

1 日 午间与陈麟瑞、王伯祥、章锡琛、徐调孚、曹孝萱等在公司为戚叔含、方光焘、王鞠侯、周予同饯行。

5 日 王伯祥日记载："丏尊来，无因而至，大倾牢愁，令人莫名其妙。"

6 日 叶圣陶致信开明同人（蜀沪第 66 号）。

12 日 王伯祥日记载："工部局布告，三月十四日起杜米（按：本地所产，不从商贩而来的米）不准运入，以是负贩居奇，斗米遽涨至八十四元，诚何居心不可知，日邻饿乡则从可推矣。丏尊尤愁叹，一日中连来数次，均呼'饿死'云。雪村作诗宽之曰：'饿死元知事可伤，而今饿死亦寻常。饿莩载道乾坤沸，我独何人避饿乡。'余戏谓之'四饿诗'。"

21 日 晨到公司。午间与章锡琛、王伯祥小饮于谦豫，摊费

---

① 或为组织中国联合出版公司事。详见《日本驻华公使田尻和中国五大书局代表会谈记要》，上海市档案馆编《日本帝国主义侵略上海罪行史料汇编》，上海：上海人民山版社，1007 年版。

七元七角。

4 月

4 日　散馆后赴中社骆绍先次子婚礼,与徐调孚、顾均正、骆绍先、陈俊生、陈岳生、□云先、金少梅、章锡琛、王伯祥等同席。

7 日　叶圣陶致信开明同人(蜀沪第 67 号),言颇眷念故乡居宅。

11 日　晨到公司。午间与王统照、章锡琛、王伯祥小饮于永兴昌,摊费七元五角。

16 日　出席战后第十八次董事会。

王伯祥日记载:

下午三时在复轩举行董事会,到丐尊、雪村、道始、五良,决议三十年度股东应借支股利八厘,董监得支特酬,人二千,董长加支一千,余以忝任秘书,亦得一千。并决自四月起,同人加支生活津贴(不满百元者得百分之百,百元以上未满二百元者得百分之九十,二百元以上未满三百元者得百分之八十,三百元以上者得百分之七十。此外月支米贴,人三斗,以工部局标价为升降),所有从前膳食名目即行撤销。

19 日　叶圣陶日记载:"小墨三时后归来报告,言满子于二时产一雄,虽初产,尚不困难。闻之大慰。余早已拟定此儿之名为'三午',缘余生于甲午,小墨生于戊午,而今年为壬午也。父子相去各二十四岁,可为纪念。"

20 日　午间与章锡琛、王伯祥小饮于善元泰,摊费八元。

22 日　夜与章锡琛、王伯祥长谈。

26 日　王伯祥日记载:"饭后丐尊见邀,至则阳生在,以负款事有误会,为解释之,属写一书面与雪村,暂时悬起。"

27 日 晨到公司,与周振甫着手编纂字典。

1941 年,日本侵略军进占上海租界,上海开明书店出版业务暂告停顿。夏先生决定在开明编译所主编《夏氏字典》,指定我作助手。我在夏先生的领导下学习编字典工作,开始对夏先生有了进一步的认识。感到夏先生对待工作和生活充满热情。就编字典说,夏先生不是按照字典一般的编法来编,首先就怎样帮助读者来考虑。读者既要读白话文,也要读文言文,因此这部字典要文白结合。夏先生既要帮助读者从字典里查到不认识的字的音义,还要帮助读者从字典里查到每个字的不同用法。这部字典既是文白结合,又是义用兼顾。这样考虑,恰能说明夏先生抱着满腔热情来对待这个工作。有了这种热情,才有这种想法。

怎样来贯彻这种想法呢?在文言里的一个单字,在白话里往往成了双音词。要文白结合,对一个字作了注释以后,下面举的例证,有白话的,有文言的。后面再来一个复词,在字典里作[复],复词下面,把这个字的意义在白话里构成双音词列出。这个[复],是夏先生的新创。[复]下的双音词是白话,例句的字有单音词,是文言,这就是文白结合。象"大"字,有体积大的意思的,举例如"房子大""地方大",[复]作"宽大""广大";有年龄大的意思,例如"年纪大",[复]作"长大";作重要解时,[复]作"重大";有超越寻常的意思的,[复]作"伟大";作夸张解时,[复]作"夸大"。这样,有了复词,更确定了"大"字的各种意义。这是就文白结合说的。再就义用兼顾说,夏先生的字典,分"名""动""形""副",如"风"字,象"风吹草动",是名词。"春风风人",

第二个"风"是吹,即动词;"风力",指风的力量,"风"是形容词;"风餐露宿",在风中餐,"风"是副词。这就说明这个字的各种用法。(《夏氏字典》的原稿不知在何处,以上举例非原文。)①

28日　夜与章锡琛、王伯祥、张沛霖、顾均正、徐调孚、索非、孟通如、周振甫在三星鸿运楼为王阳生饯行。"讵知阳生以扣负芥蒂,竟委情不至。电话速之,仍拒不来,闵其悖,一叹置之。九人共饮,七时散归矣(人摊十元,余由开明贴)。"

5 月

2日　王统照入职开明书店。

6日　午后与章锡琛、王伯祥、王统照、徐调孚、顾均正、周振甫商议编纂字典及《辞综》事宜。

9日　夜与章锡琛、王伯祥长谈,九时散。

10日　午间与章锡琛、王伯祥赴陈俊生寓所聚饮,座有周莲轩、骆绍先等。一时许归。

15日　散馆后与章锡琛、王伯祥、骆绍先、朱翊新、杨克斋、沈仲达等11人在三星鸿运楼举行酒会,摊费二十五元。七时半散归。

19日　王伯祥日记载:"今起,午饭属诸华坤,由品珍为经纪其事(余与丏、村三分分派)。"

21日　弘一法师致信。"《画集》资料,想尚未辑就,无足介意也。因现在诸物昂贵,亦甚难出版。泉州米价将至三百,火柴每一小盒二元,其他可知。贫民苦矣。朽人幸托庇佛门,食用无虑,诸事丰足,惭愧惭愧。拙书二纸,乞随意结缘。"

---

① 周振甫:《从编字典看夏丏尊先生的为人》,《辞书研究》1986 年第 4 期。

494

29 日　夜与王伯祥在章锡琛寓所小饮。

6 月

2 日　下午三时出席战后第十九次董事会,"予同新到参坐,在沪董监除五良外均到。报告近况及配给组合应付事宜,独于同人薪给究否照升中储券则未提也"。

夏　辞去南屏女中教职。

当时高中国文课每周六学时,几乎每天都有一节。夏先生住在霞飞路霞飞坊,距地处沪西的南屏是比较远的,而且那时还没有直达的交通工具。但是,夏先生总是准确得像时钟一样,上课铃声刚响完,一定踏进教室。三年如一日,从来不迟到早退,从来没有请过事假病假。夏先生年事已高,每天跑路赶车,到达学校不免有点上气不接下气。为此,他总是提前到校,在教师休息室先坐下休息一会,平复自己的喘息,集中自己的思想,然后拿了粉笔,准备上课。①

7 月

4 日　致信叶至善。

小墨:

五月五日发信,前日收到,所云四月二十日一信,迄未到达。满子生产平安,为之快慰,此间得知此消息,已在小孩双满月之后,小孩将会笑矣(已命名否?)。母亲自五月初即等你们来信,久候至今,始释系念(十日前雪舟兄有信给

---

① 陈仁慧:《夏丏尊先生在南屏女中》,《文教资料简报》1981 年第 3 期。

老板,曾附告满子生产平安事)。渠谓此次满子生产,未曾办催生满月之礼节,嘱汇些钱给你们。现在汇兑,因上海已改中储币(旧法币二元作一元),计算方法不同,颇有困难。只好将来再看情形。沪寓大小尚安,唯生活愈感困难。旧币两元换新币一元,而物价比用旧币时加一倍,结果本来一千元,只作二百五十元用矣。米价旧币八百余,洋米五百余,洋米须排队挤轧,寻常人家决买不到。下周起计口授粮,每人每星期二升,即不中断,亦不够吃。余家一饭二粥,已数月矣。你们生活状况如何,甚以为念。信件须两个月会到,望时时写寄。现在收到内地一封信,已算难得之事。圣翁闻已到桂林,但尚未见他直接来信。不知已回成都否?此复,祝好。满子均此。

丏　七月四日

10日　王伯祥日记载:"为丏尊复仲苏(按:即赵仲苏,时任宁波中学校长)。"

11日　午后出席战后第二十次董事会,决定投资配给组合。夜与各董监聚饮于老同华,七时半归。

18日　王伯祥日记载:"剑三用东坡在儋耳《闻子由瘦》诗韵[1]戏赠丏尊及余,读之喜快,盖语语道着也。"

31日　与同人商议字典编例。

---

[1]　原诗为:五日一见花猪肉,十日一遇黄鸡粥。土人顿顿食薯芋,荐以薰鼠烧蝙蝠。旧闻蜜唧尝呕吐,稍近虾蟆缘习俗。十年京国厌肥羜,日日宠花压红玉。从来此腹负将军,今者固宜安脱粟。人言天下无正味,蝍蛆未遽贤麋鹿。海康别驾复何为,帽宽带落惊童仆。相看会作两臞仙,还乡定可骑黄鹄。

8 月

3 日　致信夏龙文。

阿龙:

　　大前日接到来信,知已安抵甬地,为慰。你初就公务员,一切须留心学习,不可偷惰,交友用钱,亦应注意,天气炎旱,饮食尤要谨慎。家中安好,可勿念。挂名校长事,我不想做,张先生等好意可感,但此事于公于私,似都有未便,不如打消为妙。我虽困苦,只要你能站得住脚,自己顾得小家庭负担,就可轻松不少。便中可将此情告知张先生,请其暂释顾虑也。有暇要常来信。祝好。

　　　　　　　　　　　　　　　　　丙　八月三日

9 日　叶圣陶致信开明同人(蜀沪第 68 号),告桂林之行经过;开明在成都设立编所办事处;范洗人已抵四川,将转道成都。

　　叶圣陶日记载:"因浙省战事阻梗,不寄上海信者将四月矣。今邮路渐通,或可于一个月内寄达上海。"

11 日　致信夏龙文。

阿龙:

　　前复一函,当已收到。昨又接第二信,知已自炊,甚放心。沪上疫势加厉,进出两租界须验防疫证书,无者或过时者不准通行。家中饮食大家小心,现均平安,可勿念。闻新宁绍将于明日起开宁波班,嗣后交通当可加便。张君患痢已痊否?近来疫痢固然可忧,蚊子也要当心,晚上少乘凉,早入帐睡,亦是一法。你一时只好顾自己吃用,也无法,且到秋凉些,再看情形。香烟昂贵,万一不能全戒,也应减吸。此复,祝好。

12日　王伯祥日记载:"俊生来,约十五日召集酒会,属万利届时送菜肴至廉逊所,藉为祖道,盖廉逊即将归教常州青云中学也。余与丐尊、雪村俱应之。"

15日　夜与王伯祥、章锡琛、周予同、陈俊生、金少梅、骆绍先、朱翊新等在谭廉逊寓所为其夫妇饯行。谈宴至九时许散。

23日　致信夏龙文。

阿龙:

　　你给玉严信,早看见了。牙痛当已好。母亲前几天也患牙痛,现已痊愈,家中均好,勿念。治弟在一大管栈房,忽患痢疾,他是吸烟的,大概是烟漏,已于前夜去世。后事由遐龄弟(他是保人)料理,起码的杉木棺材,要二千一百元(二千以内是松木的),非用三千元不可。此款只好大家帮忙了(叫一大也出些)。处今之世,活固不易,死也为难,可叹。益中(按:即益中钱庄)已顶好房子,在盆汤弄,本系一鞋店,临街,二开间,计顶费四万多,装成钱庄式样还须花万余元。正式开张,大概在重阳以后。世厚里房子,已售去。计价十八万,钊记户计派贰万贰千五,钱无用处,据四叔之意,拟买纱,也只好如此。你近来如何?自己烧饭,霍乱可以放心,疟疾仍要严防。公事能胜任否?署中上下相得否?殊以为念。祝好。

　　　　　　　父字　八月廿三日

26日　致信叶至善、夏满子。

小墨、满子:

　　满子生产后,曾接小墨两信,我也复过两信,自后即无信寄到。我那两次复信,不知你们见到否?前日江宅来送面,据云为记念叶师母五十生辰,我们才知道叶师母今年五十岁了。今由开明汇寄国币六百元(上海交入者为储钞三百元),其中二百元,算是叶师母的寿礼,请她自己买些欢喜的东西。尚有四百元,算是给阿满与小孩的(代催生满月等礼物)。此款本早想汇出,因当时上海新改币制,汇兑计算方法不定,故至今才补。……(按:原信字迹不清)到桂林,据桂林近信(两个月前发),谓时乘飞机……(按:原信字迹不清)到期,不知已回来否?半年以来,信件阻滞,最是□□。圣翁到桂林后,当必有信给我们,可是我们竟不见一字。此信我写是在写,不知你们能见到否,深以为虑。家中大小均安,阿龙在宁波谋到一个小事情,已往宁波去了。大概自己一人可以敷衍过去。我下学期不教书,在开明做字典,天热工作进行不快。上海自改用新币后,物价又被抬高,蛋八九角一只,卷心菜两毛一两(合旧币要六元四角一斤),每日吃蔬菜,也非十元新币不可。最怕的是红白两事,前几天我的堂弟(乃治)死了(他去年来沪在一家铺子当伙计),一口起码的杉木棺材费去新币二千一百元。一共用去三千元多。如果在十年前,可以大吹大擂,出丧用开路神了。成都情形如何,你们想来都好罢。

丙尊 八月廿六日

9月

1日 午间与章锡琛、王伯祥、王统照小饮于知味观,摊费二十元。

4日 午间与王伯祥、徐调孚往茄勒路法藏寺,悼章锡琛父亲逝世三周年。

5日 致信夏龙文。

阿龙：

　　八月卅一日发信昨日收到，张君接连患病，可谓不幸。便中代为致意道候。天气尚热，你饮食务须小心。前星期顾震昌舅舅嫁女，我家除玉严外都去吃酒，阿琰不小心，回家后第三日就患痢疾（虫痢），药特灵外国货绝迹，中国货要二元一粒，而且要买一瓶二十五粒，不肯拆卖。志青教试服脓毒清，小孩服二粒一天。连服四片，居然好了。脓毒清可治痢疾，也算初次知道（据志青说，试验尚未确实）。嗣后如有人患痢，倒可介绍试试。益中今日开创立会，须登记后始可营业，至于正式开店，恐须初冬，因房子尚未出清，未能动工修理也。你的事，不知当时四叔如何答应你，若无把握，不说也罢。或者写封信去，试探一下也可。上海因取缔投机，市面呆滞，钱庄将来出路也狭，如原处可以马虎将就，姑且安心工作，横竖赚薪水过日，总是一样的。你以为如何，试自考虑。闻由沪至甬，须验大便，而大便证书之有效期限，只三日。手续非常麻烦，不知由甬来沪，是否亦须如此。家中大小均安，可以勿念。世厚里屋款，现由四叔作主，做押款给刘蕴璠，押品为外国股票，约期二月，且到收回再看情形。家中生活费，现须新币千元以上，吃用最大，若再放松，益将不堪。你在甬务须格外自爱，力求自立。你能自立，我负担就能轻起来了。此复，祝好。

父　九月五日下午

17日　致信夏龙文。

阿龙：

　　收到你八月卅一日发之信后，即回你一信，迄今已逾半月，没有信来，家中甚为记念。别的没有甚么，最怕的是生病,你自己烧饭,传染病应不至于惹着。但久没音信,便不放心。见信速复,为要。家中大小均好,可勿念。张君病当已痊愈,甬地情形如何?你做事顺利否?益中已开过创立会,资本百万元,一总经理,一经理,一协理,三襄理,当局已有六人之多,你曾否写过信给四叔?人和,大中华,都将开会,大概都有一半之利,唯也无非将旧币改为新币,实际则百元仍是百元耳。祝好。

钊　九月十七日下午

20 日　傍晚与章锡琛访王伯祥,遇周予同。

21 日　长兄夏乃溥在崧厦去世。

25 日　致信夏龙文。

阿龙:

六日前寄一信,想已收到。连接两信,知你在甬安好,甚慰。炳荣尚未来过,且待他来了再讲。薪水四百元,不能说小,一切全在自己撙节。我想,你一人在外,也许反不经济,不如把家小带去。如有连家具借用之房屋,可留心。以四百元过一小家庭,当可勉强过去,即不足为数亦不多矣。弘福已能扶墙摸壁学步,弘正读书,由我督教,但不上心,最好能由你自己去管。上海小学学费须 120 元,甬地当必便宜些,如迁甬,(下学期)就叫他在甬入学可也。皮鞋如便宜,给我买一双,脚寸大约和你的差不多。大中华开股东会,情形甚好,每千元加股一千元(老币),再派余利一千元(新币)。差不多等于四倍了。祝好。

钊　九月廿五日

同日　王伯祥致信叶圣陶,附夏丏尊信。

26 日　午后出席战后第二十一次董事会,例报各项外无所

501

决。五时半散。

27日　叶圣陶日记载:"今日始得上海信,由伯祥执笔,不详言生活情况,而与雪村汇来百元,为墨林寿礼及三午汤饼之资。丏翁有信致小墨,亦汇款来。因并答三公,编列蜀沪第七十一号,寄发。"

29日　致信夏龙文。

阿龙:

函悉,汇款今日收到。炳荣已来过,说将于卅号或一号动身,但我未见到他。他来时当托他将衣服药品带甬。工作既忙,比闲空究好,应诚实做去。闻张君不久将来沪(据送钱来者说),愿得一见。前信带眷居甬事,当考虑。关键在家具,如无处可借,色色须自备,费就可观了。祝好。

父　九月廿九日

10月

1日　弘一法师致信。"从前发愿编辑律宗诸书,大半未成就。拟于双十节后,即闭关著书,辞谢通信及晤谈等事,以后于尊处亦未能通信。仁者欲知朽人之近状者,乞常访问陈无我居士(上海慕尔鸣路一百十一弄六号大法轮书局),及彼处同住之陈海量居士,因泉州诸僧常与海量通信,彼深知朽人之近状也。附呈相一纸,为去秋九月所摄,佛名二纸,乞结缘。"

3日　致信叶至善、夏满子。

小墨、满:

前日收到六月十六日发一函,还是满子母子未拍照片时写的。今日又接到九月六日发之信,此信要算最快的一封。孩子发育得如此好,外婆听了很喜欢。范先生把上海各家情形描绘得很清楚，你们可以知道我们在沪的概况。我家现状和一年前范先生在沪时差不多，生活虽昂贵，大家都没有十分吃苦，一切仍照旧过活着。香烟贵了，抽坏的，老酒维持一顿，水果糖果，可不大买了。瓶花一个月难得买几次，佛香每晨必点一支，衣服多年不做，新近才买了些布重做，裁缝匠不好请教，衬衫裤之类都是自己动手。母亲去年秋冬及今春多小病，近来很康健，精神快活，一如往昔，总之，我们都安好，你们可不必记念。阿龙在甬任事，今已三月，据来信谓尚能过去（月入三百元，八折计算，闻不久可加些），如果情形好些，我想叫他把妻儿带去，上海方面可以清静些。大伯父在崧厦卧床多日，已于中秋节前三日逝去，享年六十有四。他后妻生的子女三人都很幼，身后萧条不堪，一切丧费都由四叔负担，据说须老币近万呢。四叔又在做钱庄经理，店号叫益中，不久就可开张。章家姑夫近来事业也颇发达，有几个工厂都拉他去，成了红人了。我给你们入股的药厂，已开过股东年会，你们有官红利新币四十余元，股本一千元，变成二千元，合新币还只是一千元。以后当隔一星期寄信。祝好。

丏尊　十月三日

前次由成都开明划款六百元收到否？

同日　叶圣陶日记载："午睡醒来，小墨已归。带回信件多份。中有上海第六十七号信，丏、伯、村、调皆执笔，剑三有诗稿，丏与村谈所编字典辞典之体例，读之甚慰。因作复书致五君，并附一笺致红蕉，合封，编列蜀沪第七十二号，明日寄发。"

4日　王伯祥日记载："霞飞坊中各家均被日宪兵沪南队粘贴军管理之封条。盖房产系美商中国营业公司所执管，故有此

503

池鱼之殃。据收租员丁姓言,宪兵已关照,三日内必须将屋内器具提出登记,否将概作敌产论。"

上旬　马叙伦来访,谈及弘一法师近踪,并请托法师墨迹。归后作诗相戏曰:"垂头丧气踞胡床,空指银瓶没酒尝。臣朔亦曾思辟谷,只愁无处得仙方。"[①]

13 日　弘一法师圆寂于泉州不二祠温陵养老院晚晴室。临终,将遗书附录"遗偈"二首,分赠夏丏尊、刘质平:"朽人已于九月初四日迁化。曾赋二偈,附录于后。君子之交,其淡如水。执象而求,咫尺千里。问余何适,廓尔亡言。华枝春满,天心月圆。谨达不宣。"

17 日　王伯祥致信叶圣陶,附夏丏尊信。

28 日　下午四时出席战后第二十二次董事会,孙祖基、朱达君、章锡琛、周予同、章育文到会,王伯祥做记录。孙祖基辞去董事长之职,改推朱达君继任。议决就当前环境重新声请登记,并对同人薪资做统一调整。

31 日　收到弘一法师遗书,呆了许久。"急急去看附件,见一张是大开元寺性常法师的信。说弘一老人已于九月初四日下午八时生西,遗书是由他代寄的。还有一张是剪下的泉州当地报纸,其中关于弘一法师的示疾临终经过有详细的长篇记载,连这封遗书也钞登上面。"不禁万感交进,为之泫然。[②]

同日　致信叶圣陶,言弘一法师"卧病只三日,吉祥而逝。即于九月十日荼毗。春秋六十三,僧腊二十四。此老为法界龙象,而与弟尤有缘,今闻噩耗,顿觉失所依傍,既怅惘,又惭愧,至

---

① 马叙伦:《访丏尊兄归后贻此调之》,《马叙伦诗词选》,北京:文史资料出版社,1985 年版。

② 夏丏尊:《弘一大师的遗书》,《觉有情》第 4 卷第 6—8 号,1942 年 12 月 1 日。

于感伤则丝毫无之。遗书为渠最后之纪念品,偈颂俊逸,俨然六朝以前文字"。

同日　王伯祥日记载:"午前与雪村、调孚、恂如同过三和楼饭。饭罢同赴上海殡仪馆吊郑太母,晤西谛,少坐即旋馆(四人外与索非、均正共赙百元示意,独丏尊见报丧条后一再声言,我与郑曾相骂,决不送礼,颜色甚难看,大可笑。此老胸次取与弘一对照,实有愧其死友也)。"

本月　春晖中学在白马湖原址复校。李文政任校长。

11 月

2 日　致信性常法师。

性常法师座下:

　　昨得惠书,并晚晴老人诀别遗墨,为之零涕,从此法界少一龙象,而仆亦失一挚友,言念及此,怅惘莫名,纪念文遵当写作,此间诸佛学刊物,亦将为老人出一专号,文稿成后,当录副寄上,老人与闽中有缘,其晚年弘法事业,多在闽地施行,整理遗稿,实为生者之责,且为目前第一要着,不知曾有妥人主持其事否,甚为遥念,关于此端及老人身后情形,便中望择要有以见告也,先此 率复。

九月廿四日①

4 日　夜与王伯祥商议弘一法师后事。

5 日　致信性常法师。

---

① 《弘一法师遗稿 亟待整理存录 夏丏尊来函建议并附挽联》,《福建日报》,1942 年 11 月 2 日。

性常法师座右：

　　三日前复一函，想已达览，兹奉挽联两副，如闽中有追悼会，乞为购纸代书，献之灵前，或在报上发露亦可，此间正为老人□刊专号，续稿当再寄上，率布，敬颂道安。

九月廿七日

　　挽晚晴老人：垂涅槃赋偈相诀，旧雨未忘，大鸣应有溪虎；许婆婆乘愿再来，伊人宛在，长空但观夕阳。夏丏尊和南。

　　附章锡琛挽：一念真如，同华枝春满，天心月圆，几辈修持曾到此；亡言何适，怅晚照留晴，秋英含秀，甚时飞锡更重来。①

　　8 日　与德森法师、震华法师、范古农等 20 余人在觉园法宝馆召集谈话会，讨论组织弘一大师纪念会，并起草章程。追悼会定于 29 日在槟榔路玉佛寺举行。

　　10 日　叶圣陶致信（蜀沪第 74 号）。

　　11 日　访马叙伦，告知弘一圆寂消息。马叙伦感叹"独以余知师之早，而踪迹转最疏，向服其书法，而竟不得其一字，今方欲乞其书，而师又游寰外，不能不自惜耳"。②

　　同期　报知朱文叔、蔡冠洛、陈祥耀、内山完造等弘一法师圆寂消息，并嘱属文纪念。

　　14 日　王伯祥致信叶圣陶，附夏丏尊信。夏丏尊录挽联，并嘱作挽弘一法师文字。

　　17 日　夜与章锡琛、王伯祥赴傅耕莘寓所聚饮，十时许散。

　　28 日　王伯祥致信叶圣陶，附夏丏尊信。

---

　　①　《弘一法师遗稿　亟待整理存录　夏丏尊来函建议并附挽联》，《福建日报》，1942 年 11 月 2 日。

　　②　马叙伦：《何缘之悭》，《觉有情》第 4 卷第 6—8 号，1942 年 12 月 1 日。

29日　召集弘一大师纪念会,到200余人。众人集议发起组织永久纪念会,以图"宏扬先德,继续遗志",当场通过会章,并推定夏丏尊、朱稣典、陈廷恺等7人为常务理事。会址设玉佛寺上海佛学院。

> 纪念会上午举行念佛,盖弘一大师虽弘律其本人实修净土也。念佛时,夏丏尊夫人亦参加。……夏丏尊先生于审查会章时,主张以每年重阳日,为举行纪念仪式之期。盖以弘一大师生日在九月初,示寂日则在九月二十日,若一月中举行两次,恐难记忆,故定为重阳节,以便纪念,其处处为大师打算,亦处处为会友打算,夏老真多情人哉?夏老告人云:"教育界中人大多反对佛教。自李叔同先生(即大师俗家姓名)出家以后,大多数皆更变态度,不肯谤毁。如我昔亦为一谤佛者,因李先生故而不忍谤佛。其对于教育界与佛教之关系,可谓大矣!"其对弘一大师一种拳拳之意,殊足使人感动。①

同日　请托陈抱一画一幅弘一法师的油画像作为纪念。

30日　叶圣陶致信开明同人(蜀沪第76号)。

本月　与朱达君、孙祖基、章锡琛、马荫良、章育文、何五良诸董监联名向实业部提交《公司补行登记及重行登记申请书》。

本月　学生谷斯范自上虞来访,谈白马湖近况。不法分子横行,学校校舍、晚晴山房被洗劫一空。

12月

1日　《弘一大师的遗书》刊《觉有情》第4卷第6—8号;另

---

① 伏名:《弘　大师纪念会拾余》,《东方日报》,1942年12月10日。

题《论弘一大师的遗书》,刊《弘化月刊》第 18 期。

上旬　与震华法师、窦存我、陈廷恺等常务理事联合起草《弘一大师纪念会宣言》。

13 日　叶圣陶致信开明同人（蜀沪第 77 号），附挽弘一法师四言二首。

20 日　出席纪念会第一届理事会，由震华法师主席，通过对外宣言，声请登记，并议决设立弘一纪念图书馆、流通遗著等重要事项。

21 日　王伯祥日记载："为丏尊作书致王培孙，乞所印苍雪大师《南来堂集》。"

22 日　为傅耕莘施资影印的弘一法师写本《药师本愿功德经》题跋。此书于 1943 年 5 月由弘一大师纪念会出版。

25 日　夜与章锡琛、屠思聪、王伯祥长谈。

26 日　王伯祥致信叶圣陶，附夏丏尊信。

31 日　午间在公司聚餐，与章锡琛、索非、王伯祥、顾均正、徐调孚、胡智炎、王统照、骆绍先等同席。

1943 年（癸未，民国三十二年）　57 岁

▲3 月 24 日，《新华日报》以"中共中央召开文艺工作者会议"为题，首次在国统区报道了毛泽东《在延安文艺座谈会上的讲话》的消息。

▲4 月 1 日，国民党政府公布《非常时期报社通讯社杂志社登记管制暂行办法》。

▲5 月 15 日，共产国际执行委员会主席团做出《关于提议解

散共产国际的决定》,5月26日,中共中央发表决定,完全同意解散共产国际。本月,赵树理做《小二黑结婚》,9月由华北新华书店出版。

▲8月,汪伪政府"接收"上海公共租界。

▲11月22日至26日,罗斯福、丘吉尔、蒋介石三国首脑举行开罗会议,讨论对日作战及战后大计。12月1日,中、美、英发表经斯大林同意的《开罗宣言》,宣称:三国必战到日本无条件投降为止。

1月

1日　午间邀王伯祥、章锡琛来寓所小饮。

3日　叶圣陶日记载:"下午,墨自城中归,携回信颇多。中有丐翁寄赠弘一纪念印品十份,印生时像、涅槃像、致丐辞别书、'悲欣交集'四字之绝笔书等,印刷甚精,颇名贵。"

4日　夜与章锡琛、王伯祥、索非、徐调孚、顾均正、王统照小饮于东新桥南来顺,摊费二十九元三角。

6日　叶圣陶致信开明同人(蜀沪第79号)。

9日　王伯祥致信叶圣陶,附夏丏尊信。

13日　叶圣陶日记载:"今日开始编《百八课》。此书前与丐翁合编,六册成其四,今拟补成之。其'文话'目录,丐翁已规定,即据以选范文,得十篇,由墨抄之。"

16日　下午四时出席战后第二十三次董事会,章锡琛、周予同、朱达君、章育文到会,王伯祥做记录。决议增聘夏丏尊、章锡珊、叶圣陶、索非、周予同、王伯祥6人为襄理,并通过卅一年度同人年终奖金分配原则。六时许散。

同日　周予同入职开明书店。

同日　叶圣陶致信开明同人（蜀沪第81号）。

18日　叶圣陶致信开明同人（蜀沪第82号）。

21日　致信夏龙文。

龙儿：

今托车先生带去热水瓶手巾袜子等零物，又弘一大师遗墨二十份，每份内装四件，计直幅横幅各一，小联一，影片一，合售洋五元。甬地当有人需要，可流通。如不够，当再寄。款收齐保存，将来缴还可也。

谷斯范、朱鸿遇（按：即朱鸿愚，朱云楼之子，时任横塘乡乡长）等决办春晖，渠于昨日由杭返虞，你年关如无事，不必归沪，可往白马湖看看外婆。如果学校能办成，情形还好，一部分家眷或可回去居住。但此事必须先去察看一下，方能决定。由甬赴驿亭，来回须川资若干？亦当计算计算。

沪寓大小均安，勿念。益中尚未正式开张，正在领执照。阿奕之店年内收歇（改大钱庄，已租好房子），闻有后局，生意或无问题云。

祝好。

丏　一月廿一日

同日　结婚四十周年。夜章锡琛夫妇、王伯祥夫妇、徐调孚夫妇、顾均正夫妇、索非夫妇各出酒菜，共宴于夏寓。章锡琛即席作七律四首并序：

壬午十二月十六日大寒，为丏公伉俪结缡之四十周岁，西俗称羊毛婚。是夕约伯祥、索非、调孚、均正同集其寓。主宾六耦，都十二人，人具盘飧，都十二篮。有酒既旨，有肴孔嘉，市沽悉屏，不侈而丰。虽在离乱之中，仍申合欢之庆，洵胜事也。继是以往，约以婚日，迭为宾主，有视兹集。命曰鸳会,匪直谋盘杯之欢,亦以增伉俪之笃。率成芜什,聊当喤引,敬求丙公暨与会诸贤吟正。

举案齐眉四十年,年年人月喜双圆。
当时共赋三星烂,此日竞夸五福全。
阶下芝兰添更秀,园中松菊老弥妍。
行看腊尽春回早,再祝金婚列绮筵。

温柔乡里度华年,卅度当头月影圆。
梁孟齐贤高共仰,向平有愿了都全。
盘供蛱蝶味偏隽,会启鸳鸯号亦妍。
为祝人人同寿考,婚时岁岁聚华筵。

夫妇相期共百年,古来难得白头圆。
鼙声况彻三千界,鸳侣偏欣六偶全。
艳说黄华逞秀媚,笑夸耆艾显丰妍。
人间胜会知多少,天上应须美此筵。

我亦牙婚过六年,今宵喜共桌围圆。
乱离兄弟皆星散,贫贱夫妻幸瓦全。
闲把桂姜评老辣,羞同桃李斗芳妍。
吟成醉掷张郎笔,南极辰辉月满筵。

王伯祥和作:

鸳盟岁注自年年,卅度当头拜月圆。
共仰画眉词笔健,欣看绕膝彩衣全。
青庐味永今犹昔,白首情长老更妍。
此日分光来末座,常开笑口对华筵。

顾均正和作：

> 数来四十记昏年，人月今宵相映圆。
>
> 鸿案眉齐贤共仰，鸳盟头白福双全。
>
> 盈门桃李春风暖，节比黄花晚色妍。
>
> 同举霞觞颂寿考，清光如雪落琼筵。

周振甫和作：

> 琴瑟相谐正卅年，和音静好媲珠圆。
>
> 贞同金玉钦情固，祝拟华封庆福全。
>
> 性秉真诚心自赤，姿凝松柏翠弥妍。
>
> 文章译事俱堪寿，论字私欣侍末筵。

夏丏尊和作：

壬午腊月十六日，为余与老妻结缡四十载纪念，知友伉俪酿有欢宴寓舍。席间雪村唱吟，叠韵再四，和者群起，余亦踵成此章。

> 如幻前尘似水年，佳期见月卅回圆。
>
> 悲欢磨得人偕老，福寿敢求天予全。
>
> 故物都随烽火尽，家山时入梦魂妍。
>
> 良宵且忘乱离苦，珍重亲朋此酿筵。

宾主尽欢纵饮，不觉俱醉，"五六年来无此乐矣"。

23日 王伯祥致信叶圣陶，附夏丏尊及诸人诗。

下旬 王统照和诗：

丏翁结婚四十年，同人仿西俗有贺筵之举，且有诗为证。予病后到店，亦诌二律，并从原韵，藉省寻思。

> 青庐彩帨忆华年，白首同心望月圆。
>
> 佳喻柔毛符吉媾，危时傲骨得天全。
>
> 常留嬿婉初昏乐，共待升平晚景妍。

吉日方当冰未泮,暖炉银烛敞欢筵。

欣逢白首祝婚圆,星月增辉映坐筵。
绥福鸳鸯能共命,昌宗儿女乐双全。
毛婚藉喻柔坚意,眉画重烦老少年。
老入洞房呼老伴,鹤颜霜鬓尚争妍。

不有笑言,曷能开口? 适闻嘉会,遂上俚辞。岂曰打油,并非露骨。污此佳笺,遣我闲时。

2 月

1 日 译作《弘一律师》(译自内山完造《上海霖雨》)刊《觉有情》第 4 卷第 11—12 号。

5 日 午间在王伯祥寓所小饮。

12 日 叶圣陶致信开明同人(蜀沪第 83 号),嘱划款分还夏丏尊与江红蕉。

17 日 王伯祥日记载:"为丏尊代拟弘一图书馆征书启[①]一通。"

20 日 王伯祥致信叶圣陶,附夏丏尊信。

24 日 夜傅耕莘在寓所宴请夏剑丞、夏丏尊、王伯祥、郑振铎、章锡琛、陈麟瑞、吴泽民、毛无止等作陪。

---

① 弘一大师,秉睿哲之上资,振南山之宗风,顿坠拾零,彬彬述作。客岁示寂闽中,宇内缟素,同深震悼。海上朋旧,爰有纪念会之筹设,亦既刊布宣言,昭告十方。今者愿涉前言,誓弘遗绪,特于玉佛寺中创辟净室,建立弘一图书馆。将以普集教乘,丕扬法旨。同人不敏,辄敢广为征求,植此始基。愿仗众力,共成美举。托无边之佛缘,为大师留永念,当亦宇内胜流所乐许也。是为启。(《征求图书启事》,《弘化月刊》第 22 期,1943 年 4 月 1 日)

同日　叶圣陶致信开明同人(蜀沪第84号),附和诗。

丏翁亲家结缡四十载纪念,村公首倡赠诗,翁欣然和作,情辞切至,因步原韵遥寄一首,即求吟政。

无诗排闷欲经年,提笔祝公人月圆。

遥审双杯为乐旨,醉吟四韵见神全。

望中乡国春将近,偕老夫妻情更妍。

此意同参堪共慰,预期会日启芳筵。

27日　访夏质均。夜与王伯祥、章锡琛、骆绍先、钱念兹等在陈俊生寓所聚餐。

3 月

8日　下午三时出席战后第二十四次董事会,朱达君、周予同、章锡琛、章锡珊、章育文、何五良到会,王伯祥做记录。决议增聘范寿康为公司襄理,任驻渝代表。六时散,酾宴于致美楼。

9日　朱自清日记载:"和丏尊诗。"

11日　夜与何五良、章育文、朱达君、周予同、章锡琛、索非、王伯祥、汪介丞在大利酒楼宴请章锡珊,"肴馔精美而丰腴,近年所未见"。八时半散席。

17日　王伯祥日记载:"取款代圣陶分还丏、蕉。"

19日　叶圣陶致信开明同人(蜀沪第87号),附贺昌群和诗。

丏尊先生结婚四十年纪念,乱离不得称觞欢祝,海云在望,企想为劳,敬和前韵为颂。

天下兵戈数六年,白头双照月长圆。

庞公市隐行吟健,阮籍风流得失全。

巴峡云寒波渺渺,江南春暖草妍妍。

故凭蜀水将霜鲤,为报诗心入盛筵。

21 日 叶圣陶致信开明同人(蜀沪第 88 号),附朱自清和诗。

旧历壬午岁嘉平月十六日,值丏尊伉俪结缡四十周年之庆,雪村先生首倡贺章,丏尊有和作,即次原韵奉祝。

举案齐眉四十年,年年人逐月同圆。

烹鲜佐酒清谈永,伴读当机乐趣全。

平屋湖山神辄往,小堤桃柳色将妍。

胡尘满地身双健,莫为思乡负醉筵。

24 日 叶圣陶致信开明同人(蜀沪第 89 号)。

29 日 叶圣陶致信开明同人(蜀沪第 90 号),嘱为《中学生》写文,并附卢冀野和诗。

自闽还四川,道出桂林,洗髯示雪村所为寿丏翁诗,即席次韵,寄雪村伯祥均正海上丏翁见之,当捻髭而笑也。

去我丏翁忽六年,海天明月旧时圆。

别来阅世纷千变,乱亟凭谁策万全。

小友亦惭驼坐废,黄花应与鹤争妍。

西南飘泊悲还喜,难得人间不散筵。

30 日 午间访王伯祥,晤章锡琛、郑振铎。

同日 致信夏龙文。

阿龙:

来信收到。宁署撤消之说早在报上见到,长官联任与否,现在想已决定。公务员原无大出息(薪水阶级皆如此),混饭而已。如果你自己别无出路,只好暂时将就,失业是严重的威胁。一切望自己打算,我也顾不得许多。秋云本想由甬返白马湖,船票已定,接你致弘宁函,说故乡不甚太平,于是中止。现拟由杭州前往，闻钱江须过江证，一时难得妥伴，犹未成行。一俟有机会即去，因外婆年老，一个人在彼，颇不放心也。你病想已好，何以如此多病，是否不摄生之故。弘福离乳已数日，经过顺利。此信到后，即复，以免悬念。

父字　三月卅晨

本月　弘一大师纪念会将蔡冠洛所寄《养正院亲闻记》重行扩版辑印，命名为《晚晴老人讲演录》，夏丏尊作题记。此书由弘一大师纪念会发行。

4 月

5 日　叶圣陶致信开明同人（蜀沪第 91 号）。

8 日　致信南屏女中学生陈仁慧，附手书结缡四十周年纪念诗，款"癸未暮春，录贻仁慧闽中，丏翁"。

仁慧君：

在开明晤谈以后杳不得消息。新年过，汝白君来访，知已成行，怅惘之至。日前接自鼓浪屿来书，欣悉已安抵该处，不久即可与久别之尊长团聚，系念为之一释。仆在此颓唐犹昔，生活虽窘，晚酌犹未能废，目前别无理想，但得字典成稿（白报纸每令一千余，出版当然无望），即算心愿完毕。唯此工作亦不简单，豫计非再经一年半不可，夜长梦多，颇不安心也。相片与弘一师遗墨当寄赠，恐邮递遗失，俟试通数信以后，再挂号寄上。先附拙作一首，以慰存注。率复，即颂 近好。

夏丏尊　四月八日夜

到内地后将续学抑将就业望便中见告。又及。

15 日　叶圣陶致信开明同人（蜀沪第 92 号），托代划版税与夏丏尊，并附朱光潜和诗。

> 圣陶以丏翁结婚四十年纪念诗见示，依韵奉和，录寄丏翁，以博一粲。
>
> 一别鸿光二十年，传来好句讶珠圆。
>
> 尝嗟胜侣云泥隔，尚喜高人福慧全。
>
> 心为逝川忘昼夜，诗从禅悟证清妍。
>
> 近来酒兴如前否？何日湖居再酿筵。

16 日　下午四时出席战后第二十五次董事会，"除道始未到外，在沪董监咸集。决议划分内地与上海为两部，规定常年开支预算及储备复兴工作经费等，股息亦可借支一分云"。夜聚餐于杏花楼，七时许散归。

18 日　下午邀章锡琛、王伯祥来寓所，与马叙伦共商《说文解字六书疏证》出版事，略有头绪。傍晚章育文来访。

马叙伦和诗：

> 丏尊先生结缡四十周岁，咸友援西俗羊毛婚之例，张饮其家，且为诗歌以发之，丏尊和焉，因属余赓。余拙于韵语而不能辞也，即呈丏尊政之。
>
> 乱离珍重合欢筵，故事从今证彩笺。
>
> 红线宿牵如意结，白眉重画入时妍。
>
> 眼前风雨骄人甚，室内雍和玉女全。
>
> 转瞬金婚歌又奏，鸳盟原缔一千年。

同日　叶圣陶致信开明同人（蜀沪第 93 号）。

26 日　王伯祥致信叶圣陶，附夏丏尊信。

29 日　叶圣陶致信开明同人（蜀沪第 95 号）。

本月　致信《觉有情》主编陈无我，言第 4 卷第 15－16 号中

《大师遗画》作者有误。此信以《〈大师遗画〉之更正》为题，刊 5 月 1 日《觉有情》第 4 卷第 17—18 号。

春 与李芳远商议辑印弘一法师全集事。

直至昨岁的春天，麦苗如氄，乍晴乍雨，余寒犹峭的时候，我因养病太平村，兼小学的教课，便乘着余暇，发弘愿为亡师编全集了！厘订，抄写，搜罗，圈点，校对，历三阅月，终于书成。在这三个月中，他从上海，差不多每一星期都有和我商量的信件，案头堆积如书。全集计分《全传》《生平》《文钞》《书牍》等四部，除能出或出过单行本者，悉不收入；我的姐夫在上海文化界工作，我便托他到夏先生那里看看，如须要帮忙的就帮一下子，希望这部书能够早日印行于世，讵知后来大失所望，夏先生给我一封写了六张笺纸的蝇头楷的长信，说出种种不能即出版的苦衷，委诸他日。不久，我的姐夫也有着回示了！他说，夏先生告诉他，上海的精神食粮是剩余的，年来各书局都售存货，不新印刷，若将全书印行，起码需十万元以上，销路又成一个问题。后来商量的结果，承诺分期出版。此后又继续搜到一点材料给他。[①]

5 月

1 日 叶圣陶致信开明同人（蜀沪第 96 号），转述章锡洲之意，建议公司招股增资，以利展布。

2 日 王伯祥日记载："雪村、丏尊先后来谈。"

23 日 上午赴陈抱一处取弘一法师油画像。傍晚邀王伯

---

① 李芳远：《夏丏尊与李叔同》，《东南日报（南平）·周末版》第 213 期，1944 年 3 月 4 日。

祥、顾均一来寓所欣赏。

王伯祥日记载:"将暮丏尊见招,因过之,则陈抱一所画弘一油画像已赫然悬壁,线条柔和,色泽温润,微弘一抱一不作,此诚双璧矣。留饮共赏,并招均一来观。入夜始辞归。"

28 日 午间访舒新城,谈字典编纂等事。

舒新城日记载:

> 年余未见面,彼年虽五十八岁,但精神仍佳。相与谈字典及书业问题,彼谓正编小字,发现字与词(成语)之取舍尚有标准,名词则至难有标准。我以为就字典之本质言,只应取成语与字,不必将科学名词或人名地名等采入。彼对书业则谓中国出版业之浪费最大,因同业互相竞争倾轧浪费也。实则个人资本主义制度下之企业无不如此,主张战后各家合并。我以为在理论上却当如此,但在现在经济制度之下,终于不易结合。即在此午餐,将《我和教育》校样交其带去阅看。

29 日 王伯祥致信叶圣陶,附夏丏尊信。

同日 叶圣陶致信开明同人(蜀沪第 99 号)。

本月 翻译日本谷崎润一郎《昨今》一书中对丰子恺的评述。译文以《读〈缘缘堂随笔〉》为题,刊 9 月 5 日《中学生》复刊后第 67 期。序言中介绍说:"八一三以来,藏书尽付劫火,生活困苦,购书无资,与日本刊物更乏接触之机会。日昨友人某君以谷崎氏新著随笔集《昨今》见示,中有著者之中国文艺评,对胡适丰子恺林语堂诸氏之作品各有所论述。其中论子恺最详,于全书百余页中竟占十页,所论尚允当,故译之以示各地之知子恺者。余不见子恺逾候六年,音讯久疏,相思颇苦。子恺已由黔入川,任教以外,赖卖画以自活。此异国人士之评论,或因余之移译有缘得见,不知作何感想也。"

本月 与叶圣陶合编的《初中国文教本》第五、六册由开明书店出版。

6月

1日 叶圣陶致信开明同人(蜀沪第100号),附一律:"岷畔邮书今满百,五年况味此泥鸿。挑灯疾写残烧夜,得句遥怀野望中。直以诸君为骨肉,宁知来日几萍蓬。一书便作一相见,再托双鱼致百通。"

同日 下午商务、中华、世界、开明、大东等书局在华懋饭店举行中国联合出版股份公司成立会。

12日 夜偕夫人赴钟达轩寓所聚饮,贺章士宋之母五十寿辰。饮后与章锡琛、王伯祥长谈,十时许归。

16日 夜赴盛文颐(幼盦)、陶希泉静安寺晚宴,座有兴慈法师、持松法师、芝峰法师、李思浩、丁福保、李圆净、许炳堃、陈彬龢、黄幼希、范古农、蒋维乔等,商议《普慧大藏经》编译事,并组织刊行会,通过简章。会址设上海静安寺。盛幼盦为会长,夏丏尊、圆瑛法师、亦幻法师、兴慈法师、赵朴初、吴蕴斋、俞寰澄、叶恭绰等25人为理事。八时许散。

蒋维乔日记载:"此次盛君先斥资五十万元预备编印《普慧大藏经》,将南传与大正藏合而为一,并广搜未入藏之经论,遂有今晚之集会。此诚空前未有之盛举也。"

当时夏先生对于挤电车和吃中饭两事,颇以为苦。他早上在上办公时间内是挤不上电车的,要稍微迟一些才能挤上。晚上在下办公时间内也是挤不上电车的,也要迟一些时候才能挤上。所以到了放工铃一摇,同人都散了,他才勉强拖着沈重的步子从四马路走到老北门，到了老北门还是挤不上，还要等好多时候才能上去。夏先生对于吃中饭，既不肯上馆子，因为太费，又不会带饭箧，因为空身都挤不上车，怎么还能带饭箧。于是他想早上吃了饭来，中午不吃，到晚上回去再吃，他名之曰“吃扁担饭”。这样中午不吃饭，饿了好多时，他去问医生。医生说，这样子会把胃弄坏的，中饭可以不吃，但别的零食总要吃一点，否则胃壁到相当时候要互相摩擦，造成胃病的。夏先生听了这种警告，到中饭时又不敢不吃东西，只好买一些零食吃。可是夏先生又很注意卫生，吃零食恐怕不洁。这事真把他为难极了。夏先生后来所以到法藏寺大藏经刊行会里去担任翻译日译本南传大藏经本生经的工作，虽然一方面是为了兴趣，为了想多留一点有价值的工作在这个世上，为了对于宗教的信仰，为了生活，而大藏经会里供给一顿中饭，也未始不替他解决了一个难题。此后，夏先生就上午到法藏寺去做译经的工作，中午吃了饭，再到店里。从法藏寺到店里，没有直接的交通工具，他只好缓走当车地走着。他因为要译经，有时还有别人译的稿子要他改，所以每天不得不带着一个包。那时正在夏天，夏先生怕热，不穿长衫，手里提着一个布包，在路上走，藏经会里的人对他说，这样好像一位裁缝司务了。所以他后来改用一块绸来包了。①

17 日　生日。夜工伯祥、章锡琛、周予同、钟达轩来贺。

19 日　王伯祥致信叶圣陶，贺其五十生辰，附夏丏尊二百元

---

① 周振甫：《太平洋战时上海同人生活拾零》，《明社消息》第 17 期，1946 年 12 月 31 日。

礼金。

23 日　夜赴孙祖基寓所聚餐,座有章锡琛、周予同、朱子如、孙君毅、朱达君、章育文、何五良等,即席举行战后第二十六次董事会。决议升股并增资,并定于 7 月 11 日召集股东临时会。酒后续谈,十时许归。

同日　叶圣陶致信开明同人(蜀沪第 102 号)。

24 日　致信夏龙文。

龙儿:

抵甬时发一信早收到,寓中安好,唯生活威胁日重,米价已涨至千四百元矣。甬地如何?日昨有倪椿如先生(周淦卿之岳父,甬人)来告,渠在甬有住宅一所(地址和栈街九号),因避乱居沪,留人看管,宅中尚有书籍及家具等。近据报道,谓甬公安局(警察局)思征用此屋,且拟将前进改造成衙署式样。倪君本思迁眷返甬,闻此消息,甚为狼狈。嘱为设法向当局疏通,免予征用。本拟直接致书沈先生,以恐冒昧中止。甬地警局是否直属于专员公署,如有法可想,望代为说项,或先与江辅义君(江为淦卿之同学)商之,盼复,祝好。

六月廿四日　丏尊

弘一大师纪念会需款甚亟,携去之件,速为销售,将款汇沪,又及。

25 日　散馆后与章锡琛、王伯祥、周予同赴周淦卿寓所聚饮,晤倪椿如。

本月　为刘大白《中诗外形律详说》作跋(刊 8 月 15 日《学术界》第 1 卷第 1 期)。文章回忆了此书面世的曲折历程。此书于 11 月由中国联合出版公司出版。

7月

1日　下午五时出席战后第二十七次董事会。

3日　致信夏龙文。

阿龙:

　　来信收到,倪宅不久将派人来甬(持我信访你),如有问题,可与面谈,一方面望先与前途商妥,免予征租。薪水打折,当然不够开销,至于借款营商,究竟有无把握,望以计划相告。四叔与普舅处我也不便开口,有钱者大家囤货,岂肯借人。现正在别处(在沪杭方面)替你谋事,成否未可必,且忍苦任职再说。如薪水有增加之希望(据说一般官俸将增加一半)最好,否则只要有稳妥的买卖可做,小资本当另为设法。凡事有命,身体好,人不坏,就总有办法,天无绝人之路,饿死者必咎由自取也。沪寓开支浩大,薪水所入不够半数,现已戒酒,又接得翻译(佛经)生意,夜间工作至十二时就寝。豫计如此苦干,当能过去,你可不必为我忧虑。弘一师的书最好能即为销去,可与张言如先生商量办法,托他尽些力。祝好。

　　　　　　　　　　　　　　　　丐　七月三日

8日　郭绍虞入职开明书店。

9日　午后与王伯祥、周予同赴中央殡仪馆吊唁朱达君母亲,后同过玉佛寺访住持震华法师,并参观弘一纪念图书馆。

10日　叶圣陶日记载:"作第百六号书寄上海,答伯、村、调、丐。丐翁居然有一篇译文寄来,甚为难得。"

同日　楼适夷日记载:"昨晚整整反覆思索了一夜,决定找夏丐尊先生谈译经的事,他居然颇有答允的意思,如果成功,那生活的大部分可以解决了。"

11日 出席临时股东会。

　　开明书店经长期之休眠,现因环境变动,有呈复苏现象,爰于本月十一日,假座四马路五一四号三楼沪东公社内召开临时股东会。席间,公推孙祖基为主席,首由主席报告股东会延开之理由,续报告已往五年之营业额,上海总店营业额,计一百五十八万七千余元,各地分店营业额共计一千四百七十四万五千余元,共计一千六百三十三万二千余元,过去五年股息拟补垫,每股五角,六年共计三元。本年上半年股利每股五角,合计每股三元五角,先行垫发,俟正式决算办理完竣后,再照盈亏清算。继续论增资问题,该公司股本原为旧币三十万元,经依法折成中储券十五万元。兹从各项准备及资产增值项下,拨出中储券十五万元补足,惟目前百货腾贵,原有资金不敷运用,实有增资必要,特提请股东会再增资二百七十万元,合成中储券三百万元。经全体股东通过,其增资办法如下:该公司原股三十万元,分作一万五千股,每股二十元。增资二百七十万元,计增十三万五千股,增资中之三万股,由公司资产增值项下,拨充旧股东享有之。凡原有旧股东,旧股一股得升二股。增资中之八万股,仍照原价每股二十元发行。增资中之二万五千股为溢价股,每股加收二十元,以四十元发行。新股中之七万五千股,归旧股东认购。旧股认新股五股,其中一股为溢价缴付。认缴数额由董事会依照劳□分配之,认缴新股至本月止。最后选举董事九人,监察三人。计当选董事为王伯祥、朱达君、何五良、周予同、夏丏尊、孙道始、马荫良、章锡琛、傅耕莘等九人,当选监察人为耿济之、章育文及濮文彬等三

人。该公司经理仍由章锡琛继任云。^①

16 日　午后出席第九届第一次董监联席会议,推定朱达君为董事长,选任章锡琛为总经理,并聘定范洗人为经理,夏丏尊、章锡珊、叶圣陶为协理,范寿康、索非、周予同、王伯祥为襄理,议定董监及同人认股办法。六时散,在大利酒楼聚餐。八时许归。

21 日　王伯祥日记载:"炼百(按:即江炼百)来,十余年不见矣。知近自渝蓉陕洛各地转道归,滞昆明已六年云。刻正与致觉、丏尊从事于南传佛藏之翻译,甚盛事也。"

24 日　叶圣陶致信开明同人(蜀沪第 107 号),回谢所赠寿礼。

27 日　午间与章锡琛、郭绍虞、王伯祥、周予同、吴仲盐共饮于三泰成,摊费二十七元。

30 日　王伯祥日记载:"达君、五良、耕莘等来,俱为认额外股事。盖翌日即将截止,一般逐利者竞出此途,所闻所涉无非股者,亦一奇也,而丏尊尤见极溜,浪形失态,毕现本相,更可感叹。"

8 月

1 日　陈乃乾入职开明书店。

4 日　访楼适夷,送预支译费一千元,并谈及募资辑印弘一法师纪念册事。

5 日　下午三时出席第九届第二次董事会,决定解抑各股东额外认股办法,并分派董监认股,分内额外各五百股。

16 日　下午五时出席第九届第三次董事会,分派余股。

---

① 《静极思动之开明书店》,《东方日报》,1943 年 7 月 25 日。

18 日 王伯祥日记载:"通告沪处同仁,自八月起生活津贴再照原薪加百分之三百。(董会决议依薪津总额增百分之五十,今变通,核定约普加三成之数。)"

20 日 王伯祥日记载:"酒后入馆,复为丏尊代撰《兴化僧伽诗征序》(玉佛寺住持震华所辑印,原题《兴化方外诗征》。明出沙门之手而自称'方外',嫌名不称,因为改题'僧伽',从实也)。"

27 日 叶圣陶致信开明同人(蜀沪第 109 号)。

28 日 夜与王伯祥、马叙伦、吴仲盐为章锡琛庆生。

本月 设法营救被日本宪兵拘捕的于在春。

本月 请陈抱一作《弘一法师画像记》,并谈及画像摄影、制版事。

9 月

1 日 《夏丏翁羊毛婚倡和诗》刊《万象》第 3 卷第 3 期,收上述同人诗作 16 律。

3 日 叶圣陶致信开明同人(蜀沪第 111 号),告内地诸人对于增资提案之见解。

10 日 午间与章锡琛、王伯祥、郑振铎、郭绍虞、陈乃乾、王统照、周予同、吴仲盐在杏花楼聚餐,摊费六十六元余。

11 日 致信郑蔚文。

蔚文足下:

别来想安善。世界股事已为询诸陆经理,据云并无此例。小病数日,今日始能作复,想劳久待矣。弘一大师纪念集已作排校中,工料昂贵,需费约数万元,亟盼有人喜舍助缘。乞为转告诸先生及明远同人。专布,即颂 筹祉。

夏丏尊 九月十一日

同日　王伯祥致信叶圣陶，附夏丏尊信。

13日　下午四时出席第九届第四次董事会，朱达君、孙祖基、濮文彬、章育文、耿济之、周予同、章锡琛到会，王伯祥做记录。决议赶办增资登记。

同日　致信夏龙文。

> 阿龙：
>
> 来信收到，据楼建南君（按：即楼适夷）自余姚来函，文川不在余姚，回故乡任乡长，难怪久无复音。带去之书与稿纸，如未带出，可暂缓。或交便人带"余姚东门外后街楼葆纯收"亦可。如已带出，也无妨，因我已函告楼君，嘱其往文川家探询也。近日想已任新职，待遇较前职如何？经商目标定否？甚念。附致张君书，即转交。沪寓平安。
>
> 钊　中秋前一日

15日　出席第二次临时股东会。公推朱达君为主席，报告到会股东户数及权数，已足法定人数。监察人代表章育文报告此次所增新股二百八十五万元已如数一次缴足，并无金钱以外之财产抵作股款情形。主席宣告应即由董事会依法呈请注册。

19日　舒新城日记载："丏尊函还《我和教育》校稿，谓该书能保存五四以后之教育资料不少，至为可贵。又谓近为弘一法师集纪念册需款三四万元，正募化，请随喜捐助，交稣典云。拟捐百元。"

21日　叶圣陶致信开明同人（蜀沪第112号），附内地所登广告底稿。

23日　致信郑蔚文。

> 蔚文老棣：
>
> 惠书快恶，弘一师记念集募缘并无缘簿，因不想广募，

所以纯以私人接洽,将来书成后(赠施资者一册),当于卷末附载功德人姓氏及施资数目也。明远旧友如有意施助,可随力为之,数目现定百元以上(兄自出五百元),因赠书一册须四十元许,出百元以下,便无沾光之处矣。严瞿二君处乞代为以此情转告,并望以此标准,即为奔走征集,先将功德人姓氏及数目抄示(月末寄到),因书已将排好,须登入也。此布,颂筹祉。

夏丏尊　九月廿三日

本月　为弘一大师纪念会编印的《弘一大师永怀录》作序。序言曰:"弘一大师示寂之周年,上海纪念会同人搜辑各方记述懿行及哀诔之作,编为一集,以寄追怀,名曰《弘一大师永怀录》。……综师一生,为翩翩之佳公子,为激昂之志士,为多才之艺人,为严肃之教育者,为戒律精严之头陀,而卒以倾心西极,吉祥善逝。其行迹如真而幻,不可捉摸,殆所谓游戏人间,为一大事因缘而出世者。"此书于10月由大雄书店出版,内收夏丏尊《怀晚晴老人》《弘一法师之出家》《〈子恺漫画〉序》《弘一大师的遗书》及译作《弘一律师》。

本月　与吴仲盐、章锡琛等处理挖掘美成印刷厂残址掩埋铅块事。

1941年秋(按:据王伯祥日记载,应为1943年秋。详见8月27日、9月11日、9月27日、10月1日日记),美成厂的经理吴仲盐先生来上海与琛公、夏丏尊先生商议,大家认为美成厂原存有大量的铅字、铅锭,工厂被毁时大火燃烧,铅字被熔化后流入地下,按此推算在厂基下面凝结着相当数量的铅块,如能挖掘出来其价值是很可观的。经琛公等商定,即雇工在美成厂的基地上日夜开掘,当时发现这块地已被人挖掘过了,结果只掘出一面盆的铅块,希望全部落空。不料,此事被厂基的主人知道了,认为未经征得他的同意擅自开掘,是侵犯了他的产权,即请了律师要对琛公等提起诉讼,赔偿产权损失。有一天,我听到琛公与夏丏尊先生谈及这件诉讼事。夏先生说,掘地的费用已经付出了一笔钱,现在再要承担赔偿费,大家无钱应付,因此颇为担忧。当时我无意中问起厂基主人的姓名籍贯,琛公说姓王,浙江湖州人,是一位丝茧商。开明原来租来一所大的丝厂作为开明的办事处、仓库以及美成厂厂房等。我说,如果是湖州的丝茧商,我或者可以设法浼人进行调解。[①]

10 月

6 日 　与赵景深、朱尧文、黄伯樵夫妇、胡士莹、曾季肃等在沈亦云寓所聚会,讨论昆曲。赵景深唱《访素》,朱尧文唱《闻铃》,赵景深、朱尧文合唱《折柳》,带说白。最后由沈亦云唱《琴挑》,黄伯樵夫人唱《弹词》。

10 日 　《〈兴化方外诗征〉序》刊《妙法轮》第 1 卷第 10 期。

11 日 　王伯祥转赠《蘼芜纪闻》一本。

12 日 　下午四时出席第九届第五次董事会。夜与诸董监在聚丰园为孙祖基调职内政部民政司长饯行,席间议定延聘汪介丞为公司法律顾问。

13 日 　叶圣陶致信开明同人(蜀沪第 113 号)。

17 日 　在玉佛寺召集弘一大师周年纪念会。

这天,夏丏尊居士自早至晚在忙着东奔西窜,诚恳地招

---

① 　钟达轩:《回忆与怀念》,《章锡琛先生诞辰一百周年纪念文集》,1990 年。

待来宾。而窦存我居士的古道热肠,更是无法形容。据说,刚出版的《弘一大师永怀录》稿件,是每篇都由他收集抄写,然后经夏居士之标点与编辑,始行付梓问世的。此外,《社会日报》主编陈灵犀先生,和沪光中学校长卢石青居士夫妇等,到寺礼拜与参观的人们,整天络绎而来,更是不少。玉佛寺住持震华和尚,并曾特设面斋,以飨嘉宾。这次展览的作品,大大小小,各色具备,差不多已挂满了四壁。尤其是夏丏老什袭珍藏的书件,最为宝贵。稣典与存我次之。而丰子恺和陈抱一居士的两帧绘象,维妙维肖,亦假亦真,也使纪念会生色不少。[1]

24 日　夜赴王统照同兴楼晚宴,贺其子在川结婚生女。座有王伯祥、章锡琛、周予同、徐调孚、耿济之、高季琳(柯灵)、李健吾、索非、顾均正、陈乃乾、郑振铎等。九时散。

28 日　午间与郑振铎、章锡琛、周予同、郭绍虞、王伯祥、徐调孚、陈乃乾、耿济之、吴仲盐在公司聚饮,遥祝叶圣陶五十生辰。

同日　叶圣陶致信开明同人(蜀沪第 114 号)。

29 日　午间与王伯祥、郑振铎、周予同在公司小饮。夜偕夫人与章锡琛夫妇、王伯祥夫妇、顾均正夫妇往贺索非夫妇结婚十五周年。九时许散。

30 日　王伯祥致信叶圣陶,附夏丏尊信。

本月　将"平屋"名下开明股票 500 股(计国币 10000 元)转售与傅景俞"景记",吴仲盐为见议人。

---

[1]　海珊:《弘一法师周年祭礼记》,《海报》,1943 年 10 月 24 日。

11 月

1 日　叶圣陶致信开明同人（蜀沪第 115 号），告内地增资本意。

3 日　下午四时出席第九届第六次董事会，议决投资中国联合出版公司二十万元及调整在沪同人生活津贴两案。

4 日　散馆后与章锡琛、周予同、王伯祥、吴仲盐赴傅耕莘寓所聚饮，十时许散。

8 日　致信夏龙文。

阿龙：

　　来信早悉，公务员生活原无保障可言，此后须别寻头路。我正在替你谋事，成否未可必。（此间新开联合出版公司，资本千万元，已托人去说，谋一位置，或许可能。）你如自有出路，更佳。集资行商，也是一法，但可做之生意极少，如能一边做伙友，一边做些买卖，自更妥当。文川股票已售去，文川户下，可得利二千五百元光景（对分，除去原本利息）。连代收开明股息，拟赠与 2700 元。你可写信给他，说有 2700 元在我处，要用时可来取去。张君交卸后将何往，颇思知道，望一问询。前次携去之资金，离甬前应悉数收回。有利可图否？甚念。即来信为要。祝好。

钊　十一月八日

12 日　夜六时与徐调孚访舒新城，接洽出售联合出版公司股票事，约定由陶菊隐收购二千股。

15 日　致信李芳远。

芳远先生：

　　接连两书，知已任职闽清，忻快忻快。晚晴周忌纪念会于九月十日在玉佛寺设供一日。纪念集亦出版，名曰《弘一大师永怀录》，募缘为之，三百八十面，用报纸印，俨然巨册。计印一千册，费工料共约三万元许，幸有某书店附印五百册，故工料通扯得廉，计实费二万四千余元。募缘成绩颇佳，不用缘簿，只私人分头接洽，最初以三万元为目标，而结果得四万余，故尚余半数，老人缘法之好，可谓难得。此款用以刊行《尺牍》（拟名曰晚晴山房书简第一辑）不愁不敷，《文录》亦拟同时进行也。如此逐步将遗著流通，事实上无异全集，只是分期分类出版而已。目下资财无忧，因各书以实价发售，成本可以收回运用，所忧者材料四散耳。尊编各种材料，当然可作为中心部份，如续有可搜之处，望多方留意，钞录寄沪。录后须精校一过，恐有错字也。并请以此意告知与老人有交谊者为盼。协和大学教职，自惭无学，兼以行旅困难，无法往就，望为婉谢。弘公遗墨及演讲录永怀录等，各书曾托苏慧纯居士觅便人带数十份至厦门，再由厦设法分布泉漳等处，迟早当能分别到达。如先生能向弘公生前有关各寺刹探询，当可见到也。率复。

夏丏尊　十一月十五日[①]

21日　赴宁波同乡会参观黄宾虹八秩诞辰书画展。

23日　下午四时出席第九届第七次董事会，"于内地又欲增资事及所登掩护广告有所讨论，金主听其发展，俟后再图补救"。

24日　午后舒新城来访，谈股市。

同日　赠丰岛与志雄（自日本来沪）影印版《药师本愿功德

---

① 李芳远：《夏丏尊与李叔同》，《东南日报（南平）·周末版》第213期，1944年3月4日。

经》一册。

29 日　傅雷致信黄宾虹。

　　开明书局夏丏尊君，曾有于不蚀本之条件下，承印一二部大著之表示，故拟于今日午后前往面洽。现最需知悉者，厥为书稿名目清单，上须注明切实字数，以便计算排印工本。至《古钵考证》稿，则另行探问石印价目，但亦急须确切字数，或若干开之纸数、若干篇幅，以便预算估价，至盼克日开示为幸。……又夏丏尊君嘱代求绘已故弘一法师《晚晴山房图》，以二尺长度为最宜。闻弘一法师亦为先生旧盟友，谅必乐为纪念也。夏君云，前吾公曾为绘过一图，嫌篇幅略小，故敢再求一帧，存放纪念弘一法师之公共场所。彼另有纪念弘一之刊物邮奉，作为参考，或吾公阅后可有诗篇附在图上云云。又夏君有意购存尊绘一帧，而以未能出高价为言。鄙见，不妨就现剩诸帧中，请其选留一幅，价可特廉，因先生曾有从权之命，故敢建议，至彼愿否承受，仍听自便。

12 月

2 日　傅雷致信黄宾虹。"开明书店夏丏尊、章锡琛二位曾晤谈，对刊行尊著《画家轶闻》一书，有意帮忙，正在预算印费，商议办法。据屡次来书所述，该作包括二三十人，每人三四千字至一万字，则合计当在二十万言上下。如是巨著倘能由开明出版，必可减轻同人责任不少。又夏丏尊君极爱尊绘，而以未有多金为憾，因冒昧代为作主，就会后剩余作品中择一小幅墨笔山水赠之。"

同日　傅雷再致信黄宾虹。"顷发上寸缄后，适得开明书店夏丏尊君电召,往谈刊行尊著事。渠意拟双方各半出资,将来售款所得亦双方均分,纯属友谊合作,绝无营利性质。照目下各种印刷行市,《画家轶闻》一书,假定为二十万字,则印一千册当为六万元,双方各半负担,计为三万元。”

5日 王伯祥日记载:“夜与丏尊、雪村应夷初约,过饮其家。予同后至,又别有陈、夏两客,凡六人。尝其家制所谓‘马先生汤’,清鲜特甚。汤品不难于鲜而难于清,此汤清不沾衣,鲜厚隽永,洵奇品也。饮后长谈,展玩其所跋《兰亭》景本。九时许始辞归。”

8日 王伯祥日记载:“为丏尊拟函稿,将书托达君携以谒仲辉(按:即邵力子),对此间增资及内地误会详予解析之。即夕约丏尊、雪村、达君、予同集耕莘家小饮,六人深谈。以丏尊武断,未决定。九时许散。”

11日 傅雷致信黄宾虹。“至此次开明承印一事,缘鄙意认为《画家轶闻》一书篇幅似最巨(据历次手教而推测),印费亦最昂,故贸然与夏丏尊君言之,讵彼二三日内即决定接受,但渠意稿子必寄齐后方可发排,否则时作时辍,于排工方面甚多不便,且不宜遵照来书所言陆续出小册,待出完后并成丛书。因现下大部书易销,零星小册难售,无人注意,反不普及故也。若《画家轶闻》一书,据夏、章二位估计,半年内售去三四百本必无问题。彼等于战后苦苦支撑书局,深知时下购买力,决无虚语,可以断言。”

13日 致信夏满子。

满子:

　　小墨来信早收到,章家爹之款,你们替他处置就是,切不要汇到上海来,因为汇来太不合算(二元掉一元)。他家近来境况颇好,不等钱用。前次因我懒,未将你们寄来的信转给他,所以有误会,你们不必介意。秋凡前月出嫁,夫家姓陈,宁波人,妆奁品箱子四只,据说要花十多万。若在战前,不过千金而已。马桶一只,脚盆一只,就要千元以上,其他可想而知了。你近来身体如何,三午已能走,照理可比以前舒服些。我们在高物价之下挣扎着,母亲无恙,我烟照常抽,酒也仍喝一顿,每月仅这两项,费将近千。以后如何,简直无从想像。六年多已过去了,以后的一二年,想来也一定过得去的,听天由命就是。秋云近日在上海,据云故乡情形可虑,春晖学生不满百人,阿琰在校附读。有暇望常寄信。祝好。

丙　十二月十三日

14日　黄宾虹致信傅雷,言合资印书一事,宜于编辑剪贴之学,并拟将石涛、石溪及渐江补足之本,先雇写手赶成,以答盛意。

15日　凌晨四时,多名日本宪兵闯入夏寓将夏丏尊逮捕,羁押至北四川路宪兵总部。一同被捕的还有章锡琛、世界书局赵侣青、中华书局潘公望、北新书局李希同、国强中学校长奚颂良、乐群中学校长周绍文、养正小学校长钱选青、旦华小学校长徐子华、务本小学校长姚季琅、阜春小学校长顾楚材等。"所侥幸的是:在夏先生案头上的从内地寄来的有关推动抗战文化的函件,不曾被敌人拿去,敌人所拿去的,只是些无关重要的东西。"①

王伯祥日记载:

> 未明,四时,剥啄声喧,日宪兵多人闯然入,逮雪村去。

---

① 沈汀.《亦幻法师谈夏丏尊》.《世界晨报》,1946年5月9日。

留一宪兵于楼下守之,禁出入(惟儿童入学则放行)。余与红蕉俱被阻,不得出。至十一时半,始让余二人行。均正来访,则被留(至下午二时亦使令行)。盖先至丙尊所指逮。临行,丙尊属其家人通知老板(平日戏以此称呼雪村),遂因而连逮也(来时即由丙尊长媳秋云领捉,可见牵连)。余既出,亟至公司,则颂久、高谊、叔同及小川(按:即小川爱次郎,日本驻沪总领事馆顾问)等俱在,始悉正在营救中,至其出于何因,竟未详耳。小川言,人羁虹口宪兵队本部,必无大事,不日当可出,属先送果点少许去。及派人送去,不纳,罢归。至四时,夏、章二家留守之宪兵撤去。五时半,余候信无望,乃归。走二家慰安之。

同日　叶圣陶致信开明同人(蜀沪第118号)。

16日　舒新城日记载:"未几,高谊、索非、息岑等来,据谓教育界被捕者达三十余人,南洋模范中学六十余岁之国文教员亦被捕。昨日经彼等与各方接洽,不得要领,今日由叔同及高谊访日人大川(按:或为大川周明)亦未遇,下午由杨子游带同章、夏、潘之家属送物至虹口日宪兵本部与章等,亦不许送入。晚由江上达宴大川、木村(按:即木村增太郎,伪中央储备银行顾问)、小川等于其家探听情形后再商办法。"

同日　王伯祥日记载:"终日无息,惟知叔同等奔走甚力云。"

17日　舒新城日记载:

午前出店,叔同谓大川等对章、夏等虽允尽力,但案情如何,终未明悉,惟知此次之事为前年十二月八日以后之惟一大事耳。彼等要求其转达宪兵队,谓此次所扣者均为教育界及文化人,在礼貌与待遇上尤其对于身体上请予优待,彼等允照办。下午小川曾亲去宪兵队,拟将章、夏、潘三人保出,据云关系重大,不能办,惟对于彼等之身体及待遇则负责保障。

同日 王伯祥日记载:"据叔同等传述小川言,丏、村今明可出。即遍告达君、耕莘等。但抵暮未见归来,仍废然归,闷坐小饮。"

18 日 舒新城日记载:"章、夏、潘等之事仍无结果。"

同日 王伯祥日记载:"夜归小饮,心乱如麻,竟不知作何语以慰夏、章两家也。"

19 日 舒新城日记载:"晨叔同来电,谓章等三人,已由宪兵队迁居兴亚旅馆,案情仍未明,不过待遇可大优云。"

同日 王伯祥日记载:"午后绍虞来,索非来,仍无好消息。夜品珍来,谓有日宪兵姓新田者送丏尊手条来,言不日可出,雪村亦签名其上云。有顷,索非来,出示此条。为之大慰,因同诣两家告安焉。"

20 日 王伯祥日记载:"丏、村事仍劳空望。"

21 日 王伯祥日记载:"抵暮,丏、村出来之讯仍杳。夜归小饮,扼腕难咽。"

22 日 王伯祥日记载:"仍无消息,闷甚。"

23 日 王伯祥日记载:"据索非传述消息,谓可取保,明后日当可出来云。"

24 日 王伯祥日记载:"据叔同等转述小川言,谓今日丏、村必可出。然俟至散馆仍未见来。归后强饮以待,又与索非、予同至丏尊家告慰,并留待至十一时,毫无动静,只得废然各归。心痒难熬,是夕竟彻旦未寐。"

25 日 由上海特别市政府保释。

王伯祥日记载:"十一时确息,下午二时丐、村可出。至一时三刻,小川亲往宪兵部接出,径诣中华书局。余得讯即往迎之,荏苒十日,竟如三秋矣。抵晚归饮,共谈至十时乃各就寝。心上大石始移去,且暂安之。"

这一次同时被捕的共有五六十人,大多是旧市立中小学的校长跟教职员。拘系时的生活情形:每天吃冷饭两餐(晨间吃他物),没有菜,只有一撮盐,或者一碗酱汤。夜间睡在地板上,每两个人合用三条毯子。许多人挤得紧紧的睡满一屋子,像白铁罐头里的沙丁鱼。大小便以及痰唾都在一个木桶里,木桶放在屋角,其味可想。朝晨送来一桶水,大家就桶内洗脸,洗手,漱口。每天要运动几次,所谓运动,就是走马灯式的绕室而行。……夏先生初进去的几天,因为营养不良,曾患便闭,服了药就好了。出来的时候面部略现浮肿,不久也就复元。那时候正值严冬,幸而天气还暖和,二人都没有得到什么病。[1]

26 日　聂文权、陈俊生、王笙伯等来慰问。

28 日　夜与章锡琛赴唐坚吾、濮文彬晚宴,王伯祥、唐坤元等作陪。十时许散,与王伯祥同乘归。

30 日　夜与章锡琛赴吴叔同、陆高谊、蒋息岑大雅楼晚宴,王伯祥作陪。九时许散。

31 日　夜六时参加开明同人一家春聚餐会,与王伯祥、陈乃乾、章育文、郭绍虞、周予同、徐调孚、孙祖基、耿济之同席。

月底　高季琳偕友人来访。

---

[1]　叶圣陶:《关于夏章两先生被捕》,《中学生》复刊后第 76 期,1944 年 6 月 5 日。

本年春　为谢胜法所藏弘一法师涅槃像题法师辞世偈语。

1944年(甲申,民国三十三年)　58岁

▲4月11日,周扬《马克思主义与文艺·序言》在《解放日报》发表。

▲9月5日,国民参政会三届三次会议在重庆开幕。15日,林伯渠代表中共中央提出建立联合统帅部和成立联合政府的建议。

▲11月10日,美军飞机对上海进行最大的一次空袭,投弹目标为日军在沪军事目标。是日,汪精卫在日本名古屋病死。12日,伪中央政治委员会召开临时紧急会议,决定由陈公博代理伪政府主席并兼行政院长。

▲11月,中共中央派周恩来赴重庆,与国民党商讨建立民主联合政府的具体步骤,被蒋介石拒绝。

▲本年,上海物价上涨的速度为战后最快的一年,是上海市民在抗战中灾难最深重的一年。

1 月

5 日　午间与郑振铎、王伯祥、周予同、王统照小饮于章锡琛寓所。

同日　叶圣陶致信开明同人(蜀沪第 123 号),"申论内外隔膜必彼此谅解始可"。

上旬　大藏经刊行会会址移至法藏寺。

14 日　午间与郑振铎、王伯祥、周予同、耿济之、冯宾符、徐

调孚小饮。

20 日 叶圣陶致信徐调孚,询夏丏尊、章锡琛在沪被捕事。

21 日 致信陈无我、陈海量(刊 3 月 1 日《觉有情》第 5 卷第 13—14 号)。

法香、海量二居士慧鉴:

　　启者,鄙人比以宿障,遭逢厄运,幸佛力冥加,得逢凶化吉,恢复故常。在困厄时,备蒙各方道友关念,如法藏寺兴慈老法师、亦幻法师,静安寺德悟法师、密迦法师,及陶希泉居士、李圣悦居士,且存问舍下,各以资财惠施,总数为六千元,盛情高谊,真足感激涕零。唯是鄙人此次遭厄,除身体暂失自由,精神曾受刺激外,资财则无耗损,自不应受此巨大之补助。欲分别璧返,又觉却之不恭,再四思维,唯有以此净财移充善举,代为造福之一法。今将斯款送达尊处,愿以半数三千元为《觉有情》月刊经费,以半数三千元为放生会放生之用,伏希接受,并盼将此信登入下期《觉有情》中为荷。专布敬叩道安。

　　　　　　　　　　　　　　弟夏丏尊合十　一月廿一日

23 日 王伯祥日记载:"饭后秋云来,言丏尊径赴坚吾之约,先往玉佛寺一行云。垂暮,余独往纸张公司,途遇谢子敏,因邀坐于大华教育用品社,掌灯乃过坚吾。有顷,雪村、丏尊、孝文先后至,文彬父子亦来,遂入坐开饮,畅谈至九时许乃散。坚吾为唤三轮车送余与丏尊归。抵里口,丏邀过其家看书画,有李叔同《前尘梦影》诸题辞及陈师曾、张子祥两画册,展玩至再,十二时方返寝。"

中下旬 王统照为夏丏尊、章锡琛作诗一律。

橘柚怀贞历岁时,充庭丹实耀寒枝。

繁霜鸿雁空飞唳,南国芳馨寄梦思。

密雨敷阴成碧树,冬暄噢雾佐清庖。

枳荆遍植争前路,受命灵根未可移。

26 日　上午王伯祥来访。

27 日　午后王伯祥、孙祖基来访。

本月　经黄幼雄介绍,应承为范泉订正《鲁迅传》译文稿。

本月　应如三法师之请,为纪念法藏寺创建二十周年暨改建净土道场,谢绝法事,树立清规一周年撰文《我的随喜》(刊 4月 1 日《觉有情》第 5 卷第 15—16 号)。

2 月

2 日　午间与章锡琛、王伯祥夫妇等参加钟达轩之子汤饼会。三时许散。

3 日　午间与王统照、耿济之、郑振铎、顾均正、徐调孚、周予同、朱子如、郭绍虞、周振甫在章锡琛寓所聚餐。二时许散。

11 日　下午四时出席第九届第八次董事会,决议调整同人薪津,普加四成。

15 日　夜六时与唐坚吾、章锡琛、王伯祥、徐调孚共赴唐书麟新新酒楼晚宴,晤刘季康、曹冰严、唐文光等。八时许散。

18 日　叶圣陶日记载:"下午四时,黄任之先生夫妇二人来访,谈丐、村二人在沪被累消息,并略谈我国经济战事。"

同日　黄炎培日记载:"到陕西街 106 号开明书店编译处,访叶圣陶并晤其夫人。谈询夏丐尊报载惨死事,恐不确,并询《苞桑集》付印事。"

29 日　将"钊记"名下开明股票 100 股(计国币 2000 元)转

售与郑振铎"康记"。

同期 将"吉记"名下开明股票 134 股(计国币 2680 元)转售与詹家驹"詹沛记"。

3 月

2 日 与郑振铎、周予同、徐调孚、郭绍虞、王统照、陈乃乾、顾均正等共筹赙仪 1200 元与王伯祥(其弟王钟麟日前去世)。

3 日 叶圣陶日记载:"洗公来书中,言上海来内地者所述丐、村二人被捕情形。大约敌方令丐翁出任某种文字工作,丐不愿,遂加拘捕。临出门时,丐嘱女佣往告雪村,敌宪兵遂并拘雪村。二人所居之霞飞坊曾封锁三日,不许通行。至如何释出,来人未之知。余思保释之际,或不免表示虚与委蛇,然违志而行,其情益苦。最好自当乘间转来内地。唯一经离沪,必将有人代受厥累。如何计出万全,实为难处。"

6 日 为夏弘宁与王洁填写订婚证书,并在大利酒楼举行订婚礼。

7 日 王伯祥日记载:"过访丐尊,感冒,已三四天未到馆,特往存之,兼候达轩病状。"

8 日 叶圣陶日记载:"得上海信,有伯、调、丐、绍虞四人执笔,调孚信述丐、村二公被捕事甚详,唯何因而受捕,又何因而释出,皆不明晰。"

9 日 下午出席第九届第九次董事会,"报告内地增资经过,兼定于六月一日仍借支八厘,付卅二年度下半年股息(即半年四厘)"。

12 日 午后郭绍虞、王伯祥、吴致觉先后来访,长谈佛法。

15 日 叶圣陶致信开明同人(蜀沪第 125 号),言朱达君已到成都,并告知内地同人将于四月中在桂林公祝范洗人六十大寿。

24日 王伯祥日记载:"晨过访达轩,已大有起色,为雪村治事。少坐下楼,复与丏尊略谈,即行入馆。"

本月 范泉来访,谈及《鲁迅传》译稿事宜。

大约过了两个月光景,我第二次去看望丏翁。他象见到一位熟识的老朋友一般,很高兴地和我握手,招呼我:

"啊,你来了!译稿我已看过。我们开明书店今后可以出版。"

等我坐定以后,他具体地说明了这部书的优缺点:优点在于简明扼要,缺点在于有不少因为是外国人的观点,说得似乎不够恰切。然后他亲切地指出我译文的一个毛病:

"有些语句,得意译。不能完全直译。意译了,反而能够表达原作的精神。"

他随便翻阅原著,念出原文,举了几个例子,给了我很大的启发。他指出的毛病,正是我长期来十分苦恼而没有解决的问题。①

4 月

1日 与聂其杰、李思浩、吴蕴斋、范古农、郑颂英、赵朴初等合著的《法藏讲寺净土道场经始纪实》刊《觉有情》第 5 卷第 15—16 号。

11日 夜在章锡琛寓所聚饮,与王伯祥、张子宏、张雄飞、王巧生、王稚圃等同席,九时许散。

---

① 范泉:《丏翁和叶老》,《我与开明》,北京:中国青年出版社,1985 年版。

19日 夜饭后过王伯祥寓所长谈。

30日 夜与王伯祥、徐调孚在章育文寓所聚餐,饮后长谈。

春 由卢石青介绍,与郑逸梅在玉佛寺会面。

顷蒙夏丏尊君为予书纪念册,录其儿时所作小诗一首云:"蚤来携镜照,镜中对吾笑,持此自爱心,芬芳永为宝。"作行书,极流利。予慕君名久,前年始通问,今春乃晤之于玉佛寺,鬓发萧然,盖瘁于文字数十年矣。谈出版事业,历历如数家珍。君与弘一法师生前殊相契,拟辑刊弘一尺牍以留纪念,予深盼其早成事实也。[①]

5月

2日 傍晚访章锡琛,晤吴仲盐、王伯祥等,即在章锡琛寓所小饮。

4日 午间应内山完造招请,与章锡琛、陆露沙、傅彦长、查士元、小泉让等在日式料理店六三园(原日本驻沪总领事住宅)庭院聚餐,并合影。

15日 致信李芳远。

芳远先生:

两书先后收到。仆被困旬日,幸无恙。唯生活压迫日甚,殊感苦痛耳。弥来为人翻译佛籍,赖稿费补助米盐,老年力作,手眼俱疲矣。尊怀抑郁,万望有以自宽。前寄来《晚晴老人谢世辞达悎》,无处可以发表,尚存箧中,知念并闻。印刷工料愈昂(纸每令六七千元,排工二百元千字),思编老人书简集,苦于无法进行,如何如何。率复,即颂,

---

① 郑逸梅:《醉红小语》,《万象》第 3 年第 12 期,1944 年 6 月 1 日。

544

撰安。

夏丏尊顿　五月十五日^①

19 日　王伯祥日记载:"夜饭后丏尊来,告霞飞坊房屋收归军用之谣已甚盛,恐不免云。徒滋叹嗟,竟无法以善其后也。"

22 日　王伯祥日记载:"房屋问题谣风益扇,属均正往询收租人丁姓。据答,账房中绝未闻有此事,恐误传耳。均正来复,并往告丏尊,共慰之。但现在世情奇幻,诚未可即以为信也,亦惟有听之已。"

26 日　午后四时出席第九届第十次董事会,决定董监夫马费,并调整同人薪给。"美成前假之款发掘遗铅未着,今乘此时会,雪村提出免利返还,同席无可否,当然如欲以偿,且亦仅有偿还之名耳。"

30 日　王伯祥日记载:"十时偕索非、龙文往华懋大楼恒业公司续订住屋租约,更改期限为本年四月一日至翌年三月卅一日,月租五百五十元,添收押租两个月,又纳契纸费卅元,凡付出二千二百卅元,始将此事办妥。"

6 月

15 日　叶圣陶致信开明同人(蜀沪第 126 号)。

16 日　下午与王伯祥、徐调孚过内山书店看书画。

18 日　王伯祥日记载:"接振兴住宅组合油印通知二件(一通知大部分房屋或收回或并住;一通知派员拆回暖空设备)。午后过丏尊,询日文通知内容,因得释如上。遇仲盐,因偕返长谈,

---

① 李芳远:《悼夏丏尊先生》,《中央日报(永安)·中央副刊》第 655 期,1946 年 5 月 14 日。

移时乃去。"

24日 大藏经刊行会在法藏寺召集理事会议,讨论各部工作规划。

本月 与友松圆谛、内山完造在法藏寺会面,谈有关佛教上的问题。

后来,友松圆谛和尚自日本来,又有事要拜托夏先生。当时,上海市面已成完全黑暗状态,开明书店等都是业务萧条。那一时期,夏先生每日午前在法租界法藏寺中独关一室,进行将《南传大藏经》译成中文的工作。我把友松和尚希望会晤的话说给他听,马上就约定明天午前到法藏寺见面。

第二天,我陪同前往,夏先生已经在等候了。一经介绍,两人非常高兴,将《南传大藏经》,还有将近完成的《华严经疏钞》拿出来看。谈了许多我所不懂的佛教上的问题,不知不觉就到了中午十二点。夏先生说,"想吃好的也没有,就在寺里一齐吃面吧!"给三个人叫了素面。素面二字在日本看来是非常窄的面条儿,可是,在中国并非如此,做得仍然很讲究。配着应时上市的香菇或是竹笋以便提味,上面还浇上喷香的上好芝麻油。

吃完饭,友松和尚请求"大笔一挥做为纪念",夏先生马上提起笔来,即席吟诗一首:

君来正值米荒剧,梵寺凄清面共餐。万一太平真绝望,重逢当在妙莲端。

连说"不成意思、不成意思!"非常谦逊地交给和尚。

我的学识不丰,不能判断这首诗的真意是否凄苦,但推测当时夏先生的心情,当是十分痛苦的。友松和尚十分感谢。关于《南传大藏经》的翻译工作,友松和尚也参加了不少意见作为参考。所看到的刚近完成的《华严经疏钞》,实在令人感佩,在大战之中,像这样的出版物,而且都是善本,不论印刷还是装帧,看起来全部像战前的东西,极为讲究,在日本也难见到。

夏先生将《华严经疏钞》交给我十五部,托我送往日本。全部工作完成后,由我用包裹分别寄赠东京大学、京都大学、东洋大学、大正大学、驹泽大学、大谷大学、龙谷大学、高野山大学、法隆寺、延历寺、东福寺、妙心寺、万福寺、宽永寺(另一处已想不起)。当时正是海运极为危险之际,全部抵达的消息到达后,我才安心。其实,战前弘一法师在福州鼓山涌泉寺发现现存的中国最古的版本,道霈禅师所著《华严经疏论纂要》也曾有十五部寄赠日本,那也是夏先生的法缘,由他托我寄赠的。有了那一次赠书,才又有这一次。①

7 月

4 日　生日。午间开明同人及吴仲盐、章育文、江红蕉、郑振铎、耿济之等在章锡琛寓所为夏丏尊祝寿。二时许散。

11 日　王伯祥日记载:"更三(按:即王更三)日前防空时为日宪兵掌颊倒地,并踢断腿骨,卧宝隆医院疗治。索非、丏尊、绍虞俱往探视云。"

同日　陈乃乾送来生油十斤,香烟十匝。

14 日　午后出席第九届第十一次董事会,议决调整薪给,起

---

①　内山完造:《忆夏丏尊先生(二)》,罗猷启译,《新晚报(香港)》,1954 年 12 月 28 日。

薪津贴再加十二倍。

8 月

5 日　晨探视病中的王伯祥。

7 日　王伯祥日记载:"二时返馆,均正适自雪村所来,谓村呃逆仍作,且势极猛,殊以为虑。子如亦坚请余定主意,须延医。余遂属子如电招克明即时赴诊,同时属品珍知会其家,子如亦往。三时半,丐尊自村所来,谓克明已诊过,谓为无妨,属方而去。未几,子如、品珍亦归,所言相同。"

16 日　王伯祥日记载:"昨日丐尊言,致觉为蜇所困,拟借地下榻,属意于余。余归家料量楼下,似可再设一榻,与润、滋同室,因于今晨走复丐尊,属达意请先来一看。但今日夜饭后尚未见至,未审何故。"

17 日　告知王伯祥,吴致觉身体不适,看房之事须延后数日。

19 日　为王伯祥购得《景德传灯录》三册。

31 日　《申报》第 4 版发布大藏经刊行会消息:"盛文颐氏创办普慧大藏经刊行工作,规模宏远,计划周密,允为文化上之伟业。现悉第一期工作将告完成,计出书四十八种,八十一册,内颇有世间罕见之典籍。而新译南传大藏亦已有部份印行。……南传大藏为原始佛教之经典,自阿育王时代传入于南天竺者,其原本为巴利文。欧洲各国多有译本,而东土向所未见。最近日本始翻译完成,全部七十巨册。该会现依据日译本重译。初稿大半已成,正在修订中。今第一期刊行者有长部,中部,小部及论部,各若干种。其小部经典中之本生经,甲语体翻译,可作大众及儿童教育读物,尤为特色。"①

本月　与震华法师、窭存我、郑颂英商定将弘一大师图书馆部分初机佛书陈设于佛学图书馆,便人借阅(按:见《觉有情》第6卷第3—4号《弘一大师图书馆拨交上海佛学图书馆借阅处经书目录》)。

9 月

15 日　午间与郑振铎、周昌寿、陆高谊、韦傅卿、吴叔同、蒋息岑、赵侣青、王伯祥等在章锡琛寓所为其庆生,"雪村且以旧藏尊酒开坛见饷,客皆尽欢"。三时许散。

17 日　晨访王伯祥闲谈,晤聂文权、耿济之。十一时返。

20 日　下午四时出席第九届第十二次董事会,议决变动存纸、购入地皮、调整薪给等项,由经理参酌同业情形后再议办法。

30 日　午间与耿济之、郑振铎、严敦易、周予同、郭绍虞、徐调孚、王伯祥、章锡琛在金城大楼联合食堂聚餐,共赏中秋。

本月　为《本生经》撰写汉译凡例。此书于本年由普慧大藏经刊行会先行出版二册。

本月　经内山完造介绍,与岩波书店小林勇相识。翌日与章锡琛、小林勇在四马路言茂源饮酒品蟹。

本月　经夏丏尊、李芳远、蔡冠洛、陈海量、毛子坚等帮助,林子青编纂的《弘一大师年谱》由中日文化协会上海分会出版。

10 月

1 日　为《晚晴山房书简》作序。

---

① 《普慧大藏经刊行会第一期之成就》,《申报》,1944 年 8 月 31 日。

14日　应章锡琛之邀,散馆后与傅耕莘、濮文彬、唐坚吾、周予同、王伯祥、谢子敏、徐秋生等聚饮。章锡琛即席作诗,宾主尽乐。九时许散,与王伯祥乘电车归。

30日　散馆后与章锡琛、王伯祥、周予同、顾均正、陈乃乾、郭绍虞、周振甫、徐调孚、朱子如、索非同赴濮文彬、唐坚吾上海纸张公司晚宴。九时许散,与索非、周予同、顾均正、王伯祥过章锡琛寓所小坐。

本月　与李芳远合辑的《晚晴山房书简》由弘一大师纪念会印行,内收弘一法师致个人信函94通。

11 月

3日　吴仲盐在绍兴病故。

5日　召集弘一大师二周年纪念会。上午设供念佛以为回向,下午除展览遗作外,广约缁素中与大师有旧者开座谈会,各述遗行往事,以寄追思。

今年展览的作品虽较少些,但在大师图书馆楼下三开间之四壁,亦已悬挂得琳琅满目,美不胜收了,且都比去年的尤为精致名贵。其中仍以丏尊居士珍藏之联条为多,存我与稣典二居士亦各有佳品。综览各件,书体风格,各有不同。……大师既擅书法,且善国画,但自出家后,已摒绝绘事,专写字结大众缘,故各方珍藏得画作者甚鲜。此番展览室内,丏老悬出大师昔时所赠之绘竹屏条一幅,实为仅有的珍品:修篁一竿,姿势欹斜,著叶萧疏,而素淡清奇,苍古静逸。实象征大师出家后之平淡生涯，高超行径，跃跃纸上。[1]

8 日 王伯祥日记载："午后金才（按：即顾金才）至，将到调任，知《海上述林》已让与翼云（按：即王翼云），得价五千，并送来，甚感之。并附来《晚晴山房书简》一册，想系丏尊所赠者。"

9 日 王伯祥日记载："雪村见告，有旧家出售书一批，凡百箱，索三百万。丏尊与乃乾欲掮以取佣，村则欲为图书馆致之。刻尚未得确息。余谓丏、乾既视此为利薮，而丏又素志恶蓄书，此路必不可通。及午后丏来，村询之，果符余之所料，并目录亦靳，不肯示人矣。丏尊平日时以梨洲与晚村争书利为讥笑，今乃躬蹈而不恤，且从而加鄙焉。耄及所戒，可胜慨叹。"

11 日 王伯祥日记载：

> 晨九时出，忽闻空袭警报循环，走至法国总会，飞机已到。一时炸弹降落声与高射炮声纷然杂作，亟避入总会中暂避。……仍赴馆，途中店肆均收市，行人尚多，想皆为赴事之人耳。闻人言，方才所闻之声，已有多处着流弹片屑而致死伤者矣。惴惴行至四马路石路口，机声炮声又作，乃引入半开之烟纸店暂避。有顷稍停，仍前行。及入馆门，已十时有半矣。甫坐定，爆声复作，自此每间十余分必作一次。默察方位，四周俱遍，而东、北两方尤烈。迨一时半乃解除空袭之报，仍在警戒中，二时许乃令部解除，店肆亦渐开。开明等五家书馆俱提前一时收市。同人除丏尊全日未到及乃乾下午始来外，余均到班，气象尚不十分惨沮云。

13 日 晨与王伯祥乘电车赴法藏寺访吴致觉，晤黄幼希、唐

---

[1] 爱泉：《弘一大师二周纪念之观感》，《觉有情》第 6 卷第 15—16 号，1945 年 4 月 1 日。

敬杲等。

17 日 王伯祥日记载："晨八时半即有警报。九时许空袭警报作，未能即行。至九时半乃过均正、索非，冒险入馆，于丏尊所遇子如，遂四人同行。至雪村所，空袭转为警戒。十一时入馆，已解除警报矣。"

18 日 与王伯祥同赏马叙伦近日所作诗词。

21 日 王伯祥日记载：

> 晨八时即有警报，半小时后便转袭警，四周投弹之声甚烈，形势之严重较十日前尤为紧张。……余则过雪村所少坐。未几，炸声又大作。有顷，索非、均正亦至，又有顷，子如亦至，乃假中联电话向馆中探询，知郭沈、履善已到，调孚、振甫俱未来，即属如见来，便望立转村所，盖今日为洗人周甲之庆，同人假村所为之公祝也。至十二时，调孚到，履善、舜华则十一时前已先到，遂入坐。酒过一巡，振甫亦到，知城中落一弹，颇有死伤，路断不得行，刻方绕道赴会耳。计同坐者为雪村夫妇、稚圭、密先、舜华、履善、智炎、调孚、索非、均正、振甫、子如及余，凡十三人。举觞时炸声正盛，亦置之度外，只索欢饮，至二时许席散。雪村及余等皆入馆，晤予同、绍虞等，并知乃乾亦尝来，缺席者独有丏尊耳。至三时许，予同、索非、均正、子如、履善、舜华及余复过雪村家再饮。至四时许，警报始解除，余等乃辞出，同路各归。

26 日 午间邀王伯祥共享法藏寺素斋，并商榷为兴慈法师代撰的《万年碑记》稿件。

28 日 王伯祥日记载："丏尊自译经事开始后，只下午到馆，已有年矣。近以电车减少，竟不来馆。今日以内山为之购到法帖十五部（盖转贸博利者），特来分配。馆众之欲沾溉者纷向乞请,较量锱铢,状殊可哂。不图身处率导之任者乃躬以利倡如此,岂不大可悼叹哉?"

29日 王伯祥日记载:"午后丐尊又来指配法帖,并约某君同往内山择购巨部之书,昌言买卖。期文所聚,竟同市场,迁流所届,不但馆众将视馆地为列肆,直且踞为射利之渊薮,不识当局何以处之耳。"

30日 王伯祥日记载:"贸书之局已定,今日丐尊果不至。"

月底 小林勇返日本前来辞行。章锡琛赠诗一首:"万国交兵杀气横,一杯对饮快平生。今宵有酒须当醉,未必相逢在九京。"

12 月

11日 下午五时出席第九届第十三次董事会,在沪董监除朱达君、马荫良外齐集,孙祖基为临时主席,通过买受地产案及决定明年调整津贴,并年内特发奖励金。会后聚餐,"甫半,警报作,席终复谈,警亦解除。乃过不多时,电灯忽熄,遣人出视,街灯全灭,人情不免惶骇,略坐后各起去",与周予同、王伯祥、耿济之、章育文同行,"假守宪脚踏车灯一隙之光为导,至旧法租界始见街灯"。

16日 夜与王伯祥、章锡琛、周予同、郭绍虞、索非在傅耕莘寓所聚饮,十时许散归。

19日 王伯祥日记载:"晨七时许即有警报。九时四十分空袭警报作。十一时许续作,甚紧。闻正南方有轰炸声,甚烈。推其地望,当在高昌庙与南车站之间,且有烟上冲,或竟投下燃烧弹也。下午三时空袭解除。四时半全部解除。"

24日 下午四时大藏经刊行会在法藏寺召集理事会议。

553

26 日　夜王伯祥夫妇来,闲谈良久。

31 日　午间与王伯祥、周予同、索非、徐调孚、周振甫、朱子如、丰沧祥、胡智炎、郭绍虞等在章锡琛寓所年终聚餐,共两席。二时许散。

本年春　应蒋国榜之请,为弘一法师书《蒋氏家训》题"弘一大师蚤岁即以书名海内,一生中书之面目屡变,此为代笔,未署己名,笔意奇倔,一望而知为其中年前所作也。大师往矣,书以人重,片楮只字,尽成环宝。斯卷所录为蒋氏先德及良师懿训,允宜子孙永保,奉为家珍。苏庵先生属题。甲申春日夏丏尊"。

本年夏　书莲池大师法语《山色》扇页一幅,款"德培上人正之,甲申夏日,丏翁"。

1945 年(乙酉,民国三十四年)　59 岁

▲4 月 23 日,中国共产党第七次全国代表大会在延安举行。毛泽东作《论联合政府》的报告。

▲8 月 15 日,日本天皇发表《终战诏书》,宣布无条件投降。

▲8 月 28 日,毛泽东、周恩来、王若飞抵重庆,与蒋介石会谈。10 月 10 日,国共签署"双十协定"。

▲9 月 2 日,日本政府在美国战舰"密苏里"号上向美、中、英、苏等盟国签署并递交投降书,第二次世界大战结束。9 日,中国战区日本投降仪式在南京举行。

▲11 月,茅盾《清明前后》与夏衍《芳草天涯》在重庆上演,《新华日报》组织座谈讨论(记录发表于同年 11 月 28 日《新华日

报》),引起关于政治性与艺术性关系以及现实主义等问题的讨论。

1 月

8 日 下午四时出席第九届第十四次董事会,"议决设置职工子女助学金,修改董监夫马费支给办法及总经理、协理、襄理加支交际费等数案,调整薪给及救济同人生活等紧急措置亦有提及"。五时四十分散,与王伯祥乘电车归。

13 日 内山完造夫人内山美喜子在上海病逝。夏丏尊为内山夫妇撰写碑文"以书肆为津梁,期文化之交互,生为中华友,殁作华中土。吁嗟乎,如此夫妇"。

15 日 夜与王伯祥在章锡琛寓所小饮,八时归。

23 日 夜赴钟达轩之子周岁宴。

本月 法藏学社增设讲习班,招收学僧 20 人。二月间正式开课。夏丏尊、阮伯康等任语文讲师。

2 月

16 日 晨访王伯祥,遇胡智炎、丰沧祥。午间在王伯祥寓所小饮。午后顾均正来,长谈至三时。

24 日 下午四时赴章锡琛寓所出席第九届第十五次董事会,决议垫发三十三年度股息一分,并结束子女助学金事。"入夜聚餐,仍由言茂源厨司承办,肴馔尚丰。"九时许散,与王伯祥同返。

25 日 霞飞路北口遭封锁,传言华懋公寓附近(今长乐路、茂名路口)将划为警戒区。夏丏尊闻讯即与王伯祥商议。

27 日　午间与周予同、王伯祥、郭绍虞、陈乃乾、周振甫、顾均正、朱子如、徐调孚、索非、郑振铎等在章锡琛寓所举行元宵会。章锡琛即席赋诗,同人尽乐至二时半散。

本月　入选《上海百业人才小史》。该书由龙文书店发行。

3 月

5 日　王伯祥日记载:"雪村属发布三月起同人薪津再调整,计基本津贴照现支数倍给,生活津贴再加百分之二十,最高级为百分之百,以下依次递减百分之二十。统核开支已将百万,公司能力其殚矣,而天犹未明,为之奈何。"

9 日　午间与郑振铎、王伯祥、耿济之、周予同、顾均正、陈乃乾、郭绍虞、徐调孚、周振甫在章锡琛寓所为王统照返山东饯行。

11 日　下午舒新城来访,未遇。

15 日　下午四时出席第九届第十六次董事会。

18 日　午刻与开明同人在静安寺公祭孙祖基之母,由傅耕莘主祭,王伯祥宣读祭文。仪毕聚餐。

19 日　舒新城日记载:"四时去开明访丐尊未值,与周予同略谈而返。"

4 月

1 日　王伯祥日记载:"上午十时出,丐尊适来,因同赴雪村所。少憩,再偕往山西路、宁波路三泰成酒家午饮,盖稚圭及此店小主人所约者。……警报忽作,有顷,空袭警报又作,随闻轰炸声六七响,余辈镇定处之。未终席,先后解除。至三时许乃离店复往雪村所,顺道过王星记看书画。四时半始归,仍与丐尊偕。"

6 日 午后邀内山完造同往章锡琛寓所聚饮,座有王伯祥、周予同、郭绍虞、郑振铎。八时许散。

14 日 夜偕夫人、王伯祥夫妇、章锡琛夫妇、索非夫妇参加顾均正夫妇瓷婚宴。席间章锡琛、王伯祥赋诗以祝,"欢笑竟席,电灯已息,别用打汽油灯继之,流连至十时后乃各归"。

15 日 午间邀王伯祥来寓所小饮。

16 日 午后四时出席第九届第十七次董事会,决议救济同人临时办法及调整薪给事。

20 日 午后四时出席第九届第一次临时董事会,通过筹款购办食米救济同人办法。

24 日 王伯祥日记载:"公司配给同人之米已由文彬向颙桥姚永丰米店办妥五十石,将于下周分批送达。散馆时雪村召集全体同人发布之。"

27 日 午后赴王伯祥女儿王漱华在冠生园举办的婚宴。

5 月

7 日 致信夏龙文。

阿龙:

　　两次来信都悉,致玉严函也到。你失业多时,闲散惯了,能遇到忙的机会,也好。一切要好好学习,不可厌烦。家中安好,母亲日来复元不少,已能作轻便生活,胃口每顿一碗半,总算照常了。可勿念。家中新买米一批。煤球也添购好半吨。暂时已无恐慌。阿弘尚未返申,甚以为念。此复,祝好。

　　　　　　　　　　钊宇　五月七日下午

13 日 晨访干伯祥,未遇。午间邀王伯祥来寓所小饮,谈战局,"据告战局有收束望,旧金山与会诸国曾有觉书提向日本,促于今午十二时以前答复云"。

15日 午后四时出席第九届第十八次董事会,五时散。

19日 患病未出。下午王伯祥、章锡琛来探视。

27日 夜王伯祥来探视。

31日 王伯祥日记载:"日来谣言甚炽,物价升腾,竟匪夷所思。姑以米价论,昨日石米三十万元,今日即升至四十万矣,他物称是。店家多匿物拒售者,偶有所见,亦人限购买一事耳。景象之紧,已到时见之境也。"

6月

3日 晨郭绍虞、王伯祥、章锡琛、徐调孚、周予同、周振甫来探视,谈至十时许各归。

8日 夜王伯祥来探视。

9日 王伯祥日记载:"市价日腾,石米须五十三万元矣。"

10日 王伯祥日记载:"晨过访丏尊,谈其疾已少间,惟顾虑多,一时难却尽耳。"

12日 王伯祥日记载:"今日米价八十四万元一石,黄金十两达一千八百六十万元,而扶摇直上犹无止境。民生之憔悴不问可知矣。"

17日 午间在寓所办寿宴。王伯祥、傅耕莘、索非、章育文、耿济之、周予同、濮文彬、江红蕉、章锡琛、徐调孚、顾均正、钟达轩、郑振铎、朱子如、周振甫等来贺,各送一万元。

20日 傍晚王伯祥、郭绍虞来探视。

23日 叶圣陶日记载:"今日为丏翁生日,六十岁矣。邮书不通,曾未致一语为祝。满子下面作肴,余傍晚进黄酒半斤。"

29日 夜王伯祥来探视。

7 月

1日 向王伯祥借阅《袁小修诗文集》《袁小修日记》《尺牍新编》《结邻集》《梅花草堂笔谈》等各一册。

3日 晨章锡琛与王伯祥来探视,十一时各归。

7日 午间王伯祥来探视。

8日 王伯祥日记载:"上午丏尊来,病后试步,居然不感吃力,惟未登楼耳,似逐渐见痊矣。"

10日 王伯祥日记载:"下午四时出席董会,于同人生活问题又费讨论,决定采紧急措置,授权总经理妥筹办法再议施行。散会已六时矣。"

11日 晨索非、王伯祥、顾均正来访。

15日 午后王伯祥来访。

17日 王伯祥日记载:"十一时许短声警报两声叠作,至十二时空袭警作,飞机三队掠顶过,都约四十架,盘旋久之,始渐远去。人心震动,而行人犹熙恬如故也。下午二时乃解警。过访丏尊,闻人言浦东有棉布厂被炸云。"

18日 致信夏龙文。

阿龙:

　　两信,并款二十五万元,都收到。我病已稍好,热度高时半度,低时二分。胃口能吃一碗半饭。只是气力仍差,又物价日日暴腾,不知如何生活得下去。昨日上海有空袭,大为惊恐,闻东北区(虹口)遭灾者有数处云。阿弘在钱库薪水廿四万,只好勉强对付白马湖,阿奕收入只六万,也要靠他补助,仍是不了。工严零用,由母亲给她二万元,家中安好勿念。企文忽有信给你，谓将随其内兄赴闽，已启程，据信上所说，也很苦恼也，祝好。

钊　七月十八日午

20 日　公司举行第九届第二次临时董事会，议定暂送夏丏尊病居需费百万元。

21 日　晨王伯祥、朱稣典来访。朱稣典赠荷蕊及五色美人蕉各一束。

22 日　王伯祥日记载："十一时警报突作，余甫自丏尊所归。在丏所遇索非。到家后空袭警响，每隔十分必有飞机一批轧轧当顶，随闻轰炸声甚烈，几等倾箩倒煤也。形势之紧张，此间空前所未有，先后凡六批，直至下午一时许时解除。十二时后过均正小坐，闻空袭解乃偕过丏尊慰之，在坐始闻全部解除。"

23 日　午后二时王伯祥来长谈。

24 日　王伯祥日记载："九时往访丏尊，甫坐定，……轰炸之声即至，前后凡五批，直到下午一时始解除。其中最后一批势尤近，十三层楼放高射炮，西邻廿四号后墙脚竟穿进弹片，窗户玻璃俱震碎，幸未伤人，亦大感险恶矣。"

25 日　有传言当日日军将大空袭，霞飞坊居民纷纷外出躲避。晨王伯祥来问安。下午访王伯祥，晤索非、章育文，商谈良久。

26 日　晨顾均正、王伯祥来访。

27 日　王伯祥日记载：

午后三时许，索非奔告，谓有一极坏消息相闻，余颇为耽虑。及说明，乃乃乾猝终于仁济医院也。据云系雪村电话中所告，且属通知余及丏尊者。有顷，丏尊来，相与嗟悼不止，方谋明晨为之奔走，且将通电话于道始告帮，以方晚饭，丙亦归去。乃食甫过，丙尊送一条至，谓病故者为陈抱一非陈乃乾也，盖子如方在丙所详告之耳，不禁为之愕然。海外东坡为其远也，不图咫尺之隔，电筒之间，乃亦有此谣传。于此可知，一切报道之真价诚微乎其微矣。

28日 晨王伯祥来看报，谈时局，"知廿五之夕，中美英三国领袖发表共同对日宣言九条，促日本觉悟投降，同时英总选举，丘吉尔落选工党首领，阿特里当选首相，已着手组阁。日本内阁亦召开重臣会议，虽史太林并未列名，或藉为转圜之地耳。是则和平之局殆有明朗之望矣"。

29日 晨王伯祥、郭绍虞、徐调孚来访，谈至十时各归。

同日 致信夏龙文。

阿龙：

朱子如交来现钞拾万元早收到，今日又由八仙桥大中华号送到拾万元并信，已收到，可勿念。我病已稍好，每餐可吃饭一碗半，只是气力未恢复，多行动些便觉吃力耳。上海最近四日来无轰炸，以后如何，不知道。人心甚乱，疏散者纷纷，我家唯有镇定，因迁避不易，开明同人中尚无迁动者，四叔家亦未动。吉苏家已将小孩二人随同太昌至镇江乡下，每一人花百万元云。荣庄仍在柴店做事，闻尚好。工资十五万元，足够自己零用。此复，祝好。

钊　七月廿九日下午

30日 王伯祥日记载："丙尊见过，谈移时去。"

31日 晨王伯祥来，小坐便返。

8 月

2日 王伯祥日记载："晨讨丙尊看报，绍先来，为红卍字会拉丐入道德研究社，同时又有刘劻青者，介丐见李某，以隐贫名义，谓可得救济金数十万元云。此等事在丐尚不至此，宜可决然辞谢，乃竟趑趄受之，填报申请，不但忘垂老务得之戒，直可谓耄及之征矣。此风所扇，闻且波及调孚、振甫云，良可叹已。"

3日　王伯祥日记载："午前丐尊、均正见过，近饭去。"

4日　王伯祥日记载："晨过丐尊看报。丐以家有祀事，坚留午饮。"

6日　与郑振铎、王伯祥、耿济之、周予同、章锡琛、徐调孚等各送万元作为郭绍虞嫁女贺礼。

7日　致信夏龙文。

阿龙：

　　来信收到。一星期前曾复一信，当可到达矣。现钞五十五万元，已于昨日由朱子如君领取交来，勿念。我体气逐渐恢复，再休养若干日，当可出去走走。沪地旬日来无空袭事，迁地究竟麻烦，暂时只好静观。厂中营业发达，闻之快慰。近来有停工事否？利涉（按：即经利涉，经亨颐长子）于去年返里，近接其夫人来信，谓已于五月十五日病故，为之叹息。汝临行时向四叔借来之十万元，已还讫。此复，祝好。

钊　八月七日晨

9日　下午访王伯祥，晤娄立斋、耿济之等，闻知苏联已于今晨向日本宣战，苏联报馆及塔斯通讯社均被封闭。

10日　晨王伯祥、顾均正来谈昨日所闻事。夜闻日本投降的消息，彻宵未眠。

13日　午间访王伯祥长谈，晤聂文权。

15日　晨王伯祥、徐调孚来告，日本确已接受波茨坦宣言，在军舰上签署停战条款,天皇将于今日中午广播此事。夜马叙伦、章锡琛、王伯祥来谈时局,知大势已定,唯上海局部地区维持治安不易。

17日 晨顾均正、章育文、王伯祥来谈时局,知市价已稍稳定。

19日 晨顾均正、徐调孚、王伯祥来访。

20日 王伯祥日记载:"丏终受隐贫恤金,孚成之。"

22日 致信夏龙文。

阿龙:

来信早悉,和平消息证实后,市面初则暴涨,继而暴跌,唯小菜及一般零星杂物,价仍昂贵。米价由二百万跌至八十万,你的薪水依米计算,实用品价值若不下降,生活将益窘矣。我病如故,体气仍未能恢复元状。家中每日买小菜费万余元,每餐我吃一蛋,又肉一块。总算已经不坏。厂中营业兴隆,可喜。但时局转变,也许就会受到影响,不知目下实销情形如何。家中安好,勿念。现钞升水已取消,嗣后寄钱,可用汇划。祝好。

钊 八月廿二日下午

23日 晨顾均正、马叙伦、严大椿、王伯祥来访。

24日 晨郑振铎来访。

25日 下午四时出席第九届第二十一次董事会,商议公司上海与内地合流事,五时半散。

26日 晨王伯祥、严良才、娄立斋过访。

29日 夜访王伯祥,谈时局纠纷。

9 月

2 日 王伯祥日记载:"晨过丐尊,携归夷初所草上当局书,于军政、民生、纲纪、政体诸大端颇恺切指陈,将于明日入馆时分征雪村、予同、绍虞洽署也。"

4 日 夜与章锡琛、王伯祥共读内地范洗人、章锡珊、章士敩、傅彬然、朱达君等人书信。

5 日 叶圣陶致信开明同人。

7 日 下午四时出席第九届第二十二次董事会。

9 日 与王伯祥商议留任马叙伦公司顾问事。

上旬 与高季琳、郑振铎、马叙伦、周煦良、徐中舒等在巴黎新村傅雷寓所为徐铸成返沪接风。席间商议《大公报》复刊事,并受邀撰写星期论文。

12 日 王伯祥日记载:"夜丐尊见过,知夷初所草说帖连署者七十五人,已托人航带到渝,分送参政会与蒋主席,并知傅怒安等将办杂志,亦拉稿及余云。"

16 日 午前访王伯祥,为《国语》杂志催稿。

同日 致信夏龙文。

阿龙:

现钞四十万已由朱子如处取到。厂中营业情形如何,有无受到影响,甚以为念。我病渐好,每星期已能出去一二次(至公司坐车或乘电车),虽觉吃力,尚能支持也。新旧票折合率未定,此间各商店已在以老法币售货,以储钞 200 元作一元,暗中售价已被提高矣。弘正已入学,但仍好嬉戏不肯用功。上海生活比和平前又加昂一倍以上,惟由重庆等内地来者都说便宜,他们所带来者为关金与老币,一元可作二百元用也。家中安好，勿念。祝好。

钊　九月十六日

19 日　与章锡琛联名致信邵力子。

中旬　全国文艺界抗敌协会（简称"文协"）致信慰问夏丏尊、郑振铎、李健吾、许广平、王统照等在沪文艺界同人，称赞诸位先生"为中华民族保存了崇高的气节，中国人民以诸位为光荣，中国文艺界以诸位为骄傲"，并请调查检举文化汉奸。①

22 日　骆绍先病逝。

24 日　王伯祥日记载："夜小饮，丏尊遣孙来请，草草食已即往，则傅怒安在，欲一见余，且约撰稿，实《国语》也，相与纵谈久之乃别。复留丏所长谈，至八时许乃归。"

27 日　叶圣陶日记载："洗公相告，上海已有信来，诸友皆安，唯近来生活殊艰苦，远过于我后方诸人。丏翁有病，为肺结核及肋膜炎，精神不佳，拟劝往白马湖休养。"

29 日　夜与朱达君、周予同、何五良、耿济之、濮文彬、王伯祥在章锡琛寓所聚餐，商议公司进行事。沪上董事会即日结束，待与范洗人会合后再决定善后办法。同人薪资约照伪中储券额酌升十倍，折成法币支给，下月起施行。八时许散，与王伯祥同乘返。

下旬　夏衍来访。

1945 年 9 月，我从重庆回到上海，在孤岛历尽艰辛的丏尊先生正在病中。我去探望他，不等我说完感谢的话，他就喘着气说："不用说这些，大家都有困难，你们走了之后，留

---

① 《文协函慰上海作家 并请调查附逆文化人》，《大公报（重庆）》，1945 年 9 月 25 日。

565

在上海的人就得守住开明这个摊子,总算撑过来了⋯⋯一直在挂念你们,知道雁冰、圣陶、愈之他们都平安,我们就安心了。"他消瘦得厉害,讲话很吃力,不敢多打扰他,想不到这就是我和他最后的一次见面。后来不止一个人对我说,在孤岛生活最困难的时候,凡是留在上海的"开明同人",不论有没有在开明出过书,都经常收到丏尊、锡琛先生送来的三块、五块银币的周济。①

本月　复信钟子岩,感慨胜利到来而为病所缠,读杜甫"身欲奋飞病在床"之句,为之叹惋。

本月　访内山完造。

八月十五日,日本天皇广播投降,上海的日本人立刻呈现十分虚脱状态,议论纷纷,不知所措,第一个来我处致意的就是夏先生。他的脸色十分不好,据解释是一只眼睛正有小疾。先生虽在病中,还来看我。"怎么样? 不怕吧! 有什么困难吗? 有困难就请告诉我。有事就请王先生(按:即王宝良,内山书店职员)通知一声,我马上就来。老板别回国,就留在这儿好了。老朋友多得很,用不着担心生活,大家绝对能照顾老板你一个人的生活,就请安心吧!"这都是心坎里说出来的话,我听了不觉泪下。先生也掉了眼泪,我更是流泪不止。歇了一会儿,先生又说,"今天先回去了,改天再来,有什么困难就通知我,马上就来。再会,再会"。说完就走了回去。望着先生的后影,我不觉下拜,喃喃自语道:"真是个好人啊!"②

---

①　夏衍:《难忘的开明书店》,《人民日报》,1985 年 10 月 31 日。

②　内山完造:《忆夏丏尊先生(三)》,罗猷启译,《新晚报(香港)》,1954 年 12 月 29 日。

10 月

1 日 《珍重这胜利的光荣》刊《觉有情》第 7 卷第 3－4 号
"护国成功庆祝特刊"。该文说:"抗战八年,同胞历尽了种种的
苦难。现在胜利到来,突然获得解放,快乐可知。此次胜利,大
家都归功于当局善于应变与盟邦的协助作战。在我们佛教徒看
来,只是业报的因果关系。大之如当局的得人与盟邦的协力,小
之如原子炸弹、B－29 型飞机等等新武器的出世,无非是显现此
因果关系的手段或方式罢了。"作者从佛法的角度敬告全国活着
的同胞,"要乘了胜利的光荣,做些于己于人有益的好事,不要去
作恶事"。敬告为文武官吏的执政的人们,"你们一言一动,所作
所为,不只是你们的自业,容易成为他人的共业。……在这难得
的光荣之中,你们为政者如果还不好好地依照正义去干,恶行多
而善行少,那实在太不成话,不特对不起民众,也太对不起你们
自己了"。

同日 《读日本松方公爵遗札——日本对华政策史料》刊
《新语》(按:即前文《国语》,出版时定名为《新语》)半月刊第 1
期。文章介绍松方正义于大正五年"上书申述所见,痛论日本对
华政策之失当与危险",可谓有先见之明者。

同日 王伯祥日记载:"发布庆字布告一二三号各一件。
一、调整薪给,即以底薪改作法币照数五十倍支付,另加米五斗,
照时价计算;二、发薪期仍复为五日及二十日两次;三、前发之米
款截至八月底止即作为扣清,以后不再扣除。"

2 日 中国联合出版公司被查封,由中国文化服务社接收。

4 日 王伯祥日记载:"丐翁至,闲谈至九时去。"

7 日 与丁爕音、吴文祺、陈西禾、周予同、郑森禹等 39 位上

海文艺界人士在《文汇报》联合发表《处置日在华军商人意见》，要求严惩日本战犯，赔偿文物、图籍与财产、土地损失。

8日 叶圣陶致信开明同人，托范寿康转达。

9日 夜公司在章锡琛寓所宴请吴大琨、金仲华、刘尊棋、郑振铎、李孤帆、夏衍等。席间范寿康至。

王伯祥日记载："散馆后往雪村家，参与宴客，临时丏尊加入，而蔚南未至，西谛则于席散后乃来，盖预属不待，别有宴会也。正将入席之初，馆役来言，范先生由渝飞到，同人谓'洗人来矣'，皆耸焉待之，及导来，乃允臧，而非洗人，然欢欣之忱固无间耳。席后客散，余与村、丏、予、谛、达、臧畅谈一切，至九时许乃与丏同乘以返。"

10日 晨与王伯祥徘徊里口，共赏国庆日热闹情景。午间赴章锡琛寓所参加开明同人胜利宴。下午范寿康赴台办理接收事宜。

14日 文协在重庆召开理监事联席会，决定自本年双十节起正式改称"中华全国文艺界协会"，简称仍为文协。

同期 文协致函委托夏丏尊、郑振铎、许广平等筹设上海分会。总会迁沪后将与分会合并。

15日 叶圣陶日记载："今日所接书中，有丏翁手书一通，红蕉手书两通，附冬官一信，最为欣慰。丏翁言前曾患病数月，今已去其八九。为上海某杂志拉稿，可以见其意兴尚不坏。"

16日 叶圣陶复信。

18日 夜与王伯祥、周予同、朱达君、章士敏在章锡琛寓所小饮，即席商定公司东南分部应对措施六项，由章士敏返回福建后实施。

20日 与郑振铎、高季琳、钱锺书、陈西禾、蒋天佐、王以中等 24 人联名复信文协,向在大后方艰苦工作的文艺界同人谨致无上敬意。

同日 散馆后与章锡琛、郭绍虞、王伯祥、徐调孚、索非赴《前线日报》社杏花楼晚宴,晤马叙伦、傅雷、周煦良、陈麟瑞、郑振铎、曹聚仁、吴文祺、周建人等。八时许散。

21 日 夜赴胡朴安华府饭店晚宴,座有陈泽永、吕绍华、李允卿、周予同、郭绍虞、马君硕、于在春等,商议允中女子中学学报事。

22 日 《大公晚报·小公园》发布文人消息:"郑振铎,夏丏尊,李健吾诸氏八年在沪,坚贞自持,辛苦度日,咬菜根过活,渝沪通汇后,接得此间开明寄去之一笔薪水,如发大财。"

23 日 政府下令接收内山书店。经夏丏尊与当局多次交涉,内山完造与店员们得以在回国前继续居住。

25 日 王伯祥致信章锡珊,附夏丏尊信。

28 日 在槟榔路玉佛寺召集弘一大师三周年纪念会。同人假寺内佛学院教室展览大师生平遗著、墨迹及有关佛教文物书画碑帖。

本月 泰岳寺春晖中学并入白马湖原址。

本月 访曹聚仁,托请为经亨颐的亡儿募款,救济他们的遗孤。

同期 为《新语》杂志向曹聚仁、赵景深约稿。

11 月

2 日 社评《台湾的国语运动》(署名默)刊《新语》第 3 期。文章认为师资力量的匮乏与权威文法纲领的缺失,或成为台湾地区推行"国语运动"的阻碍。

3日 致信夏龙文。

阿龙:

　　昨日收到吕君带来信、钱与蹄子。水泥事今晨去问过四叔,据云,准定(各一半)合买。钱如何交付,即来信。上海米价二百万元以上。香烟抽不起,最好戒绝。母亲说,也要戒了。弘宁弘奕,都于前月底被遣散(各得解散费伪币数百万元),弘宁因开明需人,已有职务(收银柜员)。弘奕则于前日返里。我病体无大变化,每周出去(坐电车)二三次。胃口尚好,可勿念。弘福于你去后,仍发热不休,改服奎宁数日,已痊愈。其病非感冒,乃疟疾也。医生诊断,实不大可靠。祝好。

钊　十一月三日午

4日 晨与朱文叔访王伯祥。夜赴上海纸张公司晚宴。

王伯祥日记载:"午后四时,过丏尊,同乘电车至八仙桥,渠过访其中表,余则径赴雪村家,应纸张公司宴,凡两席。余与洗人(按:自桂林返沪)、丏尊、绍虞、达君、调孚、文彬、坚吾、予同、雪村坐上席,索非、子如、振甫、履善、士文、均正、遇羲、逸人坐次席,守宪未至。九时散归,与丏、履、子、索、同步至八仙桥共乘电车以行。"

同日 朱自清致信叶圣陶,谈及"丏尊翁六十寿纪念集"事。

8日 致信夏龙文。

阿龙:

　　今晨荣庄送到来信,一切均悉。水泥款廿万元已凑好,交卓然兄转托便人带去,收到后即复一信,以免记挂。栈单如邮寄不便,托妥人带沪,或暂由你保管可也。匆匆祝好。

钊　十一月八日下午

570

11 日　明社(按:开明书店业余员工组织,1942 年设立于桂林)公宴上海开明同人及家属。

王伯祥日记载:"晨十时许,珏人率滋、湜两儿乘车往三山会馆,余与润儿继发,步至雪村家,盖今日明社各地同人公宴留沪同人暨家属,藉慰积年困苦也,到五十余人。十二时,先合摄一景,摄景毕即天后大殿(先期向三山会馆商借)聚餐,凡列四席,余与洗人、守宪、巴金、雪村、丏尊、文彬、继文、小文、绍虞、予同同坐,尽欢畅饮。(今日适为洗人还历,又为丏尊六十,文彬五十补庆,而敫、清生子今适弥月,众庆并至,故特欢。)至二时半乃罢。"

同日　复信《大晚报》记者。此信以《复大晚报记者书》为题,刊 1946 年 7 月 1 日《觉有情》第 7 卷第 21—22 号;另题《由观音到弥陀》,刊同日《弘化月刊》第 61 期。

> 记者足下:
>
> 承你不弃,来信要我写一篇星期专论的稿子。当前大局这样严重,内战爆发危,人民正被高物价压得喘不出气。许多朋友因不满于胜利后的现状,都垂头丧气,有的甚至发狂。在这情形之下,像我这样病废了的老朽,有甚么话值得说给贵报读者听的呢。……
>
> 你前次来望病的时候,曾对我案头所供的一尊小小的观音像谛视了好一会。我那时正病着,因医生教我少说话,没有对你说甚么。我现在告诉你:这尊观音像已供了八年多了,八一三战事发生后就供的。方外友弘一大师曾经教我,有苦难时最好求观音菩萨,念观音菩萨的名号。战争起来的前一日,我从虹口故居忽卒逃避到这间屋子来,受尽苦楚。为了想在内心上求得解脱,不久就请到了这尊观音像,

供在案前，晨夕与老妻焚香礼敬，念几句"南无观世音菩萨"，习以为常。前年无故被敌宪兵部逮捕入狱时，数月前上海连日遭炸，附近十三层楼十八层楼屋顶敌人乱放高射炮时，以及这次患病时，我所惟一赖以自慰的，就是这观音名号的执持。……

我于这几年来执持观音名号。胜利到来以后，觉得世间情形越来越糟，生活越来越困难，太平的希望越来越渺茫。不禁大失所望，觉得斯世已不足贪恋，于是兼念弥陀，愿来世生在西方极乐世界之中，不再在此世界受苦恼。

拉杂写来，纸已将完。你是不信这些的。但在这封信里，你可窥见我近来的心情与对时局的态度吧。

丙尊顿首　十一月十一日

《弘化月刊》编者言：

在《由观音到弥陀》一文里，我们知道夏先生的世间生活，虔诚地接受了观音的悲愿。出世间生活，虔诚地接受了阿弥陀佛的悲愿。自来文人学佛，总好读《圆觉经》《楞严经》《金刚经》《维摩经》。学者学佛，则好研究教相，读《华严》《法华》《楞伽》《解深密》等经，《瑜珈》《唯识》等论。这在文人学者的心里，以为这样才不失文人学者的身份和名望。所以终究还是一个文人学者而已。夏先生是文人，而不自以为是文人。是学者，而不自以为是学者。他学佛之后，所信受奉行的，是观世音菩萨普门品，佛说阿弥陀经，地藏菩萨本愿经。他凡事重实行，不尚空言。所以他不空谈教理，而只是实力修持。所以他进德极猛，虽专修净土不到一年，而临终能有那样好的景象。所以他不止是文人，不止是学者，而是一个宗教家。宗教家和文人学者不同的地方，便是一重行，一重言。佛教和其他宗教不同的地方，是佛教有优美的文学，有高深的学理。而学佛的人，却也有时只学其优美的文学，深奥的理论，而忘却实行，令人有买椟还珠之感。夏先生以文人学者而专从行持上做工夫，不但令人仰其识力之高，性情之挚，实与我们以宝贵的教训。我们需要著眼领取。①

魏金枝评述说：

他以为：所谓观音，只是人类希望的化身，所以观音的化身，可以多至恒河沙数，自送子观音，以至千手观音，只是依着人们的希望，而使之各如其愿。至于菩萨，那是只给你死，无论你求他拜他，还是叫你寂灭，因为绝望是痛苦的良药，也就是菩萨的最高理想。在这里，他正和一切好意企望于现政府的老实百姓一样，他以为经过这次血战以后，或许会稍稍觉悟，因而改弦易辙，然而呈现在他眼前的事实，却完全不是这么一回事，于是他就不得不认为现在是碰到了以寂灭为最高理想的菩萨了。而菩萨呢，也就真的给了他以寂灭了。②

12日 夜与范洗人、章锡琛、刘尊棋、周予同、金仲华、王伯祥、徐调孚、索非、巴金、顾均正、朱子如等在康定路朱达君寓所聚饮。九时散，与朱子如乘电车返。

14日 致信夏龙文。

阿龙：

邮信未到，莫君带来之信及单据于昨日傍晚收悉。单

---

① 《〈与丰子恺居士书〉编者按》，《弘化月刊》第63期，1946年9月1日。
② 魏金枝：《胜利与夏先生之死》，《联合日报晚刊·文学周刊》第3期，1946年5月2日。

据既在上海,当然须在上海出货。厂方通知手续,不妨预先办好,免致临时麻烦。一星期来,弘正弘福与玉严都生过病。现已均好。我体气如故,隔一二日出去一次。生活压迫越来越重,如何是好。卓然新厂事,守宪与四叔似不起劲,卓然也未曾为此来过,看去希望甚少。此复,祝好。

钊 十一月十四日午

17日 《中国古籍中的日本语》刊《新语》第4期。

同日 王伯祥致信叶圣陶,附夏丏尊信。

18日 马叙伦《访夏丏尊归后感赋即呈丏尊》载《前线日报·晨风》。

> 当年豪气已平常,袒臂摊书独踞床。
> 酒兴近来还似旧,瓦尊虽设不能尝。
> 回首风云明远楼,[1]眼前多少贱封侯。[2]
> 身看由蘖成梁栋,笑语何妨暂楚囚!
> 嗷嗷何止是江鸿? 行路时闻叹腹空!
> 为道频年无水旱,只缘国命偶逢凶。
> 平日何曾有宿粮,如今邛节挂空囊。
> 同嗟莫问淮南米,早办终身辟谷方。
> 误身端是莫为儒,已分青年葬饿夫。
> 偏为妻儿成再误,尚寻椎凿发舍珠。

19日 王伯祥日记载:"同人薪给今调整,底薪一律核减,生活系数之倍数则提高。"

---

① 故浙江贡院废为浙江两级师范学堂后,复改为浙江省立第一师范学校。明远楼,贡院旧址也。——原诗注
② 余与丏尊及钱均夫、姜敬庐自两级时即任教员,今亦同流寓于此。——原诗注

21 日　与上海文化界袁希洛、马叙伦、陈叔通、郑振铎等百余人联名发表宣言,呼吁政府废止新闻检查制度,禁止一切非法没收取缔书刊行为,恢复言论出版自由。宣言刊 22 日《大公报(上海)》。

22 日　下午二时半与马叙伦、赵景深、杨卫玉、邵洵美、李健吾、郑振铎等 300 余上海文化界同人在静安寺路康乐酒家茶会,欢迎中央文化运动委员会主任委员张道藩莅沪。"主席赵志游致简短欢迎词后,张主委乃对到会文化人,发表情词恳切之演词。张氏首对海上文化界人士八年来苦斗精神,恳致嘉慰与敬意。旋乃介绍后方文化界之一般动态。最后并对本市文化界在建国时期所当负起之责任,寄予甚深之殷望。嗣由胡朴安,朱应鹏,顾仲彝,陈科美,费穆,周信芳,张冶儿,冯有真代表各个不同之部门,先后发言,殿以张冶儿领导之剧艺社余兴表演,至五时始散。"①

25 日　社评《好话与符咒式的政治》刊《大晚报》。文章指出:"目前政治上的黑暗的坏的方面,如贪污,横暴,不法之类,且不谈。即就其光明的好的方面看来,也大半叫人失望。为政者所发表的政见并非不好听,所颁布的文告,也着实冠冕堂皇。若论其效果,大半不甚可靠,犹如好话与符咒一般。"

> 日本投降以后,夏先生把过去的沉静打破了。马夷初先生是他的老友,这时完全用一种政论战士的姿态在上海文坛上出现;夏先生也同样有这种雄心,可恨却给病魔牢牢的控制住。有一次,他给我一篇草稿看,题目仿佛是"符箓

---

① 《本市文化界昨欢迎张道藩氏 到各界代表三百人 济济多士盛极一时》,《民国日报》,1945 年 11 月 23 日。

与政治",内容虽还温和蕴藉,可也相当犀利的侧击到高级接收大员们的言行不符。他曾担心似的问我报上发表有无困难,那是大晚报特约的论文。过了一天,他又告诉我登是登出了,只是几个大员人名全改作××。①

同日 夜邀王伯祥小饮,商议参选市政府参议员事。

本月 舒新城著《我和教育》由中华书局出版。

12 月

2 日 致信夏龙文。

阿龙:

来信早悉,水泥已问过四叔,据云六千准定脱手可也。栈单在上海,是否可以暂时通融取货(或挂失)。如必须见单发货,只好挂号寄锡,即来信。家中安好,勿念。祝好。

钊 十二月二日

同日 社评《伪钞收换办法的改善》(署名默)刊《新语》第5 期。

3 日 下午三时半中华大藏经刊行会在法藏寺召集会议,"开始募集外来捐款,目的暂定五百万元,分五十队,每队十万元"。②

蒋维乔日记载:"此本系普慧大藏经刊行会,因盛幼盦以汉奸被捕,然藏经刊行不宜就此停止,故重行改组,分队募捐以期完成此功德。"(按:中华大藏经刊行会招募太虚法师、于右任、戴季陶、朱家骅、王世杰等重要人物入会后,又重新发起民国增修

---

① 于在春:《夏丏尊先生的晚年》,《文章》第 1 卷第 3 期,1946 年 5 月 15 日。
② 《国内集讯》,《海潮音》第 27 卷第 2 期,1946 年 2 月 1 日。

大藏经会,翻印原《普慧大藏经》第1期。)

9日 晨王伯祥来看报。午间与范洗人、章锡琛、范寿康(前日自台北返沪)在王伯祥寓所小饮。饭后周予同、朱达君来,商台湾教育处征选中学教员事。

上旬 欧阳文彬自内地返沪,来访。

11日 午后到公司。散馆后赴王艮仲、高祖文通益公司晚宴,座有章锡琛、王伯祥、郑振铎、郑森禹、周建人、冯宾符、吴景崧、娄立斋、马叙伦等,金仲华、刘尊棋最后至。九时许散,与王伯祥、顾均正、索非等先行归。

同日 顾廷龙致信顾颉刚,言"开明将出《国文月刊》(按:原由西南联大师范学院编辑),由夏丏尊、郭绍虞主编"。

13日 夜与范洗人、郑振铎、周予同、周建人、吴觉农、胡瑞卿、高祖文、郑森禹、金仲华、刘尊棋、冯宾符、王伯祥等在章锡琛寓所聚饮。八时三刻散。

15日 夜邀范洗人、章锡琛、王伯祥、朱达君来寓所小饮。八时三刻散。

17日 午后与王伯祥、周予同商谈。

同日 下午四时文协上海分会假江西路金城大楼举行成立大会,夏丏尊、于伶、周予同、孔另境、史东山、陈麟瑞、曹聚仁等60余人与会。"由郑振铎主席,决议通过该分会筹备会提案三起:(一)要求政府尽速开放上海言论自由。(二)请求保障作家权益。(三)组织特种委员会,检举附逆文人,以上三案,交理事会办理之。并通过,(甲)分会会章,决定设理事会,由会员大会选举理事十四人,监事五人组织之。(乙)通过分会成立宣言。(丙)向总会及全国文艺作家致敬电。(丁)向世界文艺作家致敬电。最后由全体到会会员选举理监事,因时间关系,于今日检票发表,大会于六时半散会,旋即在原处举行叙餐。"(按:辑录自《文协沪分会 昨日成立 要求言论自由检举附逆文人》,载 18 日《申报》。又 18 日《大公报》记者王坪报道,"参加文艺复兴的作家达六十余人,有从后方来的夏衍、于伶、任钧、以群、崔万秋、史东山、陈烟桥、凤子等及坚持在敌后战斗的李健吾、夏丏尊、许广平、孔另境、索非、钱君匋、唐弢、柯灵等"。另 18 日《中央日报》记者徐开垒报道,夏丏尊因事缺席。)

18 日 贾祖璋自福建崇安返沪,来访。夏丏尊殷殷问询其八年间在内地的生活情况。

同日 文协上海分会选出夏丏尊、李健吾、巴金、高季琳、唐弢、夏衍、姚蓬子、赵景深、张骏祥、郑振铎、许广平、顾仲彝、于伶、叶以群、葛一虹为理事,徐调孚、费穆、王辛笛为候补理事,马叙伦、周建人、黄佐临、顾毓琇、郭绍虞为监事,熊佛西、陈西禾、徐蔚南为候补监事。

21 日 午后赴章锡琛寓所出席公司业务会议,范洗人、周予同、朱达君、朱子如、徐调孚、索非、顾均正、贾祖璋、王伯祥到会,讨论修正公司组织及分店整理等项。五时散。

22 日 王伯祥日记载:"美亚聘阅评征文书送到,并须分别代转夷初、西谛、丏尊、绍虞、雪村也(按:美亚织绸厂股份有限公司筹备二十五周年庆,以'中国丝绸之沿革'为题向各界征文,延聘夏丏尊、王伯祥、郑振铎、胡朴安、马叙伦、严谔声、严独鹤等为评阅员)。"

同日 胡愈之夫妇致信夏丏尊等,讲述近年在新加坡的艰难生活。[1]

---

[1] 《南洋通讯》,《集纳》第 2 期,1946 年 3 月 1 日。

23 日 晨王伯祥为江红蕉事来访。午间与朱文叔乘电车赴四马路鸿运来酒会，座有范寿康、索非、何炳松、濮文彬、周予同、郑振铎、江红蕉、刘尊棋、冯宾符、吴觉农、金仲华、章锡琛、王伯祥、黄仲康、沈世璟、范洗人、刘季康、谢子敏、唐坚吾、刘廷枚、魏建功等 30 余人，共三席。二时许散。

25 日 夜与索非、王伯祥、刘廷枚、黄仲康、范洗人、朱达君、章锡琛、钟达轩、濮文彬等在唐坚吾寓所聚饮，兼祝出狱纪念日。九时散。

27 日 《中国书业的新途径》刊《大公报（上海）》。文章认为传统书店资本薄弱，而兼备编辑所、印刷所、发行所三部；总店以外，还要设立众多分店才算初有规模，导致各书店集中于销路可靠而成本较低的书籍上，形成旧书翻印重复、同行畸形竞争等问题。现拟组织联合书局，以发行为业务，在全国各省市各县设立分店；原有各书店改称为出版社，专营出版事业。两者合作进行，消除书业积弊。

28 日 叶圣陶全家与内地开明同人乘木船启程东归。

31 日 夜六时与同人在章锡琛寓所吃年夜饭，另到张同光、蒋伯潜等，共三席，"欢笑痛饮，积痗尽涤矣"。八时散，与索非、王伯祥乘电车返。

本月 学生陶孝哉来访，谈及战后物价上涨等的生活问题与上海的情形。夏丏尊为其纪念册题写"长毋相忘"四个大字和二十多个小字。

年底 邀钟子岩学期结束后来沪翻译《大藏经》。

1946年(丙戌,民国三十五年) 60岁

▲1月10日,政治协商会议在重庆召开。同日,郑振铎、李健吾主编的现代文学月刊《文艺复兴》在上海创刊。

▲2月23日,中国人民救国会领导人沈钧儒等联名发表时局主张,呼吁和平,制止内战。

▲5月5日,重庆国民政府迁都南京。

▲6月23日,上海民众五万多人前往火车站欢送马叙伦等代表组成的上海人民和平请愿团赴南京请愿,要求停止内战,国民党制造"下关惨案"。

▲7月15日,闻一多遭国民党特务暗杀,引发广泛的民主运动。

1月

1日 午间与章育文、王伯祥商议益中企业公司写字间转租与开明书店事。夜范寿康、王伯祥来谈。

4日 散馆后与金仲华、范洗人、顾均正、徐调孚、张沛霖、王伯祥在章锡琛寓所商《英文月刊》移沪编印事。九时许散,与王伯祥、顾均正同乘电车归。

5日 为《中学生》杂志所写的最后一文《寄意》刊《中学生》第171期"中学生的老朋友"专栏。原文如下:

> 我是本志创办人之一,从创刊号至七十六期止,始终主持着编辑等社务。所以在我,本志好比一个亲自生育、亲手养大的儿女。

廿六年八一三战事起后不多日,在校印中的本志七十七期随同上海梧州路开明书店总厂化为灰烬。嗣后社中同人流离星散,本志也就在上海失去了踪影。

两年以后,我在上海闻知开明同人已在内地取得联络,获有据点,本志也由原编辑人叶圣陶先生主持复刊了。这消息很使我快慰,好比闻知战乱中失散的儿女在他乡无恙一般。——实际上,我真有一个女儿随叶圣陶先生一家辗转流亡到了内地的。从此以后,遇到从内地来的人,就打听本志在内地的情形。两地相隔遥远,邮信或断或续,印刷品寄递尤不容易。偶然从来信中得到剪寄的本志文字一二篇,就同远人的照片一样,形影虽然模糊,也值得珍重相看。

直至胜利到来,才见到整册的复刊本志若干期。嗣后逐期将在上海重印出版。上海不见本志,已有八个多年头,一般在上海的老读者见了不知将怎样高兴。

我曾为本志写过许多稿子。可是在内地复刊以后,因为邮递不便,和个人生活不安,心情苦闷等种种原因,效力之处很少。记得只寄过一篇译稿。我的名字已和读者生疏了。从今以后,愿继续为本志执笔。近来我正病着,如果健康允许的话,一定要多写些值得给读者看的东西。

同日 卢冀野(自重庆返沪)来访,未遇。

7日 夜六时范洗人、章锡琛在杏花楼宴请卢冀野,夏丏尊、范寿康、魏建功、周予同、王伯祥、朱达君、徐调孚、郭绍虞、郑振铎作陪。八时许散。

11日 夜与章锡琛、王伯祥、索非、徐调孚、顾均正、范洗人在章育文寓所聚饮。九时许散。

12日 致信夏龙文(按:此信据内容推断,所署日期应为农历）。

阿龙：

　　数日前由卓然处送来法币七千五百元，说是补助费，已收。你如去路可靠，辞去现职当然可以，否则尚以忍耐为是。寿康来沪招考教员，已将一月，日内回台。他在台任教育委员与图书馆长，水泥厂不在他管辖范围之中。杜君赴台，是否担任厂长，若仅任职员，恐亦无用人之权也（介绍当然也可以，但未必一定有成）。台湾工厂发达，技师皆专门家（台人日人都有，日人闻大概留用），国内去的人，除总管部分外，恐难安顿。台地人民皆说日语，与日本无异，国内去者皆等于哑子。你回来时菜蔬不必多带，鸡不要，蹄子买一二只来。此复，祝好。

钊　十二月十日傍晚

　　由沪到台，飞机轮船都不售票，要台政府许可。

13日　午间与王伯祥、周予同、金韵锵、索非、傅彬然、章锡琛、郭绍虞在康定路朱达君寓所为范寿康赴台湾饯行。三时许散。

15日　致信夏龙文。

阿龙：

　　前复一信，想可收到。昨日赵继岳先生来访，谓你的待遇已增加，卓然兄亦曾一度来谈过（由我叫来），他也以为台湾可以不去，因他的白水泥已在进行矣。情形如此，似可安心。水泥栈单两纸，昨交赵君带给你，他定今晨动身，当已到达。水泥执货已二月余，如前途无大希望，年内脱手亦可，否则且摆至年外。栈单收到后即来一信，以免挂念。

钊　一月十五日下午

16 日　叶圣陶致信上海诸友。

19 日　夜赴陆祯祥寓所晚宴,与章锡琛、徐调孚、朱达君、王伯祥、金韵锵、吴朗西、陈景岐等同席。座客皆开明、商务、正中等书业同人,共四席。九时许散。

20 日　《读〈清明前后〉》刊《文坛月报》创刊号。该文缘起于国民政府中央广播电台对茅盾近作剧本《清明前后》的批评,认为其剧本有毒素。该评论介绍说,"故事并不复杂。本年清明前后,重庆发生了一件于国家不大名誉的事件,就是所谓黄金案。作者就以这轰动山城的事件为背景,来描写若干人物的行动。据他在《后记》中自己说明,是把当时某一天报上的新闻剪下来排列成一个记录,然后依据了这记录来动笔的。其中有青年失踪或被捕的事,有灾民涌到重庆来的事,工厂将倒闭的情形,小公务人员因挪用公款,买黄金投机被罚办的情形,一般薪水阶级因物价上涨而挣扎受苦的情形,高利贷盛行的情形,闻人要人在各方面活跃的情形,官商界互相勾结的情形。作者把这许多形形色色的事件写成一部剧本,将主题放在工业的现状与出路上面,叫工业家林永清夫妇做了剧中的男女主人公,暴露出本年清明前后重庆的政治经济及社会民生各方面的状况。如果说这剧本有毒素的话,那么就在暴露一点上,此外似乎并没有甚么"。该文评述说,"剧本的主题是工业的现状与出路。而作者对于出路,只在末幕用寥寥几句话表出,认为'政治不民主,工业就没有出路',其全部气力,倒倾汪于现状的描写上"。"本剧是作者的处女作,以剧的技巧论,当然有可指摘之处,至于主旨的正确与反映现实的手腕,是值得敬服的。"该文实质是借对茅盾剧本的评述进一步揭露与暴露当时社会政治、经济的情形以及社会民生各方面的状况。

31 日　王伯祥日记载："午后二时与龙文、均正过中国营业公司签房租约期,仍三个月,租金又加一千,为三千五百元矣。"

2 月

2 日　叶圣陶致信上海诸友,告已从汉口动身。

6 日　叶圣陶全家抵达南京。章士敩夫妇、卢芷芬夫妇、胡墨林、叶至诚等乘车先行赴沪。

8 日　胡墨林来。告知满子即日回家。

9 日　晨叶圣陶等抵十六铺码头。夏满子携三午即回霞飞坊探视父亲;叶圣陶先过江红蕉处,随后来访。

叶圣陶日记载："进点心后,至同里三号,访丐翁。丐翁坐床上,相见之顷,唯言'老了! 老了!'彼此忍泪,不能为言。翁之肺病殆已犯实,时时发烧,而心绪复不佳,自家庭琐屑以至天下大事,皆感烦恼。见余与满子等归来,自觉意慰。夏师母则依然如故。龙文在水泥厂任职员,尚可敷衍。旋即饮酒。丐翁饮已甚少,因余之来,居然多进一杯。"

这回见面,夏先生特别兴奋,说要跟我父亲多饮一杯。满子两位嫂子摆出几样"年董",糟鸡、鲞冻肉、辣茄酱、烤笋之类,烫出酒来,两位老人家慢慢喝着,慢慢聊着,尽量不往烦恼处说。谈到了编辑工作,还谈到了《国文月刊》。夏先生问:"我那篇东西好勿好用?"他指的是年初写的《双声语词的构成方式》。父亲说:"岂但好用,谈语词构成方式的文章,好像一直没人写,至少开个风气。又是佩弦起劲,说联大散伙了,《国文月刊》停掉可惜,要给开明出。几位教授意见不大一致,等讲舒齐连忙拉稿,动手就晚了。这一期要下月初才能看到。一接手就脱期,亦无可如何了,以后逐期调整吧。只是有一点,学术性刊物,讲旧东西的文章多,搭现在这个局面忒勿相称。"

夏先生发肿的脸庞上有了点儿笑意,他说:"我想会这样的。前两天转了个念头,可以辟《现代文选评》一栏,选报刊上新发表的文章,取《文章例话》的形式,加上评语,再发表一遍。评语要少而精,话勿要说尽。亦是借他人杯酒,浇自己的块垒。"父亲说:"这个办法好,可以像《文章病院》一个样,声明只评文章,不及其余。"夏先生又笑了,眼睛只剩一条缝。他说:"不是大家都要争取发表自由么? 不必管他。文章,我替侬选好了。"他拉开身边的抽屉,取出两份剪报递给我父亲,是署名周煦良的《中国政治之路》和《小品两则》。父亲大约都已见过,看了标题就说好,值得再发表一遍。[①]

11 日　夜在寓所宴请叶圣陶全家。

叶圣陶日记载:"夏师母与龙文亲手治馔,宴请我全家,唯我母上下楼麻烦,丏翁意不必惊动。治馔者不厌其精美,而丏翁犹是老脾气,嫌其太浪费。章守宪同坐,精健犹昔。"

13 日　叶圣陶日记载:"饭后,作丏翁所选现代文选之评语,将以收入《国文月刊》。"

15 日　晨叶圣陶来闲谈。

16 日　顾均正、索非(时在台湾)两家共宴渝地东归诸人,夏满子携三午、叶圣陶夫妇、卢芷芬夫妇、章士敫夫妇、范洗人、贾祖璋、唐锡光、傅彬然、朱达君、吴朗西、胡瑞卿、金韵锵等均列席。九时许散。

---

① 叶至善:《父亲长长的一生》,成都,四川文艺出版社,2015 年版。

24日 下午叶圣陶来探视,长谈一小时。

25日 王统照致信开明诸友。

调孚、伯祥、均正、雪村、予同、西谛、丏尊、绍虞、健吾(上款初想只书三位,却连署九位,一笑)诸兄同鉴:

前托人带往书店一函与徐兄,想已收到。转烦交老舍之字,彼是否收阅?因今日见沪大公报(廿三日的)记彼于三月一日启行去美也。八个月之暌违,变化又多,但精神上之不快与生活费用之高升并未消除,且各重要收复之都市大同小异,令人叹恚,尤以北方在特别情形下种种艰苦,人民之火热水深,真不知何日方登衽席。青济两处难民麇集,粮米较沪昂三之一,日人所余下之工厂以煤缺,专门人才亦缺,十九停门。机器白闲,存料日少,胶□车去冬两月不通(半段说),旧年后方得通全线三之一。客多车少,上下艰难,青沪、青津只有数百吨小轮来往,且不定期,极易出险(前几天即有由沪来此之船距青二百海里外沉没),至由青至□,虽可通汽车,但方开二次,道中经数次检察,七八天方到。行路难如此,比之江南,相差悬远,弟所以未能返沪者,亦以此悱,否则弟之书物未失者皆存沪上,且亦想去住几个月会会诸友,无奈工具不易,只好等候水陆交通能大畅利时再说。

沪上似颇热闹,刊物在此亦能见到十多种。书册缺乏,除正中书局运来大批教科书外,新书都难购求(旧籍普通书尚易寻借),文化低落,振作无从,而纸张尤缺,报纸至万元一令,报馆虽有六七,当然不能与沪上大报作比。美军驻此者二万人,市面上消耗处所随之繁荣,咖啡店、酒吧之招牌,几于每一大街中望衡对宇,招徕生意。各部所设机关林立,政令纷出，日人日兵送走者凡七八万人，余者亦有集中区收容，与昔日景象迥殊。

弟面容较丰，天气心情比居沪时自佳，惟冬令中亦不健康，易咳痰多。在此熟人多琐事，想烦劳之竟日，而经济上亦不容不作打算。吾等不能偷取，不愿强索，仍从自劳心力支持生活，可谓不识时务者。自年前为鲁青善救分署所，坚约再三，请托为之助忙，因与女署长乃少年同学，情面难却，遂为在译事文字、公文上出点力。但此等公务生活，弟不克长干，几个月后便拟辞退。幸系熟友，尚少形迹拘束，为人作嫁，大是无谓，言之可哂。北来后，除写片断文字外，并无长篇作品，非专写作不能静心，实则甚愿在一年内作成一二个长小说也。旧居自客岁十月中仍得回住，惟庭中佳卉、室内一切，八年来都被人移去，即木器还是拼借用者，真是敷衍。不敷衍又如何？非发胜利财，一行中人，又不能望损失赔偿，有何话说。

稿纸写信恰有一张，遂以此等旧纸利用如是。白磅纸信笺甚少售者，随笔涂写，非与新友也。

与老舍又一字如未得，烦即转交。书店发展如何？圣陶兄到后必多酒局，后容专上，先乞代收。即颂 公安。

弟剑三启　二月廿五日晚

本月　为于在春审阅《修辞现象论》，因病未能提出详细意见，仅对原把"金"看作"黄"的借代的例子"金榜挂名时"指出榜本是泥金的不是借代。

3月

3日　胡墨林、夏满子携三午来。

9日　夜六时出席明社迁沪后第一次社员大会。由叶圣陶主席,同人相继致辞。周予同谈及沦陷期间,夏丏尊不为敌人所诱,保持坚贞不屈的性格,这是开明同人的骄傲,也是"开明风"的胜利。会议决定修改社章,改选干事、监事,并组织消费合作社,有余兴收场。九时半散。

12日　午后王伯祥来访。

17日　午后叶圣陶来探视。

叶圣陶日记载:"二时散,至丏翁家。翁近日仍气喘,有热度。进食不多,意兴不甚佳。五时,再至丏翁所,与翁对酌。翁饮两杯,余饮半斤。翁自谓自余返来,未尝好好地共饮,今夕高兴,为之加量。所谈文法文章,不涉生活困难云云,因而亦无愁叹。七时半出。"

《国文月刊》四十一期的样本,三月十六傍晚送到。第二天下午,我父亲亲自拿给夏先生过目。……夏先生又把他为四十二期选的两篇现代文,交给我父亲。一篇是《写在耶稣诞日以前》,署名马夷初。一篇是《不要内战》,副题《重庆二十六种杂志的呼吁》,是去年十一月初,重庆十家杂志社的《联合增刊》推我父亲起草,发表在第四期上的,按例不署名。……两篇短评写得了,都跟随原作在四十二期上发表,仍没署名。①

20日　《双字词语的构成方式》刊《国文月刊》第41期。

中旬　于在春来探视。夏丏尊赠其日本大藏出版会社所藏碛砂版般若心经的仿古影印件数叶。

24日　王伯祥日记载:"晨丏尊饬人来邀,早饭过后赴之,知

---

① 叶至善:《父亲长长的一生》,成都:四川文艺出版社,2015年版。

昨夜今晨俱下血,但气分尚平,心亦不跳,目亦不黑,大氐新服陈芥菜露驱此宿垢耳。"

同日　叶圣陶日记载:"小墨、满子归来,云丏翁忽便血甚多。丏翁之身体在逐渐转坏,大可忧虑也。"

25日　叶圣陶日记载:"下午四时,与墨探视丏翁。知前日便血后,至今三十六小时未复便。身体无甚痛苦,气色言语如常,似无多大关系。即留饮酒。雨甚大。夜雨叙亲旧,至有情致。"

29日　叶圣陶日记载:"九时后,至丏翁所访视。翁曰来每夕仍有热度(卅九),便中仍带血,意兴颇萧索,无好词以慰之。"

31日　叶圣陶日记载:"小墨、满子今日复往霞飞坊,归言丏翁热度益高,至卅九度半。共谓衰病至此,恐难久延,思之凄然。"

约本月　《本生经》二册由民国增修大藏经会翻印出版。

同期　周振甫作诗《呈夏丏尊先生》。

> 江南祭酒今谁属?域外名贤苦见寻。
>
> 东莞高风留梵宇,香山雅望重鸡林。
>
> 翻经事业推能手,疾世襟怀见素心。
>
> 留取艰贞傲岁晚,松姿未许雪霜侵。

4月

4日　叶圣陶日记载:"楼适夷来,言丏翁之病宜积极疗养。医药杂投,不作整个之计划,殊非所宜。渠主募集款项若干,供疗养之用。余赞成其热诚。夜间酒后,与洗公谈此事,公亦云然。"

5日　叶圣陶日记载"渠又言介一林姓医生往视丏翁,居然得丐翁之信任。殆将请其经常疗治。林姓医生正在试用治结核特效药,在我国,只有三位医生在试用。若得经彼之手,完全治愈,则大可庆幸之事矣。"

6日 叶圣陶日记载:"午后二时,偕彬然访丐翁。翁近服林医生药,热度稍见减低。渠于林有信仰,下星期一将往照爱克司光检查。"

9日 叶圣陶日记载:"适夷来,言林医生为丐翁照爱克司光及验血之结果,知其肺已全部有病,而且日来热度之高,则系斑疹伤寒。林医谓情形甚严重,殊无把握云。答以仍恳林医负责治疗,诚不能挽回,则亦无法矣。小墨往访杜克明,告以林医诊断之结果。杜言斑疹伤寒可以半年内患此病者之血制成血清,用以注射。唯何从访得患此病者乎。小墨言丐翁曾略言后事,云已托定某和尚,入殓之事由和尚主之,家人不必过问。闻之怅然。"

10日 叶圣陶日记载:"杜克明医生来,言顷往视丐翁,其病似非斑疹伤寒,肺已糜烂至此,大难乐观云云。"

上旬 钟子岩返沪,来访。夏丐尊表示不能陪同去大藏经刊行会译经了,言下颇有忧虑之意。

12日 晨六时半叶圣陶夫妇来探视。叶圣陶日记载:"翁气色尚好。言语有条理,唯口音不甚清楚。呼吸急促,每分钟三十二三次,似尚无危殆之象。"十时许林医生来诊治,嘱继续打针,并多进牛奶,以培本力。

同日 王伯祥日记载:"丐尊病笃,据克明言,恐变在旦夕也。"

同日 夜八时二十五分,夏满子平安产一子。

13日 晨叶圣陶夫妇携三午至医院,视满子甚安健。新生儿面目端正,重六磅半。

14 日　叶圣陶日记载:"小墨往探丐翁,归言神气益衰,恐难挽救。"

15 日　叶至善、内山完造等来探视。

夏先生能说流利的日语,他们俩谈话根本用不着人翻译。翻译靠方桌坐着,听他们说。我站在床边,听不懂他们俩讲些什么。只觉得夏先生兴奋极了,话讲得多极了,好象涌出来似的,只是语音有点儿模糊。我们从四川回到上海已经两个多月,夏先生几乎没离开过床,讲话每次至多两三句……我看着又高兴又担心。他见了老朋友如此兴奋,我怎么不高兴? 可是这样滔滔不绝,我怕他太累了。

内山完造先生一声连一声地应着,难得插上一句话,夏先生不住嘴地说,好象不让他有插嘴的余地。不到半个小时,内山完造先生站起来告辞,才叮咛了一些什么。①

同日　叶圣陶日记载:"得均正传消息,言今日丐翁稍好,不知能有转机否。"

16 日　叶圣陶日记载:"下午,开始看振甫所编字典稿。此字典由丐翁设计,由振甫执笔,写成而后再由丐翁校定。今振甫已将写完,丐翁阅过者为量甚少,同人以为此字典应早出,由余通体看过一遍即为定本。且看过一部分即可发排,庶合从早出版之旨。此工作甚琐细,然亦不得不勉为之。小墨往视丐翁,云今日又较昏沉,大约难以挽回矣。"

19 日　叶圣陶日记载:"午后,小墨往探视丐翁,归言今日复

---

①　叶至善:《"期文化之交互"——记夏丐尊先生和内山完造先生》,《人民日报》,1986 年 6 月 16 日。

较好,气似稍平,热度亦不高。唯言不要打针。打针已逾十日,臀部疼痛,诚不可耐也。"

中旬 将身后事托付章育文,嘱按弘一法师讲稿《人生之最后》办理:咽气八小时内,不准移动尸体;死后不准戴孝,不准接受赙仪;按照佛教方式火葬。①

21日 上午于在春来探视。林医生为夏丏尊注射强心针,并输葡萄糖液以增加营养。

22日 病中自言"弘一大师来看我病,我将去"。家人问何处去,答"有地方去"。即嘱家人为更衣。②

同日 叶圣陶日记载:"至霞飞坊探视丏翁,肺炎已见好,而心脏转弱,大为可虑。语言甚模糊,为余言'胜利,到底啥人胜利,无从说起'。"

一位从台湾回到上海来的朋友说:在台湾,是看不出究竟谁是胜利者的。

原来,留在台湾的大批日本人,现在照样昂首高步,藐视中国人,生活的阔绰,也一如往昔;连日本化了的台湾人,几月来也从来不曾把中国人放在眼上过。除了乘飞机飞去的所谓接收大员之外,在台湾或去台湾的一般中国人,谁享受过"胜利"的滋味!还据说:目前台湾各机关的日籍职员,尤其被称为"技术人员"之类者,他们所得到的额外待遇或津贴,是比日本人自己统治台湾的时代还要优厚,这真是"大国民"不凡的气度!

其实,情形虽然并不完全一致,别的地方也何尝能够明

---

① 懿德:《夏丏尊临终时三项要求》,《海星》第15期,1946年5月28日。
② 报人:《播音台》,《觉有情》第7卷第17—18号,1946年5月1日。

显地看出谁是胜利者。拿上海来说吧：虹口的日本人不是一样可以吃喝看戏，自由自在地徜徉于街头？除了臂膀缠上一块什么"身份布"之外，还能看出什么？是的，日本人是要受管制的，可是中国人呢，保甲制度下填"户口表"、领"国民身份证"、拍照、捺手印，甚至还有什么鸦片连坐等等，难道没有束缚？也许，所谓日侨"自治会"恐怕比什么参议会之类的"民意机关"，来得实惠得多。电车太挤，建议用涨价的方式来限制你去坐，正就是"民意机关"的德政之一！还有，是的，日本人的行路，有时是要遭受到拘束的，然而我们的夜行如何？你有通行证吗？没有，过了时间就得请你上警察局去坐上一夜！至于好好在马路上走，不吉利碰着特种人物飞来横拳，似乎也已是司空见惯了。谁说我们比日本人写意！谁说我们是胜利者！

事情多着呢，打败仗照例是要赔款子的，不管你的理直不直，总之，败了之后就得对胜利者赔损失；胜利者呢，他是要取得补偿的。甲午战争清朝打败，也曾经赔给日本一大笔款子，日本人就拿去兴办许多事业，日本的工业发展，不少部分便是依靠着那一批赔款银子的。这一次，中国抗战"胜利"了，中国当然也有赔款可拿了，而且听说过日本国内纺织工业，也将移植过来作为赔款的一部分，然而一直到如今，似乎不曾有下文。在"保持日本元气"的方针之下，事实上日本纺织工业的设备，现在不但不曾有半架布机或半枚纱锭移到中国来过，而且美国的管制者还在帮助日本人恢复生产。这还不算稀奇，据前几天报上所载：麦克阿瑟甚至还在替日本人动脑筋，要到中国领海里来捕鱼。理由是：日本粮荒严重，须扩张其捕鱼的区域，用鱼来缓和粮荒。

中国也在大闹粮食恐慌，饥民遍野，麦克阿瑟不会不知道的。然而毕竟自己不争气，胜利了，竟还是要被当做"败邻之壑"！照这样看来，中国不仅连半架布机或半枚纱锭没有到手，连自己领海里的鱼，也快是别人的了。胜利者到底是谁呀？

再来看另一件大事吧：日本国内现已驻扎着不少盟国的军队，中国军队也曾经预备浩浩荡荡去参与占领的。可是事实怎样呢？中国的"国军"忙的是在打内战，当然没有闲工夫再去远涉重洋。更奇怪的是：倒是中国境内反而还留着几十万日本大军不曾遣出，而且吃、用比"国军"舒服，很多还照样有武装、有"使命"，有些还正在中国内战场地上活跃！

"胜利者"国境内的奇迹，有如此者！

翻遍古今中外的历史，这样的"胜利者"，不知从何处去寻？①

他是一个天真得有如赤子的长者。他是一个热诚恳挚的君子。他安于贫困，勤于工作，思想开明，嫉恶如仇。他是善的势力的一个代表，"末俗"的一根砥柱。他临死以前说的那句"胜利？到底是谁胜利？"诉说出千千万万有良心的国民的心事，反映出多少人的怨愤与不平。

由于他的死，我不禁想起：有学问与才干，蓄道德能文章的人是国家的瑰宝，这些人，在正常合理，发奋图强，社会

---

① 洪来：《谁是胜利者——"胜利，胜利；究竟谁得到胜利？"——夏丏尊临终语》，《消息》第 8 期，1946 年 5 月 2 日。

风气蒸蒸日上的国家里,都是被尊敬爱护得无微不至的。他们政府,觉得这是该如此做的——为了国家的繁荣,为了民族的健康,为了社会的进步,为了人类幸福。但是在我们中国呢? 即以丏尊先生为例吧,国家给了他什么呢? 是一生的穷困,是六十年的忧患,是一副极重的家庭担子,是不够标准没营养的生活,是无底无边的失望,是火一般的愤懑,是迷雾般的,从哲学观点,从生活经验,从他智慧里得不到解答的一团疑问。[1]

23 日　病笃。叶圣陶日记载:"午后,小墨自霞飞坊来电话,言丏翁已危殆。即偕彬然驰往。至弄口,闻念佛声及木鱼声磬声。叩门入,丏翁已挺然僵卧,闭目,呼吸急促,手足渐冷,似无痛苦状。念从此将分判,各处一世界,不禁流泪。念佛者有唐敬杲,某君,及丏翁之二媳,及其内侄女。丏翁信净土,预言临终时须有人助念南无阿弥陀佛,故然。观其状,似临终即在今明。坐一时许,仍回店中,与诸公商定公告启事,并撰消息交通讯社,一俟其命终,即行发出。六时到家,酒后昏昏,意兴不佳。小墨以九时后归,言仍与日间同状。"夜九时三刻病逝,享年六十岁。

同日　王伯祥日记载:"一代文名,于焉结束。呜呼!"

　　二十三日上午,夏先生在昏睡状况中。他腹部有点胀,手脚都发紫。下午一点钟的时候,他伸出手来向夏师母招招手。夏师母走近床边,问他是不是嫌热。他摇摇头,就闭紧了眼睛,半张着嘴尽呵气。夏师母看到他神色不对,赶紧叫全家大小围在床前念阿弥陀佛,一边教人打电话到法藏寺去,请同道来助念。半点钟后,念佛的都到了,房间里一

---

① 张沖霖:《由悼念丏尊先生想起》,《中学生》第 176 号,1946 年 6 月 1 日。

片阿弥陀佛声,随着磬和木鱼的拍节。夏先生有时,眼睛微微睁一下,或者轻轻地咳几声,脸上并没有痛苦的神色。龙文用调羹喂水他喝,他还能下咽,舌头也还能转动。这弥留的时间一直延迟到下午九时三刻。忽然嘴角牵了几下,肩往上一耸,吐出一口紫黑色的水来,跟着呵一口长气,肩松了下来,不再抽气了。[①]

24日 上午叶圣陶、范洗人、王伯祥、章育文等商议夏丏尊后事,决定下午移灵上海殡仪馆,并拟发布报丧广告及公司明日停业志哀启事。午后公司召集夏丏尊治丧委员会,名单如下:顾均正、曾季肃、马叙伦、吴觉农、窦存我、陈望道、夏衍、何炳松、丰子恺、郭绍虞、袁希濂、朱穌典、钱家治、许炳堃、范寿康、朱达君、震华、章锡琛、范洗人、朱自清、郑振铎、章锡珊、茅盾、朱光潜、楼适夷、章守宪、姜丹书、朱文叔、刘薰宇、章士敫、周为群、亦幻、叶圣陶、张同光、周予同、王更三、傅雷、高祖文、邵力子、王伯祥、傅彬然、徐调孚、芝峰、方光焘。

同日 下午夏丏尊遗体由亲属及生前好友护送至上海殡仪馆。棺木衣服均选自绍兴会馆;衣服为棉质,唯鞋为缎面。《中央日报》记者益标为遗容摄影。

同日 中央通讯社发布上海电讯:"夏氏近年来以语体译南传大藏经中《佛说本生经》,该经共十二册,已译成八册,不幸逝世,亦佛教之一大损失也。"

同日 治丧委员会在上海各报发布讣告"遵奉遗言,谢绝一切赙赠、花圈、挽联、香烛、锭帛等项"。

25日 上午十时吊唁开始。叶圣陶、郑振铎、周予同、楼适

---

① 学人:《夏丏尊先生之丧》,《明社消息》第13—14期合刊,1946年5月30日。

夷、姚蓬子、许广平、马叙伦、黄炎培、胡绳、杨卫玉、顾仲彝、徐伯昕、李健吾、顾廷龙、何炳松、窦存我等生前好友、同事、学生400余人络绎前来。马叙伦痛哭失声，内山完造沉默致敬，美国新闻处钱辛稻画遗像两帧。上海市中等教育会敬挽"文章千秋"，教育团体同人联合会敬挽"道范犹存"。① 午后三时，殡仪开始。家属举哀，来宾绕灵瞻视，恭扶遗体入殓。祭拜后，全体肃立致敬，恭送灵柩发引。四时礼毕，灵柩运往法藏寺化身窑，择日火化。

他临终时，曾对叶绍钧先生说："胜利，到底是谁胜利了？"叶先生好像并没有给他一个满意的答复。

在入殓的那天，我因身体不大好，本来不想去一瞻遗容的；可是，就为了这个问题，很想代叶先生作一个总答案，有如骨鲠在喉，觉得不吐不快，于是，我来到夏先生的灵前。

下面，就是我默默地向他祷告的话：

先生，你或者睡在病床上时间太久了，不大明白外边的情形吧！怎么到现在还不知道"胜利的是谁"？实在的，胜利的人实在太多了，我在你灵前，愿意举出千百万分之一的例子来，请你垂听：

（一）因胜利而升了官的。（二）得到过胜利勋章的。（三）卖过胜利爆竹的。（四）卖过胜利的徽章的。（五）吃过胜利大餐的。（六）作过胜利八股的。（七）得过胜利奖金的。（八）造过胜利牌楼的。（九）一切发了胜利财的。（十）还有……还有隔壁那位投机商人家里，昨天新诞生的那头取名为Victory的小狗。②

---

① 登堡：《敬悼夏丏尊先生》，《时事新报·大地》第101期，1946年4月26日。
② 尚之翕：《在夏丏尊先生灵前》，《海风》第26期，1946年5月4日。

我和丏尊先生说不上私交,瞻仰他的风采也只有寥寥的几次,最初是在上海作为孤岛的期间,文艺界少数人偶或带几分秘密的相聚,例如送巴金西行的聚餐。最后是胜利之后而上海在我们夙夜所盼待的统治者的德政之下发狂和叹气的现在,在某些公共的或者私人的交际场合。然而我小时候就读过丏尊先生翻译的《爱的教育》。它使我发现世界上有或者至少应该有另外一种童年生活和环境,因此使我对丏尊先生怀了景仰。这景仰一直持续到现在,非但没有消退,只由于更多认识了丏尊先生的高尚的节操和浓厚的正义感,尤其加深了。而因此,当我听到他弃世的消息的时候,我的心不由自主的隐然作痛。[①]

　　同日　开明书店停业一天,以志哀悼。

　　同日　文协上海分会理事会决定拨给夏丏尊家属五十万恤金。

　　同期　章锡琛(时在台湾)作挽联"廿年来晨夕绸缪,甘同尝,苦同茹,复风雪同因;鸡黍愧平生,深痛弥留念我切。四海内声名扬溢,学不厌,教不倦,更矫强不变;莺花惊噩梦,倍伤惨胜负公多"。

　　26日　叶圣陶日记载:"上午作一短文,记丏翁最后语余之言,付《消息》。予同、彬然亦各作一篇。"

　　同日　午间开明同人在聚丰园商议善后各项。

　　27日　重庆《新华日报》第3版发表社论《悼夏丏尊先生》,称誉其为"民主文化战线上的老战士",为现代民族文化运动和

---

　　① 史笃(蒋天佐):《谨致于丏尊先生灵前》,《大公报(上海)·文艺》第32期,1946年4月25日。

民主运动建树了不可磨灭的功绩。原文摘录如下：

> 民主文化战线上的老战士夏丏尊先生，本月二十三日，在沪逝世，这实在是中国文化界的一大损失，中国民主阵营的一大损失，中国人民的一大损失！
>
> 丏尊先生数十年来，努力文化运动和民主运动，曾建树不可磨灭的功绩。抗战军兴，留居上海，坚持孤岛的文化工作，对敌伪进行了艰苦的文化斗争。太平洋战争爆发后，先生于三十二年春（按：应为三十二年冬），被敌伪逮捕，迫其屈服。但先生在威胁利诱之下，正气凛然，屹然不动。敌伪虽狡黠残酷，亦无可如何。这真可以说是贫贱不能移，富贵不能淫，威武不能屈了。拿先生和那些卖身投靠，认贼作父，替敌人作喉舌、做爪牙，以及混在抗战阵营中，替敌人作内应，装着拥护抗战的模样，进行破坏抗战的勾当的文化汉奸们比较起来，真有天渊之别，人兽之分。现在，抗战虽已结束，但法西斯反动派正在勾结敌伪残余势力，进行内战，反对民主，摧残文化，中国要走上光明的前途，还需要经过更残酷，更艰苦的斗争，还需要作为一个民主文化战线上的老战士的先生来领导这一斗争。然而先生竟逝世了！这实在是中国文化界的一大损失，中国民主阵营的一大损失，中国人民的一大损失！中国文化界、中国民主阵营、中国人民为了补偿这一损失，将以自己的更大决心，更大努力，把斗争进行到底。

同日　王伯祥日记载："守宪来，龙文来，俱为丏尊后事有所商榷。"

28日　公司借范洗人寓所举行董事会，决议善后诸事。

同日　叶圣陶日记载："午后，墨徂霭飞坊探望夏师母。余作一文,题曰《答丐翁》,应唐弢之嘱,付《周报》。至夜八时写成,凡千四百言。"

同日 卢冀野《丐翁挽诗四章》载《中央日报(南京)·泱泱》。

> 虹口小书楼,与翁初相见。匆匆十七年,一瞬真如电。
>
> 人生忧患始,呕血吐文字。文字岂疗贫! 世间痴汉子。
>
> 酒楼与翁别,从兹成永诀。可怜后死人,日日耗心血!
>
> 翁早了生死,忘情非过激。如何救众生? 此去问弘一。

29日 公司举行经理室会议,决于下月3日召集夏丏尊治丧委员会首次会议。

5月

1日 叶圣陶日记载:"十时起,执笔作《中志》卷头言,题为《夏先生逝世》,至下午五时完篇,凡二千言。"

3日 下午夏丏尊治丧委员会在公司举行第一次会议,叶圣陶、王伯祥、许炳堃、马叙伦、姜丹书、傅彬然(代王更三)、夏衍、范洗人、郑振铎、周予同等15人与会,就营葬、追悼、纪念三项逐一讨论。议决六月间举行公葬,由文协、立达学园、开明书店、中学生杂志社、春晖中学等团体联合主持,追悼会定于六月之第一个星期,并拟募集纪念金,奖赠连任二十年之中学国文教师。

同日 夜文协昆明分会及昆明学联在云南大学至公堂举行文艺晚会,总题目为"人民文艺的道路"。朱自清讲《关于夏丏尊先生》,"当朱先生讲完后,有人提议,对这位民主战士的逝世默哀三分钟,一时数千听众肃立默哀,灯光黯然,每个人从心底感到悲哀"①。

6日 二七。夏丏尊家属在法藏寺设斋。午间叶圣陶夫妇、王伯祥、范洗人、朱达君等陆续至,客共四席。夏龙文购《本生经》二册赠叶圣陶。

叶圣陶日记载:"此二册才全部《本生经》之十二分之二,已译成者尚有七册,以无资不能排印。未完之三册,由钟子岩译之。"

7日 陕甘宁边区教育厅、边区文协、文协延安分会联名电唁夏丏尊家属。"获悉夏丏尊先生病逝消息,深为痛悼!夏先生生前多年为进步的文化教育事业与民主事业奋斗,今不幸逝世,实为中国人民之损失。同人等以沉痛心情,谨电致唁。并盼节哀珍重,继承夏先生未竟之事业。"②

8日 夜六时,明社举行第三次大会,为夏丏尊默念志哀。

9日 午间王伯祥、叶圣陶、朱达君、范洗人、周予同、林本侨、谢似颜、方光焘、李宗武、孙源等在聚丰园聚餐,"谈次多及丏翁逸事"。

10日 经治丧委员会函请,芝峰法师自焦山、亦幻法师自宁波到沪,谈夏丏尊遗体火化事。推定由芝峰法师举火。

有一天,几个熟人都在法藏寺里,刚遇见夏老先生和芝峰法师,他们二个便是主持翻译藏经的人,不知怎的谈锋忽然转到火葬问题上了。夏老先生便问芝峰法师,佛家火葬是怎样的,要化多少钱,芝峰说有的用缸,有的用木匣,也要化不少钱。夏先生又问仪式如何,芝峰说仪式非常简单,把

---

① 晓桐:《漫谈昆明的五月》,《西南日报》,1946年5月22日。
② 《边区文化教育界电唁夏丏尊先生家属》,《解放日报》,1946年5月7日。

遗体放好以后,只要一位法师点上火,叫做举火,说一声去,就完了。夏先生听了便对芝峰法师说:"那末我就请你主持举火仪式。"芝峰笑说:"好的,那么我就请你。"夏先生说:"我可不是法师。"大家都笑了。①

12日 遗体举行火化。

叶圣陶日记载:

> 晨七时半,与小墨坐两截电车至卢家湾,向南步行,至于化身窑。夏师母及至好亲友三十余人皆前至。视香火和尚将丏尊灵柩送入窑中。
>
> 九时许,芝峰、亦幻两法师至,于是举行仪式。僧人十数人念经,芝峰穿法衣为领导,亲友一一向灵柩拜礼。最后芝峰说法云:
>
> 昔香岩禅师有云,去年穷,非为穷,尚有卓椎之地,今年穷,方为穷,卓椎也无。见出古人怎样于生死坚牢大地,拔除情根,斩断葛藤处,显露出一物无依底本地风光来。夏居士丏尊六十一年来,于生死岸头,虽未显出怎样出格伎俩,但自家一段风光,常跃然在目。竖起撑天脊骨,脚踏实地,本着己灵,刊落浮华,露堂堂地,蓦直行去。贫于身而不诡富,雄于智而不傲物,信仰古佛而非佞佛,缅怀出世而非厌世,绝去虚伪,全无迂曲。使强暴者失其威,奸贪者有以愧,怯者立,愚者智,不唯风规今日之人世,实默契乎上乘之教法。虽然如是,这仍落在第二门头边事。今者于末后关头,更进逼一步,在无言说无表示中,向诸有缘眷属亲友说法。恐诸人只贪天上月,失却掌中珠,特嘱山僧代为拈出,完成

---

① 浊流:《夏丏尊先生一二事》,《礼拜六》复刊第24期,1946年5月4日。

这则公案。但山僧到了这般田地,如何举扬呢。

莫道丐翁寒骨硬,今朝硬骨也成灰,

涅槃生死两无着,活火光中绝去来。

诵至末句,芝峰即引火燃棺下之积薪,仪式遂毕。据云需七八小时,而后骸骨悉成为灰。芝峰之稿先尝交诸友传观,余不知何因,悲从中来,忍泪久之。中段数语,甚道着丐翁生平,最为笃切。至于末后一段,自是佛氏应有之义,自余观之,甚无谓也。信佛者男女老幼十余人,亦应和僧人,同声念佛,虔诚可感。

王伯祥日记载:

清晨,雨喧中起,准备赴法藏寺化身窑参加丐翁化身典礼。均正来约,谓可共乘陈杏生汽车去,因于七时三刻偕润、滋两儿往均正所,与均正夫妇共载,即由杏生司机径驶鲁班路东康衢路化身窑。夏氏家属已到,窦存我亦已在。有顷,达君、士敫、洗人、彬然、祖璋、振甫、圣陶父子、子岩等俱到,最后芝峰、亦幻、致觉、海量亦至。正九时,即由僧众念经,会葬者以次上香致敬,芝峰致法语举火,历时一小时始毕。火化尚须数时,据云明晨始可检收骨灰也。

同日 王伯祥为开明书店图书馆请得《本生经》二册。

13日 叶圣陶日记载:"致书雪村,请其写丐翁传,刊入《国文月刊》。"

14日 叶圣陶日记载:"窦存我老居士来,言已接洽玉佛寺,于下月二日为丐翁开追悼会。"

15日 晨叶圣陶至公司,作追悼会启事稿。"上虞夏丐尊先生朴实真诚,笃行拔俗,廉顽立懦,化遍朋从,治教育则归于至情,研语文则时获创见,受者悦服,听者惬心,虽未以宗师自期,而实为举世所仰。不幸于四月二十三日下午九时四十五分病殁上海寓舍,噩耗乍传,识与不识同深伤痛。爰定于六月二日下午二时,在上海槟榔路玉佛寺集会追悼,致敬精魂,祈其永息,兼励后死,交勉精修。凡愿参与者,务希准时命驾。花圈挽联等物,系属浮文,为先生生时所弗喜,宜推其意,概勿惠赐。同人拟募集'夏先生纪念金',别有文启,倘荷赞许,幸各解囊。"①午刻叶圣陶又偕夏龙文夫妇及窦存我二女往化身窑捡取夏丏尊骨灰,置于法藏寺特制陶坛中,题"夏丏尊先生灵骨"并火化年月日。

16 日 叶圣陶作募集夏丏尊纪念金启事稿。"纪念金之举,世多行之。其意在于推爱,不忘一人,而惠不止于一人,则其不忘广矣。今欲纪念上虞夏丏尊先生,循例募集金财,将以资助中学国文教师,请陈其由。先生尝谓我不胜大学教师,差堪自信,其唯中学。而先生所以为教,要不出国文之藩,平时研讨,亦以语文为多。先生往矣,谋有以推爱,言其极致,自宜如杜老之广厦千间。然为力有限,弘愿难酬,狭其界域,事乃克集。彼中学国文教师者,悉心教学,甘苦深尝,与先生尤为同气。苟为资助,先生泉下有知,必将谓吾道不孤,惠同身受,而受之者亦可以得所慰藉,益加奋勉。命意如是,敬希公鉴。"②纪念金专赠任教十年以上,成绩卓著,或于语文教学上获有创见之中学国文教师。午后治丧委员会举行常务会议,通过追悼会启及募集纪念金启。

25 日 公司召集经理室会议,讨论追悼会仪节布置等项。

28 日 王伯祥日记载:"守宪来馆谈,即以丏翁墓地托伊履勘之。"

---

① 《治丧委员会公告》,《文汇报》,1946 年 5 月 23 日。
② 《募集夏先生纪念金启》,《文汇报》,1946 年 5 月 23 日。

31 日　开明同人拟定追悼会仪节并派定执事。

本月　顾颉刚赠赙金一万元。

6 月

1 日　治丧委员会成员及夏丏尊亲友布置追悼会会场,陈列遗物、遗稿、手迹等。叶圣陶写说明书若干,王伯祥书横幅及仪节单。

2 日　下午追悼会在玉佛寺举行。上海儿童报馆挽"爱的教育长存",《消息》半周刊社同人挽"遽然勒令停刊,家家强迫警管,自由安在,后死衔悲克万难;背弃协商决议,处处发动内战,胜利谁属,先生含恨赴九泉"。① 《文章》社同人挽"九州同而不同,亦喜亦悲,永逝应怀放翁痛;六秩老如未老,以衰以死,微疴竟误长煦贫"②。中共中央委员会驻上海办事处献花圈。

叶圣陶日记载:

> 伯祥、调孚等已前至。于是布置会场,于大雄宝殿之东侧屋中。将丏翁诸像悬于朝西之屏门上,其下长桌上陈遗物。南壁挂翁所书对联条幅等,北壁则挂翁之文稿。遗像之上,嫌其太空,余为书"劳生永息"四篆书挂之。十二时后,先到之诸同人素斋午餐。饭后,与会者陆续至,皆签名于簿。至二时四十分,得三百余人。于是开会。马夷初先生为主席,先为说词。继之全体致敬,三鞠躬。次守宪报告翁之生平,于是姜丹书、许广平、雁冰、大愿和尚、徐蔚南及余相继致悼词。余言死最为寂寞,次就翁"啥人胜利"及相

---

① 冯皓:《夏丏尊先生追悼会》,《时代日报》,1946 年 6 月 3 日。
② 黄衣青:《入世之佛——记夏丏尊先生追悼会》,《正言报》,1946 年 6 月 3 日。

信净土两点,加以发挥,听者似颔首肯。次由龙文致谢,遂散会,已四时过矣。南屏女中学生见遗物有泣下者,殊可感动。

《夏丏尊先生追悼会》一文记述:

夏丏尊先生追悼会是六月二号在玉佛寺举行的。会场在大殿左首的大厅上。朝外的墙壁上挂着六幅夏先生的遗像。遗像下的长台上放着夏先生的遗物,有他常携在身边的小刀和印章,每天喝酒用的烫壶跟酒碗,常常穿的一件旧蓝褂子跟一双旧鞋,还有写稿用的"派克"水笔,还有许多旧手稿。遗物旁边放着他一生的译著,一共二十来册。左边墙上挂着夏先生的遗墨,有对联,有小轴,夏先生生前不常给人写字,这些都是非常难得的。右边墙上挂着他最近几年的稿件,有他做小字典的计划和原稿,有他未发表的稿件《从观世音到弥陀佛》,有他给丰子恺先生的信。会场里挽联极少,因为大家遵守夏先生遗言,没有送挽联来。

开会时间虽定在下午两点钟,可是不到一点钟,会场上已经挤满了人,大家看了夏先生的遗物、遗墨、遗稿,都不胜唏嘘。开明书店赠送到会的人每人一本《中学生》第一七六期,这上面有七篇纪念夏先生的文字,看了这些充满了感情的辞句,教人更明了夏先生的为人了。

两点半钟,主席马叙伦先生宣布开会,全场的人都站了起来,静听他致开会辞。马先生说:自己跟夏先生已经有三十多年的友情了,夏先生之死,实在是死于忧患国是。又说,一般中国人到了夏先生这年纪便落伍了,甚至成为进步的障碍,可是夏先生却一直在求进步,夏先生一生没有做过大学教授,老说自己够不上,按说他资历学识没有那件够不上，这种谦虚认真的态度，真教一般大学教授感到惭愧。

马先生说完了，大家对夏先生遗像行三鞠躬礼，随后就坐，接着由章育文先生报告夏先生的生平大略。他说夏先生少年时代求学如何的艰苦，中年时代从事教育又到处奔波，晚年时代逢到上海沦陷了，环境是如何的不如意。夏先生似乎终日在忧虑中，其实并不为自身，随便哪个的事，他都会代人家担心。最后他又把夏先生冲淡的生活习惯，说给大家听。

接着是来宾致词，姜丹书先生第一个说话。他说民国八九年间夏先生在杭州第一师范教书时跟他是同事，夏先生当时就主张发表自由，因为允许学生施复亮发表了一篇《非孝》，引起了当局的不满，把夏先生看做洪水猛兽，可是现在看看，夏先生到底是怎样一个人物。

第二位是许广平先生，许先生说夏先生笃信佛教，本着佛教有着牺牲自我普救众生的伟大精神。因此临终还关心大众，问胜利到底是谁的。

第三位是茅盾先生，他说知道夏先生故世的消息，觉得非常难过。在这争取民主的时代，我们正缺少夏先生这种认真的态度，我们应该效学夏先生。

第四位是大愿法师，他说他的出家是受了夏先生跟李先生（弘一法师）感化的结果，这次知道开追悼会，特地从杭州赶来的。夏先生临终时说"弘一法师来看我了"，可见夏先生故世的时候，心情很平静，这是受了佛教的安慰。

第五位是徐蔚南先生，他感伤的说夏先生前在举行"弘一法师追悼会"后，曾对他说，"追悼是件很寂寞的事，这种寂寞的事，只有我们寂寞的人来做"。今天我们也很寂寞。

最后是叶圣陶先生。他先引了陶潜的自挽诗,说死本是件很寂寞的事,那首诗实在写的是死人的心境。人已经死了已经没有了感觉,追悼他他也不知道了,因为追悼会实际上是活着的人纪念死者而自己寻求安慰。夏先生故世前一天,他去看夏先生,夏先生问他说"胜利,到底啥人胜利?"脸上的表情说不出的痛苦,像要哭又哭不出来。一时他心里很难过,因而没有作答,第二天再去夏先生已在咽气了,因此来不及再回答他了。胜利本该是人民的,现在那些不应该得着胜利的人虽然把胜利抢去了,偷去了,不久终归要失败,最后胜利一定是属于人们的。又说,夏先生是相信佛教的,在那篇《从观世音到弥陀佛》上面,夏先生虽说这世间绝望了,想托生西方净土,可是这还是愤慨的话,这从夏先生最后还是关心胜利是谁的这一点可以看出。我们不信宗教的,可是也有安乐净土,这净土要我们自己的力量去开辟。

来宾演说完毕后,夏龙文先生致谢词,他说有回夏先生吊了一个朋友,因为到的人很少,夏先生不爽快了好几天,说"什么朋友,两块银钿"。今天到了这么多人,夏先生一定不会觉得寂寞了。[①]

4 日　午后叶圣陶、范洗人、王伯祥、朱达君、章育文赴漕河泾中国公墓、万年公墓遴选墓地。因守护疏忽,索价昂贵,无甚结果。

8 日　叶圣陶日记载:"永安公墓经理人庄君来,云愿为丏翁

---

① 学文:《夏丏尊先生追悼会》,《明社消息》第 15 期,1946 年 6 月 30 日。另见季炎:《记夏丏尊先生追悼会》,《时事新报·大地》第 139 期,1946 年 6 月 3 日。

营葬事效力。"

16日 叶圣陶日记载："晨与小墨乘电车至兆丰公园（今名中山公园），改乘人力车，至霍必兰路永安公墓。庄君、祖荟先到，导观全境。杨贤江之墓即在此，于其墓前伫立有顷。空穴尚多，唯一穴须四十万元，丐翁墓兼夏师母寿域，非四穴不办。庄君言渠自有四穴，愿以相赠。余言此殊不敢当。结果言且与夏氏家属商量后再定。"

19日 公司举行董事会，议决向夏夫人致送夏丏尊在世时之半薪，终其身。

本月 钱家治赠赙金一万元。

7月

8日 叶圣陶日记载："夜间，龙文来。其服务之水泥厂已停办，渠被遣散。洗公有意，拟令为福州分店之经理。共至洗公所谈，龙文谓俟考虑后决定。"

15日 朱自清日记载："写成纪念丏尊文章《教育家的夏丏尊先生》。"

19日 王伯祥日记载："龙文就聘为福州分店经理，与士敏、士宋、溢华亦将于今晚登舟山轮前往福州（船票已取得，明晨六时开）。午后得讯，舟山已为政府征调，即运兵赴南通打内战，于是行期又一时难定矣。"

26日 夏龙义到任。

8月

5日 王伯祥日记载："夜卧之前立斋过访，谈良久，承告即将引离《正言报》，并嘱收《文汇》稿费移赙丏尊。"

31 日 午后二时治丧委员会举行结束会议，决定归葬夏丏尊于白马湖畔；另推选马叙伦、许炳堃、范洗人、朱达君、叶圣陶、章育文、楼适夷、周予同、王伯祥等 9 人为纪念金委员会委员，主持管理与分发奖助金事宜。纪念金已募集六百余万元。

9 月

10 日 下午三时夏弘宁与王洁在八仙桥青年会八重天举行婚礼。

本月 范泉译著《鲁迅传》由开明书店出版。书跨页题"谨以此书献给夏丏尊先生"。

　　四天前，我接到了开明书店徐调孚先生的信，以及《鲁迅传》日文原本，全部译稿和全部铅版清样，那信里说，《鲁迅传》早经排字完毕，为了对照引文原著，便一直拖延了下来；现在已决定在本月底前出版，希望我把清样校读一次。我用喜悦的心情打开了纸包，翻看着原稿和清样，终于，渐渐地，在那留着夏先生手迹的译稿的面前，我流下了感激的眼泪了。原来夏先生在他第二次接到了我的原稿以后，他曾再度地把译稿和原文对读，在若干被我修改得不甚明朗的地方，他曾给我善意的润饰。而那些鲁迅原文的引证，他也曾代我找到《鲁迅全集》加以核对，也终于校正了我的笔误三处。而且尤其使我不胜感动的，是他——夏丏尊先生，一个把晚年埋藏在恶劣心境里的老人，竟不惮厌烦，为了使《鲁迅传》更加完善，而把周作人的引文，找到了原著，一字一字地在我的译文上加以改正。我从夏先生的这些字里行间,实在传受到了无限的温暖。①

10 月

20 日　开明书店出版《国文月刊》第 48 期"中学国文教学研究专号"以纪念夏丏尊。

11 月

7 日　叶圣陶日记载:"午后开编审会议,《夏氏字典》由振甫作稿,即将完成,议定由雪村、振甫与余三人重看一过,然后发排。"

12 日　叶圣陶日记载:"二时半,偕彬然至玉佛寺,出席弘一纪念会常务理事会。讨论不得要领,实以事无中心,大家又未能专心为此之故。此会本以丏翁为中心,今会众欲继丏翁之志,不能不勉维。然实力不足,恐难集事也。讨论至六时始散。"

13 日　叶圣陶日记载:"龙文自福州归,今日来店,因邀之同归小叙,吃蟹。请芷芬、惠民同叙。福州较贫苦,书价与他物比,见其甚高,故龙文谓营业难见振起。龙文拟返白马湖,将丏翁骨灰下葬,封以水泥,与地面平,然后徐谋立碑刻石。碑文由马夷初先生执笔,已完成。"

29 日　王伯祥日记载:"饭后为祖璋续娶事书帖订婚。其新妇金氏,丏翁之内侄女也,由圣陶、彬然作伐,已定阳历元旦结婚云。"

月底　移灵白马湖,骨灰葬于平屋后山丘。马叙伦题写墓志铭。

呜乎此夏丏尊先生之墓,厥友马叙伦为之铭,词曰:

---

　　①　范泉:《哀辞——夏丏尊先生和〈鲁迅传〉》,《大公报(上海)·文艺》第 55 期,1946 年 9 月 10 日。

曹娥江侧　产是祥麟　岳岳其德　熏然慈仁
望之无畏　就而自亲　思通百氏　焕若泉新
文心有获　岂惟去陈　志屏绅冕　教瘁其身
教惟以爱　众归如春　侵我疆理　实彼狂邻
萦我贞士　操劢松筠　幽厄既脱　困于乐贫
疾婴肺核　遂萎斯人　友徒跳告　相视泣沦
遗言火体　兹藏其烬　刊此坚石　与世无泯

时惟　中华民国三十五年四月

后世影响

1947 年 4 月 23 日,明社举行夏丏尊逝世周年祭,范洗人、章育文、王伯祥、周予同、徐调孚、傅彬然、周振甫等先后叙述夏丏尊生平逸事。叶圣陶献七律一首:"神灭形销既一年,于心宁觉隔人天。谁欤胜利犹无对,国尚蜩螗只自煎。闻讯更当长叹息,摧肠应作九回旋。算来一语差堪告,未改襟怀守益坚。"(据叶圣陶日记)

1947 年 11 月 9 日,弘一大师五周年纪念会在玉佛寺举行,同时联合悼念夏丏尊、经亨颐、震华法师,并展览四人遗作。叶圣陶、姜丹书、朱稣典、傅彬然、曹聚仁及旧浙一师师生 200 余人参加。

1948 年 4 月 23 日,明社举行夏丏尊逝世两周年祭。范洗人向遗像献花,全体社员向遗像行礼。夏龙文致答谢辞,略曰:"夏先生的性情坦白直爽,但是这个社会这个世界,使他多愁善感。在家庭中,他是一个严父,孩子们都不了解他,只是单纯的怕他,当大家比较能够了解他的时候,他却经不住疾苦的折磨而逝世了。"其后叶圣陶、傅彬然、章锡琛分别致辞,最后以张无垢女士朗诵《阮玲玉的死》一文终场。

1948 年 4 月 30 日，郑振铎日记载："至开明，谈了很久。十二时许，偕他们同到法藏寺，丏尊逝世二周年，在那里做佛事也。'音容宛在'，而永远不可得见矣。《夏氏字典》第一页恰好排出样子来。藉此，他可以不朽了。"

1948 年 5 月 9 日，叶圣陶撰写碑文。

　　夏先生名铸，字勉旃，又字丏尊，以丏尊行，上虞崧厦人。生于丙戌五月十四日，考之阳历，实为民国前二十六年六月十五日。其生平行谊，见于马夷初先生所为铭词。以民国三十五年四月二十三日卒。夫人氏金，长于先生四岁，生子三女二。长子采文三十七岁而卒，妇金秋云。次子龙文，妇韩玉严。三子早殇。孙弘宁、弘奕，孙女弘琰，俱采文出。弘宁娶王洁，生曾孙光淳。孙弘正，孙女弘福，俱龙文出。长女吉子，二十二岁而卒。次女满子，适吾子至善。先生殁后二十日火化，是年十一月葬骨灰于兹丘。越一年有六月，立表志为坟。吴县叶绍钧撰记并书。

1948 年 11 月 3 日，经同人集议，开明书店在北四川路祥经里（今川公路 146 弄）新建之编辑楼命名为"怀夏楼"。叶圣陶篆书楼名，题跋"开明创业之二十有二年始得自建斯楼为编辑藏书之所，公议题曰'怀夏楼'，以纪念尽瘁于此之夏丏尊先生云。叶绍钧书"。

1986 年 6 月 15 日，由胡愈之、丁玲、巴金、周谷城、吕叔湘、俞平伯、赵朴初等发起的夏丏尊先生诞辰一百周年暨逝世四十周年大会在浙江省上虞县举行。故友柯灵、钱君匋、周振甫、广洽法师、黄源等 250 余名文化教育界知名人士和省、市、县各界代表 1500 余人，以及其亲属夏满子、夏弘宁、夏弘琰、夏弘福等参加了这次纪念活动。民进中央、中国作协、国家出版局、浙江省教委、文艺报社、湖南第一师范学校及叶圣陶、赵朴初、夏衍、谢晋等发来贺电。纪念大会由上虞县县长顾仁章主持,柯灵、刘皑风、黄源、广洽法师、沈乃福、叶至善、刘国正、段力佩、夏弘宁等在会上相继发言,深切缅怀夏丏尊先生在毕生奋力的教育、文化、出版事业所建树的卓著功绩以及在民族民主运动中所作出的贡献,认为其道德文章可永为后人楷模。

参考文献

档案、家谱

1. 《东京高等工业学校一览——从明治四十年至四十一年
年鉴》,1907年,东京工业大学档案馆藏。

2. 《开明书店股份有限公司股东分户簿》(一)、(五),由孔夫
子旧书网盘锦笑橥书局店主提供。

3. 《中华学艺社经过情形》,上海档案馆,档号Y4-1-586。

4. 《日伪实业部为检发开明书局股份有限公司申请登记的
文件训令》,上海档案馆,档号R13-1-1931。

5. 《上海市社会局关于开明书店股份有限公司登记问题与
工商部的来往文书》,上海档案馆,档号Q6-1-5549。

6. 《伪上虞县私立春晖中学关于校字合卷本的计划训令》,
绍兴市上虞区档案馆,档号L002-020-102-001。

7. 金晴川、金翰臣修纂:《前江金氏宗谱》,旧德堂,1903年。

8. 夏杲纂修:《桂林夏氏家乘》,[清]康熙稿本。

9. 夏寿恒、夏宪曾:《桂林夏氏宗谱》,明德堂,1907年。

10. 夏宪曾编纂:《上虞桂林夏氏松夏支系》,怡寿堂,

1907 年。

11．章廷玉主修，章安澜编辑：《雁埠章氏宗谱》，星聚堂，1925 年。

报刊

1.《申报》

2.《时报》

3.《新闻报》

4.《民国日报》

5.《时事新报》

6.《中央日报》

7.《大公报》

8.《立报》

9.《东南日报》

10.《前线日报》

11.《联合日报晚刊》

12.《世界晨报》

13.《越铎日报》

14.《文汇报》

15.《新华日报》

16.《上虞声三日报》

17.《春晖》

18.《浙江教育官报》

19.《教育周报》

20.《浙江省立第一师范学校校友会志》

21.《教育潮》

22.《浙江省立第一师范学校校友会十日刊》

23.《上虞教育杂志》

24.《立达》

25.《新女性》

26.《一般》

27.《开明》

28.《中学生》

29.《中学生文艺》

30.《开明中学讲义》

31.《开明中学讲义社社员俱乐部》

32.《上海市私立开明函授学校学员俱乐部》

33.《新少年》

34.《国文月刊》

35.《明社消息》

36.《中华学艺社报》

37.《暨南周刊》

38.《秋野》

39.《教育部公报》

40.《东方杂志》

41.《文学周报》

42.《小说月报》

43.《大江月刊》

44.《文学月刊》

45.《国讯》

46.《觉有情》

47.《弘化月刊》

48.《佛学半月刊》

49.《新语》

50.《导报》

文献资料汇编、文史资料

1. 上海特别市教育局编:《上海特别市教育局业务报告 十八年七月至十二月》,1930年。

2. 刘燡元等编:《民国法规集刊》(第24集),上海:民智书局,1931年。

3. 中学课程标准编订委员会编订:《初高级中学课程标准》,上海:中华书局,1936年。

4. 张静庐辑注:《中国现代出版史料·乙编》,北京:中华书局,1955年。

5. 张静庐辑注:《中国出版史料·补编》,北京:中华书局,1957年。

6. 陈瘦竹主编:《左翼文艺运动史料》,南京:南京大学学报编辑部,1980年。

7. 薛绥之主编:《鲁迅生平史料汇编》(第2辑),天津:天津人民出版社,1982年。

8. 共青团浙江省委青运史资料征集小组编:《浙江省青年运动史研究参考资料》(第2辑),1983年。

9. 中央档案馆、浙江省档案馆:《浙江革命历史文件汇集群团文件(1922年—1926年)》,1985年。

10. 贾桂芳编:《文学研究会资料》,郑州:河南人民出版社,1985年。

11. 杨昭全等编:《关内地区朝鲜人反日独立运动资料汇编》

（下），沈阳：辽宁民族出版社，1987年。

12. 沈自强主编：《浙江一师风潮》，杭州：浙江大学出版社，1990年。

13. 中华书局编辑部编：《中华书局收藏现代名人书信手迹》，北京：中华书局，1992年。

14. 上海市档案馆编：《日本帝国主义侵略上海罪行史料汇编》（上编），上海：上海人民出版社，1997年。

15. 中共"一大"会址纪念馆、上海革命历史博物馆筹备处编：《上海革命史资料与研究》（第7辑），上海：上海古籍出版社，2007年。

16. 澄衷高级中学校长室、上海市虹口区澄衷中学校友会编：《澄衷校史资料（修订本）》（第一卷），上海：文汇出版社，2015年。

17. 郭建鹏、陈颖编著：《南社社友录》，上海：上海大学出版社，2017年。

18. 中国人民政治协商会议浙江省委员会文史资料研究委员会编：《浙江文史资料选辑》（第1辑），1962年。

19. 中国人民政治协商会议全国委员会文史资料研究委员会编：《文史资料选辑》（第31辑），北京：文史资料出版社，1962年。

20. 政协杭州市委员会文史资料工作委员会编：《杭州文史资料》（第1辑），杭州：浙江人民出版社，1982年。

21. 中国人民政治协商会议全国委员会文史资料研究委员会编：《文化史料丛刊》（第4辑），北京：文史资料出版社，1983年。

22. 中国人民政治协商会议宁波市委员会文史资料研究委

员会编:《宁波文史资料》(第 1 辑),1983 年。

23. 政协上虞县委员会文史工作委员会编:《上虞文史资料——纪念夏丏尊专辑》,1986 年。

文集、日记、年谱、回忆录

1. 舒新城:《我和教育》,上海:中华书局,1945 年。

2. 鲁迅:《鲁迅书信集》,北京:人民文学出版社,1976 年。

3. 欧阳文彬编:《夏丏尊文集》(1—3 卷),杭州:浙江人民出版社,1983 年。

4. 曹聚仁:《我与我的世界》,北京:人民文学出版社,1983 年。

5. 上海教育学院古籍整理研究室编:《傅雷书信集》,上海:上海古籍出版社,1992 年。

6. 丰陈宝、丰一吟编:《丰子恺文集》(文学卷三),杭州:浙江文艺出版社、浙江教育出版社,1992 年。

7. 任钟印主编:《杨贤江全集》(第 4 卷),开封:河南教育出版社,1995 年。

8. 夏承焘:《夏承焘集》(第 5 册),杭州:浙江古籍出版社,1997 年。

9. 朱乔森编:《朱自清全集》,南京:江苏教育出版社,1998 年。

10. 上海书画出版社、浙江省博物馆编:《黄宾虹文集》(书信编),上海:上海书画出版社,1999 年。

11. 叶至善、叶至美、叶至诚编:《叶圣陶集》(第 19—25 卷),南京:江苏教育出版社,2004 年。

12. 李修松主编:《李则纲遗著选编》,合肥:安徽大学出版社,2006 年。

13. 中共新昌县委党史研究室、新昌县档案局编:《梁柏台遗墨》,2007 年。

14.《弘一大师全集》编辑委员会编:《弘一大师全集》(修订本,第 8—10 册),福州:福建人民出版社,2010 年。

15. 林鸿、楼峰主编:《陈望道全集》(第 5 卷),杭州:浙江大学出版社,2011 年。

16. 叶至善:《叶至善集》,北京:开明出版社,2014 年。

17.《顾廷龙全集》编辑委员会编:《顾廷龙全集》(书信卷),上海:上海辞书出版社,2017 年。

18. 丰子恺:《教师日记》,桂林:崇德书店,1944 年。

19. 鲁迅:《鲁迅日记》,北京:人民文学出版社,1959 年。

20. 经亨颐:《经亨颐日记》,杭州:浙江古籍出版社,1984 年。

21.[日]坂井洋史整理:《陈范予日记》,上海:学林出版社,1997 年。

22.《严修日记》编辑委员会编:《严修日记》,天津:南开大学出版社,2001 年。

23. 顾颉刚:《顾颉刚日记》,台北:联经出版事业股份有限公司,2007 年。

24. 中国社会科学院近代史研究所整理:《黄炎培日记》,北京:华文出版社,2008 年。

25. 王伯祥:《王伯祥日记》,北京:国家图书馆出版社,2011 年。

26. 舒新城:《舒新城日记》,上海:上海辞书出版社,2013 年。

27. 蒋维乔:《蒋维乔日记》,北京:中华书局,2014年。

28. 海宁市档案局(馆)整理:《宋云彬日记》,北京:中华书局,2016年。

29. 陈福康整理:《郑振铎日记》,北京:商务印书馆,2018年。

30. 虞坤林整理:《陈乃乾日记》,北京:中华书局,2018年。

31. 谭延闿:《谭延闿日记》,北京:中华书局,2019年。

32. 汪寿华:《汪寿华日记·求知录》,《近代史研究》1983年第1期。

33. 张伟整理:《傅彦长日记(1929年1—4月)》,《现代中文学刊》2015年第4期。

34. 张伟整理:《傅彦长日记(1930年4—6月)》,《现代中文学刊》2016年第4期。

35. 《夏吉子日记(1932—1933)》手稿,未刊行。

36. 楼适夷:《逸庐日课第一册》(1943)手稿,未刊行。

37. 胡朴安:《朴学斋日记》手稿,未刊行,复旦大学图书馆藏。

38. 林子青编著:《弘一法师年谱》,北京:宗教文化出版社,1995年。

39. 商金林撰著:《叶圣陶年谱长编》(第1—2卷),北京:人民教育出版社,2004年。

40. 姜建、吴为公:《朱自清年谱》,北京:光明日报出版社,2010年。

41. 葛晓燕、何家炜编著:《夏丏尊年谱》,北京:中国文史出版社,2012年。

42. 中国科学院历史研究所第三所编:《五四运动回忆录》,

北京：中华书局,1959年。

43. 小林勇：《人はさびしき》,东京：文艺春秋,1973年。

44. 茅盾：《多事而活跃的岁月——回忆录[十六]》,《新文学史料》1982年第3期。

45. 茅盾：《一九三五年记事——回忆录[十八]》,《新文学史料》1983年第1期。

46. 夏衍：《懒寻旧梦录》,北京：生活·读书·新知三联书店,1985年。

47. 徐铸成：《徐铸成回忆录》,北京：生活·读书·新知三联书店,1998年。

48. 章克标：《世纪挥手 百岁老人章克标自传》,深圳：海天出版社,1999年。

49. 曹聚仁：《文坛三忆》,北京：生活·读书·新知三联书店,1999年。

50. 黄源：《黄源回忆录》,杭州：浙江人民出版社,2001年。

51. 王湜华：《音谷谈往录》,北京：中华书局,2007年。

52. 叶至善：《父亲长长的一生》,成都：四川文艺出版社,2015年。

53. 春晖中学校庆纪念委员会编：《春晖中学六十周年校庆纪念册》,上虞：春晖中学,1981年。

54. 中国出版工作者协会编：《我与开明：1926—1985》,北京：中国青年出版社,1985年。

55. 出版史料编辑部编：《章锡琛先生诞辰一百周年纪念文集》,1990年。

56. 中共浙江省委党史研究室编：《俞秀松纪念文集》,北京：当代中国出版社,1999年。

57. 夏弘宁主编:《夏丏尊纪念文集》,上虞:上虞市文学艺术界联合会,2001年。

58. 上海鲁迅纪念馆编:《陈望道先生纪念集》,上海:复旦大学出版社,2006年。

专著及论文

1. 小泉让:《鲁迅と内山完造》,东京:讲谈社,1979年。

2. 马蹄疾:《鲁迅讲演考》,哈尔滨:黑龙江人民出版社,1981年。

3. 本书编辑组编:《匡互生和立达学园教育思想教学实践研究》,北京:北京师范大学出版社,1993年。

4. 倪墨炎:《现代文坛灾祸录》,上海:上海书店出版社,1996年。

5. 夏弘宁:《夏丏尊传》,北京:中国青年出版社,2002年。

6. 王利民:《平屋主人——夏丏尊传》,杭州:浙江人民出版社,2005年。

7. 刘晨:《立达学园史论》,北京:团结出版社,2009年。

8. 龚成编著:《贝母魂》,北京:九州出版社,2017年。

9. 吴梦非:《"五四"运动前后的美术教育回忆片断》,《美术研究》1959年第3期。

10. 夏满子:《〈小梅花屋图〉及其它》,《战地》增刊1979年第6期。

11. 陈仁慧:《夏丏尊先生在南屏女中》,《文教资料简报》1981年第3期。

12. 楼适夷:《怀念夏丏尊先生》,《出版史料》1985年第4期。

13. 周振甫:《从编字典看夏丏尊先生的为人》,《辞书研究》1986 年第 4 期。

14. 颐园老人:《弘一法师致夏丏尊居士佚函抄件》,《浙江佛教》2002 年第 3 期。

15. 无言居士:《"乐其日用之常":读夏丏尊手札》,《中华文化画报》2004 年第 1 期。

16. 李永春:《长沙中韩互助社成立时间和社址考》,《近代史研究》2005 年第 3 期。

17. 弘一:《弘一致丏尊苏典居士信札》,《书法》2007 年第 9 期。

18. 方继孝:《烽火连三月 家书抵万金 抗战时期夏丏尊写给女儿的书信》,《收藏》2012 年第 15 期。

19. 邱雪松:《略谈"开明书店版税版权表"》,《新文学史料》2018 年第 2 期。

20. 邱雪松:《"太精明的标本":从鲁迅谈开明书店说起》,《鲁迅研究月刊》2018 年第 5 期。

21. 刘正伟:《夏丏尊清末留学日本事迹考》,《宁波大学学报(教育科学版)》2019 年第 5 期。

22. 吕成冬:《从〈钱均夫账簿(1938—1951)〉看其"送礼"支出及量化研究》,《浙江档案》2019 年第 9 期。

后　记

　　对于一个从事中国近现代思想文化史专业教学与研究的工作者来说，承担编写夏丏尊年谱的任务纯属机缘巧合。2004年至2006年在浙江大学教育学博士后流动站工作期间，我应邀参与了浙江省首批文化研究工程——"浙江文献集成"重点课题《夏丏尊全集》的编纂工作。出站以后，我入职杭州师范大学，不久被遴选为硕士研究生导师。因为编纂《夏丏尊全集》的关系，我在指导前几届研究生时论文选题大多与夏丏尊有关。首届研究生李旭峰的硕士学位论文选题是《〈中学生〉与抗战前教育公共话语空间的建构》。之后，相继指导研究生刘云艳、程荣分别完成了《从投身教育到献身出版——夏丏尊编辑出版活动研究》和《夏丏尊翻译活动研究》两篇硕士学位论文的撰写。在编纂《夏丏尊全集》与指导研究生撰写学位论文过程中，我对夏丏尊生平事迹以及文学创作、编辑出版与翻译活动有了更深入的了解，不时冒出为之作传或编写年谱的念头，但因当时手头有其他在研课题需要完成，因而不得不打消这一念头。2017年，杭州师范大学人文学院院长洪治纲教授领衔主持浙江文化研究工程重大课题"浙江现代文学名家年谱"（第一辑）的编撰工作，他得知我在编纂《夏丏尊全集》,便征询我是否可以与绍兴市上虞图书馆葛晓燕女士共同承担《夏丏尊年谱》的编撰任务。此前,葛晓燕女士与何家炜先生已合作编著过《夏丏尊年谱》(中国文史出版社2012年版),有一定的基础,我便答应了下来。2018年9月我们便开始正式工作,期间,葛晓燕女士因为有其他研究工作,便推荐了年轻同志陈才参加此项工作。之后,与陈才小友的合作始终很愉快,也充分感受到年轻一辈的努力与勤奋。此次夏丏尊年谱的编撰,与此前版本相比,不仅增加了很大的篇幅,而且注重资料的原始性与学术性。我们除了遍访国内外各相关图书馆、档案馆,并充分利用丰富的数据库对资料钩沉辑佚外,还对所搜集到的史料进行辨伪考证,去伪存真,从而纠正了以往夏丏尊生平事迹记载与研究中的许多错讹。此外,本年谱编撰还按照"浙江现代文学家年谱"的统一体例撰写了分年的大事记,意在为更深理解谱主的生平事迹、思想与活动提供历史的背景。

《夏丏尊年谱》的编撰工作如期完成,要十分感谢洪治纲教授的督促和支持。作为浙江文化研究工程重大课题的"浙江现代文学名家年谱"的总负责人,他不仅在团队中建立了良好的工作机制,按照总课题整体计划积极有序推进,而且定期邀请国内知名专家,举行经验分享,专题学术研讨与交流活动,从而保证各子课题如期完成。感谢夏丏尊长孙夏弘宁先生生前为笔者提供了与谱主相关的许多重要资料和信息,以及帮助我们联系寻访人物。本书的编撰,还得到了杭州师范大学弘丰研究中心主任陈星教授、上虞图书馆宋星亮馆长、泰山学院王荣辰博士、宁波中学校史馆罗尧敏主任等人的支持与帮助,浙江大学出版社原副社长兼副总编辑黄宝忠先生、人文社科中心宋旭华主任始终关心本书的编撰工作,责任编辑牟琳琳老师的工作认真而细致,他们的努力与辛苦付出,使本书能在夏丏尊诞生135周年之际问世,在此表示诚挚的谢意!

　　胡适曾说,最好的年谱,可算是中国最高等的传记。本年谱虽不敢说是上乘之作,但也倾注了我们多年来的学术积累及心血。最后,笔者愿以夏丏尊在《长闲》中说的一句话"勤靡余暇,心有常闲"策励自己,向着"勇猛精进"的方向走去。

　　　　　　　　　　　　　　　　　　薛玉琴

　　　　　　　　　　　　　　　2021 年 10 月 10 日